T0294186

Agustín Pániker

# LAS TRES JOYAS
## El Buda, su enseñanza y la comunidad

Una introducción al budismo

editorial Kairós

Esta obra ha recibido una ayuda a la edición del
Ministerio de Educación, Cultura y Deporte.

GOBIERNO DE ESPAÑA  MINISTERIO DE EDUCACIÓN, CULTURA Y DEPORTE

**Fotocomposición:** Florence Carreté
**Revisión:** Amelia Padilla
**Diseño cubierta:** Katrien Van Steen
**Impresión y encuadernación:** Romanyà-Valls. Verdaguer, 1. 08786 Capellades

Primera edición: Noviembre 2018
ISBN: 978-84-9988-655-8
Depósito legal: B-20.351-2018

*A Nuria y Salvador, mis padres*

# Sumario

# Introducción

El budismo es una de las grandes tradiciones religiosas y espiritua-les del mundo. Lo practican y suscriben centenares de millones de personas en muchos países, sobre todo asiáticos, pero también en Europa o en las Américas, donde lleva décadas logrando una gran penetración. Es una tradición (o un cúmulo de ellas) con 2.500 años de historia y con una extraordinaria riqueza filosófica, lite-raria, artística, yóguica, ritual, mitológica..., en definitiva, cultural.

Tratar de resumir en pocas páginas su legendaria variedad es osado. Pensemos que, hasta hace relativamente poco, muchas co-rrientes budistas asiáticas desconocían la existencia de otras tra-diciones hermanas. Razones no faltaban. Cómo es posible que se proclamen "budistas" –y sean aceptados como tales–, por ejemplo, un urbanita japonés que pertenece a una secta de reciente creación que no reconoce casi nada de las líneas del budismo antiguo; o un monje cingalés, que declara mantener vivas las directrices ascéti-cas fijadas por los seguidores inmediatos del Buda, hace más de dos mil años; o un *dalit* (exintocable) de la India, que encuentra en el budismo un camino de liberación de la opresión social y política; o una joven europea, para quien el budismo se ciñe a unas técnicas seculares de autoconocimiento basadas en la meditación.

Lo cierto es que delimitar lo que *es* budista –o lo que es *menos* budista– es un ejercicio ideológico y político que implica excluir, jerarquizar, devaluar, idealizar o reificar. Pero todos sabemos que las fronteras religiosas o culturales son ambiguas, porosas e inestables; sobre todo si nos alejamos del tiempo presente. Fíjense que hasta hace apenas dos siglos no existía un término –en sánscrito, pali, chino, tailandés o tibetano– que cobijara a todas esas expresiones rituales, filosóficas o meditativas que hoy llamamos –y, en retrospectiva, proyectamos en el pasado como– "budismo".

Lo que hoy una mayoría entiende por "budismo" es un híbrido de tradiciones asiáticas de gran solera en interacción con las corrientes globalizadas de la modernidad. La concepción unitaria del budismo, como de la mayoría de los *ismos* religiosos, es hija de la modernidad; heredera de diálogos y maneras de entender el mundo gestadas en los dos últimos siglos. Pero es una concepción ya naturalizada e integrada por los budistas de todo el mundo, así como por los no budistas. Y una noción que se ancla en ciertos nexos de unión y en un centro de gravedad más o menos compartido. De forma que, con la cautela pertinente, asumiremos el reto de compendiar en unas pocas páginas los hilos conductores que podrían suturar la pluralidad de budismos. Este es el reto que debe afrontar un texto de cariz didáctico como el presente.

No se trata de desvelar el "verdadero" núcleo del budismo o descifrar lo que el Buda realmente enseñó hace veintitantos siglos (propósitos legítimos, pero me temo que inalcanzables), sino de algo más prosaico: introducirnos en el mundo del budismo. No en vano el embrión de este libro se gestó –a colación de mi interés personal en sus diversas modalidades– en las clases de "Introducción al budismo" que imparto en algunas maestrías universitarias. Quede dicho de antemano, sin embargo, que no me jacto de haber alcanzado niveles avanzados en la senda budista; mas estimo que puedo aportar una visión panorámica y generalista que concite el interés de un amplio espectro de lectores. Una visión precisamente no apologética, pero sí con la necesaria dosis de empatía. Así que para sintetizar he escogido una tríada –quizá no muy original, pero sí– muy querida por todas las tradiciones budistas: las "tres joyas" (sánscrito: *tri-ratna*). A saber:

1) el Buda (o figura del Despierto), que compondrá la Parte I,
2) el Dharma (o enseñanza), que integrará la Parte II, y
3) el Samgha (o comunidad), que ocupará la Parte III.

Existe en el budismo una profesión de fe –más que un bautismo– que consiste en tomar tres veces "refugio" en estas "tres joyas", raras y preciosas, capaces de liberarnos de la ignorancia y –como la noción de "refugio" implica– de protegernos del dolor y las adversidades. Aunque no todas las corrientes budistas interpretan las "tres joyas" de igual forma, constituyen un claro nexo de unión para todas. Si me apuran, la primera joya representa el referente primordial de eso que –precisamente en su honor– el mundo moderno convino en llamar "budismo". Todos los budistas del mundo comparten el mismo maestro y emblema: el Buda [véase Fig. 1].

Aunque no sabemos en qué lengua habló el Buda (posiblemente un prácrito próximo al magadhi, una antigua lengua indoaria del norte de la India), en aras de la claridad utilizaremos la terminología sánscrita, que durante siglos fue la lengua culta panindia por antonomasia. Si bien en el budismo está asociada principalmente a una de sus corrientes (el Mahayana), tiene la ventaja de estar muy próxima a otra importante lengua litúrgica budista (el pali) y de acercarnos a otras tradiciones índicas, como el hinduismo y el jainismo, que también se expresaron en sánscrito.* Como especialista

---

* En el Glosario se incluyen equivalencias entre el sánscrito, el pali, el chino, el tibetano y otras lenguas en las que se ha comunicado el budismo.

**FIGURA 1:** Imagen del Buda Shakyamuni en el refinado estilo gupta. Sarnath (Uttar Pradesh), India. Dinastía Gupta, siglo v. Londres, Reino Unido: Museo Británico. (Foto: Agustín Pániker).

en India, es también mi intención resaltar el contexto índico en el que el budismo se originó y donde realizó sus primeros progresos (tratando de no caer, por ello, en el extendido sesgo "clasicista" que entiende que el budismo indio antiguo es más "genuino" que el de otros ámbitos y épocas). Del sánscrito asimismo se realizaron la mayoría de las traducciones de *sutras* al chino o al tibetano. Y la terminología budista en muchas lenguas asiáticas posee una indefectible huella del sánscrito. Pero recordemos que en su larga historia y expansión los budistas han empleado infinidad de lenguas: japonés, tocario, inglés, bengalí, tailandés, gandhari, español, mongol y un largo etcétera. El budismo es una religión "políglota". El sánscrito no posee para los budistas la aureola sagrada que tiene para los hindúes (o el árabe para los musulmanes). Y es que en el corazón de esta religión hallamos una *historia*, la del Buda, y una historia puede narrarse en cualquier lengua.

El estudio del fenómeno religioso ha mostrado que si a una tradición espiritual se le otorga el tiempo y el espacio suficientes asumirá en su seno casi todas las posiciones rituales e intelectuales admisibles ante las cuestiones religiosas fundamentales (cualquiera que haya sido su orientación inicial). El budismo es un claro ejemplo, ya que desde hace muchos siglos podemos encontrar la mayoría de formas de vida religiosa y casi todos los posicionamientos filosóficos posibles (incluso incompatibles entre sí). Puesto que no es monolítico, será entonces necesario matizar, desdoblar o cualificar algunas de las inevitables generalizaciones y hacernos eco de las posiciones y sensibilidades a veces divergentes entre sus tres o cuatro grandes corrientes contemporáneas: el Theravada (o budismo del sur), el Mahayana (o budismo del este), el Vajrayana (o budismo del norte) y el budismo moderno (o global). Con todo, procuraré no abusar de estos recursos. Mi prioridad es mantener el tono didáctico y centrarme en un núcleo razonablemente compartido. Los expertos sabrán excusar el uso de muletillas gene-ralizadoras. (La segunda mitad del libro servirá para ilustrar las transformaciones del budismo en cada ámbito geográfico.)

Esta actitud, llamémosla "ecuménica" (este "camino medio", cabría decir), es pertinente al tratarse de un texto divulgativo. Con-cuerda, por otra parte, con mi posición inclusivista y suprasectaria (no soy seguidor de ninguna de las grandes corrientes mentadas), característica del budismo moderno. Y es coherente con un enfo-que multidisciplinar, que es histórico, religioso, filosófico y antro-pológico a la vez. Estimo que es la mejor forma de hacer justicia a la amplitud y riqueza de las "tres joyas".

❀ ❀ ❀

Varias personas han tenido la gentileza de leer este texto, aportar ideas, detectar errores u omisiones; en otras palabras, han con-tribuido a enriquecerlo. Mi mayor gratitud a: José Alias, Florence Carreté y Amelia Padilla.

Asimismo, esta obra no podría haber visto la luz sin las en-señanzas de determinados maestros o la lectura de estudiosos y budólogos que han ensanchado mi ángulo de visión y apreciación del budismo. La bibliografía da cuenta de mi deuda para con todos ellos. Tratándose de un texto divulgativo, puede haber cierta inter-textualidad. Las notas bibliográficas solo se ciñen a las principales fuentes escriturales utilizadas.

Parte I:

# El Buda

# 1. La vida del Buda

Todo el mundo ha oído hablar del Buda (o el Buddha). Es una de esas figuras llamadas "universales". Y uno de los arquetipos del "sabio" más reconocibles y loados. Aunque el Buda nunca pretendió fundar ningún *ismo*, nadie pone en duda que sin su personalidad el fenómeno que llamamos "budismo" no existiría.

La primera joya del budismo es, no obstante, más polifacética de lo que aparenta a primera vista. Al menos, tres niveles de significado convergen en ella. En primer lugar, "el Buda" remite a Siddhartha Gautama, un príncipe indio que vivió en las regiones del valle del Ganges hace unos 2.500 años y partió en pos de la sabiduría. En segundo lugar, remite a Shakyamuni, el sabio del clan shakya, desde el momento en que Gautama devino un *buddha* ("despierto") tras hallar la senda que conduce a la *bodhi* ("despertar"). En tercer lugar, el Buda remite –aunque no para todas las corrientes budistas– a la mismísima trama "despierta" de la realidad, a veces referida como budeidad, *dharmakaya*, Adibuddha, Vairochana... En último término, designa a cualquier ser verdaderamente despierto.

Esta amplitud de significados es común en esta clase de figuras. Recordemos que otro rico símbolo universal como Jesús es para sus seguidores a la vez un hombre (Yehosua), el Mesías (el Christós) y Dios-hecho-hombre (Jesucristo).

La primera joya ha dado lugar a una iconografía exquisita [véanse

FIG. 1, FIG. 6, FIG. 16, FIG. 20, etcétera], leyendas admirables y sofisti-cadas filosofías. Junto a Mahavira ("padre" del jainismo, religión con la que el budismo comparte bastantes trazos), es uno de los primeros nombres históricos de la India. ¡Y vaya que uno! Aun así, existe una bochornosa falta de certitud historiográfica acerca de sus fechas de nacimiento o muerte. Los expertos barajan arcos ¡de más de 200 años!

Ciertamente, la India premoderna no sintió la necesidad de registrar su cronología o escribir de forma acurada su historia. Ocurre que en Asia esto no es muy importante. Más todavía que con el caso de Jesús, quizá no sea tan vital saber lo que pasó "real-mente" con la vida del Buda (cosa, por otra parte, harto difícil de conjeturar), sino conocer lo que sus seguidores han oído que pasó durante veinticinco siglos. En Asia, la tensión entre biografía (narrativa histórica) y hagiografía (recuento mítico) no suele –o solía– ser problemática. El devoto puede escoger según el contexto o su preferencia. No hay barrera nítida entre lo humano y lo so-brehumano o entre lo humano y lo divino. En India, quien *realiza* (quien "hace real") lo divino *es* lo Divino. De ahí que el Buda, una vez despertó a la realidad tal-cual-es, fuera equiparado por algunas corrientes con la misma trama o naturaleza de la realidad (que, con lógica, llamaron "búdica"). Para muchos seguidores y practi-cantes del budismo, el Buda representa más la culminación de un arquetipo que se manifiesta en el mundo en distintas épocas (el último miembro de una cadena intemporal de *buddhas*), que lleva preparándose incontables eones cósmicos para completar su mi-sión, que no un mero mortal que, gracias a su esfuerzo personal, se elevó hace veinticinco siglos por encima de la contingencia.

La moderna interpretación tiende a proyectar sobre la per-sona del Buda imágenes, presupuestos e ideas que seguramente dicen más de nosotros y de nuestros particulares puntos de vista que sobre la figura del Despierto. Hoy, por ejemplo, se tiende a devaluar la visión sobrenatural y a considerarlo, en cambio, como un reformador del brahmanismo; o es presentado cual psicólogo existencialista o como un humanista agnóstico, tal vez un místico, o como un pragmático... y hasta un deconstruccionista. Aunque no podemos soslayar los preconceptos y prejuicios con los que nos abrimos al mundo, estimo que podríamos tratar de minimizar los sesgos escuchando los textos, la historiografía y las tradiciones vivas.

Para ajustarnos a la estética moderna (porque es realmente la modernidad la que se ha interesado por el Buda histórico), limpiaremos su relato de muchas hipérboles mitológicas e interpolaremos algunas consideraciones históricas y referencias al contexto social y religioso de su época. No pasemos por alto que su vida y su mensaje no brotan de la nada. Y para muchos seguidores modernos –sobre todo de Occidente–, la dimensión "humana" del Buda, es decir, el maestro compasivo que enseña cómo lidiar con las dificultades en el camino hacia la iluminación, es la que realmente sirve de modelo y patrón con el que identificarse. (Esta es, además, la visión favorecida por los textos más antiguos del budismo, donde los aspectos mitológicos están subordinados a unos protagonistas muy humanos.) Soy consciente, sin embargo, de que con esa estrategia podemos distanciarnos de la religión tal y como la ha vivido y la vive la inmensa mayoría de devotos asiáticos. Por ello no vamos a higienizar al cien por cien el recuento y buscaremos un término medio. De esta forma podemos mantener la potencia narrativa que posee su historia y no caer en la imagen modernista de un budismo estrictamente analítico y pragmático.* Y es que su leyenda es un

---

* Muchas interpretaciones modernas del budismo sostienen que el Buda enseñó una doctrina muy racional y pragmática. Con los siglos, sus exaltados seguidores fueron añadiendo episodios míticos, supersticiones y prácticas devocionales y la tradición fue osificándose en instituciones "religiosas".

verdadero compendio de las enseñanzas, los valores, la filosofía y hasta de las prácticas budistas. Las historias asociadas a la vida del Buda no son anecdóticas. Expresan el misterio y asombro de la existencia, el propósito de la vida y la naturaleza de la realidad. Plasman aquello en lo que el Buda llegó a convertirse para sus admiradores. (Conviene tener esto siempre presente: todo lo que sabemos sobre la figura del Despierto proviene de lo que décadas y siglos después sus seguidores escucharon o creyeron saber de él.) Conocer su "vida" es la mejor y la más amena forma de entender su mensaje. La leyenda de cómo el príncipe Siddhartha devino el Buda constituye uno de los más bellos relatos –que nos ha llegado en forma de *sutras*, hagiografías, cuentos, pinturas, bajorrelieves, esculturas, ritos o festivales– del mundo.

Dicha leyenda se adecua a un patrón muy recurrente en las figuras de santos, yoguis y sabios de la India. Este modelo se basa en doce momentos significativos y auspiciosos, pero que en este libro resumiremos a la mitad.

---

Esta visión, empero, delata ante todo el ángulo de visión de los intérpretes. Es una proyección de actitudes modernas sobre un pasado que, en verdad, estaba bastante más saturado de lo sobrenatural, lo poético y lo mítico de lo que hasta hace poco imaginábamos.

# 2. El príncipe Siddhartha

La vida del príncipe Siddhartha Gautama refleja el camino que todo *buddha* transita en su última existencia. Este aspecto es importante a retener. Porque, a diferencia del relato del Cristo, el del Buda cuenta que ha habido otros *buddhas* y han transcurrido muchas existencias.

Un *buddha* es alguien que ha despertado del sueño de la ignorancia y ha recorrido la senda que conduce a la liberación. Es aquel que ha comprendido: un *despierto*. Algunos incluso afirmarían que es el universo percatándose de sí mismo.

Las tradiciones clásicas entienden que el camino que conduce a ese despertar requiere de infinidad de existencias. En el contexto religioso índico y de la mayor parte de Asia, la presente vida es solamente una dentro de una cadena. Los popularísimos *jatakas* ("Relatos de los nacimientos previos"), de los que conocemos varios centenares, son textos que se explayan en narrar las historias de las vidas anteriores del Buda. (Muchos son cuentos populares indios debidamente budizados.) Estos recuentos han tenido gran importancia como fuente de entretenimiento y forma de aleccionar sobre los principios esenciales del budismo: el cultivo de la generosidad, la retribución kármica, la amistad, etcétera. Poseen una fuerte carga pedagógica. En muchos países del Sudeste Asiático, por ejemplo, el relato de su existencia bajo la guisa del generoso príncipe Vessantara rivaliza en popularidad con el del propio príncipe Siddhartha [véase Fig. 2].

La "historia" del Buda, pues, suele comenzar mucho antes de nuestra era. Se inicia hace eones, cuando el asceta Sumedha encuentra al *buddha* Dipamkara, el primero de los *buddhas* del presente ciclo cósmico. Sumedha se afana en cultivar las grandes "perfecciones" (*paramitas*): la sabiduría, la generosidad, la paciencia, la contemplación, el esfuerzo y la honestidad. La habilidad y perseverancia en estas perfecciones siembra la semilla del "propósito de despertar" (*bodhichitta*) para el bien de todos los seres. Esta es la actitud propia de todo *bodhisattva*, es decir, de "aquel que va a devenir un *buddha*" (Theravada) o "quien aspira al despertar" (Mahayana).

La maestría de estas perfecciones durante incontables existencias conduce a un penúltimo nacimiento en Tushita, uno de

**FIGURA 2:** Escena de un *Vessantara jataka* tailandés. Muestra cuando el príncipe Vessantara dona su carruaje. Pintura sobre tela, 1920s-1930s. Baltimore, EE.UU.: Museo Walters Arts. (Foto: Wikimedia Commons).

los cielos de la cosmología tradicional budista, justo aquel en el que renacen los futuros *buddhas*. Según algunas versiones, el *bodhisattva* toma la "gran resolución" de proclamar una vez más el camino que conduce al despertar a esta humanidad. (Nótese, sin embargo, que no es una proclama de un ser divinamente escogido o enviado de ningún Dios.)

## Nacimiento y juventud

Cuentan las hagiografías que el *bodhisattva* entra en el embrión de Mahamaya (o Maya), esposa de Shuddhodana, jefe del reino Shakya (o Sakiya), un pequeño principado del valle del Ganges, en lo que hoy sería la frontera entre Nepal y el estado indio de Bihar.

Mahamaya tiene los sueños premonitorios propios de cuando se avecina un nacimiento excepcional. Los consejeros del reino lo confirman. Significativamente, el príncipe Siddhartha nace –tras un plácido embarazo– en la clase de los reyes, nobles y guerreros (kshatriyas) y no en la de los sacerdotes y hombres de sabiduría (brahmanes), si bien su nombre de linaje, Gautama, delata cierto pedigrí brahmánico. Las hagiografías se explayan en las maravillas que acompañan a un nacimiento tan auspicioso y fuera de lo común: el niño sale por su propio pie del flanco derecho de Mahamaya, sin herirla; da siete pasos y proclama:

> «He nacido para la sabiduría suprema, para el beneficio del mundo. Este es mi último nacimiento.»[1]

Y el universo entero se inunda de júbilo.

En tono más prosaico, las fechas de nacimiento y muerte que los historiadores barajan con más frecuencia son el -563 y el -483 respectivamente, dado que existe consenso en que vivió 80 años. Pero cada vez hay más expertos que se aventuran por fechas algo más recientes, quizá entre el -520 y el -440, y hasta el -480 y el -400. Téngase presente, no obstante, la precariedad de la datación en la antigua India. Hay budólogos que barajan una fecha tan antigua como el -624 para su nacimiento (fecha "oficial" para el budismo Theravada), mientras que otros –siguiendo la cronología india y no la cingalesa– lo establecen en el -448.

Siddhartha nace durante la luna llena del mes de *vaisakha* (mayo) en los jardines de Lumbini, una propiedad de la familia de su madre, donde esta recaló al salir de Kapilavastu, capital del reino Shakya, para dar a luz en su hogar paterno. Hoy, Lumbini –en la inhóspita región del Terai nepalí– es uno de los cuatro lugares sagrados o *tirthas* asociados a la vida del Buda, destino para peregrinos y turistas de todo el mundo. Ante la falta de certitudes arqueológicas, la paternidad de Kapilavastu se la disputan Tilaurakot en Nepal y Piprahwa en India, separadas por una docena de kilómetros a cada lado de la frontera.

Como debía ser costumbre entre los shakyas, Shuddhodana realiza con el recién nacido los ritos pertinentes ante la diosa Abhaya, la divinidad protectora del clan. Mientras, en las laderas del Himalaya, dícese que el sabio Asita se apercibe de que un nacimiento fuera de lo común ha tenido lugar y decide ir a ver al infante a Kapilavastu. Al alzarlo en brazos comprueba maravillado una a una las 32 marcas de todo "gran hombre" (*mahapurusha*), aquellas que solo poseen o un monarca universal (*chakravartin*), que gobierna sobre los cuatro cuadrantes del mundo, o un despierto (*buddha*): la protuberancia en la cabeza, grandes lóbulos, una complexión luminosa y un cuerpo bien erguido, un mechón de pelo en el entrecejo, largos dedos, unos profundos ojos de color azabache, etcétera. Asita exclama: "¡Es el incomparable!"; y luego llorará al saberse demasiado viejo para escuchar la doctrina que el Bienaventurado predicará. Para infortunio del rey (que se regocijaba con un heredero al trono), Asita certifica que la soberanía que alcanzará Siddhartha no será el poder mundano, sino el conocimiento que es indiferente a los placeres humanos.

Como todo futuro *buddha*, posee las 37 condiciones para el despertar: la energía heroica, la ecuanimidad, la paz interior, etcétera. Recibió el nombre de Siddhartha ("El que logra su propósito"), al que suele añadirse el de su linaje o *gotra*, que funciona al modo de un apellido: Gautama. Su madre Mahamaya murió una semana más tarde, dicen que incapaz de soportar la alegría que le causaba haber portado y dado a luz a un ser tal. El niño fue criado por Mahaprajapati, hermana menor de Mahamaya, que al desposar luego al rey Shuddhodana, se convertirá en tía y madrastra del niño.

Aunque históricamente tampoco sabemos nada –absolutamente nada– del período de infancia y juventud, la leyenda del Buda cuenta que Shuddhodana trataba de escurrir la profecía de Asita. Con tal de que su hijo no renunciara al trono –y dejara el reino Shakya a merced de sus enemigos–, lo tenía casi permanentemente recluido en palacio y rodeado de lujos. Los criados eran siempre jóvenes, las flores nunca estaban marchitas, disponía de un harén de doncellas, sabrosos manjares, buena música, etcétera. Se trataba de evitar que el príncipe sintiera la caducidad, la tristeza o la fealdad de la existencia. Metafóricamente, puede considerarse el palacio de Kapilavastu como la prisión de la ignorancia.

Dicen que recibió la educación pertinente a los de su rango: artes marciales, tiro al arco, equitación, música, danza, canto, interpretación de los sueños y hasta ¡el lenguaje de los pájaros! Las hagiografías nos hablan de múltiples anécdotas de juventud, en las que destaca por su valentía e inteligencia, ya fuera por su pericia en la arquería, la maestría en el ajedrez o su conocimiento de los *vedas*, las enseñanzas sagradas. La imagen que se nos presenta es la de una vida principesca en sus residencias palaciegas de Kapilavastu. Pero, a la vez, se dibuja la imagen de un joven que va mostrando cada vez más aversión por los placeres y lujos que le rodean. Aunque posiblemente el reino Shakya no pasaría de ser una modesta república tribal encabezada por Shuddhodana, los recuentos siempre dibujan una juventud "kshatriya", esto es, de noble príncipe, rodeado de todo tipo de lujos. El trasfondo queda claro: cuanto más se tiene, más formidable parecerá la renuncia. Como todo hindú de pro a los 16 años fue desposado –o acordado su matrimonio– con la hermosa y discreta Yashodhara. (Otras fuentes sitúan sus nupcias hacia los 27 o 28 años.)

## El contexto social y político

Hoy sabemos que, en efecto, el reino Shakya era una pequeña "república" tribal que –como las de Vrijji, Malla, Koliya o Kalama– tomaba su nombre de la etnia y clan que lo componía. A diferencia de los grandes reinos, las pequeñas confederaciones tribales como la de los shakyas –en un talante similar al de las ciudades-Estado de la Grecia antigua– estaban dirigidas por asambleas democráticas (*gana-samghas*) controladas por algunos linajes nobles, como el de los Gautama. Shakya era un Estado periférico, mucho más insignificante de lo que la literatura budista da a entender, constituido por unas 500 familias, poco impregnado de la ideología y la religiosidad de los brahmanes. Seguramente, los shakyas eran adoradores del sol, los duendes de la vegetación y los espíritus semidivinos (*yakshas*), que veneraban en pequeñas capillas o santuarios (*chaityas*), si bien podían recurrir a sacerdotes y astrólogos de casta brahmán para ciertos sacramentos. La "república" Shakya era vasalla del poderoso reino de Kaushala; a su vez, rival del pujante reino de Magadha, situado algo más al este (alrededor de la actual ciudad de Patna), y que, a la postre, se convertiría en el primer gran imperio indio.

Posiblemente, el cargo de "jefe" en estas repúblicas tribales sería electo y no hereditario (lo que pone en cuestión que Siddhartha fuera el heredero al trono). Shuddhodana no pasaría de ser el "jefe" de la asamblea de los shakyas. Como sea, la república Shakya no jugó nunca un papel destacado en la historia india. Algo que atestiguarían los peregrinos chinos, siglos más tarde, decepcionados por la desolación del lugar donde había nacido y crecido el incomparable Shakyamuni. Está claro que las condiciones de vida que disfrutó el joven Siddhartha poco tendrían que ver con los lujos y fastos descritos en la literatura hagiográfica.

Los siglos -VI y -V son de extraordinaria importancia en la historia del Sur de Asia. Nacen los primeros Estados (se habla siempre de dieciséis), en permanente tensión y guerra entre sí [véase FIG. 3]. Es también allí, en el curso medio y bajo del Ganges, donde se transita de la sociedad seminómada y tribal de los clanes védicos a una sociedad urbana, sedentaria, agraria y mercantil. El incremento de la población (y la densidad demográfica) es notorio. La agricultura conoce un auge formidable. El desarrollo de la economía es espectacular, el comercio se expande de forma considerable, aparece la moneda, las comunicaciones mejoran, los ejércitos aumentan, etcétera. Las grandes urbes de la cuenca del Ganges son, además, importantes centros religiosos y de aprendizaje. La complejidad del ritual –dirigido por los sacerdotes de las castas de brahmanes– es impresionante. Las nociones de realeza y del arte de gobernar se sofistican. Aparece –o reaparece, ya que había existido durante la ya olvidada civilización del Indo– la escritura. El desarrollo de la vida urbana, la especialización económica y las nuevas monarquías conllevó una nueva conciencia de la *individualidad* (y del sentido de aislamiento que comporta). Es importante señalar que el budismo difícilmente habría podido cuajar de no haberse dado estas hondas transformaciones socioeconómicas. Aunque, como

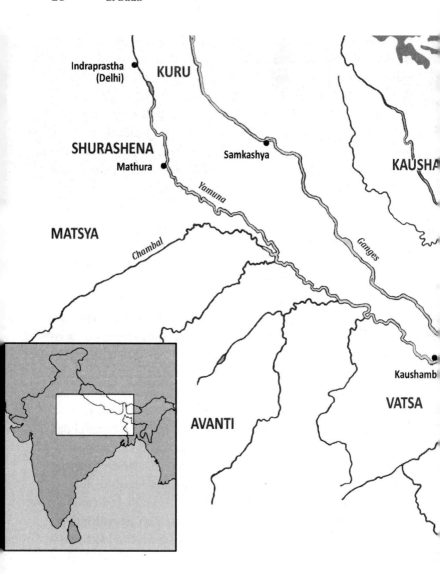

**FIGURA 3:** Mapa del valle del Ganges en tiempos del Buda con los lugares relevantes asociados a su vida y al budismo antiguo. (Fuente: Agustín Pániker).

HIMALAYA

SHAKYA    Lumbini

vasti

Kapilavastu

Pava

Saketa
(Ayodhya)    MALLA

Kushinagara    *Gandak*

MITHILA

*Gogra*

VRIJJI

Vaishali

KASHI

abad)

Sarnath    Pataliputra
(Patna)    *Ganges*    ANGA

Varanasi
(Benarés)    Nalanda    Champa
Rajagriha

*Shona*    *Nairanjana*

Bodh-Gaya    MAGADHA

Escala:
0    50    100 km

es obvio, no podemos reducirlo únicamente a estos factores, sin el superávit de riqueza de la nueva sociedad gangética no habrían podido mantenerse órdenes mendicantes no productivas como la jainista o la budista.

De hecho, puede detectarse que el centro de gravedad de la sociedad y la economía india se está desplazando hacia allí, hacia lo que hoy es el este de Uttar Pradesh, el estado de Bihar y parte de Bengala. Fue en este cambiante contexto social, económico y político donde se inscribió la vida del Buda. Aunque en su época esa zona baja del Ganges probablemente sería considerada una "periferia" por el *establishment* brahmánico, es evidente que era una zona mucho más abierta a la innovación y a un mensaje nuevo para un mundo en rápida transformación. El "centro" de la ortodoxia se sentía todavía en el Punjab, la patria del sánscrito y los *vedas*, la tierra donde se llevan a cabo los inmemoriales sacrificios a las divinidades, dirigidos por los brahmanes y financiados por los monarcas.

# 3. El *shramana* Gautama

Los textos utilizan una hermosa parábola para mostrarnos el impacto que la contingencia y la caducidad produjeron en el joven Siddhartha. Acompañado de su auriga Chandaka (o Channa), un día el príncipe decidió hacer una expedición fuera de palacio. Al enterarse, el rey ordenó que se eliminara de los caminos todo rastro de fealdad o motivo de malestar; pero no pudo evitar que en una primera salida se toparan con un anciano decrépito. Impresionado por el repentino encuentro con la cruda realidad, Gautama descubrió por boca de Chandaka que todos los seres estamos condenados a envejecer, perder la memoria, la belleza y el coraje. En una segunda expedición dieron con un enfermo, tembloroso por la fiebre. De nuevo, Chandaka le comunicó que ese mal es inherente a la existencia. Shuddhodana empezó a temer que las profecías sobre el destino de su hijo no iban mal encaminadas. De modo que organizó una tercera salida con la que cambiar el preocupado semblante del príncipe. En las afueras de la ciudad, empero, se cruzaron con un cortejo fúnebre que llevaba un cadáver al crematorio. Gautama conoció que la muerte es el inexorable destino final de la vida. Las tres imágenes del envejecimiento, la enfermedad y la muerte son metáforas de *duhkha*, un concepto que suele traducirse por sufrimiento, dolor, contingencia o insatisfacción. Son asimismo símiles de *anitya*, la transitoriedad y caducidad de la existencia. Gautama quedó profundamente impactado al sentir que él también iba a envejecer, enfermar y morir.

En una cuarta salida, sin embargo, Gautama atisbó en un bosquecillo a un hombre de intensa mirada y semblante sosegado. Únicamente portaba una túnica, un bastón y un cuenco para mendigar. Era un *shramana*, un hombre santo. Chandaka le informó que ese sabio había renunciado al mundo y anhelaba la paz interior. A partir de ese momento, la historia del Buda vira de forma drástica hacia la *renuncia*.

Naturalmente, la historia de las salidas de palacio forma parte del material hagiográfico tardío, pero ilustra a la perfección el punto de partida de la senda budista: la percatación de la vulnerabilidad, contingencia y finitud del ser humano.

La tentación (que en el budismo toma la forma mitológica de Mara, el "Señor del deseo") de quedarse en palacio y seguir una vida convencional –de ritos y placeres– de espaldas a la realidad era grande. Pero Gautama hizo caso omiso a las arengas de su padre y, esa noche de plenilunio, decidió partir. Aunque su primer impulso había sido el de quedarse con su esposa y su hijo recién nacido, más fuerte era el anhelo de libertad.*

Había decidido renunciar a la vida guiada por el cumplimiento de los deberes, la repetición ciega de la tradición condicionada por la ignorancia, el sufrimiento y la finitud. Este aspecto debe tenerse siempre presente. El mensaje que nos transmite la leyenda del Buda no se reduce a su "iluminación" y a la prédica del Dharma. Su historia muestra el coraje de quien renuncia a la seguridad del hombre-en-el-mundo y, en lo que se conoce como "noble búsque-

---

* El nacimiento de su hijo Rahula facilita las cosas. Renunciar al mundo sin haber dejado un heredero y sin haber pagado las "deudas" rituales con los antepasados habría sido mal considerado. Al menos, así ha querido verlo la tradición.

da", se abre a lo desconocido. Despertó a Chandaka, ensillaron a Kanthaka, su caballo favorito, y, al girar la mirada hacia el lugar donde habían transcurrido su infancia y su juventud, prometió no regresar hasta que no hubiera encontrado la forma de liberarse del sufrimiento y haber puesto fin a la condición de *duhkha*. En el bosquecillo de los eremitas se deshizo de sus vestimentas y se rapó el cabello: marcas de su nuevo estatus renunciante. Tenía 29 años.

## Los *shramanas*

Gautama se convirtió en un "asceta itinerante" o "renunciante" (*sadhu, parivrajaka, shramana, muni, samnyasin, bhikshu*...), una figura de hondísimo calado en la India.

El renunciante es alguien que ha dejado todas sus posesiones, ha abandonado el ritual (doméstico, de casta, público...) y ha renunciado al beneficio kármico que su cumplimiento le pudiera reportar. Téngase en cuenta que en India la vida del hombre-en-el-mundo ha estado siempre repleta de sacramentos (nacimiento, tonsura del cabello, iniciación, matrimonio...), ritos (a las divinidades, los antepasados, culto en el templo, festivales...) y tabúes rituales (alimentarios, de interacción con otras personas...) que se pasa el día cumpliendo. El renunciante rompe precisamente con el engranaje laboral, social, familiar y ritual. Todavía hoy, muchos *sadhus* hindúes realizan su propio sacramento funerario cuando toman la renuncia plena (y son considerados legalmente "muertos").

Solo o en compañía de otros renunciantes, el *shramana* persigue el camino que le lleve a la genuina libertad, que llamarán *nirvana*, *mukti*, *moksha* o *kaivalya*, se defina esta meta como la realización de lo Absoluto, el más allá de la muerte, el cese de la ignorancia, la prístina solitud, la dicha suprema, la unión con Dios, la liberación del ciclo de las transmigraciones, etcétera. La sociedad india siempre ha concedido que existen múltiples senderos para alcanzar la ultimidad.

Sabemos, en efecto, que la antigua India generó numerosas corrientes de renunciantes y ascetas itinerantes que anhelaban la liberación de la ignorancia y el infinito ciclo de las transmigraciones. La corriente en la que se enmarca el Buda ha de insertarse en los movimientos genéricamente llamados "shramánicos" (de *shramana*, "esforzado"). Entre estos, destacarían los nirgranthas (más tarde conocidos como jainistas), los ajivikas (de orientación determinista), los ajñanikas (agnósticos y escépticos), los charvakas (materialistas) o el movimiento que precisamente él daría forma, el de los bauddhas (también apodados shakyas, y que, con los siglos, cristalizará en el fenómeno que hoy llamamos "budismo"). Algunas de estas corrientes se entregaban a arduas prácticas ascéticas, otras estaban centradas en formas de meditación y las había que tenían un carácter más filosófico o sofista. Como los *sutras* budistas y jainistas nos han reportado, los debates filosóficos entre estos sabios y maestros espirituales eran comunes. El punto esencial que distingue a los *shramanas* de otros movimientos de renunciantes era su oposición abierta al aparato ritualista-clerical, centrado en el sacrificio (*yajña*) y en la autoridad de los *vedas* y las castas sacerdotales (brahmanes).

En esa época empezaba a tomar forma en el norte de la India la división de la sociedad en diferentes castas y clases, con la de los brahmanes en la cúspide ritual y ejerciendo cierto monopolio en la religiosidad pública. Esta religión hegemónica es la que *a posteriori* llamamos "védica", dado su fundamento en los *vedas*: unas colecciones de himnos para ser recitados en los sacrificios (como la famosa antología del *Rig-veda*), especulaciones acerca del significado de los ritos y las enseñanzas místicas que ahondan en las equivalencias entre el microcosmos y el macrocosmos (uno

de los temas preferidos de las *upanishads*). Este inmenso material
espiritual se transmitía de boca en boca a través de sofisticados
métodos mnemónicos. La idea central del vedismo era que los
ritos –públicos o domésticos– mantenían tanto la armonía social
como la armonía cósmica (hasta el punto de que, como se escucha
en un antiguo texto védico, el sol no se levantaría si el brahmán
no hiciera en la madrugada el sacrificio al fuego). Esa congruencia
más tarde sería designada como *dharma*.

Dada la centralidad de los brahmanes en la religión védica
(tanto por su papel de sacerdotes, el de transmisores y custodios
del conocimiento sagrado, por sus indagaciones espirituales en
el significado del sacrificio, como por su compleja asociación con
las monarquías), no es infrecuente designar este núcleo religioso
e ideológico como "brahmanismo"; pero lo cierto es que nunca ha
poseído –ni pretendido poseer– demasiada homogeneidad.

La alianza entre reyes y brahmanes, urdida a lo largo del ex-
tenso período védico, no obstante, empezaba a ser turbada por
los movimientos shramánicos, que deben enmarcarse con este
horizonte socioespiritual de fondo. Al negar toda autoridad a los
textos védicos y a sus custodios (los brahmanes), y al sospechar
del ritualismo aldeano que acaba por hacer del *dharma* un mero
cumplimiento del deber ritual, los *shramanas* se convierten en
personas y movimientos con un plus de disidencia y heterodoxia
(desde el punto de vista de los brahmanes, claro). Algunos siglos
más tarde, hacia el -300, el famoso Megástenes, embajador griego
en la corte de Pataliputra, dividía a los pensadores indios justamente en estos dos grupos: los *bracmanes* y los *sarmanes*.

Como muestra una comparación entre jainismo y budismo (los
dos movimientos shramánicos más importantes), ambos utilizan
terminología y análisis muy similares, en especial la secuencia de
un ciclo de renacimientos condicionado por el karma y que solo

se detiene con la liberación, comparten una organización monástica casi idéntica (llamada por ambos Samgha, que significa "asamblea"), se fundamentan en los mismos valores éticos y hasta las hagiografías de sus líderes son virtualmente intercambiables. Ambos se inician en esas "repúblicas tribales" (Vrijji y Shakya, respectivamente), menos inclinadas hacia el brahmanismo ortodoxo. Debido a su localización en el curso bajo del Ganges, hay quien los inserta en lo que sería una cultura religiosa propia de la región de Magadha.

Los renunciantes crean una sociedad paralela, a la que se entra por la iniciación; una fraternidad que se fundamenta en una serie de reglas de conducta y de moral (como la no violencia, la desposesión o la castidad) y despliega una serie de símbolos de identidad o de secta (como marcas en la frente, objetos emblemáticos, vestimentas, peinados, tonsuras, etcétera); una agrupación en la que la autoridad recae en la experiencia o el carisma del santo, iluminado o sabio (y menos en una intemporal revelación textual). En realidad, con estos movimientos de renunciantes estamos asistiendo al nacimiento del monaquismo. (Más tarde, vía el maniqueísmo, algunos aspectos del monaquismo índico influirían en la tendencia sirio-cristiana al monacato.)

Muchos de los valores y prácticas de estos grupos eran compartidos incluso por los movimientos de renuncia mejor ubicados en las corrientes brahmánicas. Por tanto, en términos históricos, tampoco deberían trazarse fronteras demasiado fijas entre renunciantes brahmánicos y shramánicos. Como muestran filosofías como el Samkhya y el Yoga, o las enseñanzas gnósticas e iniciáticas de las *upanishads* (corrientes hoy adscritas al tronco brahmánico), todas comparten multitud de elementos y simbología con las enseñanzas shramánicas del jainismo o el budismo. Por eso encontramos yoguis entre los brahmanes y entre los *shramanas*. Algunos sabios brahmánicos habían abandonado el rito exotérico en favor de un ritual esotérico. El fuego sacrificial pasó a ser el *prana* o aliento de la respiración interior. Los cielos del cosmos espejeaban los trances yóguicos. La inmortalidad anhelada en el vedismo antiguo se transformó en la liberación (*mukti*). La reforma del ritual iniciada por los sabios brahmánicos de las *upanishads* (ya pavimentada por los poetas-videntes o *rishis* que siglos atrás habían dado forma al *Rig-veda*) dio paso nada más y nada menos que al descubrimiento del mundo interior; a la introspección.

Dicho de otra manera: en el momento en que el *shramana* Gautama se embarca en su búsqueda espiritual, la religión védica está en plena transformación. De hecho, puede conceptualizarse el universo de las *upanishads* (muy activo entre el -800 y el -300) como un giro en el pensamiento y la práctica de la religiosidad védica; un cambio de orientación que logró reunir las corrientes ritualistas del *establishment* brahmánico con las corrientes yóguicas y místicas de grupos periféricos. No en vano la tradición hindú asimismo ensalzará la figura del renunciante (*samnyasin*), centrado en la indagación en el espíritu (*atman, purusha*) y el mundo interior. Esta figura relativiza el ritual mágico y, en compañía de un pequeño grupo de iniciados, busca la trascendencia indagando en los recovecos y misterios de su naturaleza íntima.

En ningún caso hay que considerar el budismo como una "reforma" del brahmanismo o el hinduismo. Esta fue, dicho sea de paso, una de las primeras construcciones colonialistas u "orientalistas" del budismo. Proyectando las nociones abrahámicas de religiosidad sobre la antigua India, los primeros budólogos e indianistas occidentales entendieron que Siddhartha Gautama fue una especie de "Lutero", un reformador que protestó ante el ritualismo y el casteísmo del hinduismo. (El tropo se ha replicado con insistencia hasta la actualidad. Muchos apologetas occidentales del budismo no

cesan de exagerar las diferencias con el hinduismo de corte brahmánico, que siempre aparece descrito en términos muy negativos:
una religión dominada por un clero tiránico, que tiene controlada
la sociedad bajo los tabúes de casta, las supersticiones, la patriar-
quía, el ritualismo y una onírica filosofía absolutista.) Cuando lo
cierto es que en aquellos tiempos ni siquiera existía una religión
institucionalizada llamada "hinduismo" (sino una compleja red de
prácticas, creencias y textos que gravitaban alrededor del vedismo, el brahmanismo y la religión popular, a partir de los cuales,
siglos más tarde, se coagulará eso que hemos convenido en llamar
"hinduismo"). Es incuestionable que los movimientos shramánicos
despliegan un talante bastante anticlerical, pero su relación con
la tradición védica se asemeja más a la de la primitiva disidencia
cristiana respecto a una matriz judía que no a ninguna "reforma"
de una religión preestablecida.

Aunque el budismo se extenderá por todo Asia, en sus orígenes
es ciento por ciento índico, nacido como respuesta a inquietudes
espirituales típicamente indias. La mayoría de las enseñanzas del
Buda –incluido su talante pragmático, introspectivo y escéptico–
pueden derivarse de la cultura intelectual y espiritual de su tiempo. Las ideas de karma, transmigración o liberación, por ejemplo,
aún con las lógicas diferencias interpretativas, forman parte de
una común visión *índica* de la realidad. El mensaje del Buda no
brota de la nada. El renunicante brahmánico y el *shramana* comparten un mismo *ethos*. Los *sutras* budistas apremian a abandonar
los sangrientos sacrificios de animales –típicos de la religiosidad
védica– y alientan –igual que los maestros de las *upanishads*– el
sacrifico interior bajo la forma de la renuncia a la vida de hombre-
en-el-mundo.

A la vez, y tomando ahora un marco de referencia más amplio,
los movimientos shramánicos y de las *upanishads* son paradigmáti-

cos de lo que ha venido a llamarse "era axial" (una noción que no es del agrado de todo el mundo, pero válida para un recuento didáctico como el nuestro): cuando en distintos lugares del Viejo Mundo –entre el -800 y el -200 aproximadamente– grupos de personas (renunciantes, sofistas, filósofos, profetas, monjes y hasta avatares divinos) abandonan su posición social y las tradiciones que han recibido por herencia para dedicarse –normalmente en el marco de una academia o grupo iniciático– a un objetivo más allá de la capacidad humana: la liberación, el paraíso, Dios, la salvación, el *atman*, el Ser, el nirvana, el *dao*, etcétera. La mayoría de pensadores axiales –y con los de la India claramente en vanguardia– relativizó las doctrinas metafísicas y los rituales exotéricos para centrarse en el mundo interior y el comportamiento. Esta nueva orientación espiritual –común a China, India, Persia, Israel o Grecia– supone una apertura de horizontes decisiva, cuando se abandonan formas más étnicas o locales de conducta y pensamiento religioso.

## Con calmos yoguis y severos ascetas

Tras la renuncia, Gautama pasó una semana meditando en solitario. Consciente de su inexperiencia fue en busca de algún maestro entre los brahmanes, yoguis y eremitas. Hasta recalar en el reino de Magadha.

Cuentan que el primer maestro del joven *shramana* Gautama fue Alara Kalama –presumiblemente un sabio samkhya– muy conocido en la región. Pero lo rechazó al poco tiempo para unirse al célebre Udraka Ramaputra, un maestro –quizá un yogui upanishádico– que enseñaba formas de contemplación pura. (Nada nos hace pensar que estas dos figuras no fueran personajes históricos.) A pesar de que Udraka lo situó como un igual y hasta le propuso dirigir su escuela en las cercanías de Rajagriha, su enseñanza tampoco le cautivó y Gautama prosiguió su búsqueda espiritual en solitario.

Aunque descartara estas vías, está claro que el Buda integraría ideas y técnicas de sabios shramánicos; y de vías espirituales como el Samkhya o el Yoga antiguos, hoy consideradas soteriologías –o caminos de liberación– hindúes. (El hecho de proclamar que practicó y, finalmente, desechó estos sistemas, es asimismo una manera propagandística de subordinarlos, como se explicita en textos tardíos.) Se dice que con estos maestros Gautama aprendió y logró alcanzar trances meditativos (*dhyanas*) muy profundos, hasta «la esfera de ni percepción ni de no percepción».[2] Se trata de prácticas e ideas comunes entre grupos de sabios, ascetas y yoguis de la antigüedad, que compartían la noción de que la liberación se alcanza por la supresión de las actividades de la mente. De ahí que el objetivo de la senda se denomine *nirodha-samapatti*, o sea, el "estado de cesación". Avancemos que estos trances serán integrados en el camino budista (en el último ramal del "óctuple sendero") como parte de la genuina vía hacia el despertar.

Relativizadas las vías yóguicas, durante los siguientes seis años Gautama optó por entregarse a una práctica ascética muy rigurosa, seguramente al estilo de los nirgranthas (jainistas), quizá el grupo shramánico más consolidado de la época y que había hecho de la ascesis (*tapas*) y la no violencia (*ahimsa*) su camino de purificación. Literalmente, *tapas* es el "ardor" o "recalentamiento" generado por las privaciones y mortificaciones. Las tradiciones ascéticas de la India siempre han considerado que ese ardor es capaz de "quemar" las impurezas y turbaciones que nos ciegan y atan a este mundo.

Los detalles que se dan en los *sutras* apuntan a que Gautama practicó con los nirgranthas. Junto a cinco discípulos que había logrado reunir, se entregó con frenesí al ayuno (la práctica por antonomasia del ascetismo indio), hasta convertirse en un cadáver andante. Ganose entonces el título de Shakyamuni, el "asceta de los shakyas". Se exponía al tórrido sol o al frío más intenso, se alimentaba de unos pocos granos de arroz al día y hasta de su orina y excrementos, se entregaba a extenuantes ejercicios de retención de la respiración, dormía sobre un lecho de pinchos, etcétera. (Tampoco nada hace pensar que los recuentos sobre sus años de ascetismo no se hayan fundamentado en el Buda histórico.) Las pastoras que llevaban sus rebaños junto al río Nairañjana lo llamaban el "demonio de polvo".

Aunque el Buda recurrirá en el futuro a largos retiros de control de la respiración en solitario y algunas corrientes posteriores adoptarán ciertas prácticas ascéticas –y puede decirse que el monaquismo budista ha retenido en general las ideas de contención y privación–, parece que las penurias extremas y las mortificaciones no convencieron al *shramana* Gautama. Dice la leyenda que, extenuado tras tantos años de austeridades, Gautama se desplomó. En sueños vio a su madre, que le recordó su excepcional parto; y le exhortó a regresar a la *vida* para cumplir el destino que tenía asignado. Al despabilar, Gautama entendió que «el ascetismo, en sus variadas formas, es sufrimiento».[3] La idea de que la felicidad ha de ser evitada a toda costa y que la senda que conduce a la sabiduría exige la automortificación le pareció errónea. Y se preguntó: «¿Podría existir otra senda que lleve al despertar?».[4]

# 4. El Despierto

Gautama decidió probar un "camino medio", una vía a caballo entre el severo ascetismo practicado durante esos años (con los jainistas y los ajivikas en la mirilla) y la abúlica autoindulgencia de su vida en palacio (con la vista puesta en los materialistas y en el brahmán, que sigue una placentera vida de deberes rituales). Rompió su ayuno al aceptar un caldo de la pastora Sujata y tomó un baño purificador (que simboliza su rechazo a la vía ascética) en el río Nairañjana. La historia de la joven Sujata, que lo confunde primero con un espíritu del árbol, un *yaksha*, añade al relato un toque femenino de calidez. Defraudados, los cinco compañeros de ordalías lo abandonaron.

Sin familia, sin estatus, sin posesiones, sin maestros ni discípulos, aturdido y confundido, se dirigió a un bosquecillo en Urivilva (o Uruvela), no lejos de la ciudad de Gaya. Llevaba seis años buscando en vano. Acababa de cumplir los 35. Por la tarde, preparó un cojín con hierbas *kusha* a la sombra de un *ashvata* (o *ficus religiosa*), o sea, una higuera de Bengala (el árbol que luego llamarán de la *bodhi*, del "despertar"). Sentado en la posición del loto, mirando al este, el *bodhisattva* supo que había llegado al lugar preciso. Tomó el voto de no levantarse hasta haber despertado a la realidad y haber resuelto el problema del sufrimiento.

Pasaron las horas... tres días y tres noches en total. Gautama alcanzó niveles de concentración jamás atisbados por ningún yogui. Y como otros *buddhas* pretéritos antes que él, fue atacado de nuevo por Mara. Literalmente, *mara* significa "el que hace morir" y representa la Muerte (*mrityu*). A la vez, Mara significa el engaño, el deseo y la tentación (no muy distinto del Satán de otras tradiciones); y, por ende, es quien sostiene el samsara o mundo de la ignorancia en perpetuo movimiento. Desde una perspectiva psicológica, Mara es la alegoría de la dificultad en la búsqueda espiritual y hasta de los *kleshas* o turbaciones mentales del buscador. Mara es la *sombra* [véase FIG. 11]. (Y hasta podría argumentarse que, desde un punto de vista biológico, Mara correspondería a nuestros instintos básicos guiados por la selección natural.)

Como señor del "mundo del Deseo" (Kamadhatu), o sea, nuestro mundo, Mara nos tiene sometidos en el apego, las pasiones y la inmoralidad. Sentado en meditación bajo la majestuosa higuera, el *bodhisattva* está amenazando el mismísimo reino de Mara. El Maligno sabe que si Gautama despierta, se convertirá en un *buddha*, en alguien que habrá hallado la forma de emanciparse del deseo y el apego. Y si es inmune a las fuerzas de Mara y muestra el camino de salida del samsara, la Tierra ya no estará bajo control de la Muerte. Un viejo texto, el *Sutta-nipata*, relata una treta significativa: Mara le pide que abandone la búsqueda y siga una vida convencional de ritos y buenas acciones para generar karma meritorio (la tradicional senda brahmánica). La respuesta de Gautama es inapelable: ¿de qué sirve el mérito kármico si se está resuelto a despertar? El mérito podría conducirle a un renacimiento celestial, pero la *bodhi* es el nirvana, la libertad total.

Desalentado, Mara le ataca con los dardos de la pasión. Pero el asceta ya es inmune a los deseos primarios. Le envía entonces hordas de demonios y monstruos tremebundos. Las hagiografías se recrean en las viscosidades y maldades de los ejércitos de la

Muerte. Las lecturas modernas entienden que la lucha contra Mara es una pugna interna, de modo que los ejércitos representarían turbaciones como el miedo, la duda, el orgullo o la torpeza. Gautama se mantiene impávido. Para el *bodhisattva*, las hordas de monstruos son espejismos. Mara opta por despacharle a sus tres hijas, duchas en las artes eróticas, que tratan de seducirlo contorneando sus caderas y mostrándole sus tiernos pechos. Pero ni la música celestial ni los susurros eróticos ni los vendavales y granizos alteran al imperturbable *shramana*. Incontables vidas de práctica entregada lo habían preparado. El *bodhisattva* se mantiene firme en la concentración, absolutamente consciente de la respiración, el cuerpo físico, los sentidos, las emociones, el flujo mental y la consciencia. Capta cómo surgen y actúan las turbaciones (*kleshas*), es decir, cómo funciona el mundo de Mara, representado por los tres "fuegos" o "venenos": el odio, la codicia y la ofuscación. Y, finalmente, los supera.

Para mostrar a la Muerte su inquebrantable determinación, el *bodhisattva* desliza con suavidad su mano derecha hasta tocar con los dedos la tierra, pues la diosa Tierra (Bhumi) en persona, hogar de todos los seres vivos, ha sido testigo de los infinitos actos de sacrificio del *bodhisattva* durante eones cósmicos. La diosa corrobora la superación de los tres venenos y rubrica la victoria del asceta ante el Maligno. Pues «tal es su afinidad con la creación –loa la diosa–, tal el poder físico y mental de sus merecimientos, que no se levantará hasta liberar a las criaturas de los engaños que atan a la mente».[5] Cuando Mara escucha esta represión, sabe que ha perdido la contienda. La iconografía budista simbolizará el momento sublime del despertar con la *bhumisparsha-mudra* o "gesto de tocar la Tierra"; cuando el meditador, en la posición del loto, invoca a la Tierra con su mano derecha como testigo de su despertar y victoria sobre Mara [véase FIG. 4]. En algún lugar del

**FIGURA 4:** Imagen del Buda en *bhumisparsha-mudra*. Bronce laosiano del siglo XVIII. A diferencia de otros gestos o *mudras*, que son compartidos por la iconografía panindia, la *bhumisparsha* es única del budismo. Vientián, Laos: Museo Ho Phra Keo. (Foto: Wikimedia Commons).

cosmos, los dioses se regocijan: "esta noche nacerá un *buddha*".
Asoma la luna llena de *vaisakha* (mayo).

Técnicamente, el cese del deseo y las turbaciones equivaldría
a la iluminación. Pero la mayoría de los relatos coinciden en que,
cuando hablamos del "despertar pleno" de un *buddha* (*samyak-
sambodhi*), eso no es suficiente. La erradicación de las turbaciones
equivale a la purificación; pero el despertar exige comprender las
cosas tal-cual-son. Por ello, los textos cuentan que al caer la noche,
Gautama asciende por trances yóguicos aún más sublimes (trances que, desde un punto de vista menos legendario, posiblemente
llevaría años –y no un mera noche– cultivando). Las tradiciones
budistas se regodearán en los conocimientos excepcionales que
un yogui de este calibre puede desplegar (aspecto importante para
entender el carisma y la reverencia que el Buda tendrá en la mayor
parte de Asia durante siglos y, mucho después, entre los ocultis-
tas de Occidente). Los textos en sánscrito y en pali coinciden, por
ejemplo, en que un *buddha* es capaz de conocer con su "ojo divino"
el karma pasado, presente o futuro de todos los seres, incluidos
sus destinos, sus inclinaciones o sus estados mentales. Como es
natural, el nuevo Buda tuvo la visión de sus incontables vidas anteriores (cuando fue pez, cangrejo, cebú, ganso, elefante, concubina,
mercader o asceta) y reconoció su propio linaje de *buddhas* del
pasado; hasta su existencia en el cielo Tushita, antes de entrar en
el vientre de Mahamaya. A medida que recordaba sus vidas previas
sentía gran cercanía por todos los seres vivientes, con quienes había compartido destino y padecimientos en tantas ocasiones. Más
importante aún: el recuerdo de sus existencias anteriores y los
mecanismos del karma quizá le ayudaron a entender la naturaleza
condicionada y compuesta de nuestra presente identidad.

El despertar pleno requiere, como decíamos, un discernimiento
total. Es una mirada lúcida, una visión de la realidad sin obstruc-

ciones. Por ello, la mayoría de los recuentos señalan que los conocimientos sublimes de vidas anteriores se dieron en las primeras horas de la noche y, por tanto, *antes* de la *samyak-sambodhi*.

Al fin, con la mente calma y sosegada, despliega la visión lúcida que penetra los fenómenos y la naturaleza de las cosas. Gautama medita sobre la experiencia humana hasta captar las leyes que rigen el sufrimiento y el ciclo de las existencias. De madrugada "despierta". Ve las cosas tal-cual-son (*yathabhutam*):

> «Todo lo constituido es impermanente... todo lo constituido entraña sufrimiento... todo es sin entidad.»[6]

Impermanencia (*anitya*), sufrimiento (*duhkha*) y ausencia de entidad (*anatman*) son conocidas como las tres "marcas de la existencia". Hablaremos de ellas en profundidad en la próxima Parte.

Gautama descubre al unísono la ley de causación y originación dependiente (*pratitya-samutpada*). Es decir, captó que cada estado o situación no es sino el efecto de una causa y una condición previa. Entendió que la ignorancia es la causa de que broten nuestros pensamientos, que a su vez generan nuestro contacto sensorial con las cosas, y la sensación origina el deseo, que es causa del apego, condición para que se dé el sufrimiento, la enfermedad, la muerte... y así sucesivamente. Se trata de una visión tan cuerda como profunda. Gautama captó que el deseo y el apego son el principal factor que nos mantiene en la rueda de las existencias. Y entendió que la salida se encuentra en el cese de la ignorancia.

Si todo depende de otros factores y condiciones, entonces, nada posee autonomía plena. Las cosas no acaban en sí mismas, sino que dependen de sus relaciones. Les falta esencia, substancia, identidad. De modo que incluso la continuidad de su propia persona en vidas anteriores fue percibida como una ilusión. El despertar a la realidad tal-cual-es consiste en aprehender la paradoja de que ¡no hay entidad ni esencia personal que despierte! Tremendo. La trascendencia del sujeto implica, por tanto, la trascendencia de la muerte (Mara).

¡Ojo! Gautama no tiene reparos en hablar de *sus* vidas pasadas o recurrir al pronombre personal en primera persona. Como veremos en la próxima Parte, la doctrina del *anatman* (la falta de esencia propia de la experiencia) no rechaza la subjetividad o la individualidad. La insubstancialidad o falta de entidad tiene que ver con la idea de un agente *permanente*, un espíritu eterno o un "Yo" inmutable.

En la hondura de la noche, focaliza su atención en las famosas "cuatro nobles verdades": la verdad del sufrimiento, la verdad del origen del sufrimiento, la verdad del cese del sufrimiento y la verdad del camino que conduce al fin del sufrimiento. Esta última (el "óctuple sendero") constituye el remedio por él utilizado para erradicar la ignorancia y detener los influjos –como el deseo sensual, la sed de existencia y el resto de "venenos" y turbaciones– que nos atan a este mundo. Una vez ha percibido las verdades de forma plena y directa, se libera de la ignorancia, el deseo, la acción apegada y, por ende, del renacimiento. Toma consciencia de su libertad:

> «¡Mi nacimiento ha concluido, mi esfuerzo ha sido consumado, lo que tenía que hacerse ha sido hecho, nunca más volveré a nacer!»[7]

Deviene el Despierto, el Buda.

Esta experiencia epistémica y vivencial, la *samyak-sambodhi* o "despertar total e insuperable", constituye el núcleo de la espiritualidad que con los siglos llamaremos "budismo". No se trata de un estado particular de consciencia ni de un destello de sabiduría.

**Figura 5:** El Buda en meditación (*dhyana-mudra*) en el "área del despertar", protegido por la serpiente (*naga*) Mucalinda. Estilo jemer, siglos X-XI. Singapur, Singapur: Museo de Civilizaciones Asiáticas. (Foto: Agustín Pániker).

El propio Buda hablará más bien de un proceso. De un proceso gradual que culmina años –y hasta existencias– de búsqueda, frustraciones, aprendizaje, esfuerzo y perfeccionamiento. Un proceso que muestra que uno no puede ser verdaderamente libre si no trasciende los apegos y las trampas de la mente y *ve* la realidad de las cosas.

Los principales conceptos filosóficos del budismo aparecen y quedan entretejidos en el mítico recuento del despertar: el karma, la transmigración (samsara), la iluminación (*bodhi*), el surgimiento condicionado (*pratitya-samutpada*), la realidad del sufrimiento (*duhkha*), la impermanencia (*anitya*), la ausencia de entidad (*anatman*), el deseo (*trishna*), la liberación (nirvana), etcétera.

El Buda permanece siete semanas en el "área del despertar", en lo que hoy es el *tirtha* más sagrado del budismo: Bodh-Gaya. Ha dejado de ser el príncipe Siddhartha o el *shramana* Gautama. Es el Despierto, el *buddha* Shakyamuni o, simplemente, el Buda; y nunca más volverá a renacer en el mundo. Durante esas semanas disfruta del gozo de la liberación y profundiza en su conocimiento de las verdades bajo otros árboles, protegido por Mucalinda, rey de los *nagas*, que lo escuda de una pavorosa tormenta que duró siete días. Como muestran los paralelismos con la iconografía jainista, el arquetipo del sabio que medita bajo el árbol sagrado, que es atacado por las tentaciones mundanales –y protegido por un ofidio–, tiene un hondo calado en la India y se extenderá por toda Asia [véase FIG. 5].

El Buda ha descubierto –o redescubierto– la senda que conduce a la liberación, el camino transitado por los *buddhas* del pasado que asimismo culminaron en el despertar pleno bajo el mismo árbol de la *bodhi*. Mara sabe, por tanto, que el nuevo *buddha* ya ha escapado a su control. Por ello trata de que entre en la extinción final (el *parinirvana*) sin proclamar la doctrina de liberación. El Buda duda.

Ha captado la verdad suprema, pero le parece demasiado sublime y difícil como para que el mundo –cautivo en los apegos– pueda entenderla. Como expresa en uno de los *sutras* más conocidos del *Majjhima-nikaya*:

> «Lo que con tanta dificultad he logrado, ¿por qué darlo a conocer ahora si aquellos que viven en la pasión y el odio jamás vislumbrarán la enseñanza? Lo que va en contra de la corriente, siendo sutil, profundo y difícil de ver, no es visible para el inmerso en la pasión, ni accesible al sumido en la oscuridad.»[8]

Podría convertirse en uno más de esos *buddhas* solitarios, los llamados *pratyekabuddhas*, que completaron la senda, pero no la proclamaron al mundo. El Buda decide permanecer inactivo y en silencio. Y Brahma Sahampati, el más grande de los dioses, exclama: «¡El mundo está perdido!».[9]

# 5. La prédica del Dharma y la organización del Samgha

Dicen las hagiografías que fueron los mismos dioses quienes suplicaron al Buda que revelara su conocimiento. (Lo que implica, dicho sea de paso, la posición subordinada de las deidades.) En la que será conocida como "Súplica de Brahma", la gran divinidad (que, como Mara, también puede concebirse si se quiere como otro aspecto de la personalidad del Buda) le convenció de que existía al menos un cierto número de humanos que podrían salvarse.

La sola sabiduría (*prajña*) le habría llevado al silencio absoluto. Por compasión (*karuna*) hacia los seres atrapados en el sufrimiento, el Buda finalmente decidió proclamar su mensaje. Porque eso es, en definitiva, lo que caracteriza a un *buddha*: enseña.

Puede que el acontecimiento del despertar sea inefable, como sostienen ciertos exégetas budistas y algunos estudiosos de la mística, pero el Buda se entregó con ecuánime afán a comunicarlo. El lenguaje, por tanto, puede ser un medio de liberación. Según las hagiografías, Shakyamuni anunció su decisión de predicar el Dharma con estas palabras:

> «La puerta que lleva a la inmortalidad ha sido abierta; quien tenga oídos que venga a mostrar su fe.»[10]

La tradición cuenta que, una vez resuelto a enseñar, su primera intención fue ir a visitar al sabio Asita en Kapilavastu y a sus antiguos maestros Alara Kalama y Udraka Ramaputra, pero fue advertido de que ya habían fallecido. Casualmente, los primeros "conversos" fueron dos hermanos comerciantes de origen centroasiático con quienes topó Shakyamuni en el "área del despertar". Ellos fueron los primeros laicos (*upasakas*) budistas. Nótese, pues, que algunas tradiciones (aunque no todas) los sitúan antes de que el maestro ordenase a ningún monje. Finalmente, el Buda decidió ir en busca de aquellos cinco renunciantes que lo habían acompañado en sus años de ascetismo. Se encontraban en la ciudad de Kashi (Benarés).

El Buda arribó a la arboleda de Sarnath, conocida también como Rishipatana ("Estancia de los sabios"), en las afueras de Benarés, ya por entonces una ciudad antigua, renombrada como centro de sabiduría y estudio de las tradiciones sagradas. Allí reencontró a sus exdiscípulos, con Kaundinya a la cabeza, que lo recibieron con cierto desdén. Les comunicó que se había convertido en un *buddha* (primera joya) y les pronunció su sermón fundacional, conocido hoy como "Sutra que pone en marcha la Rueda del Dharma" (*Dharma-chakra-pravartana-sutra*) o, de forma más coloquial, "Sutra de Benarés". En el discurso les anunció que el Tathagata (el "Así venido"; el título que con más frecuencia desde entonces emplearía para referirse a sí mismo) había descubierto el "camino medio" entre los extremos de la automortificación y la autoindulgencia; y les comunicó las "cuatro nobles verdades", síntesis de la enseñanza o Dharma budista (segunda joya). Los cinco discípulos quedaron entusiasmados (aunque únicamente Kaundinya se iluminó con el sermón) y recibieron la iniciación como "ascetas itinerantes" o "monjes mendicantes" (*bhikshus*) con una fórmula simple y hermosa: «ven, oh, *bhikshu*».[11] Acababa de nacer el Samgha o comunidad de seguidores del Buda (tercera joya). Un nuevo movimiento shramánico veía la luz; un movimiento que en sus inicios se conocería por designaciones del estilo de "tradición shakya", pero que con el paso de los siglos conoceremos como "budismo". En consecuencia, Sarnath es hoy el tercer *tirtha* asociado a la vida del Buda. La iconografía del Buda haciendo girar con su mano la "Rueda del Dharma" es la asociada a este momento sublime del nacimiento de la comunidad y prédica de la enseñanza [véase Fig. 6].

Desde este momento hasta su fallecimiento o *parinirvana*, acaecido unos 45 años más tarde, los textos más antiguos dejan un vacío que en siglos posteriores resultará muy fértil para atribuirle todo tipo de enseñanzas (o para especular sobre su "silencio"). Por los *sutras*, empero, puede inferirse que el Buda predicó sin descanso durante muchos años. Y si uno lee los sermones, se puede captar a la perfección que debió ser un maestro fuera de serie.

Se dice que después de su segundo discurso (una memorable arenga sobre la impermanencia y la ausencia de "yo") los cuatro monjes restantes alcanzaron también el nivel del *arhat*; es decir, de aquellos que han destruido todos los obstáculos para el despertar.

El siguiente *bhikshu* sería Yashas, hijo de un rico mercader. Su padre se convertiría en miembro laico y mecenas de la comunidad. Día tras día, después de escuchar algún sermón, docenas de personas se unían a la orden de mendicantes. Una vez el Samgha tuvo sesenta *bhikshus*, el Buda les apremió para que ellos también partieran a predicar el Dharma:

> «Id monjes y viajad, plenos de compasión, para el bien y la felicidad de la gente... y enseñad el Dharma.»[12]

Los recuentos de la vida del Buda mencionan las numerosas conversiones y apoyos recibidos por reyes y grandes magnates. En Rajagriha, capital del poderoso reino de Magadha, el rey Bimbisara

**FIGURA 6:** El Buda en posición de girar o "poner en marcha la rueda del Dharma" (*dharmachakra-mudra*), símbolo de su enseñanza y, en concreto, del primer sermón de Benarés. Período Gupta, siglos V-VI. Sarnath, India: Museo Arqueológico. (Foto: Wikimedia Commons).

donó un terreno en un bosque de bambúes para que la orden de renunciantes pudiera asentarse durante los meses de la estación de lluvias. Durante los primeros años de su predicación, el retiro (*ashrama*) del "Bosque de bambúes" de Rajagriha se convertiría en el cuartel principal del Samgha. No lejos se yergue el "Pico de los buitres", a donde el Buda gustaba ir a meditar y mantener largas conversaciones con sus discípulos más cercanos. Algunos sermones emblemáticos tuvieron lugar en este venerado montículo.

Otro rico comerciante, Anathapindika –apoyado por el príncipe Jeta de Kaushala–, hizo construir el primer monasterio (*vihara*) budista, Jetavana, cerca de Shravasti. Se convertirá en el modelo para monasterios posteriores. Dícese que de los 45 monzones que el Buda estuvo predicando, 19 los pasó en Jetavana (y más de 840 discursos o *sutras* fueron pronunciados allí). Luego se levantarían otros monasterios en Rajagriha, Vaishali o Kaushambi. Durante el resto del año, el Buda y sus *bhikshus* deambulaban sin cesar por todos los rincones del valle del Ganges, arengando acerca del camino que lleva al cese de la ignorancia y el sufrimiento, durmiendo al raso, en cuevas o en cabañas que los propios monjes construían.

Aunque hoy podamos dudar de las historias budistas de reyes y princesas conversas, está claro que el nuevo mensaje caló entre la nobleza y entre los comerciantes.* En realidad, la propia noción de "conversión" –en el sentido excluyente por el que se la conoce en Occidente– era desconocida en la India premoderna. El antiguo budismo no se presentó como una religión diferente del brahmanismo o que exigiera abandonar el vedismo. Pero nada nos impide afirmar,

---

* Muchas veces los mismos personajes aparecen como conversos al jainismo en los textos de estos. Sin ir más lejos, el aludido Bimbisara, tan querido por los budistas, fue asimismo patrocinador de la orden jainista (que lo conoce como Shrenika). La tradición incluso considera que será su próximo guía o *tirthankara*. En el clásico espíritu inclusivista indio es muy factible que Bimbisara apoyara ambos movimientos.

por ejemplo, que el rey Prasenajit de Kaushala, el reino al cual los shakyas rendían vasallaje, mantuviera numerosos diálogos y hasta amistad con el Buda, tal y como los textos recogen. La alianza con Prasenajit le otorgó una estabilidad crucial para que Gautama consolidara la orden de mendicantes. El que la leyenda del Buda describa al príncipe Siddhartha de origen "kshatriya" (la clase guerrera y aristocrática por antonomasia), sin duda, posee también su valencia política. Por otro lado, la ideología brahmánica más conservadora siempre miró el comercio con suspicacia. En la orden budista, en cambio, hay paridad entre las castas, al menos en teoría.

A diario, el Buda daba algún discurso o sermón –en algún prácrito común, como el magadhi o el kaushali, y no en el sánscrito de los brahmanes– que décadas después sería recogido y transmitido en forma de *sutra* por sus seguidores. La elección de una vulgata popular delata quizá un espíritu no elitista. Algunos sostienen que, gracias a su extraordinaria compasión y pericia, el maestro era capaz de ajustar la enseñanza a las capacidades de comprensión o a las necesidades de la audiencia, con registros diferentes si se trataba de monjes, de laicos o de no creyentes. Un estudio de los *sutras* muestra que, en efecto, algunos recurren a principios "universales", otros despliegan la enseñanza de forma más narrativa, otros invocan metáforas y parábolas, mientras que los hay que optan por el método de refutar posiciones contrarias. Su versatilidad es asombrosa. Aunque el recurso a la palabra "sermón" es común para describir la actividad del Buda, debe entenderse que en la India los "sermones" son mucho más interactivos que la clásica prédica desde un púlpito. Los oyentes interrumpían con frecuencia, hacían preguntas o contestaban las que el maestro les planteaba. Algunos *sutras* recogen asimismo discursos de algunos de sus más insignes discípulos, pero que –al ser aprobados por el maestro– poseen el mismo estatus de "palabra del Buda" (*buddha-vachana*).

Los *sutras* hablan de las conversiones de insignes *shramanas* y sabios de otras corrientes. A destacar la de los "escépticos" (ajñanikas) Shariputra y Maudgalyayana, que serán los principales discípulos del Buda. Dicen que el primero escuchó de un seguidor del Buda la siguiente estrofa:

«De todo lo que se origina, el Tathagata ha enseñado la causa y ha explicado su cese. Esta es la doctrina del gran *shramana*.»[13]

Con el simple hecho de escuchar esta frase –que adquirirá carácter de mantra en el budismo–, Shariputra captó el Dharma. Pronto, él mismo sería alentado por el Buda a enseñar y proclamar las enseñanzas. Cada nuevo converso de prestigio aportaría a la pequeña orden sus ideas, prácticas y símbolos. Está claro que en el fértil paisaje espiritual de la India del siglo -v muchas características transitaron de un grupo a otro. Los textos budistas mencionan también los debates del Buda con otros líderes espirituales, o su crítica a las posiciones de maestros muy renombrados, como el fatalista Maskarin Goshala (líder de los ajivikas), el materialista Ajita Keshakambalin o el famoso Nirgrantha Jñataputra (Mahavira), líder de los jainistas.

Aunque, como vimos, el Buda había desechado las prácticas ascéticas de los jainistas, es indudable que en el budismo antiguo este grupo ejerció una influencia notable, tanto en la organización del Samgha, en formulaciones cosmológicas, valores éticos y hasta en los recuentos de vida de sus maestros. El jainismo antecede algún tiempo al budismo, de suerte que sería el rival shramánico más serio que el Buda tendría que afrontar. Con el transcurso de los siglos, las posiciones se invertirían y el budismo pasaría a influir en muchos aspectos del jainismo.

Por supuesto, el Buda no cesó de cuestionar el monopolio

espiritual de los brahmanes y su pretensión de estatus adscrito por nacimiento. Y atacó con vehemencia las prácticas sacrificiales de su corpus revelado (el *Veda*), que en bastantes casos exigían ofrendas animales. Como repite en muchas ocasiones, para aquel que es capaz de ponerse en el lugar de cada uno de los seres vivos, no es posible matar. Su tono es claramente antibrahmánico, pero –como ya se dijo– no hay "reforma" de una corriente religiosa (védica-brahmánica-hindú). Aunque no recomendó los sacrificios, porque consideraba que no poseían valor soteriológico, tampoco los prohibió. Ni propugnó una "reforma" de un sistema social opresivo (si bien, como se verá con la lectura que en el siglo xx realizó Bhimrao Ambedkar, su mensaje contiene el potencial para una crítica interna a la ideología de casta). El Buda no predicó en contra de la desigualdad social, sino en contra de que esta tuviera alguna relevancia de cara a la liberación (como sostenía la ideología brahmánica). Famoso es el caso del basurero Sunita, que fue ordenado por el propio Buda y llegaría a alcanzar el mayor grado de santidad. Incluso en alguna leyenda sobre sus anteriores existencias el futuro Buda nace en una aldea de parias. Para el budismo, el "brahmán" es aquel que se comporta como tal. No remite a una marca adscrita por nacimiento. Como dice en un famoso *sutra*, «es por los actos que uno deviene intocable; es por los actos que uno deviene brahmán».[14] Rechazó la jerarquía de *varnas* o clases socio-rrituales tal y como mantenían los brahmanes (jerarquía basada en sus ideas de pureza y de proximidad al *Veda*), pero en modo alguno desechó la división horizontal de la sociedad en centenares de pequeñas castas o *jatis*. Más que reformar la sociedad de castas (por otra parte, aún embrionaria en sus tiempos), el Buda procuró trascenderla. Pero eso solo es factible desde la vida monástica, que es la condición favorable para transmutar las acciones malsanas en acciones con discernimiento y sabiduría.

Muchos brahmanes también fueron cautivados por la doctrina del Buda. Un estudio de los nombres de monjes conversos de la ciudad de Shravasti de Kaushala muestra una preponderancia de brahmanes y un desproporcionado número de comerciantes. El comentario a los poemas de más de 300 monjes y monjas de los primeros tiempos arroja también más de un 70% de brahmanes y comerciantes. No puede inferirse, por tanto, que el Buda fuera un reformador social.

Significativa debió ser la conversión de los hermanos Kashyapa, reputados sacerdotes de casta brahmán, versados en los *vedas* y en las prácticas ascéticas. Cada conversión de un maestro acarreaba también la de sus discípulos. Dícese que tras la conversión de los Kashyapa el Samgha incorporó literalmente a mil monjes. Años más tarde se produciría la de Mahakashyapa, que tendrá gran protagonismo tras la muerte del Buda.

Los textos hagiográficos tardíos relatarán con todo detalle los milagros y prodigios –como replicar el propio cuerpo, atravesar muros, levitar en posición de loto, ascender hasta los cielos de los dioses, detener a un elefante loco susurrándole el Dharma, etcétera– que el Buda fue capaz de realizar para atraer a estos renombrados maestros. Estas proezas inverosímiles otorgarán enorme carisma a la figura del Buda; lo cual no deja de ser algo irónico, ya que el maestro en más de una ocasión fue crítico con los ascetas, charlatanes o monjes que se jactaban de poderes sobrenaturales. El objetivo de la práctica budista es el fin del sufrimiento: ¿qué sentido tendría el despliegue de los poderes que el ascetismo o la meditación confieren? Sea como fuere, para la India nunca ha existido incompatibilidad entre lo mágico, lo maravilloso y lo sobrenatural y los recuentos más sobrios, prosaicos y racionales.

El Samgha o comunidad de renunciantes se expandía por el norte de la India: Benarés, Bengala, el reino de Magadha... [véase

Fɪɢ. 3]. Había llegado el momento –al año del "despertar", aproximadamente– para que el Buda regresara a Kapilavastu (¿y se reconciliara con su familia?). Allí, Yashodhara accedió a que su hijo Rahula entrara en la comunidad liderada por su padre (aunque el rey, viendo que su nieto también abandonaba palacio, propuso que, en adelante, para entrar en la orden se necesitara el consentimiento paterno; petición a la que, al parecer, el Buda accedió). Asimismo, se dieron las conversiones de su hermanastro Nanda, su primo Ananda, que será su "mano derecha" y fiel devoto durante más de 25 años, y su otro primo Devadatta (hermanastro del anterior), que liderará el primer cisma en el Samgha. Otra conversión significativa entre los shakyas sería la de Upali, miembro de la baja casta de los barberos, y que será experto en el código de conducta o *vinaya*.

Otros discípulos eminentes que serán muy recordados por la tradición fueron el dialéctico Katyanana, Subhuti (figura prominente en los *sutras* del Mahayana), el ciego Anuruddha, excelso en meditación, o el forajido Angulimala, que sería también asistente personal del Buda durante algún tiempo.

Cinco años más tarde, de nuevo en Kapilavastu, la reina Mahaprajapati (madrastra de Gautama y recién enviudada de Shuddhodana) reivindicó la creación de una orden de monjas. En primera instancia, el Buda rechazó la petición. Tenía serias dudas –no de la capacidad de las mujeres en alcanzar la santidad, sino– acerca del impacto que una orden de monjas pudiera tener sobre la de los varones. Los relatos cuentan que Mahaprajapati hizo caso omiso, se rapó el cabello, se puso los hábitos y, junto a otras shakyas, insistió de nuevo. Finalmente, el Buda aceptó crear la orden de *bhikshunis*, presionado también por la intercesión de su primo Ananda. Desde entonces, a Mahaprajapati se la conocería también como Gautami. Yashodhara también entró en la orden. Dicen que pronto se les unió la princesa Sumana, hermana del rey Prasenajit de Kaushala.

Veinte años después del despertar, ya con 55, el Buda decidió pasar todos los períodos monzónicos en Shravasti, generalmente en Jetavana. A partir de entonces, Ananda pasó a ser su secretario personal (*upasthaka*). Ananda es una figura muy estimada por la tradición budista. Se le tiene por más "humano", alguien a quien aún le pierden las mujeres, que esconde saquitos de sal bajo la túnica (de novicio, ya que tardaría años en recibir la ordenación plena), algo despistado y muy complacido con la amistad. Nadie llegó a conocer al Tathagata tanto como él. Y su prodigiosa memoria será fundamental para formalizar la enseñanza, algunos lustros después.

El número de renunciantes (término más apropiado que "monje" para traducir *bhikshu* en estas épocas tempranas) había crecido de forma considerable. El modelo monástico era el de la vida errante (dos o tres noches por lugar), de modo que los *bhikshus* vivían de las limosnas que los laicos les proporcionaban a diario y solo se sedentarizaban durante la estación de lluvias. Alertado por el comportamiento de algunos monjes de comunidades alejadas, el propio Buda sintió la necesidad de establecer una serie de normas (recogidas en el *pratimoksha* y, más tarde, en los textos del *vinaya*) para la comunidad (reglas sobre la conducta, la vestimenta, la alimentación, admisiones, expulsiones, etcétera), tanto para la sección de varones como para la de mujeres. Si durante los primeros años los mendicantes se basaron en un marco organizativo bastante genérico (los "diez preceptos", del estilo de la no violencia, veracidad, castidad, etcétera), el *pratimoksha* es ya una lista de más de 200 (o 300) violaciones de los "diez preceptos" (desde las transgresiones graves, motivo de expulsión, como el asesinato, el robo, los actos sexuales antinaturales o la falsa atribución de poderes espirituales, hasta las pequeñas minucias, que simplemente conllevaban una expulsión temporal o una expiación). De alguna forma, el maestro espiritual se convertía también en el líder de un grupo organizado.

Los renunciantes se levantarían al alba y practicarían la meditación. Rapados, vestidos de amarillo y ocre se presentarían en las barriadas de los laicos a mendigar su alimento. Comerían una única vez al día, a media mañana. Por la tarde se juntarían para escuchar los discursos del Buda o de alguno de los discípulos aventajados. Estas reuniones estarían abiertas también a los laicos.

Poco a poco, la reputación del maestro alcanzaría tierras lejanas, diseminada por comerciantes y caravaneros, atraídos por el innovador mensaje del Buda. Aunque la existencia de una congregación de laicos "budistas" no está atestiguada hasta varios siglos más tarde, seguramente empezaría a cristalizar en tiempos del Buda una pequeña comunidad de seguidores no renunciantes, ya que no pocos *sutras* antiguos tienen a oyentes no iniciados en la orden como destinatarios (a quienes proporcionan recomendaciones acerca de los deberes familiares o conyugales, sobre las profesiones apropiadas, las relaciones sociales y de casta, instrucciones para reyes, etcétera). Estos miembros laicos fundamentarían su religiosidad en la generosidad (*dana*) para con la orden (donación de alimentos, terrenos para monasterios, ropas, etcétera), en la moralidad (*shila*), basada en cinco grandes preceptos (no violencia, veracidad, no robar, fidelidad conyugal y abstenerse de drogas), según el propio patrón de los renunciantes, y la confianza (*shraddha*) o fe en las "tres joyas" del Buda, su enseñanza (Dharma) y la comunidad (Samgha).

Ya en sus comienzos, el budismo desarrolló un modelo ético decididamente "universalista" (en contraste con el brahmanismo que –tal como ilustra el concepto de *sva-dharma* o "deber propio"– siempre ha considerado la conducta apropiada como contextual e individual). De hecho, puede considerarse el budismo –con permiso del jainismo– como la más antigua religión de vocación universal del mundo. A la vez, tomar el refugio en las "tres joyas" no ha implicado –ni en India ni luego en el resto de Asia– rechazar viejas creencias o prácticas. Nunca ha sido incompatible seguir venerando las divinidades de la comarca, de la casta o de la preferencia del devoto con la práctica del budismo.

Posiblemente, los monjes instruirían a los laicos en los principios esenciales del Dharma (de ahí que con frecuencia a los segundos se les llame "oyentes" o *shravakas*), recurriendo al uso de fábulas, aforismos y leyendas. Está claro que el budismo antiguo fue menos "monástico" de lo que hasta ahora se creía y se desarrolló en estrecha interacción con la laicidad y sus intereses, preocupaciones y objetivos. En este sentido, es interesante notar que el Buda pareció integrar el modelo shramánico del renunciante del mundo con el del mundanal sacerdote brahmán que atiende las necesidades de los devotos ofreciéndoles la enseñanza del Dharma. La doble orientación del Samgha, que es a la vez mundana y supramundana, ha sido una constante hasta hoy. A la vez, la relación de complementariedad jerárquica entre las dos secciones del Samgha (la monástica, que instruye e intermedia en el ritual, y la seglar, que le da soporte material) es típica de los movimientos religiosos de la era axial.

La meta de los laicos no sería el nirvana, sino la paz y la felicidad en esta vida; y un renacimiento auspicioso en algún paraíso celestial en una existencia ulterior. La mejor forma de acumular el mérito suficiente para alcanzar este tipo de renacimientos sería con una vida ética basada en los "cinco preceptos" y la generosidad hacia el Samgha. En la India, cualquier hombre o mujer santos, fueran brahmanes o *shramanas*, era –y todavía es– un "campo de mérito". El contacto con la santidad genera "buen karma", de modo que es el dador quien agradece donar a una fuente que le reportará mérito kármico. (Lo que otorga a la relación un plus de interés a los comerciantes, que pueden "invertir" en mérito espiritual.) La solución es típicamente india (y no solo budista). Pero en una orden compacta deviene un arma de doble filo, ya que la presión de los laicos (algunos de ellos muy ricos) en "dar" y de los monjes en "recibir" puede acarrear cierta laxitud y corrupción en la organización. Quizá el cisma liderado por Devadatta (dícese que apoyado por el rey Ajatashatru de Magadha, hijo de Bimbisara), ocho años antes del deceso del Buda, persiguiera el retorno a un modelo monástico más severo; el modelo errabundo de los comienzos. Entre otras cosas, Devadatta consideraba que la actitud del Buda acerca de la alimentación y la relación con los laicos era muy permisiva. Aunque, a la luz del principio de la no violencia (prescrita para todas las "criaturas" y no solo los humanos), el Buda favorecía el vegetarianismo, consideraba que el monje no podía rechazar los alimentos que le fueran dados (a menos que supiera o sospechara que un animal había sido expresamente sacrificado para él o ella). En India, la alimentación siempre ha poseído una importante carga ritual y espiritual. Aunque los textos budistas dicen que Devadatta –a quien imputan hasta un intento de asesinato del maestro– fue neutralizado, es bastante posible que organizara *de facto* una comunidad de mendicantes separada, guiada por reglas más ascéticas y estricto vegetarianismo (al estilo de los jainistas). Los peregrinos chinos Faxian y Xuanzang, que visitaron la India seis y ocho siglos después, aún mencionan a monjes que seguían los preceptos de Devadatta (y no rendían culto al *buddha* Gautama). El episodio de Devadatta revela que la orden de mendicantes no estuvo exenta de tensiones.

Tal y como se desprende de los textos más antiguos, el seguidor o cabeza de familia ideal no es, empero, un simple mecenas de la orden, sino un "noble" (*arya*); alguien que, en muchos aspectos, replica la conducta de los monjes mendicantes sin haberse iniciado en el Samgha monástico. El mejor ejemplo es quizá el de Anatha-pindika, el más entregado devoto laico del Buda. Pero también Jivaka, el médico, o Mahanama, dirigente de los shakyas, y hasta el rey Prasenajit de Kaushala.

Desde que despertara a los 35 años, y durante los 45 años restantes de su vida, el Buda transitó por las principales regiones de la cuenca media y baja del Ganges, proclamando a multitud de seguidores el "camino medio", la senda que lleva a la liberación del sufrimiento y la ignorancia.

# 6. Más allá de Shakyamuni

## El *parinirvana*

El Buda tiene 80 años. Al comienzo de la estación de lluvias, tras una grave indisposición, la posibilidad de que el maestro desaparezca se torna real. El gran Shariputra, su discípulo más aventajado, ya había muerto. Maudgalyayana, también. Antes, el reino Shakya había sido definitivamente engullido por el de Kaushala (una vez el rey Prasenajit fue destronado por su hijo). El Buda había sido obligado a abandonar Shravasti. Como pueblo, los shakyas fueron aniquilados y nunca más reaparecerían en la historia.

En este incierto contexto, Ananda espera instrucciones del maestro. Pero no hay enseñanzas últimas, ni enseñanzas secretas para una élite. El Dharma ha sido revelado en su totalidad, le dice a Ananda.* Nada de lo que él ha visto y realizado ha dejado de ser enseñado.

Shakyamuni sabe que pronto entrará en el "gran nirvana final" (*mahaparinirvana*). Confiesa ser «como un viejo carro que se desmorona»,[15] pero sobrelleva la enfermedad con ecuanimidad. (Queda claro que cesar *duhkha* no significa no sentir dolor ni mar-

---

* Hay quien ve ahí una referencia explícita a las doctrinas secretas e iniciáticas de las *upanishads*. Aunque tampoco puede descartarse que el pasaje sea una interpolación tardía, dirigida contra los mahayanistas que, tres o cuatro siglos más tarde, aseguraban poseer las enseñanzas más elevadas del Buda.

chitarse, sino experimentar la serenidad en el sufrir.) En lugar de nombrar a un sucesor o proclamar una enseñanza final, convida a los mendicantes a que sean responsables, independientes y obren con diligencia. En el "Sutra del gran nirvana final" les exhorta:

> «Sed vosotros mismos, Ananda; sed vuestra propia luz y vuestro propio refugio; no busquéis otro. Que el Dharma que os he impartido sea vuestra luz y vuestro refugio.»[16]

La tradición cuenta que por tres veces el Buda le comenta a Ananda que si él se lo pidiera subsistiría por el resto del período cósmico; pero Ananda, sin comprender, guarda silencio. Cuando se percata de lo que está sucediendo y le suplica que sobreviva, es demasiado tarde. El Buda ya ha dado su promesa a la Muerte (Mara). El episodio de la distracción de Ananda es seguramente una interpolación tardía para explicar el deceso del Buda. (En algunas versiones, ni aparece.) De la misma forma que eligió el momento y las condiciones de su nacimiento, el Buda podría haber prolongado por tiempo indefinido su existencia. De esta forma, en cambio, muestra su desapego por lo más querido que poseemos los humanos: la vida. Con todo –y dejando de lado grandilocuentes posdatas o lecturas–, el suceso de su muerte es un episodio extraordinariamente humano (argumento, para algunos, en favor de su autenticidad histórica). Puede que la cifra de "80 años" signifique algo así como "trepecientos", pero todo parece indicar que el Buda enfermó y murió de causas naturales siendo un anciano.

De camino hacia el reino Malla, el viejo maestro y un pequeño grupo de mendicantes se detienen para comer en Pava (hoy: Fazilnagar; y, significativamente, el lugar del deceso de Mahavira), en casa de un herrero llamado Cunda. El manjar (¿de cerdo?, ¿trufa?, ¿un hongo?, ¿un veneno que solo él come para proteger a Ananda

y sus compañeros?) le causa una disentería y enferma de gravedad (¿infarto intestinal?). Aun así, el Buda reemprende el camino
hacia Kushinagara, capital de los mallas. Tras varios altos, le pide
a Ananda que le prepare un lecho entre dos majestuosos árboles.
Apesadumbrado, Ananda teme lo peor y no puede contener el
llanto, pero el maestro le consuela y le espeta:

> «¿Acaso no te he dicho en muchas ocasiones que todas las
> cosas placenteras cambian, están sujetas a la separación y
> se transforman en otra cosa? Así, ¿cómo podría ser que yo
> no desapareciera?»[17]

Desesperado, Ananda parte en busca de los mallas y regresa con
una pequeña comunidad de fieles y su primo Anuruddha. El anciano Subhada tendrá el honor de ser el último *bhikshu* ordenado
por Shakyamuni. Agonizando, recostado del lado derecho, el Buda
pronuncia sus últimas palabras:

> «A vosotros me dirijo, monjes: todas las cosas condicionadas
> están destinadas a desaparecer. Sed vigilantes y esforzaos
> para completar la tarea.»[18]

Shakyamuni entra en los trances meditativos más profundos. Alcanzado el cuarto *dhyana*, entra en el *parinirvana* o nirvana final:
la muerte de quien ya despertó en vida. En ese preciso instante,
sobreviene un pavoroso seísmo. La iconografía del Buda reclinado,
custodiado por el afligido Ananda, recoge el momento sublime del
*parinirvana* [véase Fig. 7]. Los agregados que componen su personalidad se esfuman sin dejar trazo alguno. Aunque nadie sabe qué
le sucede a un *buddha* una vez acaece el *parinirvana*, todo parece
indicar que trasciende la rueda de las transmigraciones.

Los funerales se posponen siete días, hasta la llegada del *bhik-shu* Mahakashyapa a Kushinagara. Hoy, esta aldea constituye el cuarto *tirtha* asociado a la vida del Buda. Algunos dicen que corría el mes de *vaisakha*. Otras escuelas sitúan el *parinirvana* en otoño.

Según se cuenta –aunque los historiadores lo dudan–, el propio Shakyamuni había dado instrucciones para que incineraran su cuerpo, se repartieran las cenizas de la cremación entre los reinos y aldeas y construyeran "mojones relicarios" como los de los grandes monarcas, conocidos en India como *stupas*.

Con la ausencia del maestro, serán los *stupas* y los *sutras* (también ciertas frases y mantras; y, tiempo después, las imágenes) los sustitutos de la figura del Despierto. Los *stupas* que contienen reliquias –como un cabello, un diente, un dedo– están cargados de carisma y hondo simbolismo en todo el mundo budista. Visitarlos

**FIGURA 7**: La famosa escena del *parinirvana*: el Buda reclinado con Ananda, al fondo. La iconografía es una de las más ricas y hermosas del budismo. Gal Vihara, Polonnaruwa, Sri Lanka, siglos X-XI. (Foto: Agustín Pániker).

significa revivir los episodios significativos de la vida del maestro. Está recogido que el Buda dijo que aquellos que pusieran flores y guirnaldas en el *stupa* o aquellos que expresaran genuina devoción serían dichosos y tendrían un destino afortunado en algún plano celestial. Cuentan que el "recuerdo del Buda" elimina los pensamientos malsanos y nos acerca al nirvana. Así comenzaría el culto al Buda.

El desarrollo y expansión de la leyenda del Buda y las propiedades mágicas asociadas a los sustitutos del maestro serán cruciales en la historia y la expansión del budismo.

## Más allá del hombre

Como ya observamos, la primera joya del budismo no remite únicamente al Buda histórico, sino a formas más abstractas; a lo que el Buda representa y significa. Esta amplitud de significados debió darse ya en vida del maestro. Su ausencia daría lugar a un sinfín de especulaciones y se convertiría en un poderoso motivo de inspiración. Esto es algo que la mayoría de las tradiciones históricamente fundadas ha tenido que afrontar.

Los *sutras* más antiguos recogen otro famoso dicho del Buda acerca de las dos primeras joyas: «Aquellos que ven el Dharma me ven; aquellos que me ven, ven el Dharma».[19] En el siglo V, el célebre filósofo theravadin Buddhaghosa interpretaba que en este pasaje el Buda se mostraba a sí mismo como el "cuerpo del Dharma" (*dharmakaya*), un cuerpo metafórico que reúne sus cualidades (sabiduría, ecuanimidad, compasión, etcétera); un concepto que será cardinal en el budismo Mahayana, corriente que tendrá gran importancia en China, Corea, Japón o el Tíbet.

En efecto, algunos siglos después del *parinirvana* fue cuajando la noción de que el cuerpo físico que apareció como el príncipe Siddhartha no habría sido más que una emanación fantasmal (*nirma-*

*nakaya*), un avatar para que los mortales pudieran escuchar el Dharma. Ese cuerpo físico deriva de otro más sutil, llamado "cuerpo de gozo" (*sambhogakaya*), que reside en universos paralelos. Aún existe un tercer cuerpo del Buda, el aludido *dharmakaya*, que constituye la trama o naturaleza dhármica de la realidad. Para los seguidores del budismo Mahayana y del budismo Vajrayana, la joya del Buda comprende estas dimensiones sutiles y de estatus ontológico superior; la última, a veces representada como el *buddha* Vairochana [véanse FIG. 8, FIG. 16]. Pregúntenle a un devoto del altiplano tibetano sobre el concepto "Buda" y nos remitirá más a un principio universal –y la capacidad de realizarlo– que a un humano que vivió hace 2.500 años. En otras palabras, al alejarnos de tiempos del Buda, ciertas corrientes pasaron a hipostasiar un principio de la budeidad o una Realidad Absoluta Búdica. El Buda ya habría alcanzado la perfección muchas vidas atrás, cuando era un *bodhisattva* (recordemos: aquel en curso de convertirse en un *buddha*). Al manifestarse como el

asceta Gautama que "despertó" mostró a los humanos la importancia del esfuerzo y el trabajo diligente en pos de la sabiduría trascendental. Pero su vida no fue más que una ficción, un recurso, un medio... un acto de magia fantasmal para inspirar al mundo. El clímax de esta apreciación se da con el "Sutra del loto", uno de los textos emblemáticos del budismo Mahayana, donde el Buda no tiene ya nada de humano.

**FIGURA 8:** Pintura del *dharmakaya*, representado como el *buddha* Vairochana. Balawaste (Xinjiang), China. Siglos VI-VII. Delhi, India: Museo Nacional. (Foto: Wikimedia Commons).

Esta disparidad entre una concepción más "humana" del Buda y otra más "cósmica" y trascendental, que será motivo de controversia entre el budismo Theravada y el budismo Mahayana, no debe hacernos perder de vista que –como ya mencionamos– en Asia el devoto puede elegir con bastante flexibilidad entre ambas; o, aún mejor, según los contextos. Nadie duda de que Shakyamuni naciera como un hombre, pero tampoco nadie cuestiona que pasó incontables vidas como divinidad o bajo formas más bajas de existencia. Al convertirse en *buddha* precisamente trascendió estas categorías. Su forma física ya apareció con las 32 marcas de los seres excepcionales y los despiertos. Está escrito que en una ocasión el maestro se cruzó con un transeúnte brahmán. Impresionado por su pacífico semblante, el viajero le inquirió:

«– ¿Eres un dios?
– No, no soy un dios.
– Entonces, ¿eres un duende?
– No, no soy un duende.
– ¿Eres un hombre?
– No, no soy un hombre.
– Entonces, ¿qué eres?
– Recuérdame como uno que está "despierto".»[20]

En cualquier caso, todas las corrientes budistas concuerdan en que la primera joya no ha creado el mundo ni puede ser –en teoría– propiciada para obtener recompensas. El Buda no premia, no castiga. El Buda no se ocupa ni del mérito ni del demérito ni de purificar o salvar. Él nos muestra la senda para que trabajemos el camino de la liberación con diligencia. Él es el maestro compasivo que puso en marcha la rueda del Dharma. Los fieles que ofrecen con devoción flores, incienso o velas a las imágenes del Buda lo hacen, en principio, por respeto a la memoria del Buda. (La tradición Theravada desaconseja claramente las interpretaciones sobrehumanas del Buda.) La pregunta, entonces, es obvia: si el Buda se fue y no posee relación con este mundo, ¿por qué y para qué ofrecerle un culto? Un antiguo texto en lengua pali, el *Milinda-pañha*, da la respuesta. Se compara al Buda con la tierra en la que plantamos semillas sin que esta las acepte, y, aun así, las semillas producirán «grandes árboles con ramas, flores y frutas».[21] (Otra cosa, sin embargo, es lo que anhelan los devotos. Incluso en los países theravadins del Sudeste Asiático la esperanza de recibir algún tipo de beneficio a cambio de la ofrenda refleja la creencia de que la imagen del Buda tiene el poder para colmar los deseos.)

Eso no es todo; porque otras figuras sí pueden ser propiciadas con fines más prosaicos. Puede que el Buda desapareciera del samsara, pero para muchas corrientes budistas otros *buddhas* y *bodhisattvas* continúan presentes y bien activos. Se trata de *bodhisattvas* compasivos (como Avalokiteshvara, Maitreya o Mañjushri) y *buddhas* trascendentes (como Amitabha, Akshobhya o Bhaishajyaguru), que debieron convertirse en objetos de culto muy pronto y harían del budismo también una religión de la devoción.

Las corrientes devocionales buscarán suplir la ausencia del Buda situándose en presencia de uno de estos *buddhas*, no aquí, en este mundo, sino en una "tierra pura" ultramundana. Asociados al panteón de *buddhas* y *bodhisattvas* existen otros seres semidivinos, espíritus de los bosques y demás duendes de la religiosidad popular con los que los devotos también interactúan.

Con estos conceptos y figuras –de los que hablaremos en profundidad en otros capítulos–, los seguidores suplieron la irreparable ausencia del *buddha* de este mundo. A partir de entonces se le recordaría bajo la forma del *stupa*, que al contener sus reliquias rememora el *parinirvana*, y junto al cual siempre se yergue un árbol, símbolo de la *bodhi* o despertar. El *stupa* será el gran sustituto de la primera joya. El *sutra*, el compendio oral que contiene su enseñanza, simbolizará el cuerpo del Dharma. De ahí que los textos pasaran a convertirse también en objetos de veneración. Con el paso del tiempo (sin duda a partir del siglo -I), y dada la escasez de reliquias del Buda, en muchos *stupas* se colocaron *sutras*, por lo que el culto podría ser simultáneo, reforzando la equiparación entre el Buda y el Dharma.

❋ ❋ ❋

La vida del Buda contrasta con las de otros sabios o líderes espirituales de la antigüedad, enmarañados en la historia política y con un fuerte componente trágico. Que sepamos, no hay persecución, hégira ni martirio del Buda.

Su vida se asemeja a la de otros despiertos, santos y dioses de la India. Tanto, que parece adecuarse a un modelo prototípico. (Es tan similar a la de Mahavira que los estudiosos occidentales del siglo XIX se hicieron un buen lío entre ambos personajes.) Con mínimas variantes, su leyenda se ajusta a un estereotipo que abarca a los *buddhas* anteriores y futuros (ya que el modelo para alcanzar la budeidad no permite demasiadas variables). Aun así, nada hay en los trazos principales de su historia que nos haga dudar de su verosimilitud.

Tenemos a un hombre que vivió hace unos 2.500 años; a los 29 renunció al mundo; a los 35 tuvo su experiencia de despertar; luego, predicó y organizó una comunidad durante 45 años; y, finalmente, murió de causas naturales como un anciano a los 80. No fue ningún salvador del mundo ni un profeta ni un mesías, ni un dios... De hecho, al igual que algunos sabios de la China o la Grecia antiguas, el Buda propuso una transformación completa del ser

humano sin recurrir a las divinidades y a la parafernalia religiosa. Pero tan grande fue el impacto de la vida y personalidad del
"Despierto" en la sociedad de su época, tan profundas fueron las
verdades que aprehendió, tan excelsa fue su exposición del camino
que nos libera del sufrimiento, que sus seguidores pronto le dieron
nombres como Bhagavant ("Bienaventurado"), Jina ("Vencedor"),
Vira ("Héroe"), Shakyamuni ("Sabio de los shakyas"), Anuttara
("Insuperable"), Tathagata ("El que así ha ido y ha venido"; es
decir, el que ha ido más allá, al nirvana, y ha regresado para vivir
y enseñar una vida acorde), o el más repetido de todos: Buddha
("Despierto"). Con los siglos, se erigiría en una de las figuras que
mayor influencia ha dejado en el mundo.

La primera joya se convirtió en el arquetipo que todo budista
tiene presente. Es el modelo de perfección que en alguna existencia querrá emular. El budismo no es solo lo que el Buda enseñó,
sino que es el mismo Buda. (Recordemos: quien lo ve, ve el Dharma.) Aunque pronto vendrán a sumarse otros ideales (el *arhat*, el
*bodhisattva* o el *siddha*), el paradigma del *buddha*, el "despierto"
que trasciende la ignorancia con su visión lúcida y penetrante, se
convertirá en el foco de todas las tradiciones budistas, tanto las de
pensamiento como las de culto y confesión.

Parte II:

# El Dharma

# 7. Dharma

El Dharma es la segunda joya del budismo. La palabra es uno de los conceptos más polisémicos de la religiosidad índica y, posiblemente, el más amplio en la terminología budista.

Para los sabios de la India antigua, el *dharma...* o, mejor, su encarnación anterior, el *rita*, expresaba el orden del cosmos, la armonía natural de las cosas. Por el *rita* fluyen los ríos y se suceden las estaciones. «La aurora celeste nace del *rita* y es fiel al *rita*», proclama el *Rig-veda*.[22] Se trata de un bello concepto cosmológico, próximo al chino *dao* o al egipcio *maat*. Bastantes corrientes budistas comparten este significado y entienden también el Dharma (literalmente, "lo que sostiene") como el orden inmanente del universo.

Con el tiempo, el *rita* de la religiosidad védica sería sustituido por el *dharma* de la tradición hindú. Y en el hinduismo, en especial para su corriente brahmánica, que siempre ha poseído gran autoridad, el *dharma* suele denotar un sentido más restringido: *dharma* es el orden del microcosmos (congruente con el *rita* macrocósmico). Este orden social y personal ideal toma la forma de una serie de rituales, deberes y leyes específicos para cada persona, grupo o contexto. Dicho de otro modo: dada su participación en la trama de la Realidad Última las personas deben cumplir su *dharma* específico. El concepto posee un cariz ético, ritual y legalista. Razón por la cual los neohinduistas escogieron la sánscrita *dharma* cuando en el siglo xix tuvieron la necesidad de traducir la latina *religio*.

Para el budismo (y el jainismo), sin embargo, el Dharma remite a un tercer significado. El Dharma es el correcto camino proclamado por el maestro; por supuesto, también congruente con el *dharma* o *rita* macrocósmico. En el contexto budista, la joya del Dharma vale por la *enseñanza* del Buda. Durante siglos, esa enseñanza se conoció en sánscrito como *buddha-dharma* o *buddha-shasana*. Por extensión, el Dharma pasó a significar asimismo lo "verdadero"; la ley que explica la realidad de las cosas. Es el "orden" a la vez natural y espiritual. De ahí que la "rueda del Dharma" (*dharma-chakra*) pronto se convirtiera en uno de los emblemas del budismo [véase FIG. 9].

Lógicamente, el Dharma remite también a la práctica diligente de esas enseñanzas. Se torna entonces la "vía", el "camino", la "práctica" budista. Es importante entender que cuando en el budismo

**FIGURA 9:** La "rueda del Dharma", emblema del budismo, pintada en el techo del templo tibetano de Bodh-Gaya (Bihar), India. (Foto: Anandajoti/Wikimedia Commons).

se habla del Dharma como "doctrina" o "enseñanza", en modo alguno se remite a una serie de reglas o dogmas que exijan una fe ciega. Precisamente, el Buda insistió en lo absurdo de aferrarse a ideas y doctrinas. El Dharma constituye algo así como un cuerpo de principios básicos adecuado para la práctica espiritual.

El budismo aún le reservará al término otro sentido más técnico: *dharmas* (en plural) son los constituyentes últimos de la experiencia y la materia (tema central de unos tratados escolásticos llamados justamente *abhidharmas*).

Para esta Parte, el Dharma vale por lo que expuso el Buda durante casi cinco décadas y recogió luego la tradición budista. Pero sin olvidar nunca que el Dharma se incrusta en estos significados múltiples.

Si el relato de la vida del Buda es, en líneas generales, bastante parecido en las distintas tradiciones asiáticas, existe un desacuerdo mucho mayor acerca de lo que enseñó. Ello ha contribuido a que no exista una única forma de budismo. Pues no sabemos –ni nunca sabremos– con exactitud lo que el Buda dijo, ni los cánones budistas quedaron cerrados. El budismo, desde luego, no es una "religión del Libro".

Pero sí es una tradición textual. Y en este sentido, la mejor expresión del Dharma se encuentra en el género llamado *sutra*, literalmente "hilo" (emparentada con la castellana "sutura" por ejemplo), pero que posee los sentidos de "aforismo" y "cadena de aforismos"; y, en el caso particular del budismo, el de "sermón" o "discurso" pronunciado por el Buda. Si bien los propios *sutras* aconsejan «no apegarse a las palabras de los textos»,[23] reconocen que sin ellos la verdad no podría comunicarse.

Lo que sigue, pues, es mi propia lectura de la enseñanza del Buda basada en los *sutras*, principalmente los transmitidos en lengua pali, y en parte de la exégesis posterior (pali, sánscrita e inglesa). Aunque los *sutras* en pali constituyen el núcleo doctrinal de la corriente Theravada, en modo alguno son exclusivos de esta escuela, ya que ni el budismo Mahayana ni el Vajrayana los rechazaron. Forman parte de la herencia común –y más antigua– del budismo. Los *sutras* no reflejan tanto lo que un hombre dijo, como lo que la tradición ha recogido, escuchado y transmitido durante siglos. Pondremos especial énfasis en el agudo análisis de la condición humana (posiblemente el aspecto en el que el Buda se distinguió más de otros abordajes espirituales) y entraremos menos en otras cuestiones filosóficas. Y lo haremos siguiendo –aunque solo de refilón– el hilo conductor de las "cuatro nobles verdades" proclamadas por el Buda en su primer sermón en Benarés.* Es un esquema conocido, un punto de partida que nos permitirá ir desgranando e incorporando una serie de conceptos que han sido clave en el desarrollo de las diferentes tradiciones textuales y de pensamiento budistas. De ningún modo hay que entender esta enseñanza como un budismo para principiantes (como a veces se insinúa), ya que –más allá de su impecable sencillez– es uno de los legados más profundos del maestro.

El primer sermón o "Sutra de Benarés" forma un núcleo común a todas las escuelas budistas y es aceptado por todas. Nadie ha puesto en duda que este *sutra* contiene las ideas del Buda. Aunque sí hay quien cuestiona que las "cuatro nobles verdades" formaran parte del budismo más antiguo (ya que cuando hallamos rastro de enumeraciones, en este caso de "cuatro", suele delatar una composición más tardía, para ser memorizada por un linaje monástico ya establecido), el *sutra* sigue siendo una excelente síntesis del

---

* Una traducción más fiel sería "cuatro verdades para los nobles", porque fueron promulgadas para los "hombres de bien" o "nobles" (*aryas*). Por claridad, mantendremos la ya establecida forma de "cuatro nobles verdades", propia del budismo occidental.

Dharma, si bien el Buda nunca quiso dar una estructura de sistema filosófico o doctrinal a su enseñanza. En este sentido, las nobles verdades no forman ningún tipo de credo budista. (Más que "verdades" en el sentido convencional, se trata de prescripciones que nos apremian a actuar.) Ni existe nada parecido en el budismo a una Iglesia (aunque el Samgha asume alguna de sus funciones), por lo que –hablando con propiedad– resulta difícil hablar de un "dogma" o una "ortodoxia" budistas. Lo que sí es pertinente, siguiendo un consejo del propio Shakyamuni, es *comprender* la enseñanza; para lo cual el material que se desprende del "Sutra de Benarés" es un excelente preliminar.

Obviamente, en un recuento esquemático como el presente apenas podremos atender a consideraciones históricas. En el espíritu integrador al que aludíamos en la Introducción forzaremos una síntesis didáctica basada en el mensaje del Buda y en algunos de los desarrollos posteriores más relevantes. En la siguiente Parte tendremos suficiente espacio para profundizar en las transformaciones y adaptaciones del Dharma. Veremos cómo las enseñanzas del maestro (próximas en su talante a las de un Epicuro, al escéptico Pirrón o al estoico Zenón) se transformaron en un mensaje más "religioso". Comprobaremos entonces que no es el mismo budismo el que proclamó Shakyamuni, el que los exégetas entendieron tres siglos más tarde, el que mil años después se enseñó en Tíbet, Birmania o Japón, o el que hoy se escucha en Occidente. El Dharma no es una enseñanza inmutable y ahistórica.

Esta sección es, naturalmente, más filosófica que la anterior. Para algunos quizá más árida; para otros, más profunda. No olvidemos, empero, que en las tradiciones asiáticas la finalidad de la indagación filosófica es siempre práctica. El Dharma integra *theoria* y *praxis*. La inmensa mayoría de los budistas entienden el Dharma más como un camino espiritual y ritual que no como un conjunto de doctrinas. Con todo, y ajustándonos una vez más al paladar contemporáneo, vamos a centrarnos en los principios *filosóficos* del budismo. Téngase en cuenta, sin embargo, que la formulación budista no persigue tanto alcanzar una Verdad abstracta e inmutable como una verdad liberadora para el beneficio de los seres que quieran escucharla. En la India, la verdad nunca se ha medido por su factualidad, sino por su valor terapéutico. La cuestión no radica tanto en demostrar o refutar tal proposición, sino en ver si esa doctrina nos lleva a un comportamiento moral y espiritual más sano. Las formulaciones filosóficas budistas tienen un valor soteriológico. No son solo descripciones de la realidad, sino utensilios para la liberación. No en vano el budismo ha sido calificado como una "cultura del despertar". Como tales, las enseñanzas y verdades se formulan de forma *provisional*. Están abiertas, y por ello han sido reinterpretadas una y otra vez.

# 8. La realidad del sufrimiento y la impermanencia

## Duhkha

El punto de partida de la reflexión budista, al menos el que se desprende de su formulación más antigua, no es cosmológico. No se nos habla del universo, los dioses o la creación del mundo. El Buda fue bastante alérgico a las conjeturas metafísicas. El punto de partida gira en torno a un problema existencial: *duhkha*. Filosóficamente hablando, se trata, quizá, del concepto más importante del budismo. Dice la primera noble verdad:

> «El nacimiento es *duhkha*; envejecer es *duhkha*, enfermar es *duhkha*, la muerte es *duhkha*... la unión con lo indeseable es *duhkha*; la separación de lo deseable es *duhkha*; no obtener lo deseado es *duhkha*.»[24]

Ya encontramos el término en la Parte I. Podemos traducirlo por "sufrimiento", como es común, pero abarca también "alienación", "frustración", "dolor", "desazón", "contingencia", "limitación", "cautiverio", "estrés"... o quizá la traducción más ajustada: insatisfacción. Todos estos términos remiten a un malestar inherente a la condición humana (y a la no humana también). *Duhkha* comprende un

radio inmenso de experiencias: desde los leves descontentos del día
a día al desconsuelo máximo por la pérdida de un ser querido; desde el dolor ascético –que Gautama conoció de primera mano–, hasta
la devastación por una catástrofe natural o bélica. La experiencia de
*duhkha* es un hecho. Un hecho que tiene que ver con la fragilidad de
nuestra condición humana. Por ello, la mejor metáfora de *duhkha*
es el envejecimiento, la enfermedad y la muerte. (Recordemos las
tres salidas de palacio del príncipe Siddhartha.) La primera noble
verdad apremia a entender la vulnerabilidad y el sufrimiento inherente a la vida en toda su amplitud y con el máximo realismo [véase
FIG. 10]. En un momento u otro de nuestra vida, todos tenemos que
vérnoslas con *duhkha*. Eso es algo fácil de entender.

El "sufrimiento", empero, no atañe únicamente a nuestra condición física, emocional o social. Nuestro padecimiento por algu-

**FIGURA 10:** La inevitabilidad del envejecimiento y la muerte. Funeral de un monje (y meditación en la caducidad) en Birmania. La foto es de finales del siglo XIX. (Foto: Wikimedia Commons).

na enfermedad, por una pérdida o por una situación emocional agobiante alimenta el *duhkha* (¡y de qué manera!), pero el sufrimiento al que se refiere la primera noble verdad no es meramente contingente (no es solo la experiencia dolorosa de la vida). El hecho de existir, de estar sujetos a la temporalidad y la finitud es *duhkha*; porque todo cuanto existe es condicionado y, por ende, está sujeto a un surgir y un cesar. *Duhkha* es también la caducidad, la historicidad y la finitud. La experiencia de *duhkha* es universal; va con el hecho de existir. Nacer, desarrollarse, madurar... entraña sufrimiento. Por ello, el budismo considera que *duhkha* es una de las tres características o marcas (*lakshanas*) de la existencia. Para muchas filosofías budistas *duhkha* es casi ontológico. La realidad es *duhkha*. Por ello no se dice que "yo" sufra o que fulanito padezca *duhkha*. La primera noble verdad declara que *hay* sufrimiento.

El Buda no niega la felicidad (*sukha*), ni en ninguna parte insinúa que toda la existencia sea dolorosa o miserable. Al contrario, en algún sermón llega a enumerar todos los tipos de dicha que los humanos podemos gozar. (Y no pocos maestros budistas modernos propugnan un Dharma cuya meta es la "felicidad".) *Duhkha* y *sukha* son complementarios. El Buda pone el acento en el sufrimiento o la frustración no por negativismo, sino porque en la condición humana es lo problemático. Señala que nuestras percepciones, emociones e inclinaciones están permeadas por el placer; de suerte que nos embelesamos por lo mundano. Y precisamente porque nos enamoramos y disfrutamos, tememos separarnos o perder la dicha. Queremos conservar la sensación de deleite e, inevitablemente, nos apegamos a ella. El Buda advierte de que los placeres son efímeros (tarde o temprano, destinados a desaparecer) y solo pueden proporcionarnos una dicha limitada. De ahí que hasta lo placentero alimente *duhkha*. Precisamente porque las sensaciones placenteras son *duhkha*, su traducción por "sufrimiento" no es siempre acertada. *Duhkha* no presupone necesariamente "dolor"; de donde mi recurso en segundo grado a "insatisfacción". Incluso los más profundos estados meditativos forman parte de la condición insatisfactoria de la existencia.

*Duhkha* es la sensación de vacío o carencia que buscamos colmar a toda costa con objetos de los sentidos, con posesiones materiales o emocionales, con fama o reconocimiento, etcétera. Sufrimos porque nada de eso perdura. La transitoriedad realimenta nuestra sensación de frustración y ansiedad. Por ello tratamos de evadirnos con actividades que, en lugar de hacernos ver nuestra condición, nos alejan del meollo.

Al focalizar de forma tan directa en nuestra "enfermedad" existencial, el Buda nos está invitando a que abandonemos formas de vida malsanas o superficiales. Es decir, la aprehensión de la finitud, la insatisfacción y el sufrimiento de la condición humana puede liberarnos del hechizo de los placeres, las riquezas o el poder. Su enseñanza al respecto es esencialmente pragmática. (Parece claro que hunde sus raíces en su experiencia personal de la insatisfacción.) No le interesa tanto proclamar que la vida es dolorosa (de hecho, él descartó la vía ascética de la mortificación), como mostrar que nuestra experiencia cotidiana está agriada por la alienación que nuestras formas de vida malsanas alimentan.

Los maestros budistas reconocen que sin la experiesncia de la insatisfacción nadie se embarcaría en la senda de la sabiduría. *Duhkha* nos propulsa al conocimiento interior. Significativamente, el concepto *duhkha* es también el punto de partida de otras filosofías hindúes de la antigüedad (como el Samkhya). Pero, que sepamos, el Buda fue el primer pensador del mundo que se aventuró en una genuina búsqueda antropológica sobre el tema.

El Buda siempre insistió en que él solo enseñó sobre *duhkha* y cómo ponerle fin. (Y nadie ha puesto en cuestión que esto constituye una de las enseñanzas cardinales del Buda histórico.) Desplegó toda una batería de prácticas para *aprehender* el sufrimiento. La práctica, ni trata de desembarazarse de *duhkha*, ni de reaccionar de forma compulsiva, ni de entenderlo con el puro raciocinio, sino que consiste en investigarlo, observarlo y aceptarlo. Esto es lo que el budismo llama *comprender*. Y las "nobles verdades" deben ser vivencialmente penetradas y comprendidas.

La realidad es *duhkha*, sí, pero su erradicación es factible. Este punto es decisivo. Si, por un lado, el Buda proclama que el sufrimiento que experimentamos es causado por nuestra propia acción (y no por agentes externos o sobrenaturales), al mismo tiempo insiste en que el cese del sufrimiento también está en nuestras manos. Y la dicha (¡la felicidad!) que puede alcanzarse con el cese es insuperable. Por tanto, *duhkha* no es absoluto. La verdad sobre *duhkha* no es metafísica. *Duhkha* es opcional.

## *Anitya*

*Duhkha* es lo finito, lo transitorio, lo fugaz. *Duhkha* es la temporalidad e inestabilidad de todo fenómeno. El Buda es muy claro: nada hay que sea estático o eterno, todo es mutable y efímero. La realidad es impermanente (*anitya*). Lo proclaman sin ambages los *sutras*:

> «Haya aparecido un *buddha* o no, la ley causal de la naturaleza existe, este orden de las cosas prevalece; a saber: todo fenómeno es impermanente.»[25]

Las sociedades cambian, las estaciones se suceden, las personas no permanecen iguales, las emociones van y vienen, los artefactos envejecen, los ríos fluyen, los negocios tienen altibajos, las cosas no son estáticas. La posición del Buda se asemeja a las de Laozi o

Heráclito. La moderna biología coincide: la vida es cambio, evolución y transformación. Nada hay que no perezca y que no esté destinado al envejecimiento y la muerte. Como proclama el maestro en el "Sutra de Benarés" y repetirá en infinidad de sermones: «Todo aquello que está sujeto a un surgir, está sujeto a un cesar».[26] *Anitya* es el constante surgimiento, devenir y cesación de todo fenómeno.

Podría decirse que *duhkha* es precisamente la frustración de tratar que las cosas sean permanentes, inmutables y eternas. *Duhkha* es nuestra incapacidad para aceptar la transitoriedad de la vida. Es la ansiedad que provoca la mera idea de perder nuestras posesiones, relaciones, placeres o efímeros destellos de felicidad, incluida nuestra identidad o sentido del "yo". El sufrimiento se da porque tratamos de fijarnos en identidades permanentes; tratamos de esquivar la caducidad. El miedo al cambio es *duhkha*. Pero nada existe que sea eterno y no se transforme. Incluso los más elevados estados espirituales son *anitya* y *duhkha*. La realidad es transitoria y, por ende, produce sufrimiento. *Anitya* y *duhkha* son inseparables. Por eso *anitya* es la segunda de las tres "marcas de la existencia". Forma parte del tejido de lo real. Pero como la realidad de *duhkha*, la de *anitya* tampoco es una proclama ontológica, sino una afirmación que nos conduce a una comprensión metafísica. Por ello, no pocas prácticas monásticas y meditativas del budismo están diseñadas para que nos percatemos de que las cosas aparentemente estables y unitarias no son más que procesos que surgen y cesan debido a sus causas y condiciones. Estas prácticas no tienen que ver con ningún mórbido rechazo a la vida, sino que pretenden despertarnos de los hechizos de lo mundano y favorecer una actitud de desapego [véanse Fig. 10, Fig. 17]. El budismo nos urge a tomar consciencia de la finitud, la muerte y relativizar los aparentes logros del "yo". Es más: aprehender la transitoriedad de uno mismo y de las cosas permite captar y experimentar que cada instante es único e irrepetible. En modo alguno la caducidad es negativa. Sin la muerte, no podría existir el nacimiento. La impermanencia y la muerte alimentan la vida. Eso permite que surjan las cosas.

Los viejos textos dicen que sin una comprensión profunda del carácter transitorio de la existencia no puede haber entrada en el camino que nos libere del sufrimiento.

# 9. El círculo vicioso del deseo y la ignorancia

## Trishna

El Buda proclama en la segunda noble verdad que el origen del sufrimiento es *trishna*. Literalmente, este vocablo significa "sed". Como es fácil deducir, "sed" es una metáfora para el apego, la pasión, el deseo, el hambre, el ansia, la apetencia, la avidez o la compulsión. Es sed de placeres, riqueza, poder, salud, ideas o ambiciones. Es sed de existencia (o sea, de perdurar, de configurarnos como "yo") y de inexistencia (ya que el deseo incontrolado de liberarse –del samsara, del sufrimiento, del odio– no deja de ser otra forma de "sed"). «El deseo es la raíz del sufrimiento», resume el Buda.[27]

¡Ojo!: como han señalado tantos maestros budistas, no son ni los objetos de deseo ni siquiera el anhelo en sí lo problemático. El Buda no es un moralista. Él critica la "sed", avidez o *apego al deseo*; esto es, la adicción a los deseos y placeres. *Trishna* no es pulsión de vida (*eros* en terminología psicoanalítica); es aferrarse a una existencia de avidez. Es hacer de un deseo o un anhelo una necesidad y el motor de vida. Es el constante apetito de gratificaciones, que pretendemos saciar a través de los placeres sensuales, las posesiones y las ambiciones intelectuales. Es la ansiedad y la compulsión que brotan cuando actuamos de forma ignorante. La "sed" es un símil de nuestros hábitos malsanos.

En efecto, la sed existencial toma siempre la forma de una serie de aflicciones (*kleshas*) o comportamientos malsanos (*akushala*) –conocidos también de otras tradiciones índicas–, como la codicia (*lobha*), la confusión (*moha*) o el odio (*dvesha*), los tres grandes "fuegos" o "venenos" según el budismo. Estos tres venenos resumen gráficamente la "sed" que genera el sufrimiento. Pero *trishna* remite también a turbaciones como el egoísmo, la envidia, la duda, la agresividad, la vanidad, la mentira, la ambición, el orgullo o la distracción, que asimismo nos abocan a la acción egoísta y apegada. La "sed" a la que se refiere el Buda, por tanto, subsume aquellas tendencias

**Figura 11:** El ataque de Mara, símbolo de las turbaciones, el apego y los deseos. Bajorrelieve de un *stupa* de Gandhara, Pakistán. Siglo III. Berlín, Alemania: Museo de Arte Asiático. (Foto: Jean-Pierre Dalbéra/Wikimedia Commons).

insanas de la mente que dan pie a las acciones alienadas y enfermizas. Por el deseo nos enzarzamos en disputas, robamos, mentimos y cometemos actos (karmas) que, como pronto vamos a ver, repercuten en el mundo. Mitológicamente, la sed, el deseo y las turbaciones están representadas por Mara, el Maligno [véase FIG. 11].

Nótese la rabiosa actualidad de esta percatación. Los tres grandes venenos, omnipresentes y hasta institucionalizados en las sociedades del siglo XXI, ya deberían de ser muy patentes hace veinticinco siglos, cuando el Buda los identificó como los grandes males de su tiempo. Es esta aguda introspección en la alienación humana, más allá de particularismos culturales, lo que sigue haciendo del Dharma algo tan vigente y atractivo.

El apego constituye una de las formas con la que el "ego" se construye. Lo alimentamos y contorneamos con nuestro "enganche" a personas, cosas, lugares, experiencias o anhelos. Advirtamos que el apego incluye las ideas, las creencias, las doctrinas y hasta la búsqueda de lo trascendente. El aferrarse a dogmas y "verdades" (incluidas las budistas) impide cualquier movimiento en la senda. Constantemente, el Buda nos previene de no enredarnos en el intelectualismo o el dogmatismo. El Buda es un pionero al proclamar el sufrimiento que genera la sed de eternidad. Él nos alienta a cultivar un sano escepticismo respecto a las ideas y las creencias. El Dharma no consiste solo en aprehender la naturaleza de la realidad, sino –y ante todo– en extirpar la causa de *duhkha*. Y la causa del mismo se encuentra en el apego, la aversión y la ofuscación. Por tanto, la senda budista consistirá principalmente en eliminar las causas del sufrimiento.

Su análisis psicológico es tan sencillo como demoledor: una sensación placentera invita a la codicia (quiero más de eso); de modo que la búsqueda de un objeto placentero de deseo nos mueve y dirige; y genera la falsa creencia de que una vez alcanzado el objeto, sobrevendrá la felicidad o detendremos el sufrimiento. (Trampa burda pero eficaz del consumismo.) Vivimos enganchados a las recompensas. Pero lo que generamos es mayor *duhkha*: la necesidad de mantener el objeto de deseo a toda costa y la ansiedad por no perderlo. Ahora bien, la "sed" nunca puede colmarse: porque alcanzado el objeto, se desvanece tarde o temprano, porque todo es impermanente. (Queda claro, entonces, que el problema no es tanto el objeto del deseo, como nuestro anhelo y apego al objeto.) Es esta contradicción la que alimenta *duhkha*, nuestra insatisfacción radical.; porque acto seguido buscaremos un nuevo objeto de deseo con el que tratar de saciar la "sed". Sabido es que la codicia es inflacionaria. (Algo similar mantenía Sócrates, un contemporáneo del Buda.) Gastamos infinidad de energía –¡y dinero!– persiguiendo objetos de deseo que nos gratifiquen y sobreestimamos la felicidad que pueden reportarnos. (Y desdeñamos tristemente todo aquello que ya poseemos.)* Vivimos, en suma, en una "ilusión". Esto es lo que el budismo denomina "atadura" o "apego" (*upadana*): esa actividad mental y emocional que se obsesiona y queda atrapada por una experiencia (incluidas las experiencias desagradables, ya que el dolor físico o el sufrimiento emocional generan formas tan poderosas de obsesión, ansiedad y apego como los placeres sensuales). Cuando nos apegamos a algo realimentamos y reforzamos nuestro sentido de "yo". De hecho, y como antes avanzábamos, casi que el "yo" equivale al proceso de creación de "sed", raíz del sufrimiento. El "yo" se construye con anhelos, deseos y apegos. El deseo da contorno a nuestra sensación de "yo".

---

* La psicología evolutiva muestra que el placer animal está diseñado para que no dure mucho, de suerte que la desilusión nos motiva a buscar más placer. El Dharma pretende revertir estos procesos heredados, seguramente necesarios en su día para la supervivencia de la especie pero fuente de la alienación en los *sapiens* modernos. Quien mejor representa la inhibición de estas tendencias naturales es la monja o el monje budista, que se convierte en el modelo para la sociedad.

La clave consistirá en dar con el motivo de nuestro apego y desplegar una actitud de ecuanimidad y neutralidad donde no prime ni el objeto ni el sujeto; donde se trascienda la impulsividad. En muchos *sutras*, el Buda señala que el Dharma consiste en la autodisciplina con la que se logra "domesticar" esa compulsión, ansia y sed existencial. Los "cinco preceptos" (abstenerse de la violencia, de la mentira, de tomar lo que no nos ha sido dado, de la conducta sexual desviada y de sustancias que nos tornan negligentes), típicos de las tradiciones shramánicas, constituyen un método para atenuar los estados malsanos (odio, codicia, falsedad, etcétera); complementado por las contrapartidas positivas (la meditación en el amor, el júbilo, la ecuanimidad o la compasión, conocidas como los "cuatro inconmensurables"). El Dharma tiene que ver con liberarse de los apetitos que constituyen la entelequia que llamamos "sujeto". El cese de *trishna* es la clave para acabar con *duhkha*.

Una vez investigado y comprendido el apego al deseo (captado hasta qué punto está entretejido con el sufrimiento y el "yo", compuesto de anhelos por cosas que se esfuman) se puede disfrutar de la comida, de una relación o del paisaje, porque han dejado de ser objetos de *deseo*. Ya no hay apego al deseo (ni siquiera el de alcanzar el nirvana). Como dicen muchos maestros, comprender la segunda noble verdad equivale a *soltar* el deseo.

Esto sería la felicidad desde el punto de vista budista. La felicidad no está "afuera" ni está supeditada a las posesiones y deseos (no es hedónica), sino que remite a la sabiduría de la aceptación y el desarrollo de nuestras cualidades internas (eudaimónica, en términos griegos).

Desde el punto de vista tradicional, el marco que puede facilitar este desarrollo no es otro que el desapego pleno; o sea, la renuncia, la vida monástica; o la vía iniciática con un maestro cualificado.

En el mundo secular, correspondería a una vida de generosidad, ecuanimidad y sabiduría.

## Avidya

Estamos atrapados en un círculo vicioso. Nos guía una sed o impulsividad que lo único que produce es más insatisfacción; y, para capearla, generamos más sed. Este círculo vicioso de *trishna* y *duhkha* en el que nos encontramos presos es lo que el budismo llama "ignorancia"; una idea central en muchas tradiciones índicas y que es referida con frecuencia como *moha* o *avidya*. Otras tradiciones la llaman *maya*, *mithyatva*, *ajñana* o *aviveka*.

*Avidya* es la ignorancia de la situación circular en la que nos encontramos. Es la ofuscación acerca de la naturaleza de la realidad, no haber penetrado las "cuatro nobles verdades" y comprendido las "marcas de la existencia". Equivale a autoengaño y a falso conocimiento. El apego y la insatisfacción son, por tanto, el resultado de un desconocimiento de cómo son las cosas y cómo funcionamos. Consiste en pensar que la felicidad se alcanza por colmar los deseos. Pero eso es inviable, porque la realidad es impermanente. *Moha* o *avidya* es confundir lo temporal con lo permanente, lo doloroso con lo placentero, el mundo de las apariencias con la realidad, lo subjetivo con lo objetivo, y –como pronto veremos– es ver una substancia individual donde, en realidad, hay ausencia de ella. La "sed" precisa de la ignorancia de creernos un "yo" permanente, un agente individual que necesita de los objetos del apego. Pero es precisamente esa sensación de separación e individualidad la que nos impide alcanzar la plenitud ya que, al escindir el mundo en sujeto y objeto, se genera más sed y ansiedad para colmar la fisura. *Avidya* equivale a la gran "confusión", a vivir en una ciega ilusión, a fragmentar el mundo, a pensar que los objetos son substanciales, independientes y capaces de proporcionar satisfacción.

Por ello, algunas tradiciones del budismo Mahayana sostienen que la segunda noble verdad es, en última instancia, *avidya*; la causa de la causa (*trishna*).

Esta visión distorsionada de la realidad, esta incapacidad de ver las cosas como realmente son, nos impele a actuar de forma ignorante, fundamentados en acciones y aversiones egocéntricas. La ignorancia, por tanto, realimenta nuestro sufrimiento y alienación del mundo.

Si algo hubiera en las tradiciones de la India –que, en verdad, no lo hay– que equivaliera a lo que en otras latitudes se conoce como "pecado original" (la raíz del mal), no sería ni el deseo ni la sexualidad. Yo apostaría por *avidya*: la ignorancia del conocimiento liberador (las "cuatro nobles verdades" en el caso budista) y de nuestra condición. Hay bastante unanimidad en la mayoría de las tradiciones índicas en que por esa ceguera alimentamos el círculo vicioso de *trishna* y *duhkha* con nuestras acciones. El mundo no es maligno en sí, sino que está confundido a causa de la ignorancia.

En la cadena de originación dependiente que el Buda captó al despertar (y que en seguida tocaremos), es la ignorancia la que pone en marcha la rueda del sufrimiento y genera la "sed". Y, como comprobaremos, la acción ignorante (el karma) vehiculada a través del deseo y el apego nos devuelve una y otra vez al samsara o mundo de las transmigraciones (es decir, a la existencia atrapada en el deseo y el sufrimiento). El Buda no cesa de criticar al "hombre común", adicto a los placeres, a merced de sus impulsos más bajos, codicioso, aterrorizado por la decadencia, desengañado de aquello que piensa que va a proporcionarle satisfacción, supersticioso... falto, en definitiva, de sabiduría. La ignorancia es, por tanto, la causa última del enredo en el ciclo de las existencias.

Los budistas comparten al cien por cien la secuencia ya definida por los maestros de las *upanishads*: ignorancia + actividad apegada

= transmigración. Si el *avidya* upanishádico es más metafísico, el budista es más un estado psicológico de ignorancia, pero ambas visiones comparten diagnóstico, ya que la ignorancia se entrelaza con el deseo, nos impele a actuar, y las acciones tendrán consecuencias.

Puesto que no existe un principio de la ignorancia, el samsara (este mundo, resultado de la ignorancia) es sin comienzo. Pero la ignorancia puede ser vencida; y, por ende, el samsara (el ciclo de las transmigraciones), trascendido. Puesto en términos no dualistas: es nuestra mente ignorante la que crea el samsara y es la misma mente purificada la que puede *percatarse* del despertar.

En efecto, el Buda nos invita a dinamitar nuestra situación psicológica, moral y epistémica ordinaria, a desbloquear nuestra situación de apego y sufrimiento atacando la ignorancia, desbloqueando esa visión ofuscada, la falsa seguridad a la que nos aferramos y la mente obnubilada. De ahí la importancia del estudio, la gnosis y la meditación en el Dharma. El budismo es un caso raro en las tradiciones espirituales del mundo (al menos, el mensaje del Buda histórico) al proponer la *sabiduría* (y no un paraíso, cielo o unión con un Ser Divino) como motor para liberarnos del sufrimiento. Eliminar *duhkha* requiere una comprensión profunda de la naturaleza de la realidad, de nuestra condición y la psique humana. Eso es lo que el budismo denomina sabiduría o *prajña*.

# 10. *Anatman*

Hasta aquí, el análisis budista de la condición humana es plenamente índico. Encontramos enfoques similares, incluso en detalles pequeños, en la filosofía Samkhya, en las *upanishads*, en el jainismo o en un texto ecléctico como la *Bhagavad-gita*.

Con el desarrollo de la doctrina del *anatman*, el Buda se aparta de la mayoría de las tradiciones índicas. Es en este punto en el que parece discrepar más profundamente de las tradiciones brahmánicas de las *upanishads* y es con el *anatman* con el que el budismo resulta intrigante y original en sumo grado.

La meditación sobre *duhkha* y su causa (porque recuérdese que el Dharma es, ante todo, una *praxis*) desvela el carácter impermanente de la realidad. Lo hemos visto. Pero la cosa no acaba aquí. El meditador se da cuenta de que la "sed" no solo precisa de un objeto de deseo. Ante todo, precisa de un *sujeto* que desee. Para que surja el sufrimiento tiene que existir un sujeto que lo experimente.

Analizando y meditando en dicho agente, el practicante se percata del contenido último de la ignorancia: la ilusión de que existe un ente autónomo y permanente, un "yo", necesitado de los objetos. Identificamos nuestra experiencia con un "yo", dueño del cuerpo, la mente y las sensaciones. Pero ¿dónde se encuentra semejante propietario? Llegamos, ciertamente, al meollo de la cuestión.

Si todo es transitorio, nada hay que sea inmutable; ni nada hay

que sea independiente, ya que todo lo sujeto al cambio es dependiente de causas y condiciones. Esto es exactamente *anatman*: la
falta de independencia, la falta de esencia propia, la insubstancialidad o ausencia (*an-*) de sí mismo (*-atman*) de lo existente y, en
particular, del "yo". *Anatman* es la tercera –junto a *duhkha* y *anitya*– de las "marcas de la existencia".

Es útil contextualizar la doctrina del *anatman*, ya que ha de
leerse con el telón de fondo de las distintas concepciones sobre el
"Yo profundo" o el "alma" generadas en la antigua India.

Como sabemos, los sabios brahmánicos de las *upanishads* fueron
pioneros en el proceso de internalizar lo religioso. Tenían la convicción –capital en la historia de las religiones– de que en lo más
profundo del ser humano existía una chispa inmortal: el *atman*.

Su concepción del *atman* denota una esencia que subyace a
toda la realidad, sea externa o interna. Por descontado, no es el
ego o la personalidad, sino lo que es inmortal en nosotros; algo así
como la consciencia autoluminosa o espíritu. Para ser más precisos, el *atman* es el Espíritu-en-el-individuo; lo Divino inmanente.
Por tanto, indestructible e inalterable. Lo notorio de la concepción
brahmánica de las *upanishads* –que siglos más tarde dará paso a
la filosofía Vedanta– es que postula que dicha esencia espiritual
(*atman*) es idéntica a lo Absoluto (*brahman*). No hay dualidad.
Ddicho de otra forma, la chispa inmortal es –o participa del– mismo *brahman* que sostiene y da vida al cosmos. Es cierto que otras
corrientes de las *upanishads* (o filosofías como el Samkhya, el Yoga
o el jainismo) no plantean la cuestión en términos no dualistas,
pero en todos los casos se postula igualmente la existencia de una
consciencia autoluminosa, inmutable y eterna en lo más profundo del ser, llámese *jiva, purusha* o *atman*. Esta intuición quedaría
"corroborada" por nuestra experiencia emocional y lingüística,
que siempre presupone un sujeto o "yo". Las corrientes hindúes

entienden que lo que subyace a ese "yo" empírico es el *atman*. El observador último, el centro de todo, eso es el *atman*. Por ello, una de las grandes sentencias o mantras upanishádicos proclama: «Tú eres Eso».[28] La búsqueda espiritual en estas tradiciones consiste en aprehender y hasta coincidir con esa porción eterna en lo más profundo. La mayor parte de las tradiciones no budistas de la antigua India convergía en que el conocimiento del sí mismo, espíritu o "Yo profundo" –un conocimiento que, como es obvio, pasa por despojarse del ego o "yo" empírico que se le superpone– constituye el camino hacia la liberación.

Los términos budistas *anatman* y *nairatmya* ponen en duda precisamente estos postulados. Son conceptos que subrayan la impermanencia en la subjetividad. *Anatman* significa que la experiencia subjetiva está falta de una entidad *permanente* que la suture. Al ahondar en lo más íntimo, el Buda descubre que no podemos asir ninguna sustancia inmutable y autónoma. El *atman* es inverificable. Para ser exactos, la enseñanza del *anatman* no acaba de negar la existencia de un espíritu eterno (ya que el Buda se mantiene en un "camino medio" entre los extremos del eternalismo y del nihilismo). Lo que los textos más antiguos –y presumiblemente la enseñanza más próxima al Buda histórico– niegan con rotundidad es que un supuesto *conocimiento* del *atman* sea el camino que conduce a la liberación y al cese del sufrimiento. Es más, no solo el Buda no reconoce que dicho conocimiento sea liberador, sino que sostiene que tales especulaciones acerca de un pretendido *atman* han de abandonarse. Esta rotunda puesta en tela de juicio de la soteriología establecida parece respaldar la idea –sostenida por no pocos seguidores posteriores– de que el Buda no aceptó la existencia del *atman*. Aunque el *atman* nunca es explícitamente refutado, sí resulta novedoso ¡que no diera por sentada su realidad! Por ello, la ulterior tradición budista desplegará una batería analítica y meditativa muy contundente para deconstruir el "yo" y evitar equipararlo a un *atman*. En seguida lo comprobaremos.

En parte –y solo en parte–, la enseñanza del *anatman* puede también leerse frente a un trasfondo psicosocial (y no únicamente soteriológico). En tanto *shramana*, el renunciante que ha cortado con el engranaje ritual y social posee un plus de "individualidad" que el hombre-en-el-mundo carece. Es un ser más autónomo, liberado de las alienantes responsabilidades de familia, casta o ritual. En las culturas índicas y asiáticas de la antigüedad, el hombre-en-el-mundo (que subsume a la familia entera) estaba incrustado en un saturado tejido de relaciones familiares, comunales, religiosas y sociales. Quizá el Buda quiso advertirnos del peligro de confundirnos con las etiquetas y las identificaciones. Los términos "yo", "persona", "familia", "casta", "clase social", "linaje", "aldea" o "secta" son convenciones sociales; no son más que nombres. El Buda no niega que podamos utilizar las etiquetas "yo", "mío" o "persona", pero siempre y cuando reconozcamos que son convenciones lingüísticas y sociales impermanentes.

La realidad cambia y es inconsistente. Cada forma de vida es el resultado de una serie de condiciones. Cambiémoslas y la forma de vida se disolverá o se transformará. Sufrimos precisamente porque nos cuesta aceptar la mutabilidad y condicionalidad. De forma idéntica, lo que entendemos por "yo" es una entidad compuesta y cambiante; por ende, carente de substancia o identidad últimas. La negación que propone la idea de *anatman* es, por tanto, doble. El Buda acepta la existencia de una personalidad, pero niega que la suture un "yo" independiente (*pudgala*), porque es compuesto, y es reacio a aceptar que la insufle un "Yo profundo" o espíritu permanente (*atman*), porque nada hay que sea eterno. La doctrina del *anatman* está concebida para combatir tanto la noción de un agente egoico o "yo" independiente como la creencia en un "espíritu" o *atman*. Sugerir una esencia eterna, autoluminosa e inmutable es, para el budismo, una mayúscula confusión. Es confundir la actividad de la consciencia con un "yo" o un "alma". Pero nada hay que sea imperturbable, ni nada hay que no esté causado, relacionado, compuesto y en dependencia. Por tanto, nada hay que sea en sí mismo, autocontenido e independiente. Esta ausencia de mismidad es *anatman*. O, como en seguida veremos, es "vaciedad" (*shunyata*).

La negación del *atman* impide, lógicamente, reivindicar un Dios Supremo o Alma Universal (*paramatman*), porque –por definición– este concepto implica la eternidad y la absoluta independencia. En este punto el budismo es bastante tajante, en especial la corriente Theravada. El universo no tiene principio. El Buda no reconoce a ningún creador o arquitecto inteligente. En realidad, más que negar la existencia de Dios, el Buda señala –de nuevo– que este tipo de hipótesis inverificables son irrelevantes para la práctica del Dharma.

Pero insistamos en que lo más determinante de la doctrina del *anatman* radica en que impide aventurar un espíritu inmanente o "Yo profundo" en lo más íntimo de nuestro ser. Nada de lo que pertenece al reino de la experiencia es, en verdad, "mío". Buena parte de la práctica budista supramundana consiste en despersonalizar o "desyoizar" la existencia, porque la ausencia de sujeto, de "yo" permanente, imposibilita cualquier forma de apego (y, como sabemos, el apego o "sed" es la causa de *duhkha*). El deseo se asienta en una percepción errónea de nuestra condición: la creencia de que poseemos una esencia individual que perdura. Solo hay sufrimiento donde existe el "yo". El hábito de estar centrados en nosotros mismos es la principal causa del sufrimiento. El narcisismo obsesivo y el egoísmo ignorante generan la codicia, la envidia, la ira, la presunción, la crueldad o el engaño. La sabiduría budista consiste en percatarse de esta falacia y actuar de forma consecuente.

El segundo sermón proclamado por el Buda en Benarés fue, precisamente, sobre el *anatman*. Y se dice que el conocimiento liberador de esta enseñanza permitió a sus cinco discípulos alcanzar el grado de la máxima santidad. Si en el primer sermón lo que acaba con *duhkha* es el cese de la "sed", en el segundo es el reconocimiento del *anatman*. Está claro, pues, que la "sed" y el "yo" son dos caras de una misma moneda. Al desenmascarar el falso "yo" se desenmascara la "sed" que nos hunde en el sufrimiento.

Al no reconocerse un alma eterna, tampoco es necesaria la especulación sobre un más allá. Al menos, eso se desprende de los *sutras* antiguos. En esto, el Buda fue también categórico: en lugar de conjeturar sobre almas reencarnando acá y acullá, debemos centrarnos en ver cómo experimentamos las cosas en nuestra vida cotidiana. Las especulaciones sobre una pizca de eternidad en lo más hondo son superfluas, impiden el desarrollo interior y tienen el potencial de arruinar la vida contemplativa que sí puede acabar con *duhkha*.

Si bien esta ha sido una doctrina largamente debatida en la historia del budismo (porque insistamos en que el Buda ni afirmó ni negó la existencia del *atman*) y, pocos siglos después, la escuela escolástica llamada de manera un tanto peliaguda Pudgalavada ("los partidarios de la existencia de una persona") llegó a ser influyente, está claro que la mayoría de las corrientes budistas secundaron con mayor o menor fuerza una posición anátmica. Y, en cualquier caso, si algunas escuelas no suscribieron con igual contundencia el aspecto metafísico del *anatman*, todas concuerdan en su validez pragmática: desasirse de la noción de un "yo" facilita una visión más clara y lúcida del mundo y, por ende, una actitud más sabia e iluminada.

# 11. ¿Qué es el "yo"?

En perfecto estilo socrático, el Buda nos invita a indagar en la naturaleza de la realidad íntima. Si nada hay que sea permanente en cualquier aspecto de la experiencia y nada posee entidad propia, ¿qué soy "yo"?, ¿qué es mi "yo"?, ¿quién soy "yo"?

Dicen los maestros budistas que la realidad, sea física o psíquica, consiste en una serie de factores –técnicamente llamados también *dharmas*– y conjuntos de estos factores. Por sencillez, vamos a concentrarnos en los conjuntos mayores o "agregados" (*skandhas*). El budismo propone que contemplemos eso que llamamos "persona", o mejor, que analicemos la "experiencia humana" como una asociación de cinco agregados. El propio Buda señaló que hasta que no entendió los cinco agregados (sus características, cómo se originan, cómo cesan) no alcanzó el despertar perfecto. Entenderlos es esencial para captar y *comprender* las "cuatro nobles verdades". Todo indica que, una vez más, esta enseñanza se fundamenta en su experiencia personal, acostumbrado en la meditación a observar los cambios en su interioridad (aunque la visión upanishádica de las "cinco envolturas" del ser parece un anticipo de los "cinco agregados" del budismo).

El primer agregado es la "forma" (*rupa*), que equivale a lo sensible, lo material, la corporeidad o forma física (pero asimismo a los objetos de los sentidos, incluidos los sonidos, los sabores, los olores). *Rupa*, pues, remite tanto a la materia externa (el universo material) como a la interna (las impresiones sensoriales). Los siguientes agregados son inmateriales.

El segundo consiste en las "sensaciones" (*vedana*), ya sean agradables, desagradables o neutras, provocadas por el contacto de los órganos de los sentidos con la "forma". No se trata, por tanto, de las emociones, sino de la cualidad de nuestras sensaciones. A partir de ellas –si son desagradables o no– aparecerán las emociones.

El tercer agregado consiste en las "percepciones" (*samjña*), donde opera ya la interpretación, la conceptualización, la clasificación o el discernimiento mental; es decir, la mente que reconoce los objetos de los sentidos y el lenguaje (la forma en que organizamos la experiencia y la interpretamos).

El cuarto agregado está formado por las inclinaciones o "formaciones mentales" (*samskara*). Abarca una gran cantidad de experiencias mentales y hábitos emocionales: el amor, la serenidad, la crueldad, el deseo, la confianza, el análisis, el miedo, la duda... y hasta estados meditativos como la ecuanimidad, la compasión o la concentración. Se trata, en definitiva, de las distintas formas de actuación y reacción. Es una categoría decisiva ya que una de estas construcciones es la volición (*chetana*), que nos liga a la esfera del karma; es decir, a la acción apegada –o que genera apego– o a la acción con discernimiento.

El quinto agregado es la suma de los tres *skandhas* inmateriales anteriores: la "consciencia" (*vijñana*); o sea, la percatación gustativa, táctil, mental... (sería como el hecho de ver, oír, pensar u oler), obviamente, ligada a las sensaciones y percepciones. La consciencia "ve", "huele" y "piensa" (no soy "yo" el que huele o piensa). Como comprobaremos, este agregado desempeña un papel crucial en el proceso de volver-a-nacer; pero nótese que el Buda no le otorga un papel especial en los procesos de experimentar el mundo. La consciencia es un *skandha* más (y no puede funcionar sin los otros). Forma parte de la naturaleza.

Estos agregados (y sus subcategorías, en las que no entraremos aquí) son, por supuesto, contingentes, impermanentes y fugaces. El cuerpo material se transforma. Las sensaciones y las percepciones se suceden unas a otras. Los pensamientos van y vienen; lo mismo que la consciencia, siempre cambiante. El conjunto de los cinco agregados en interdependencia constituye la "persona". La experiencia humana, por tanto, no es más que un conglomerado de agregados en perpetuo flujo. De ello se desprende algo perturbador: el "yo", aquello que parece nuestra *esencia* psíquica, no es más que un proceso de agregados fugaces. Ninguno de estos *skandhas* da contorno a un "yo" o a un "espíritu". Simplemente, son los factores que constituyen la personalidad. Igual que cuando se juntan diferentes partes, componentes y elementos podemos hablar de una "mesa", cuando están presentes estos cinco agregados físicos y psíquicos hablamos de una "persona". El doble error en el que solemos caer (la gran ignorancia) es, por un lado, considerar que los *skandhas* son permanentes (que el cuerpo, la consciencia o las percepciones son estables), y, por el otro, deducir que esa falsa permanencia constituye un "yo" o un "Yo profundo", nuestra esencia, espíritu o *atman*, fuente de la felicidad.

Para el budismo, esto es desenfocar la realidad. Precisamente, aprehender el carácter ilusorio del "yo" es uno de los ejes del evento que llamamos *bodhi* o "despertar". Todos los maestros budistas nos alertan en contra de identificarnos con lo material, las sensaciones, las percepciones, la psique o la consciencia. ¿Soy "yo" el páncreas, los anhelos, mi malestar, mi bienestar, unas ideas filosóficas? Nada de eso es el "yo". Este cuerpo no es "mío" porque no existe un algo independiente que lo posea. Ni siquiera la consciencia, que sería la candidata "natural" a ocupar el rango de "Yo profundo". El Buda es categórico al señalar que la consciencia no es el *atman*, ya que también se origina de forma dependiente de otras causas y es impermanente. En los textos más antiguos, y en particular en el segundo discurso del Buda, acerca del *anatman*, es exactamente el conocimiento de que los cinco agregados *no* constituyen un "yo", son "míos" o forman el "Yo", lo que nos conduce a la liberación.

¡Ojo! El Buda no niega ni la experiencia empírica o subjetiva ni que nos sintamos individuos. El sentido del "yo" como ego psicológico es necesario para vivir e interactuar en el mundo. Este punto es importante para evitar caer en malentendidos. El *anatman* no niega la existencia de la "personalidad", capaz de tomar decisiones y actuar. Recordemos que niega la conjetura de una substancia esencial y duradera que la suture. El Buda acepta plenamente un "carácter", una "personalidad", un "ego", un "agente" moral, un "yo" empírico formado por los *skandhas*. Los cinco *skandhas* conjuntados existen. Están compuestos por elementos (*dharmas*) que no pueden ser dispersados hasta que no se detengan las fuerzas que los mantienen unidos. El individuo no es una ficción, sino una asociación de agregados siempre cambiantes. Por ello existe un "observador" en el budismo. Sin cuerpo (sin los órganos de los sentidos, incluida la mente), no habría experiencia humana. La identificación con el cuerpo, los sentidos y los pensamientos resulta útil para realzar nuestra especificidad. Si no existiera ese "yo" blando o empírico, ni nos molestaríamos en meditar. Por eso nunca se niega el "yo" que observa y experimenta el *duhkha*. De hecho, los *sutras* utilizan con frecuencia la pali *atta* (equivalente de la sánscrita *atman*) como pronombre reflexivo. Como cuando se utilizan las palabras "persona", "hombre", "individuo" o "monje". Y eso es precisamente lo que debemos desenterrar. Que esa designación es una mera etiqueta para referirse a un conjunto de fenómenos impermanentes, contingentes e impersonales. Igual que un físico habla de una "mesa" y no de un montón de partículas subatómicas, ahí donde hallemos los cinco agregados los budistas suelen hablar de una "persona" o de un "agente". La persona existe, por tanto, pero en dependencia de incontables factores; ergo, vacía de existencia independiente. La sensación o percepción de tener o ser un "yo" no es más que la concatenación de un conjunto de factores en perpetuo cambio. Si hurgamos tras el flujo de fenómenos físicos, emocionales y mentales, ¿dónde se encuentra ese eterno "yo"? El "yo" –o el "ser"– es una designación lingüística a propósito de un conjunto de partes y factores. Lo que entendemos por "yo" es un producto de innumerables causas, relaciones y condiciones siempre cambiantes. El "observador" es vacío; no hay ninguna entidad trascendental e inamovible, un alma, que observe. Nada hay que podamos detectar como el núcleo fijo, la esencia, el corazón "real" de nuestra identidad o experiencia personal. Lo problemático es creer que el término "yo" remita a algo real y substancial. El Buda concuerda con la moderna psicología en que no existe ningún agente permanente y persistente que controle, maneje o insufle dicha personalidad. Repitamos lo expresado en el capítulo anterior: *anatman* significa que la experiencia subjetiva está falta de una entidad *permanente* que la suture. Por eso se dice que es "vacía" (*shunya*) de "yo" o "sin yo" (*anatman*).

Ninguno de los agregados es inamovible o forma un todo indivisible y autosuficiente, o tiene control sobre el resto. En otras palabras, ningún *skandha* o *dharma* posee ninguno de los atributos que se le supone al "alma" o a un "yo". De ahí que se postule que los agregados son vacíos de cualquier esencia substancial independiente. (En seguida profundizamos en este vacío.) En numerosos *sutras*, el Buda alienta a sus discípulos a meditar en los *skandhas* para aprehender el carácter anátmico de la experiencia. En estas meditaciones se puede captar a la perfección que en lugar de que un "yo" esté pensando, más bien una serie de pensamientos tratan de dar forma a un "yo" o identificarse con un "yo". Incluso en la meditación sobre *duhkha*, el yogui no se fundamenta en un "yo estoy sufriendo", sino en algo más parecido a un "esto es sufrimiento". Se reconoce el sufrimiento, pero no hay identificación con este. Esto equivale a *comprender* el sufrimiento.

El problema, además, es que este "yo" ilusorio se considere y se sienta *separado* del resto del mundo, como una entidad autónoma y esencial. El sentido de dualidad generado por la sensación de "yo" (*mi* cuerpo, *mis* pensamientos, *mis* sentimientos, *mi* libertad, *mi* felicidad…) y "no yo" (el resto) nos aliena del mundo. El problema es el egoísmo, que equivale a estar centrados en un "yo" que confunde el ego psicológico con algo permanente (y ahí el Buda concuerda con el Vedanta y otras filosofías índicas). Pero recuérdese que no existe ningún *skandha* del "yo" o algo parecido a un "yo" que forme parte de ninguno de los *skandhas*.

El Dharma nos muestra que ficciones como el "yo" o el "alma" son –como todo fenómeno de la existencia– *anitya*, o sea, impermanentes y cambiantes; son *anatman*, o sea, faltos de esencia propia, insubstanciales, sin independencia; y son *duhkha*, o sea, sufrimiento e insatisfacción. De ahí que tantas prácticas budistas busquen romper el hechizo de cualquier identificación con un "yo". O dicho de otra forma, lo que instintivamente tomamos como "mi 'yo'" es una asociación siempre cambiante de agregados. El observador existe, el agente moral, también, pero no hay ningún ente discreto o permanente que actúe.

Este mensaje es sumamente radical, porque está invitando a que desenmascaremos el ego, a que lo deconstruyamos, a que desvelemos que tras eso que llamamos "yo" no hay más que un montón de factores (*dharmas*) y conjuntos de factores (*skandhas*) despersonalizados en perpetuo cambio.

Siguiendo con los cinco agregados, y tomando un ejemplo de un famoso budólogo, he aquí: 1) la *forma* material de una muela en una boca; 2) una *sensación* dolorosa; 3) el reconocimiento o *percepción* de un desagradable dolor en la muela; 4) una *construcción mental* o reacción volitiva psíquica que quiere rechazar ese dolor de muela y desea estar bien (y genera la acción de tomar un analgésico); y 5) la *consciencia* o percatación existencial de todo ello. Hay muela, un claro dolor de muela y una mente que reconoce el dolor, pero, al final, ¡nadie que lo padezca! El dolor solo puede existir si se *posee* la muela; pero si se desagrega de cualquier noción de "yo" o "mío", solo existe el sufrimiento, pero nadie que sufra. ¿Hasta qué punto entonces el dolor es inherentemente doloroso? En el siglo V, el filósofo Buddhaghosa escribió un impresionante pasaje que decía:

«Existe el sufrimiento, pero nadie que sufra.
Existen los actos, pero no hay modo de hallar un agente.
El nirvana es, pero no el nirvanado.
Aunque el camino existe, no aquel que avanza por él.»[29]

Hete aquí la paradoja: para avanzar en la práctica hay que desarrollar un "yo" que empieza a saber que todo es no yoico, "sin yo", *anatman*.

Dado que los *dharmas* surgen y desaparecen a una velocidad formidable, a veces resulta difícil percibir su instantaneidad (como difícil es percibir la secuencia de fotogramas que forman una película). El cuerpo material crece, envejece, hasta que muere. Las emociones cambian todavía con más rapidez, la mayoría de las veces de forma incontrolada, siguiendo sus propias leyes biológicas. Los pensamientos se suceden. Precisamente, la velocidad de reemplazo –que, además, no es uniforme–, unida a la narrativa personal con la que tejemos diferentes aspectos y experiencias (el "yo" biográfico), son lo que nos hace percibir el mundo como una unidad, o nos llevan a postular un sujeto o "yo" continuo. Un "yo" como ensamblaje de aspectos físicos, emocionales y mentales. Pero no nos damos cuenta de que el propio ensamblaje se transforma sin cesar, es dependiente de factores externos, no es unitario ni está bajo "nuestro" control. Si uno indaga dentro de sí, ¿qué es lo que puede identificar como "yo" o "mío"? Hoy, la psicología moderna acepta que el supuesto "yo" no termina en nosotros, sino que incluye a nuestra madre, el padre, la familia, el barrio, los hijos, las ideas, etcétera. Con cada inspiración, el oxígeno, los árboles, el sol y el universo entero interpenetran nuestras células. Como mínimo, tendríamos que abrirnos a la posibilidad de que la identificación "natural" con un "yo" o lo "mío" es, en verdad, *opcional*.

El Buda tampoco niega que se dé una cierta continuidad de carácter en la vida. Pero dicho carácter o personalidad (por muy consistente que parezca) no es mucho más que una autoimagen. Son los hábitos de habla, pensamiento, sensación o acción que se desarrollan de forma concatenada. O, como dicen los tratados, la "personalidad" no es más que la concurrencia repetida de ciertos *chittas* o agrupaciones mentales y de una concatenación de causas y efectos psicofísicos.* Este "carácter" es virtualmente idéntico al cuarto agregado: las formaciones volitivas o kármicas. Insistamos: en ningún momento el Buda pretende eliminar la subjetividad o la experiencia interior. Lo que busca es que no la cosifiquemos, que no le otorguemos sustancia, que no la cerremos y fijemos en una

---

* Este es, precisamente, uno de los temas centrales de los *abhidharmas*. Si todos los *dharmas* físicos y psíquicos se desvanecen, ¿cómo es posible que opere la memoria? ¿Por qué el karma de muchas vidas pasadas puede fructificar en esta vida? ¿Cómo es posible que acumulemos hábitos de conducta o de aprendizaje producto de evanescentes *dharmas*? Cada escuela propondrá sus soluciones, en las que no podemos entrar aquí (aunque alguna generalidad se explicará más adelante).

falsa mayúscula, que no la separemos del resto de factores y causas de las que depende.

Nos identificamos con acciones de cuerpo, habla y mente y, cada vez que lo hacemos, nos convertimos de nuevo en esa "persona" y reforzamos los patrones kármicos. Estos *chittas* o flujos ininterrumpidos de fenómenos psicofísicos condicionados por el karma pueden denominarse "ego", "pseudoego", "psique" o "personalidad" si se quiere, pero –como decíamos antes– pronto notaremos que son cambiantes y no constituyen ningún "yo" unitario. Precisamente sufrimos al tratar de asirnos a cosas, acciones, relaciones o sensaciones que son transitorias. Muchos ejercicios budistas están diseñados para aprehender la impermanencia. Captar la transitoriedad evita que nos formemos falsas asunciones de continuidad y permanencia.

No existe una substancia única (un "observador") que perdure. No existe un "yo" separado de las experiencias o del *continuum* de la existencia. En cada instante, una "persona" se desvanece y una nueva se reconecta. Lo que llamamos "ser humano" es una particular asociación de agregados combinados de determinada manera en un momento dado. La vida nace de nuevo en cada instante. Este es otro tema común de la meditación budista: el mundo no está compuesto de cosas sólidas y estables, sino de procesos que aparecen y se desvanecen, como el rocío matinal.

Aquel niño o niña que fuimos y el adulto que lee estas líneas son distintas manifestaciones de la personalidad o el individuo, pero no remiten a ningún "espíritu" o "Yo" eterno que tenga recuerdos y experiencias. La mente fabrica un "yo" que luego toma por real. (Algo parecido postularía David Hume, mucho tiempo después.) Pero a la luz de la sabiduría, la noción de un "Yo profundo" o "espíritu" eterno se desvanece. Como explicaba hace casi dos mil años el monje Nagasena:

«Por el cuerpo, las sensaciones, las percepciones, los impulsos mentales y la consciencia [los cinco *skandhas*], "Nagasena" existe como denominación, como un uso convencional y nombre. Pero en último término, no hay persona que se encuentre.»[30]

Igual que hablamos de esa "mesa" cuando sus distintas partes han sido reunidas, del mismo modo hablamos de un "individuo".

Obviamente, la exégesis budista ahondará en la ausencia de esencia y afirmará que no solo las personas sino cualquier objeto compuesto y dependiente no es, en último término, "real", sino una designación lingüística (*prajñapti*). El "individuo Nagasena" o la "mesa" son meras etiquetas lingüísticas. De ahí que, desde muy temprano, la mayoría de las escuelas budistas haya enfatizado el papel del lenguaje en nuestra construcción del mundo.

Pero volvamos al "yo". La paradoja es que si, en realidad, no hay "nadie" ahí, resulta que entonces nadie experimenta el sufrimiento, como expresaba Buddhaghosa en la cita anterior. Lo gordo del asunto, pues, resulta ser que el "yo" ¡es justamente *duhkha*! Como se afirma en el "Sutra de Benarés": «Los cinco agregados son *duhkha*».[31] La máxima cartesiana "Yo pienso, luego existo", es falaz; o mejor, es la antítesis de la concepción budista. No hay un "yo" que piense o haga algo; se da solo el pensar o el oír. Es la ignorancia de creernos un "yo" fijo y permanente *precisamente* la que provoca la "sed" y el "apego" a las cosas. Pues es el apego a las cosas lo que realimenta la noción de "yo", puesto que este solo se forma en referencia a los objetos de los sentidos. Una vez el "yo" ha sido construido de forma ignorante (la clásica noción panindia del "hacedor del yo" o *ahamkara*), el sufrimiento está servido. Porque es el "yo" el que se aferra a las cosas y las ideas, el que se entreteje en sus propios mecanismos de defensa, el que desea el deseo, el que teme enfermar, el que finalmente morirá. Cuando lo cierto es que solo existe el evento o la experiencia, pero nadie que la tenga. Multitud de ejercicios y prácticas meditativas están encaminadas a trabajar este aspecto capital para el Dharma budista. Volviendo al ejemplo anterior del dolor de muela, aquel que todavía está preso en la noción de un "yo" reacciona con angustia, rabia y animadversión. En cambio, el meditador avezado desarrolla la consciencia anátmica y comprensión de la impermanencia necesarias para sobrellevar el dolor con ecuanimidad y paciencia.

Dejar de identificarse con un "yo" significa dejar de estar constreñidos y limitados por una identificación parcial, fragmentada e ignorante. Alcanzamos, entonces, un plus de libertad. Es ahí donde se inserta la práctica de la meditación, el estudio y la reflexión. Nunca olvidemos que estas proposiciones son más soteriológicas (liberadoras) que filosóficas. En la meditación, nos percatamos de que cuando la mente no está en el momento presente, se distrae con todo tipo de pensamientos y sensaciones (recuerdos del pasado, fantasías de futuro, emociones destructivas, etcétera). En la tradición Zen y del Vajrayana suele llamársela "mente del mono", porque salta de forma errática de una rama a otra. Solo cuando aprendemos a estar en el momento presente, cuando aquietamos la mente dispersa, cuando la observamos sin aferrarnos a ella, podemos abrirnos a estados mentales más sutiles. El propósito último de la meditación budista consiste en captar cómo la mente conduce a la insatisfacción. Debemos aprender a observar los pensamientos con discernimiento, de modo que podamos desidentificarnos de ellos (y no retroalimentarlos). A la luz de la sabiduría del *anatman*, el meditador puede percatarse de que no hay nadie "apegado" a las cosas. El apego es una actividad de la mente. El concepto "yo" es otro nombre para el "apego". Y ello se descubre deconstruyendo lo que llamamos "experiencia humana" en los cinco agregados.

Es cierto que no todo el budismo ha sido tan anátmico y que –como ya dijimos– en bastantes pasajes de los textos se insiste en que el Buda niega tanto la creencia en la existencia de un *atman* como en su inexistencia. Filosóficamente hablando, el "camino medio" lo es entre los extremos del absolutismo eternalista y el materialismo nihilista. Como dijo Vasubandhu, en el siglo v:

> «Creer en la existencia de un "yo" es caer en la herejía de la permanencia; negar el "yo" es caer en la herejía de la aniquilación con la muerte.»[32]

La primera posición afirma la existencia de un componente eterno en el individuo (o el mundo); la segunda niega cualquier tipo de continuidad tras la muerte. De ahí que alguna corriente filosófica del budismo antiguo, la ya mencionada de los pudgalavadins, postulara la existencia de "algo" sospechosamente similar a un *atman*, o que algunas escuelas del budismo Mahayana hablen de una "mente pura" o de un "depósito de consciencia" que se aproxima a la idea de *atman*. Otras filosofías del Mahayana han dejado en suspense la cuestión y postulan que el "Yo profundo" no es más que una mera designación metafórica. En cierto modo, los budistas han necesitado otorgarle un determinado grado de realidad a la concepción del "yo" para evitar una ruptura completa con la realidad cotidiana, para preservar la noción de retribución kármica o la de progreso en la senda del despertar; al menos, en el plano de la realidad convencional. Muchos maestros aconsejan no obsesionarse con la idea del *anatman* y, en cambio, nos invitan a ahondar en su práctica contemplativa. Desde el plano contingente, la negación del "yo" nunca es completa, porque es necesaria en la sociedad y hay que recabar en el propio esfuerzo para poder –paradójicamente– desyoizarse. (Como se dice en la tradición Zen: para cultivar el "yo" es preciso olvidarse del "yo".) Pero desde el plano de la realidad superior (tal y como la viven los *buddhas*), no hay ningún "yo" que subyazca a la experiencia.

Insistamos en lo dicho: la doctrina del *anatman* y los agregados es, por encima de cualquier otra consideración, una herramienta soteriológica. No se trata de probar filosóficamente la inexistencia del *atman*. Tal noción se desvanece con la práctica, cuando se capta que todo está vacío de substancia. La meditación en la vaciedad de los fenómenos, en especial de los agregados (que son los que nos confunden y conducen a postular un *atman*), es indispensable en el camino hacia el despertar. Ver las cosas como insubstanciales o carentes de esencia es útil para cortar todo tipo de identificación tóxica y apego a las cosas. La relación entre la consciencia y lo que de forma ignorante tenemos por su "contenido" (sentimientos, pensamientos, etcétera), una vez desyoizada, facilita una relación de contemplación, de no identificación; en último término, de liberación. El odio, la arrogancia o la vanidad son creaciones del "yo"; y perdurarán mientras sigamos alimentándolo. Reiteremos: es precisamente la noción de "yo" la que porta el sufrimiento al mundo. Lo inteligente, entonces, es dejar de identificarnos con esa evanescente entelequia.

No existe nadie que avance hacia el nirvana; pero, de forma paradójica, existe una purificación de la mente, un despertar y "alguien" que puede guiar a los demás en la senda. Desenmascarado el "yo", deja de haber un sujeto. El dualismo se tambalea. Se percibe entonces el mundo como un devenir. Cuando no hay "yo", solo hay un ver, escuchar o conocer. Es un perpetuo presente ausente de substancia, "yo", "espíritu" o *atman* que sienta, desee o piense. Las cosas son vacías de substancia o alma. Eso es lo que en el budismo se llama trascender el ego. Eso se *realiza* al despertar y, por ende, conduce al fin del sufrimiento.

# 12. Causación e interdependencia

¿Por qué la ausencia de identidad permanente (*anatman*) es una de las "marcas de la existencia"? Porque los fenómenos son compuestos y condicionados; se necesitan unos a otros. Nada hay en el mundo que sea independiente, surgido de sí mismo. Las cosas y los procesos, dice Shakyamuni, dependen de causas y condiciones. Ahí entronca el concepto de *pratitya-samutpada*, una de las enseñanzas más profundas del Buda; y una aprehensión que, todo hace pensar, está en la raíz del evento que el budismo llama "despertar". Aunque no todos los expertos estarían de acuerdo con la última afirmación (muchos consideran que es un desarrollo estrictamente racional, con poco de contemplativo), es un hecho que muy pronto la doctrina del *pratitya-samutpada* se convirtió en uno de los ejes del pensamiento budista. Las escuelas del budismo antiguo (budismo Nikaya) derivaron de esta doctrina su teoría del *anatman*, mientras que los mahayanistas deducen de ella la vaciedad.

## La originación dependiente

En un sentido restringido, *pratitya-samutpada* remite a una ley empírica de causalidad general. Es la ley que gobierna las dinámicas del cambio. Suele traducirse entonces por "originación dependiente", "surgimiento condicionado", "dependencia causal" y similares. Este es el significado que le otorgaron los filósofos del budismo Nikaya: todo es condicionado, ya que todo se origina y existe en dependencia de causas y condiciones, salvo el nirvana, que es precisamente la posibilidad de llevar una vida no determinada por los hábitos, las inclinaciones o los apegos. Nótese que la formulación de las "cuatro nobles verdades" es una indagación y un análisis acerca de la *causa* u *originación* del sufrimiento y cómo cesarlo.

En la noche del sublime despertar, el Buda captó que el universo es un baile cósmico donde cada estadio es la causa de otro, que a su vez es causa y depende de otro, y así indefinidamente. Debido a la causalidad, dependencia y condicionalidad, nada permanece estable. La realidad –lo sabemos– es impermanente. Todo cambia porque existe esta ley que hace que los elementos se agrupen y desagrupen sin cesar y condicionen nuestra relación con el entorno. Las leyes de la naturaleza son elocuentes.

Por el *pratitya-samutpada* descubrimos, por tanto, que nada es *fundamental*. La condicionalidad o falta de fundamento muestra que las cosas y los seres ni son independientes ni autosuficientes. Son *anatman*. Son el resultado de una interacción con otras causas. Más que de "cosas", "seres" o "substancias", pues, deberíamos hablar de "procesos" causalmente interconectados. El budismo refleja esta condicionalidad y causalidad en su tenue distinción entre identidad y alteridad, considerada insignificante, relativa, si es que no abiertamente ilusoria.

Todo ello también anula la posibilidad de una causa primera o un fundamento eterno; o sea, Dios. La escuela Theravada suscribe esta postura antisubstancialista implícita en el *pratitya-samutpada*. Y el budismo en su totalidad subraya el carácter causal de la realidad.

# La interdependencia

En otro sentido más general (el que le otorgaron los filósofos del budismo Mahayana y el que suscriben muchos líderes contemporáneos del budismo), *pratitya-samutpada* denota también una concatenación o interdependencia absoluta de todo con todo. En este perpetuo baile, donde cada estadio es la causa de otro estadio, las causas-y-efectos son *interdependientes* y *simultáneos*. Una posición, por cierto, no muy dispar a la que postula la nueva física, la teoría del caos o la biología moderna. El *pratitya-samutpada* es, según esta visión, una metáfora de la relatividad (no de relativo, sino de relación). Todo está interrelacionado.

En el "Sutra de la guirnalda", un famoso *sutra* del Mahayana, esta idea está plasmada en la conocida imagen de la "red de Indra": el mundo como red, en la que cada parte (simbolizada por una perla en cada juntura de la red) contiene el todo (la red completa se espejea en todas las perlas). *Pratitya-samutpada* equivale, por tanto, al holograma del mundo, donde incluso las categorías de espacio y tiempo se interpenetran.

Para existir, las cosas dependen de otras entidades y condiciones. Si hubiera algo que no estuviera en relación con lo demás, no podríamos conocerlo, intuirlo, pensarlo, sentirlo. (Por ello los mahayanistas no suscriben la idea de que el nirvana sea incondicionado.) Nada es autosuficiente. En realidad, solo desde el plano convencional es lícito hablar de "cosas", ya que, visto desde un ángulo "despierto", todo se necesita entre sí y, por tanto, su esencia se desdibuja.

En cierto sentido, el Mahayana atenúa la relación de causalidad y acentúa la de dependencia. Este giro le permitió adoptar una visión más positiva acerca del samsara o mundo fenoménico. Los maestros contemporáneos amplían el espectro de la idea de interdependencia o interconexión hasta posiciones políticas, sociales o ecológicas.

## La "Rueda de las existencias"

El budismo Vajrayana recurre a una imagen muy poderosa para ilustrar esta permanente causación, interrelación y dependencia. Es la famosa "Rueda de las existencias" (*bhava-chakra*), simbólica e iconográficamente representada por una rueda dividida en doce miembros o eslabones (*nidanas*). La "Rueda de las existencias" es un buen resumen del Dharma, ya que contiene muchas de sus doctrinas fundamentales: el karma, el samsara, el nirvana, la ley de originación dependiente, los tres venenos, etcétera [véase FIG. 12].

Esta rueda o cadena causal de doce miembros remite directamente a la formulación clásica del *pratitya-samutpada*. Significativamente, el punto de partida suele ser la ignorancia (*avidya*). La versión más típica del *pratitya-samutpada* dice que: 1) la ignorancia (es decir, la falta de conocimiento de las "cuatro nobles verdades") es causa y condición para que nos enfrasquemos en actividades de cuerpo, mente y habla; que constituyen 2) las voliciones o las acciones (es decir, el karma) morales o inmorales, que son causa y condición para que se origine –en una nueva existencia– 3) la consciencia, que es causa o condición para que –en el momento del nacimiento– se origine 4) el cuerpo y la personalidad psicofísica; que viene provisto de 5) los seis órganos de los sentidos (los cinco sentidos y la mente), que son condición para que se origine 6) el contacto sensorial (con los objetos), que es condición para que se origine 7) la sensación, que es causa o condición para que se origine 8) el deseo (es decir, la "sed"), que es causa o condición para que se origine 9) el apego (a los objetos del deseo), que es causa o condición para que de nuevo nos involucremos en actos volitivos que originan una nueva 10) existencia, que es condición para que tenga lugar 11) el nacimiento, que conduce a 12) el envejecimiento, la enfermedad y la muerte, metáforas del sufrimiento.

**FIGURA 12:** "Rueda de las existencias" (*bhava-chakra*) sostenida por Kala (o Mara), señor del Tiempo, el Deseo y la Muerte. Es una imagen del samsara condicionado. Los seis destinos posibles ocupan la parte central de la rueda, con los tres venenos en el centro (representados por un gallo, una serpiente y un cerdo) y los doce miembros del *pratitya-samutpada* en el círculo exterior. Monasterio de Hemis, Ladakh (Jammu & Kashmir), India. (Foto: Agustín Pániker).

Tratemos de leer esta impresionante secuencia de la originación dependiente en orden inverso –como proponen muchos *sutras*– y la causalidad y condicionalidad se mantienen: el envejecimiento, la enfermedad y la muerte (o sea, *duhkha*) causan el (re) nacimiento, que causa la existencia, que causa el apego, etcétera. Si observamos con detenimiento, podremos ver que la cadena causal se extiende por tres vidas. (Al menos, así lo entendió la exégesis theravadin clásica.) Esto es una forma gráfica de representar tanto la condicionalidad y causalidad como el samsara: la rueda de las vidas de sufrimiento e ignorancia en este mundo fenoménico; o sea, el devenir de los nacimientos, muertes y vueltas a nacer.

La ignorancia pone en marcha la acción de los cinco *skandhas*, acción que comporta la "sed" y el apego que nos devuelven una y otra vez a la existencia (como tendremos ocasión de aclarar cuando hablemos en profundidad del karma y la transmigración). Sin destrucción de la ignorancia no hay destrucción de la "sed", causa de nuestro sufrimiento. Uno de los principales propósitos del *pratitya-samutpada* es mostrar las *condiciones* que mantienen la rueda de las existencias en marcha, de forma que sepamos cómo actuar para detener el ciclo. En el budismo moderno esta imagen adquiere tonos más positivos, pero en sus primeras formulaciones la idea de originación dependiente es una contundente forma de mostrar la atadura y el sufrimiento en el mundo del samsara y la inexorabilidad del karma. No se trata únicamente de explicar cómo surgen los fenómenos naturales (cual ley física), sino de explicar cómo se entrelazan las condiciones para una vida insatisfactoria en el ciclo de las existencias. El *pratitya-samutpada* es otro símil de la contingencia y una herramienta para profundizar en la causa del sufrimiento. Al contemplar todos los factores interdependientes podemos captar que nuestra vida es una compleja red causal.

La fórmula muestra que el renacimiento puede tener lugar sin la necesidad de un "alma" que reencarne (como pronto vamos a ver). Lo que conecta una vida con otra son causas y condiciones. De ahí que el *pratitya-samutpada* sea considerado una perfecta expresión del "camino medio" enseñado por el Buda, que evita el eternalismo (de los brahmanes, que pregonan un *atman* eterno) o el aniquilacionismo (de los materialistas, que aseguran que con la muerte se aniquila la persona). Por ello, Shariputra proclamó el famoso apotegma recogido en numerosos textos: «Aquellos que ven la originación dependiente ven el Dharma»;[33] o sea, ven la realidad, la verdad y la doctrina budista. También para el filósofo Nagarjuna captar la originación dependiente equivalía a "despertar" y a entender las "cuatro nobles verdades". (Su filosofía Madhyamaka es, en gran medida, una profundización en el *pratitya-samutpada*.)

El conjunto de procesos psicofísicos que surgen y desaparecen sin cesar, ese ininterrumpido flujo de vida dinámico condicionado por el karma y por causas previas, eso que en ocasiones el Buda llamó de forma convencional "persona", "monje" o "yo", eso no es más que un *proceso* (y no una identidad). El carácter compuesto y anátmico de la existencia queda perfectamente expresado en el *pratitya-samutpada*. Al menos así lo interpretó el budismo Nikaya: lo que llamamos "persona" no es más que la aglomeración (*skandha*) temporal de ciertos elementos y factores (*dharmas*), físicos y mentales. Como ya apuntamos, no se niega una "personalidad" empírica, sino que se sostiene que no es una realidad última, no corresponde a ningún *dharma*. Lo que sutura nuestra sensación unificada de "yo" es una red de causas y condiciones. No hay necesidad de postular ningún agente fijo.

El conocimiento de este mecanismo de la existencia otorga la posibilidad de romper el encadenamiento y, por ende, poner fin al ciclo de renacimientos. Si las acciones son el resultado de una interacción de condiciones, entonces una modificación en las condiciones puede acarrear cambios sustanciales. En otras palabras, solo podremos poner fin a la "Rueda de las existencias" (el samsara) si la destruimos por cualquiera de las doce conexiones. Por tanto, es el *cese* de la originación dependiente –y no solo su comprensión– lo que puede favorecer el despertar. Fue precisamente gracias a la ruptura e involución de esta red causal que el Buda despertó:

> «Al cesar el deseo cesa el apego; al cesar el apego cesa el devenir; al cesar el devenir cesa el nacer; al cesar el nacer, cesa el envejecer, el morir... He aquí el cesar de todo este montón de sufrimiento.»[34]

El nirvana tiene que ver con la ruptura de esta cadena causal. Cuidado, entonces, de no reificar la interdependencia y caer en un sistema de conceptos. El *pratitya-samutpada* no es ningún Absoluto. La meditación budista trata de evitar precisamente el que quedemos atrapados en el intelectualismo. La originación dependiente proporciona el marco adecuado para la práctica.

# 13. La vaciedad

Si todo es impermanente y está condicionado y relacionado, entonces "nada hay" (*nih-*) que tenga "existencia propia" (*-svabhava*). Ergo, no solo el "yo", sino todo lo existente es "vacío" (*shunya*) de naturaleza propia. Esta percatación corresponde a la doctrina de la vaciedad (*shunyata*), una máxima del budismo Mahayana cuando lleva las ideas de *anatman*, *anitya* y *pratitya-samutpada* a su conclusión última. Simplificando: *shunyata* es la manera mahayánica de formular el *anatman*.

*Svabhava* ("existencia independiente", "naturaleza propia") es lo que no está ligado o condicionado por nada que no sea sí mismo. Para el budismo Mahayana nada posee *svabhava*. De modo que concluye que todo es *vacío* de naturaleza intrínseca, porque todo precisa de causas y depende de sus relaciones. Si para el budismo antiguo la vaciedad y el *anatman* son virtualmente equivalentes (por eso, cuando Ananda pregunta al Buda por qué se dice que «el mundo es vacío», el Buda responde «porque está vacío de "yo"»),[35] el Mahayana extiende la ausencia de substancia al universo. No solo la experiencia humana está vacía de "yo": la trama de lo real es vacía de esencia propia. Si las cosas fueran independientes, en sí mismas, sin relaciones ni causas, átmicas, objetivas y autónomas, la existencia sería estática. Pero la realidad es otra. Una mesa está vacía de existencia independiente, ya que necesita de un suelo, la madera, de unas patas, del carpintero que la talló, de las abuelas del carpintero, del bosque del que se extrajo la madera... esto es, de otros factores, cosas y componentes.

No se nos dice que el universo sea vacío en el sentido de "hueco", ni se expresa ningún nihilismo alrededor de una Nada abstracta o un Vacío absoluto, ni se niega la existencia empírica o consciente, sino que se formula que nada existe que no esté en dependencia o en interconexión. Como ya sabemos, todo fenómeno viene condicionado por causas y fenómenos previos. Solo existe un flujo de infinitas causas y condiciones. Por tanto, ningún fenómeno condicionado posee existencia de por sí, en sí mismo. Nada es autosuficiente ni independiente. En este sentido –propio de la filosofía Madhyamaka– *shunyata* y *pratitya-samutpada* son equivalentes. La vaciedad significa que las cosas del mundo no son substancias autónomas. Más bien, serían nudos relacionales. El mundo no puede reducirse únicamente a la materia, sino que incluye siempre nuestra relación con ella.

El budismo propone que en lugar de conceptualizar el mundo como un bloque de entidades autónomas y estáticas (o, para el caso, de entidades lingüísticas que otorgan un significado fijo e inamovible a las cosas) nos fijemos en nuestra relación con él: cómo lo vemos, lo olemos, lo sentimos, lo imaginamos o lo nombramos. Descubriremos, entonces, que el sonido es insubstancial. La ausencia de algo concreto a lo que asirnos en el sonido y en el escuchar ilustra gráficamente la vaciedad. Y lo mismo sucede con los olores, las visiones o los sabores. La materia se transforma, se deteriora, se enfría. Como se dice en muchos *sutras*, toda forma material es tan insubstancial como las burbujas que flotan en el río. Porque nada hay en la materia que sea estable y duradero. Las sensaciones, las percepciones o las construcciones mentales son un espejismo de lo real, pero vacías de esencia propia. Nuestra experiencia del mundo se esfuma constantemente. Una vez percibimos que tanto la interioridad (el supuesto "yo") como la exterioridad (el supuesto "mundo" de cosas) se disuelven, moramos entonces en la vaciedad.

No se niega que pueda existir una mesa ante nosotros, pero la imagen que nos hacemos de ella a través de los sentidos y la mente (que quién sabe si se corresponde o no a un objeto externo) constituye el mundo que construimos, representamos y habitamos. La mente y el mundo son mutuamente dependientes. Por ello, muchas escuelas budistas señalan que el mundo es cual ilusión (lo que, insistamos, no equivale a decir que la mesa no exista). Significa que las cosas existen como representaciones mentales y apariencias en la consciencia. *Toda* percepción es un proceso activo de construcción e interrelación. *Toda* experiencia humana es una aparición en la consciencia. Y estas representaciones no son substanciales. De ahí el recurso a metáforas como la burbuja, el reflejo en el agua o el espejo para señalar la naturaleza vacía, insubstancial e inasible del mundo que nos representamos. Para el budismo Mahayana, la ignorancia es eso: tomar el mundo fenoménico de las apariencias como la única y sola realidad. Como dice el *Samadhiraja-sutra*:

> «Sabed que las cosas son como un espejismo, un cúmulo de nubes, un sueño, una aparición, sin esencia, pero con cualidades que pueden verse.»[36]

Como deja claro la última frase del *sutra*, no se dice que la realidad no exista. Más bien se formula que la esencia que atribuimos a las cosas y a la realidad es una construcción mental (a partir de una serie de cualidades) y lingüística. La vaciedad remite a la ausencia de *esencia* de las cosas, no a su inexistencia. Morar en la vaciedad significa no construir un significado de las cualidades que percibimos y dotarle de una esencia. El apego y la "sed" proceden –como todo buen publicista conoce a la perfección– de nuestra tendencia a atribuir esencias (placenteras o desagradables) a las cosas. Nuestra mente genera constantemente ilusiones y espejismos que proyectamos sobre las cosas. Esta fue, sin duda, una de las grandes intuiciones del Buda. De ahí que algunas escuelas budistas hayan expresado sus dudas acerca de si tiene sentido hablar de "cosas" en el mundo que sean independientes de las mentes que las construyen.

La paradoja es que es precisamente la relación, la interdependencia, el vacío de naturaleza intrínseca o vacuidad [véase Fig. 13], lo que permite el cambio, el movimiento y la transformación, tal y como reflejan los "Sutras de la perfección de la sabiduría". Uno de ellos, el "Sutra del corazón", sentencia: «La forma es vacío y el vacío es forma».[37] (Recordemos: forma = materia.) Y prosigue luego con

**Figura 13:** El *enso* o "círculo", típico del budismo Zen. Representa tanto el despertar como la vacuidad. Caligrafía del maestro rinzai Bankei Yotaku. Japón, siglo XVII. (Foto: Wikimedia Commons).

los demás agregados: las sensaciones, las formaciones mentales, etcétera. Todos son vacíos. Es justamente su relación y dependencia de otros factores lo que permite que existan. (Lo ampliaremos al abordar el budismo Mahayana.) Si las cosas fueran autónomas, saturadas de su naturaleza substancial, no las percibiríamos. La vacuidad es, entonces, plenitud; y en la plenitud hay vacuidad. De ahí la afirmación del samsara (el mundo del sufrimiento, la experiencia y la acción) para asentarse en el nirvana. Quien al ver la "mesa" acaba viendo el universo entero es alguien que ya ha avanzado en la senda del Dharma. Quien sabe que con cada inspiración y espiración está respirando los océanos y el vaivén de los árboles puede decirse que mora en la vaciedad. *Shunyata* es una manera de percibir el mundo y estar en él. La razón para entenderla es liberarnos del deseo y el apego a objetos que, como ahora sabemos, son inasibles.

La ignorancia es, precisamente, creer en substancias, "yoes", esencias o "sí mismos" independientes, desligados de causas, relaciones y condiciones.

Un paso más, como hacen los "Sutras de la perfección de la sabiduría" o la filosofía Madhyamaka, y puede concluirse que incluso las enseñanzas budistas y las "cuatro nobles verdades" (y sus ideas de karma, nirvana o insatisfacción) o la ley de "originación dependiente" son vacías (pues necesitan de otras causas y condiciones). Para el filósofo Chandrakirti, son conjeturas estrictamente provisionales. También debemos desprendernos de ellas. ¡Incluso la vacuidad está vacía! Por ello el gran filósofo Nagarjuna advierte de que «aquellos que tienen la vaciedad como opinión... son imposibles».[38] Hay que sospechar del lenguaje y las conjeturas (que no hacen más que cosificar lo que son relaciones y causas). Ocurre que aprehender la vaciedad de las cosas es, paradójicamente, útil para el despertar. De alguna forma, la realidad convencional nos permite ascender a una realidad superior.

La realidad convencional es el mundo de apariencias-y-esencias que representamos lingüística y conceptualmente. Dada la naturaleza estática de los conceptos ("una mesa"), las apariencias toman la guisa de cosas, objetos y substancias. Estas designaciones son convenientes en nuestra vida cotidiana. Lo que los "Sutras de la perfección de la sabiduría" señalan es que las enseñanzas budistas forman también parte de este mundo de conceptos. No se está negando la realidad del sufrimiento o de su cese, sino que al circunscribir las enseñanzas a la realidad convencional se reconoce su eficacia para liberarnos y abrirnos a la realidad superior. O como dice Nagarjuna:

«Sin basarse en la verdad convencional, el significado de la verdad superior no puede ser revelado; y sin entender el significado de la verdad superior, no se logra la liberación.»[39]

Por tanto, aceptar el juego del lenguaje y el intelecto nos permite ver que todo está vacío de existencia independiente y, en consonancia, facilita no aferrarse a ninguna suposición. Todas las tradiciones budistas despliegan una batería de técnicas para que dejemos de etiquetar, cosificar y aferrarnos a un mundo de *cosas* sólidas, permanentes y estáticas. Este desprendimiento intelectual y existencial porta la semilla del despertar. Queda claro, una vez más, que el meollo no radica en entender la vaciedad, sino en morar en ella. Se trata de desvelar la ilusión de una naturaleza independiente de las cosas y la esencia que proyectamos sobre ellas.

Como dirían algunos, los humanos somos "esencialistas" por naturaleza. Dotamos a la realidad de "esencias" (y de sentimientos) y adjetivamos constantemente lo que percibimos. La ecuanimidad budista consiste en percatarnos de que las cosas quizá no posean la esencia y el sentimiento que les atribuimos. Percatarse de su vaciedad (no dotarlas del significado convencional) nos aproxima a la realidad superior.

Si la práctica meditativa del budismo Theravada se centra en las tres "marcas de la existencia" (*duhkha, anitya* y *anatman*), el Mahayana y el Vajrayana añaden asimismo la meditación en *shunyata*. Si por la idea de *anatman* entendemos que el mundo interior no es lo que parece, por la de *shunyata* asimismo captamos que el mundo exterior tampoco es lo que parece ser. Ambas ideas –seguramente las más originales de la filosofía budista– alimentan la práctica meditativa del budismo. Lo fascinante de la meditación en el vacío es que encumbra la manera de ver las cosas tal-cual-son: vacías de naturaleza propia. La vacuidad, por tanto, no existe fuera de la realidad convencional. El mundo fenoménico del samsara contiene la semilla del despertar.

# 14. El despertar

La *bodhi* o "despertar" (popularmente llamada "iluminación") constituye el faro de la práctica budista supramundana. Tarde o temprano en la rueda de las existencias, todo budista tratará de reactualizar el suceso del despertar de Shakyamuni y liberarse de la ignorancia y el sufrimiento.

No sabemos con certeza en qué consistió el "despertar" de Gautama. Seguramente, nunca lo sabremos. Y es que todos aquellos aspectos de la práctica o la doctrina que la tradición posterior consideró importantes se dijo que fueron descubiertos por el Buda bajo la higuera sagrada. No obstante, algunas consideraciones generales pueden esbozarse, no ya de lo que sucedió hace 2.500 años, sino sobre lo que las tradiciones budistas han entendido que es el despertar.

Generalizando, podemos hablar de tres tipos de experiencia de despertar (aunque hay corrientes, como el Zen, que distinguen hasta cinco grados). En primer lugar, tenemos el "despertar total e insuperable" (*samyak-sambodhi*) de un *buddha*, logrado por el propio esfuerzo y labrado durante incontables existencias. Luego, el despertar de un *pratyekabuddha* o "*buddha* solitario", que no comunica la senda. Finalmente, la experiencia de iluminación de un discípulo (*shravaka*) o practicante, que no puede prolongarse de por vida, pero marca de forma indefectible el acceso a otro nivel en la senda. Por brevedad, vamos a centrarnos en la experiencia insuperable de los *buddhas*, que es la paradigmática.

La *bodhi* equivale a ver las cosas tal-cual-son; es decir, insatisfactorias (*duhkha*), impermanentes (*anitya*) e insubstanciales (*anatman*). Podría ser algo así como la aprehensión simultánea –léase vivencial y total– de las tres "marcas de la existencia", más la ley de originación dependiente (*pratitya-samutpada*) y la vaciedad (*shunyata*) que las sutura. Al menos, tiene sentido pensar que el despertar pueda ser un evento epistémico de este calibre. Representa un cambio de perspectiva radical. Aunque los textos antiguos –cuando el budismo aún no estaba bien establecido– son algo ambiguos al respecto, en el "Sutra de Benarés" el Buda dice que la *bodhi* tiene que ver con el surgimiento de la visión, la luz y la sabiduría. Comunica que fue el conocimiento y la visión de las "cuatro nobles verdades" los que propiciaron el incomparable despertar. El "Sutra del loto", un texto clave del Mahayana, concuerda, aunque añade la vaciedad.

El despertar es algo factible aquí y ahora, en esta vida (si bien no todos los budistas secundarían esta posibilidad). La leyenda del Buda parece mostrar las fases, los obstáculos, los perfeccionamientos o los factores que conducen a la liberación. Recordemos el momento en que Gautama está bajo el árbol de la *bodhi*. Gracias a la claridad absoluta hecha posible al haber purificado la mente de los *kleshas* o perturbaciones (la codicia, el odio, el egoísmo, la envidia, el engreimiento...), que son la fuente de la "sed", el "despierto" tiene acceso a conocimientos telepáticos, poderes sobrenaturales y, finalmente, a la visión de las cosas tal-cual-son (*yathabhutam*). Hay unanimidad en que la *bodhi* consiste en la plena sabiduría (*prajña*) o perfección de la sabiduría (*prajña-paramita*) y en la absoluta compasión (*karuna*). Pero más que un meditador accediendo a estados alterados, el plano de la *bodhi* equivale más bien a la trascendencia del meditador o sujeto; a la superación de la dualidad. En este sentido, nadie hay que alcance nada porque ya no se da ninguna identificación con algo (los cinco *skandhas*). Una vez superadas las apetencias, los *arhats* o los *siddhas* (aquellos que han culminado la senda) pueden seguir teniendo sensaciones agradables o desagradables, pero ya no se ven afectados por ellas, pues la existencia centrada en el "yo" ha sido trascendida. En este sentido, el *arhat* o el *siddha* son –para el budismo Theravada y Vajrayana, respectivamente– cuales *buddhas*. Aunque, a diferencia de estos últimos, quizá no se mantienen en dicho estado de forma permanente, pueden volver a entrar periódicamente en él.

## Sabiduría y compasión

Si nosotros somos, en parte, responsables de la situación de ignorancia y sufrimiento en la que nos hallamos también tenemos la llave de salida. El Dharma es el camino que conduce a la *bodhi*.

Según algunas corrientes budistas, en la iluminación se da solo el hecho de conocer. No hay observador ni observado, solo la luz del conocer. No se trata de la consciencia (uno más de los agregados impermanentes, surgida de forma condicionada y dependiente; ergo, algo de lo que uno debe desidentificarse), sino de la pura cognición, una "consciencia testimonial", "consciencia lúcida" o "atención plena" (*smriti*), libre de sujeto o de objeto. (No todo el budismo, sin embargo, concordaría en este punto.)

Algunas tradiciones devocionales, por ejemplo, consideran que el objetivo del despertar es ya tan remoto (más a medida que nos alejamos de los tiempos del Buda) que realmente es inalcanzable sin la ayuda de agentes externos (*buddhas* o *bodhisattvas*).

Ciertas corrientes, por contra, sostienen que debe abandonarse el propio anhelo de despertar. Al percatarse –en la meditación zen– de que la naturaleza de la realidad ya es "despierta" o búdica, resulta entonces que nada hay que alcanzar. Por ello, la *bodhi* o *satori* es comparable a la gran carcajada –o a la gran duda, o a la irreverente perplejidad– que el maestro esboza cuando se da cuenta de que ningún trecho había que recorrer. Aquel que se ecualiza con la trama del universo deja de ser "aquel". La *bodhi* equivaldría, entonces, al universo percatándose de sí mismo. De forma poética, el maestro zen Dogen dice que «el despertar es como el reflejo de la luna en el agua».[40] El *dzogchen* tibetano también concuerda que la *bodhi* consiste más en un desocultamiento que no en una adquisición. Pues si nuestra naturaleza es en esencia búdica (máxima del Mahayana), buscar el despertar es redundante.

Nada de esto es especulativo, sino práctico. No olvidemos que el Dharma es tanto la enseñanza filosófica como la práctica. Además de la dimensión sapiencial, el "despertar" posee una dimensión moral. Para el budismo tradicional, la *bodhi* conlleva y se asocia siempre a una serie de valores éticos. Estos no son secundarios, mas un *sine qua non.*

Si en los primeros momentos de la práctica del Dharma uno se preocupa por el sufrimiento o la ignorancia propias, a medida que se avanza en la senda, se trasciende el *duhkha* personal.

Las doctrinas del *anatman* o la *shunyata*, por ejemplo, consideradas por muchos como el eje del despertar, no son meras descripciones filosóficas de la realidad. Desde un punto de vista soteriológico, *anatman* y *shunyata* son herramientas prácticas y morales que el meditador cultiva. Una vez se ha percatado existencialmente de que no posee ningún "yo" inmutable ni lo insufla ninguna "esencia", su sentido de identidad puede expandirse para incluir a otros seres en la red de la interdependencia. Dicho de otra forma, quien sabe vivencialmente que todo es *duhkha, anitya, anatman* y *shunyata* adoptará una actitud de máxima responsabilidad hacia quienes se encuentran en la ignorancia y sufren. Tratará de ayudarlos a salir del círculo vicioso, aun sabiendo –como expresa el famoso "Sutra del diamante"– ¡que no hay ningún individuo que conducir al nirvana! Eso es lo que las tradiciones budistas denominan compasión (*karuna*). No es tanto un deber ético (como la misericordia cristiana), sino la manifestación de una comprensión ontológica y empática. La comprensión de que la persona que tenemos delante y sufre es nosotros, y nosotros somos esa persona. Es la comprensión de que mi piel no representa una frontera ab-

**FIGURA 14:** Pintura del *bodhisattva* Padmapani (Avalokiteshvara). Cueva I de Ajanta, India. Fin del siglo v. (Foto: Wikimedia Commons).

soluta. Significa la aprehensión de la interrelación plena de todo. (Nótese, pues, que mientras el "yo" no sea trascendido siempre va a existir un interés personal en la ayuda al prójimo.) No existe mayor generosidad que la de *dar sabiendo* que quien da, el acto de dar, el objeto dado y el receptor de la donación carecen de naturaleza intrínseca. El anhelo de liberar a los seres del sufrimiento es lo que espoleó al Buda a proclamar y predicar su enseñanza. Por ello, el Mahayana incluye una nueva modalidad de *bodhi*: el despertar del *bodhisattva* en beneficio de los demás seres.

En efecto, esta posición, que aúna sabiduría y compasión, ejemplifica a la perfección el ideal del *bodhisattva*, aquel que de forma empática renace una y otra vez en este mundo para ayudar compasivamente a los que estamos presos en la ignorancia. En su conocimiento, el *bodhisattva* sabe que no hay "seres" o "individuos" separados, sino flujos de agregados y *dharmas* dependientes, ergo vacíos, pero por su pericia (*upaya-kaushalya*), sabe reconciliar esta sabiduría con su profunda compasión, pues aunque estos flujos sean vacíos, se sienten como "individuos" y "sufren". En otras palabras, gracias a su infinita compasión, el *bodhisattva* se toma el mundo samsárico y los problemas de la gente en serio, aunque sabe que el mundo y los seres vivos no son más que reflejos de la luna en el agua o la reverberación de un eco.

Esta figura despliega un tipo de conducta mental y existencial denominada *bodhichitta*: "pensamiento del despertar" o "aspiración al despertar"; es decir, el anhelo de ayudar a los demás seres –humanos o animales– a salir del sufrimiento. Su altruismo y empatía perfectos se tornarán en el modelo ético del budismo Mahayana y del budismo Vajrayana. Como escribió Shantideva, uno de sus más insignes propulsores:

«Mientras perdure el mundo, y por tanto tiempo como se

perpetúen los seres vivos, hasta entonces, more yo para disipar la miseria del mundo.»[41]

El despliegue de semejante compasión solo es posible cuando uno se ha "vaciado" de "yo", cuando deja de sentirse como un ente separado y, en cambio, se siente entretejido en el universo. No empatizar con el sufrimiento ajeno (no tomarlo como motivación para la acción) sería otra forma de alienarnos del mundo y perpetuarnos en el sufrimiento.

Cuando la mente deja de preocuparse de sí misma, el corazón puede dirigirse hacia el sufrimiento que vemos alrededor. Por ello, el despertar también implica un compromiso para combatir los males de la existencia: la codicia, la furia y el engaño; hoy, lamentablemente omnipresentes en nuestros sistemas políticos y económicos o en las relaciones sociales e interpersonales. El budismo moderno entiende que la pobreza, la guerra, el crimen, la intolerancia religiosa, la violencia de género, el racismo, el maltrato animal y un largo etcétera de problemas son de la máxima incumbencia del "despierto". A pesar de la sempiterna acusación de "pasivo" o "quietista" que recibe el budismo, la *bodhi* sirve –hoy– de fundamento para un budismo comprometido. (Véase al Dalai Lama, Thich Nhat Hanh, Sulak Sivaraksa o Bhimrao Ambedkar.) Todos ellos insisten en que existe una conexión entre la práctica meditativa y la acción comprometida. La compasión opera sin referencia a una falsa noción de "yo", por lo que las acciones pasan a ser genuinamente transpersonales. Algo muy semejante al ideal taoísta del *wuwei* o al hindú del *nishkama-dharma*.

Para el budismo, la transformación interior ha de acompañar a cualquier transformación social. Sin trabajo interior no puede existir verdadera paz o justicia social. Sin compromiso ético no hay meditación fructífera.

# 15. Acción y transmigración

## Karma

Como mucha gente sabe, "karma" significa "acción". En su primera formulación védica, hace 3.000 años, denotaba la acción *ritual* o sacrificial. Los sacerdotes entendían que todo rito levantaba un poder que redundaba en beneficio del sacrificante. Algunos siglos después, con las *upanishads* y el jainismo, karma pasó a designar *toda* acción, cualquier acción. El Buda amplió su espectro para incluir toda *intención* de actuar. Lo dice de forma sucinta: «Es la intención lo que llamo karma».[42] Con todo, la mera intención no es suficiente; uno debe llevar a cabo el acto –ya sea de forma física, mental o verbal– derivado de ella. Lo peculiar de la noción de karma es que dicha intención-y-acción da lugar a resultados congruentes y consecuentes con la cualidad de la acción. (En este sentido, no tan alejada de la cita de san Pablo de que «lo que cada uno siembra, eso mismo cosechará».)[43]

El fruto (*phala*) o consecuencia de dicha acción también suele incluirse en la acepción de karma. Por tanto, uno no tiene buen o mal karma, sino que uno lleva a cabo buen o mal karma. En su formulación más antigua, la acción-y-retribución era estrictamente individual. Como proclama en un viejo aforismo Yama, el señor de la Muerte: «Tú solo has cometido esta acción… de modo que tú tendrás que experimentar el fruto».[44]

De forma genérica, el budismo habla de dos tipos de karmas (recuérdese: intenciones-y-acciones): aquellos saludables, buenos y meritorios (basados, por ejemplo, en el amor, la sabiduría, la humildad o la renuncia), y aquellos malos y demeritorios (enraizados en el odio, la ignorancia o la codicia). Los primeros dan lugar a resultados deseables; los segundos conllevan frutos indeseables.

Lo curioso de las doctrinas índicas sobre el karma es que asumen que la maduración del fruto de la acción comporta asimismo la transmigración. En efecto, desde hace 2.500 años, la India (salvo las corrientes materialistas, que el Buda calificaba de "aniquilacionistas") ha considerado que toda volición-y-acción deja algún tipo de rastro sutil que, con la muerte y disgregación del cuerpo físico y psíquico, lastra al agente a una nueva existencia –pues el lapso de maduración del fruto puede exceder más de una vida–, en gran medida condicionada según la cualidad moral de las acciones (su congruencia o no con el Dharma). Nadie decide o juzga el acto, siquiera los dioses, que están asimismo sujetos al karma (y, por ende, a transmigrar). El karma es, por tanto, una ley natural de causa-y-efecto y una ley de moral universal.

Como hemos dicho, los actos cometidos bajo el sino de la violencia, la codicia o la arrogancia son malsanos (*akushala*) y generan demérito (*papa*); mientras que los propiciados por la generosidad, la sabiduría o el amor son saludables (*kushala*) y portan mérito kármico (*punya*). Pero más que postular que tal acción sea la causa eficiente de tal fruto,* suele hablarse de causas y condiciones en abstracto y en plural. Sean meritorios o demeritorios, sin embargo, los karmas habrán de fructificar en una futura existencia. El karma es, por tanto, la fuerza de la continuidad. Si literalmente significa

---

* El asunto es más complejo, ya que frutos y condiciones de muchas existencias anteriores pueden reforzar o debilitar condiciones posteriores.

"acción", de manera implícita quiere decir "fuerza". Solo aquel libre del deseo no acumulará karma.

El karma como fruto afecta a aspectos esenciales de la nueva existencia, en especial al tipo de nacimiento (como humano, animal, ser infernal, etcétera) y a ciertas propensiones físicas, psíquicas o sociales. En muchos aspectos, la doctrina del karma resuelve de forma mecanicista y moral el problema del mal o de la injusticia en el mundo. El karma es una teoría de justicia cósmica (algo fatalista, reconozcamos), que opera vía el renacimiento. Famosa es la sentencia del Buda que dicta:

> «Los seres son propietarios de su karma, herederos de su karma, se originan en su karma, están ligados a su karma y tienen el karma como refugio.»[45]

Pero la doctrina no conduce a un determinismo absoluto. Como otras tradiciones índicas, el budismo entiende que los naipes nos vienen dados por la misteriosa aritmética kármica (que ya el Buda calificó de «impensable»),[46] pero todo el mundo es libre de jugar la partida como quiera. Somos hijos de nuestros actos, pero también dueños de los mismos. Por ello, el Buda también admite otros factores (médicos, climáticos, biológicos, sociales, y hasta el azar) como causas de la experiencia presente. No todo es producto del karma. Ni el karma actúa de forma monocausal. Para el budismo, lo predestinado y la libertad para alterar su curso van juntos. El libre albedrío justifica plenamente el camino espiritual. El Buda se opuso con dureza a los fatalistas (ajivikas) que sostenían la determinación absoluta de la existencia. Es más, el budismo considera que el libre albedrío se va ganando a medida que vamos progresando en la senda espiritual y modificamos nuestro depósito kármico con acciones con discernimiento y sabiduría y el peso de lo determinado se va aligerando. La teoría del karma acepta, por tanto, nuestra capacidad para dinamitar hábitos y predisposiciones. El caso emblemático en el budismo antiguo es el del forajido Angulimala, que fue capaz de transformar su conducta moral de tal forma que alcanzó la liberación en vida. En muchos sentidos, la práctica del Dharma consiste en liberar la mente y el corazón de los hábitos kármicos que nos dominan. Necesitamos el karma para trascender el karma. Cuanto más comprendemos espiritualmente, más libres somos.

Las acciones insignificantes o las intenciones débiles carecen de la fuerza para producir resultados. Por tanto, no conllevan renacimiento samsárico. Por otro lado, las acciones potentes dependen de ciertas condiciones para fructificar (igual que una semilla puede permanecer "latente" durante un largo tiempo o germinar rápidamente). Los contextos internos o externos determinan el que un karma fructifique o no. Por tanto, comprender las circunstancias que activan las latencias es importante para la práctica y el cultivo de la sabiduría. En nuestro resumen, sin embargo, no es necesario profundizar en ello. El punto esencial al respecto no es tanto la acción en sí misma, como la consecuencia: ¿es beneficiosa o dañina para nosotros y el entorno? ¿Nos emancipa del sufrimiento propio y colectivo? Aunque por momentos los textos ahondan en las funestas consecuencias de las acciones negativas (con engaño, iracundas, fruto de la pereza, etcétera), insistamos en que no hay que tomar las analogías al pie de la letra. Lo importante que debemos retener es que somos responsables de nuestros actos; y que estos en modo alguno son inocuos e inconsecuentes. Por las doctrinas del *anatman* y el *pratitya-samutpada* sabemos que estamos entretejidos con el resto de seres... y con el cosmos entero. Por ello, los líderes budistas constantemente recuerdan a los practicantes que la responsabilidad solo puede ser universal.

La fuerza del karma condiciona nuestro mundo, tal y como lo vivimos, o tal y como lo viviremos. Dicho de otra forma, el mundo –biológico, psíquico, emocional o social– que habitamos se corresponde con nuestras tendencias kármicas. La ética está entrelazada con el cosmos en el que anidamos.

Si la felicidad, por tanto, procede de intenciones saludables, entonces la senda consistirá en desarrollar estados de mente saludables que sean fuente de nuestras acciones. La práctica budista consiste en purificar la mente y el corazón, de suerte que moremos más y más en un estado mental saludable y puro. El karma generado desde esa posición pasa a ser nuestro mejor aliado, seamos laicos o monjes. En otras palabras, cuando logramos independizarnos de los hábitos kármicos que nos dirigen, su fuerza se debilita. Podemos reconstruir nuestro karma basándonos en factores saludables como la compasión, la meditación, la renuncia o la generosidad. De esta manera, nuestros hábitos kármicos (la "sed" que nos guía sempiternamente) se desvanecen. El karma no es fijo e inamovible. Ni el sufrimiento es ineludible. La práctica budista nos anima a reconfigurar y remodelar nuestro carácter y nuestra vida.

La cosa no acaba aquí. Porque existen las intenciones virtuosas supramundanas (aquellas llevadas a cabo por los "nobles"); y estas no nos perpetúan en el samsara. Esto es importante para entender que, si bien toda acción –buena o mala– tiende a lastrarnos a una nueva existencia, eso no es así con aquellas cometidas en absoluta trascendencia del ego. (Recuérdese que en la noche del gran "despertar", el Buda concentró la mente en la destrucción de todos los apegos y obstáculos kármicos, esas cualidades insanas –como la envidia, la distracción o la ira– que nos atan al sufrimiento.) Esa acción supramundana que surge de la espontaneidad de quien ha ido más allá del ego no genera latencias, frutos o hábitos. Como decíamos antes, es capaz de atenuarlos. Purifica o transmuta el karma. Esa acción es liberadora.

## ¿Quién transmigra?

La doctrina del karma (aceptada sin reservas por una inmensa mayoría de budistas), comporta, no obstante, algún incómodo interrogante. Si, en último término, para el budismo no hay un agente permanente, entonces: ¿quién actúa?, ¿quién recoge los frutos de la acción?, ¿quién o qué transmigra?

Estas son, seguramente, algunas de las preguntas más difíciles de responder para la cosmología budista. Valga decir, además, que no ha existido nunca unanimidad al respecto. Existen tradiciones –como el Zen– que apenas se han interesado por la cuestión, mientras que otras –como el Vajrayana– le conceden la máxima centralidad. Por tanto, trataremos de darles respuesta recurriendo a grandes generalizaciones y consensos. Vamos con la primera, que en buena medida ya conocemos.

Por capítulos anteriores sabemos que no existe un agente estable que actúe, sino que, a la luz de la doctrina del *anatman*, hemos entendido que las acciones generan cambios y efectos en los agregados; agregados que dan contorno a una autoimagen e identidad difusa. El cuerpo físico, el mundo emocional, la psique y las percepciones están en perpetua interacción con el entorno y se influencian mutuamente. La interdependencia elimina la idea de un agente discreto permanente. El hacedor del karma (el "yo" empírico pero evanescente) es virtualmente idéntico al cuarto *skandha*: la volición e intención. Por eso, el Buda afirma que es la intención lo que él llama karma. La motivación e intención de actuar están presentes en todo momento en la experiencia consciente. Aunque esta intención cambia constantemente debido a su perpetua dependencia y relación con el contexto, el factor de la volición –influenciado por otros factores mentales como el deseo, la compasión, el odio, la sabiduría– siempre está presente.

Si recordamos el ejemplo de la muela, podemos reconocer que estamos sentados (consciencia del cuerpo, primer *skandha*), se da una sensación desagradable (segundo *skandha*), que percibimos y reconocemos como dolor de muela (tercer *skandha*), y genera una reacción de rechazo (formación volitiva, cuarto *skandha*). El deseo de apaciguar el dolor nos lleva a tomar el calmante que está cerca. Actuamos. En todo este proceso, no hay agente o "yo" que actúe, más bien una concatenación de *dharmas* y *skandhas*, un diálogo entre el cuerpo, las percepciones, el rechazo, el deseo, la volición y la acción.

Vamos con las siguientes cuestiones sobre la transmigración.

La posición tradicional del budismo es algo enigmática. (Y despierta no poco rechazo inicial entre bastantes practicantes occidentales.) Por un lado, está clara la noción de que no hay entidad que transmigre porque no hay "alma" corporeizada, "yo" ni *skandha* que sobreviva a la muerte. Por ello los budistas nunca hablan de "reencarnación" (salvo en el caso de los *bodhisattvas* o de algunos lamas que eligen su destino), sino de "renacimiento", "reconexión" o "volver a ser". Hay renacimiento, pero nada ni nadie que reencarne; solo el proceso generativo del cosmos. Por otro lado, el Buda parece aceptar la máxima índica de que el cómputo global (el karma) de la cualidad de las acciones cometidas por ese difuso agente afectará a las condiciones de una nueva existencia.

Para salir de la paradoja, se dice que la última consciencia (porque recordemos que no se da una única consciencia que sea "mía", sino un *continuum* de consciencias, un río-de-consciencias que fluye desde la eternidad y no se detiene hasta que se deje de generar karma) liga una existencia y otra, igual que un fuego que pasa de una vela a otra. Aunque parezca que la llama es la misma, el proceso de oxidación cambia en cada instante. O como la llama que con la sola acción del viento acaba por prender en otro lugar del bosque que no es contiguo. Como dice la tradición Theravada, el ser que vuelve a nacer «no es uno mismo y no es otro».[47] Hay una conexión causal o una suerte de continuidad pero no de identidad. En lugar de hablar de una entidad fija que perdura, el Buda propugna una "continuidad" despersonalizada. Lo expresa el maestro contemporáneo Ajahn Amaro: «El proceso de ir de una vida a la siguiente no es muy diferente del proceso de ir de un momento a otro en esta vida».[48] Todavía más utilizada es la analogía de la planta. La planta no es la semilla, pero a la vez es el *resultado* de la semilla. De igual forma, las acciones realizadas lastran a la consciencia a un volver a nacer, pero no es *uno* quien renace. Precisamente, el Buda entendía esta postura como un "camino medio" entre los eternalistas (que creían en el espíritu inmortal) y los materialistas (que mantenían que nada sobrevivía a la muerte). Lo que se transfiere de una vida a otra son diferentes latencias (*samskaras*), impresiones mentales, recuerdos, etcétera. En el budismo, lo que vuelve a nacer es un conjunto de valencias y materiales psíquicos.

La muerte es el movimiento de la consciencia a un nuevo soporte material. No es una ruptura causal, sino un portal que exige nuevos reordenamientos y reconexiones. Por tanto, es un momento liminal de máxima importancia. Uno no renace porque ninguna entidad de *uno* sobrevive a la muerte; pero "uno" sí renace en el sentido de que las experiencias y acciones en esta vida afectarán causalmente a una consciencia en una nueva vida.

Suspendida entre un nacimiento y otro, la consciencia (*vijñana*) del budismo parece aproximarse peligrosamente al "alma encarnada" (*jivatman*) del hinduismo, que es su agente transmigrante. No obstante, la tradición –en especial la theravadin– insiste en que este *continuum* no constituye ninguna esencia eterna. El último pensamiento –en el instante de la muerte, que recoge infinidad de valencias de la existencia– se torna en la causa de un primer pensamiento o consciencia en el neonato. O volviendo a la analogía de la llama, el potencial kármico alumbra, cual chispa, la consciencia inicial en el feto. La muerte no es más que una disolución de determinada forma de vida, pero que implica el nacimiento de otra forma de existencia, porque todo está concatenado. Podría decirse que la última consciencia "recuerda" las acciones realizadas y porta impreso el "código genético" kármico (aunque no todos los aspectos de la nueva existencia vienen determinados por el karma previo). Como afirma el *Samadhiraja-sutra*:

> «Nadie muere en este mundo y pasa a otro mundo; y, sin embargo, las acciones realizadas nunca se pierden y los efectos meritorios y los demeritorios madurarán en el mundo.»[49]

No es "uno" quien pasa a otra existencia. Como pone Shantideva: «es otro quien muere, y aún otro el que renace».[50] Los *sutras* llaman "muerte" a la desaparición de la última consciencia y "nacimiento" al surgimiento de la primera consciencia. Cual espejo, que refleja la imagen de un rostro, pero ningún rostro pasa al espejo. La diferencia entre la vida y la muerte es de un único momento-consciencia. Si uno muere en estado de ignorancia y apego, e influencia los pensamientos y consciencias finales de esta vida, ello determinará en buena medida el estado de consciencia inicial de una siguiente existencia.

Se entenderá ahora la ritualización de ese umbral crítico, en especial en el budismo tibetano, que busca la manera de guiar a la consciencia en el estado intermedio (*bar-do*) entre una existencia y otra. Varias corrientes del budismo Vajrayana enseñan cómo prepararse para morir y cómo mantener una consciencia lúcida en ese tránsito –que dura 49 días– y *realizar*, entonces, su naturaleza luminosa (la "clara luz"). En parte, esto atenúa la fuerza del karma, ya que se puede neutralizar o debilitar gracias a la acción ritual o meditativa. (De ahí el prestigio de los monjes budistas en todo lo relativo al fallecimiento en buena parte de Asia.) Las visualizaciones de una tierra pura búdica en el momento de la muerte en las corrientes devocionales de Extremo Oriente enraízan en la misma idea.

Aun rechazando el sentido sacrificial del karma de la antigua religión védica, con el tiempo los budistas también sostendrán que ciertos ritos, recitaciones y trances meditativos son capaces de soslayar la inexorabilidad kármica.

Si en su formulación original el karma era estrictamente individual, con el budismo Mahayana aparecieron las nociones de "karma colectivo" (subrayando la interconexión social de nuestra vida kármica) y de "transferencia de mérito", gracias al cual los *bodhisattvas* o personas que han acumulado un excedente de mérito kármico pueden compartirlo y transferirlo a los devotos. No todo está determinado en el budismo.

## Samsara

El karma es lo que mantiene la "Rueda de las existencias" o samsara en movimiento [véase Fɪɢ. 12]. Literalmente, *samsara* significa "deambular". Por extensión, se utiliza para designar el ciclo de renacimientos. Denota, por tanto, este mundo fenoménico de ignorancia y acción apegada que lleva incalculables eones en marcha. Como proclama un *sutra* del *Samyutta-nikaya*:

«Monjes, la duración de este samsara, de este ciclo de innumerables existencias, es incalculable. No hay modo de saber el principio de los seres que, impelidos por la ignorancia y trabados por el deseo, reanudan una y otra vez el ciclo de las existencias.»[51]

En cierto sentido, si *duhkha* es el sufrimiento a escala personal o social, el samsara es el *duhkha* macrocósmico. El samsara es el ir y venir de una existencia a otra, el deambular sin rumbo en la prisión de la existencia ignorante. Karma y samsara son inseparables. El ciclo continuará indefinidamente hasta que alcancemos el despertar pleno.

Para una inmensa mayoría de budistas del mundo, la transmigración es un hecho; y no pierden ni un minuto en tratar de verificarlo o refutarlo. Es el hecho lógico de que toda causa tiene su consecuencia y, por tanto, el *continuum* de la vida prosigue.

Por el karma unos renacen como humanos, otros como animales o como seres de los cielos. Como otras tradiciones índicas, el budismo considera que el nacimiento humano es el soteriológicamente relevante. Incluso las divinidades, que están gozando de forma provisional de la dicha que sus buenas acciones les reportaron (aspecto cardinal para el budismo laico, centrado en la adquisición de mérito kármico), si quieren aspirar a la liberación del samsara, tendrán que hacerlo desde el plano humano. Rarísimo es un nacimiento humano, de modo que absurdo sería desaprovecharlo y no encaminarse, en esta existencia, por la genuina senda budista.

Más allá de las dificultades con las que el budismo se topa para explicar el renacimiento causado por el karma, estimo que este riquísimo concepto es algo más que una pieza metafísica. El karma no solo sirve para explicar los mecanismos de la retribución y de nuestra existencia actual, sino que –en sintonía con el jainismo– fomenta una fraternidad universal, ya que obliga a postular que los "seres" que transmigran en los diferentes niveles del cosmos han sido nuestros amigos, abuelas o hijos en alguna de las infinitas existencias previas. Con más dulzura que mecanicismo, el lenguaje del karma propone que todo ser vivo ha sido nuestra madre en alguna vida anterior. Todos los seres llevamos eones padeciendo el sufrimiento en el samsara. La idea de karma promueve una conexión y hasta fraternidad cosmológica en el samsara. Y nos proporciona un necesario sentido de humildad y responsabilidad.

## El marco para la acción ética

La doctrina de una retribución de la acción define a su vez el marco moral para nuestro comportamiento. El karma posee un aspecto pragmático cardinal. Sirve de fundamento para la ética (lo que podría llamarse una "ética kármica"; alternativa a la perspectiva teísta o a la humanista-secular). En lugar de utilizar el karma para especular sobre vidas pasadas, algo que el Buda reprobó a Ananda en más de una ocasión (recordemos que los mecanismos del karma son «impensables»; el karma es un misterio), la mayoría de los budistas lo emplean para enmarcar su vida presente (y futura). Una vez se entiende que nuestra acción presente condicionará nuestra felicidad o salud futuras, la elección es obvia: realicemos aquellas acciones buenas que emanan de intenciones saludables y puras. Dicen que, en la noche del despertar, el Buda captó que las acciones demeritorias conllevan renacimientos en planos indeseables, mientras que las meritorias generaban existencias auspiciosas. Como enseñan los *sutras*, una vez se ha captado la originación dependiente se pierde todo interés en especular sobre lo que uno o una pudiera haber sido en el pasado.

Los *sutras* no cesan de glorificar la dicha celestial que aguarda a quien cumpla con los cinco preceptos morales (abstenerse de la violencia, de la mentira, de tomar lo que no nos ha sido dado, de la conducta sexual desviada y de sustancias que nos tornan negligentes). Como se dice en la colección del *Samyutta-nikaya*: «Realiza buenas acciones, crea mérito para el futuro; la bondad es el fundamento de los seres en el más allá».[52] La leyenda del Buda ilustra a la perfección la de vidas que le costó desarrollar y perfeccionar las cualidades o *paramitas* necesarias para despertar por sus propios medios. Con los *jatakas* (historias acerca de las vidas anteriores del Buda) y los *avadanas* (gestas heroicas de los *buddhas, arhats* y *bodhisattvas*) millones de asiáticos han aprendido a discernir qué acciones –como el altruismo, la veracidad, la ecuanimidad o la generosidad [véanse Fig. 15, Fig. 2]– son meritorias y qué consecuencias portan las acciones demeritorias, guiadas por el egoísmo. En muchos textos se otorga incluso más importancia a la generosidad (que implica la renuncia, la empatía y el desapego) que a la meditación. No olvidemos que *dana* o "donación" –que traducimos por "generosidad"–, no solo remite a los aspectos materiales, sino que señala la voluntad de compartir la vida espiritual. Además,

FIGURA 15: Óleo birmano de 1897 que muestra la práctica de la generosidad por excelencia: la donación (*dana*) de alimentos que ofrecen los laicos a los monjes. Oxford, Reino Unido: Biblioteca Bodleiana. (Foto: Wikimedia Commons).

la generosidad para con alguien bondadoso –como una santa, un maestro o la comunidad de monjes– contribuye a "extender" el mérito en el mundo. Es esencial entender la teoría del karma como una invitación –opuesta a un determinismo mecanicista– a mejorarnos y a ayudar a la mejora colectiva.

Karma sirve asimismo de metáfora de la contingencia, la historicidad, la temporalidad, la evolución, la causalidad... esto es, de *duhkha*, *avidya* o *trishna*. Karma significa estar sujetos a las consecuencias de la ignorancia, porque aún no hemos trascendido ese falso agente hacedor de acciones. Por ello, el Dalai Lama puede decir que si hoy los científicos demostraran que la doctrina del karma y la transmigración es falsa (cosa que, por el momento, nadie ha osado probar), habría que abandonarla. (Al menos, su aspecto retributivo, que no la idea general de causación.)* Porque, en lo más hondo, el postular la doctrina del karma y el samsara solo cobra sentido al proponer simultáneamente una salida y objetivo de la vida espiritual: la liberación, el nirvana. Ya en su primera formulación histórica (con las *upanishads*), la doctrina retributiva del karma iba de la mano con la proclamación de que existe un camino para liberarnos del círculo vicioso. El camino de la santidad cobra sentido al contrastarse con el infinito ciclo de existencias. Volver a nacer una y otra vez durante un vertiginoso ciclo de vidas es una prisión. Llevamos eones cósmicos pedaleando como el hámster en su rueda. ¿Vamos a desperdiciar el raro renacimiento humano y no tomar la senda que conduce a la liberación del samsara?

Más allá de las acciones meritorias o demeritorias, existen las

---

* Un movimiento que sería del agrado de una influyente corriente de budistas occidentales que se sienten incómodos con las interpretaciones tradicionales del karma y la transmigración. Con todo, la idea de karma sigue siendo central para prácticamente todas las corrientes budistas. Y si uno quiere adentrarse en la senda budista, no resulta tan fácil desembarazarse del concepto.

acciones con discernimiento pleno, las acciones transpersonales que no generan retribución. Como ya avanzamos, las acciones de los que han despertado –los *buddhas*, *arhats* y *bodhisattvas*– son kármicamente neutras (o como dice la tradición, no sin ni claras ni oscuras), ya que han trascendido cualquier noción de sujeto o agente egoico, condición necesaria para el renacimiento, y, por ende, son liberadoras. Declara el Buda:

> «Cuando los actos no son inspirados por la avidez, el odio y la ofuscación... entonces no queda nada por madurar, y los actos no tienen raíces, y son como árboles truncados, que no pueden ya volver a brotar ni a crecer en el futuro.»[53]

El *arhat* no regresará más al samsara. Y escapar al *karma-samsara* equivale a la liberación.

# 16. El cosmos

## El ateísmo budista

Los budistas no necesitan a Dios. Son no teístas, transteístas, o mejor, anátmicos. Esto no debe sorprendernos, ya que muchas corrientes de pensamiento de origen índico han prescindido de la idea de un Ser Supremo.* El budismo prolonga esta tradición. ¿Acaso la existencia o inexistencia de Dios altera la situación de sufrimiento e ignorancia humanos? Aunque el Buda no se ensañó en contra de las ideas de "Dios" (*ishvara*) o "Absoluto" (*brahman*), sí las descartó con elegancia y mesura. El Buda captó la originación dependiente y, por ende, no necesitó de una causa primera o última. No hay creador en el budismo. Y si no se postula un Theos, tampoco hay teodicea (el dilema del mal en el mundo). El karma rige mecánicamente.

Pero el que los budistas prescindieran del "Señor" no significa que no tengan un cosmos superpoblado de "seres de luz" (*devas*), espíritus hambrientos o *bodhisattvas* compasivos; por lo que, en cierto sentido, despliegan un talante abiertamente politeísta, un

---

* Por supuesto, la escuela materialista (Charvaka); pero también el jainismo; y dentro de la tradición brahmánica, el Samkhya clásico, lo mismo que la más ortodoxa de sus escuelas filosóficas, la Mimamsa. Forzando un poco el asunto, prestigiosas corrientes del Vedanta han visto con ambigüedad la idea de "Dios" o de un "Señor" (*ishvara*), si bien no desplegaron el talante antimetafísico del Buda.

poco al modo del catolicismo, rebosante de ángeles, santos y vírgenes. Si bien el Buda descartó el ritualismo de la religión védica y el mérito que la acción sacrificial pudiera reportar, no eliminó a los *devas* o a los duendes y espíritus de la religiosidad popular. «Que hay dioses es un hecho que yo he reconocido y el mundo entero está de acuerdo», proclama en un viejo *sutra*.[54] Desde sus orígenes, los budistas han habitado un cosmos muy concurrido de poderes sobrenaturales.

Ocurre que la posición de estas deidades queda bastante rebajada. Dioses como Brahma (ya solo uno más entre múltiples *brahmas*), o Indra (rey de dioses), o el gran Narayana, poseen en el budismo un nivel espiritual muy elevado, pero –al estar atrapados en el samsara y, por tanto, obligados a transmigrar– son de orden inferior a un *buddha*, un *arhat* o un *bodhisattva*. En modo alguno poseen la omnisciencia. Al contrario, anhelan renacer como humanos para poder alcanzar los máximos niveles del desapego. Dicho de otra forma: se trata de formas de existencia muy refinadas, pero irrelevantes en la senda que conduce al nirvana.

Con todo, y como veremos cuando hablemos de los desarrollos históricos del budismo, algunas corrientes hipostasiarán un principio búdico (el *dharmakaya*, el Adibuddha o el "embrión del Tathagata"), no tan alejado del *ishvara* o el *brahman* de los hindúes.

## El universo

Las concepciones budistas del cosmos, muy parecidas a las hindúes y a las jainistas, suelen describirlo en tres niveles (*dhatus*) o mundos (*lokas*), compuestos por treinta-y-tantos planos que flotan en el "espacio" (*akasha*) y donde pueden renacer los seres en su deambular de una existencia a otra.

El mundo inferior es llamado Kamadhatu, la esfera, nivel o dimensión del "deseo" (*kama*); es decir, allí donde se experimenta placer y dolor; donde se disfruta o se padece de los objetos de los sentidos. Por ello, es la esfera de acción de Mara (también conocido como Kamadeva), que preside sobre lo sensual, los deseos y los apegos. Kamadhatu está atravesado por el *axis mundi* del monte Meru.

La cosmografía tradicional suele explayarse en la región intermedia de este nivel, conocida como "Isla del manzano rosa" (Jambudvipa), donde reside nuestra humanidad. Dicen que los *buddhas* solo se iluminan en esta región.

Por encima, se abren media docena de niveles celestiales, a cual más hermoso (como el cielo de los Treinta y tres, o el cielo Tushita, donde los que van a convertirse en un *buddha* pasan su penúltima existencia). En estos cielos moran provisionalmente las divinidades (*devas*), los *bodhisattvas* y otras figuras semidivinas. La vida en estos cielos es extremadamente feliz y la longevidad se cuenta por eones cósmicos.

Por debajo del plano terrestre, se abren los horrendos mundos infernales (el peor de los cuales es Avichi), donde habitan –también de forma circunstancial– los seres demoníacos, espíritus incorpóreos sedientos de deseos, los titanes de sangre caliente (*asuras*) prestos a combatir a los *devas* y los condenados a los infiernos.

La particularidad de la existencia en Kamadhatu es que todos los seres que ahí nacen poseen consciencia y cinco sentidos. Pero no hay lugar fijo en el devenir samsárico.

Por encima de Kamadhatu se encuentra Rupadhatu, la esfera o nivel de la "forma" (*rupa*); es decir, aquellos planos donde se existe con cuerpos sutiles (de solo dos sentidos y, por tanto, desligados de cualquier objeto sensorial), en estados de consciencia de máxima concentración. Se habla de dieciséis niveles celestiales donde residen etéreas divinidades (los *brahmas*, para distinguirlos de los *devas*). Estos espacios en los que se vive libre de apegos pueden ser alcanzados por los humanos que han llegado a los niveles meditativos más elevados

En la cúspide del cosmos se encuentra Arupadhatu, la dimensión o esfera "sin forma" (*arupa*); o sea, cuatro niveles celestiales inmateriales, accesibles únicamente a los *arhats* y *bodhisattvas* que moran en la budeidad y a aquellos que renacen en formas de existencia psíquicas y de consciencia pura. Los *brahmas* de Arupadhatu ni siquiera poseen órganos de los sentidos. Pero, a decir verdad, los niveles de esta esfera nunca han recibido demasiada atención en la literatura budista.

Parece claro que estos cielos y niveles se corresponden con los trances meditativos (*dhyanas*) y con ciertas experiencias psicoespirituales alcanzadas en la meditación. En el pensamiento budista siempre existe correlación entre el mundo interno y el mundo externo. De hecho, cuando le preguntaron al Buda por los límites del cosmos, él explícitamente dijo que terminaban en la *consciencia* que conoce el nirvana. Cosmología y psicología se espejean. Es decir, los distintos niveles del cosmos se corresponden a estados mentales y de consciencia. Los hay puros y extremadamente refinados. El meditador que alcanza los trances más elevados comparte el modo de existencia de un *brahma* (y es susceptible de renacer como tal). Dicho de otra forma, un *deva* es el resultado del cultivo de cualidades como la confianza, la generosidad, la atención plena o la compasión. Por la misma razón, los estados de ofuscación, odio y egoísmo son aquellos que precisamente nos pueden enviar a los niveles infernales del cosmos o a los renacimientos más bajos. Como es lógico, el nirvana no se corresponde con ninguno de estos niveles ya que el budismo –a diferencia del jainismo– jamás lo concibió como un *lugar*. Para las corrientes no dualistas, en la condición despierta natural no hay división entre samsara y nirvana.

Tanto el budismo Theravada como el Mahayana entienden que otros millones de mundos, con sus *brahmas*, *maras* y demás seres, existen en paralelo al nuestro. A su vez, el Mahayana admite que los cielos superiores son replicados por los campos búdicos o tierras puras que algunos *buddhas* han generado en universos paralelos.

Muchas corrientes del budismo occidental, no obstante, tienden a ladear este tipo de concepciones cosmológicas tradicionales y prefieren interpretarlas de forma simbólica.

## Cosmogonía

Como otras tradiciones índicas, el budismo no concibe un origen del universo *ex-nihilo*, "de la nada". No hay creador. En verdad, el Buda fue más cauto y dijo que el origen del samsara era «sin origen discernible»,[55] pero es un hecho que la mayoría de las filosofías budistas –aunque no todas– secundarán la idea de un mundo sin comienzo. La originación dependiente y el karma son su causa suficiente. Como dice Buddhaghosa:

> «No hay dios
> creador del ciclo de existencias;
> los fenómenos fluyen,
> condicionados por causas y por efectos.»[56]

Como dijimos, esta visión sintoniza con una vena de talante agnóstico que aparece ya en la religiosidad védica. Los factores últimos de la realidad (los *dharmas*) fluyen e interactúan desde un tiempo sin principio.

En el curso del devenir, se da una sucesión cíclica de eras cósmicas llamadas *mahakalpas*. Cada ciclo se subdivide a su vez en una serie de eones o *kalpas*, cada uno con sus períodos de declive (como el nuestro), quiescencia, evolución y continuación. La aparición de *buddhas* (uno solo para el Theravada en un cualquier momento dado; múltiples *buddhas* trascendentes para el Mahayana) es inherente al proceso cósmico. El *buddha* de nuestro *kalpa* fue Shakyamuni, el anterior fue Kashyapa y el próximo será el muy esperado Maitreya, si bien puede que aún tarde más de 30.000 años en descender del cielo Tushita.

De forma parecida al hinduismo o al jainismo, la tradición budista también postula una paulatina degeneración de la virtud, un acortamiento de la vida de los humanos y hasta el declive del Dharma promulgado por Shakyamuni. La enseñanza se desvirtúa, se corrompe y, finalmente, acabará por desaparecer. Luego, se iniciará un nuevo ciclo, las condiciones volverán a mejorar y los *buddhas* reaparecerán.

## Los seis destinos

La particularidad de esta cosmología es que los habitantes de los niveles de cada esfera y de las distintas eras cósmicas están *atrapados* en la existencia, ya que están sujetos a la ignorancia y a los mecanismos del karma y, por tanto, destinados a transmigrar. Casi que son las acciones y el comportamiento de los seres los que configuran los distintos niveles del cosmos. (Si no existieran seres ofuscados por la violencia y el autoengaño, por ejemplo, no se coagularían niveles infernales.) Estos niveles no se generan por leyes físicas, sino por un referente ético. Es el *continuum* de la consciencia lo que determina el plano en el que va a darse el renacimiento. De ahí que algunas escuelas budistas concluyan que el mundo es una creación de nuestros pensamientos, acciones y anhelos.

El budismo clásico estima que existen seis destinos (*gatis*) posibles para el renacer: como humano, deidad, animal, ser infernal, titán o ser espectral. Hasta que no se transmute la acción guiada por la ignorancia en acción con discernimiento –y, por ende, sin capacidad para fructificar en un nuevo nacimiento–, uno está abocado a existir en el samsara en alguno de los tres planos de este mundo, o en alguno de los infinitos universos paralelos que coexisten.

Esta visión necesariamente conduce a un sentimiento de hermandad por el resto de seres, ya que en existencias anteriores todos hemos sido algún ser animal, vegetal, infernal, divino o humano; o hasta parientes y amantes de nuestros peores enemigos. De ahí, en parte, la centralidad de la no violencia en la ética de las corrientes shramánicas (jainismo y budismo).

Obviamente, un destino en la esfera de los humanos o las divinidades es mucho más halagüeño que un funesto destino entre los seres infernales. En los primeros, la existencia puede ser dichosa, y, entre los dioses, casi eternamente feliz. Pero como todo es impermanente, incluso el gozo celestial está destinado a esfumarse. Las divinidades no son inmortales. Como ya sabemos, son formas de existencia refinadas que disfrutan provisionalmente de su cuantioso mérito kármico, pero si quieren poner fin a la rueda del samsara, deberán renacer como humanos, ya que solo en esta esfera es factible escuchar el mensaje budista (y hasta encontrar a un *buddha*), y solo en este destino la vida es lo suficientemente dolorosa –pero apacible a la vez– como para aspirar a la meta más elevada. La mayoría de las concepciones cosmológicas indias están ideadas para resaltar el carácter rarísimo y excepcional del renacimiento humano, el destino relevante –y, por tanto, absurdo desaprovechar– para anhelar la liberación.

# 17. El nirvana

Regresemos al "Sutra de Benarés". Afirma la tercera noble verdad que la extinción (*nirodha*) de la "sed" acaba con el sufrimiento. Esta extinción o cese corresponde a la "liberación" (*mukti*) o nirvana.

El nirvana es la buena nueva que nos trae el Buda. Bórrese, pues, aquel viejo cargo que decía que el budismo es pesimista; porque la tercera noble verdad declara precisamente que el sufrimiento y la ignorancia tienen un remedio posible. Shakyamuni lo conoció por experiencia propia y lo enseñó al mundo. La liberación del sufrimiento y del ciclo de los renacimientos es uno de los temas que *nunca* ha sido puesto en cuestión por los textos budistas [véase FIG. 16]. Constituye una de las enseñanzas indiscutibles del Buda.

La liberación como meta de la vida espiritual no es un descubrimiento del budismo. El Buda la compartió con los maestros de las *upanishads* y con la mayoría de los movimientos shramánicos. Desde hace más de veinticinco siglos constituye el objetivo soteriológico de prácticamente todas las tradiciones de origen índico. Lo llamen *nirvana*, *vimukti*, *moksha*, *apavarga* o *kaivalya*, equivale a la liberación del samsara o ciclo de los renacimientos; ergo, a liberación de la ignorancia y la acción apegada. La gran aportación del Buda fue el método que enseñó para realizar dicho objetivo.

Valga decir que las distintas tradiciones budistas han concebido esta meta de formas diversas. A medida que el budismo fue

**FIGURA 16:** Una imagen del *buddha* Vairochana, predicando la senda que conduce al nirvana, corona el *stupa* de Borobudur (Java), Indonesia. Siglos VIII-IX. (Foto: Agustín Pániker).

expandiéndose por distintos países, el concepto fue adquiriendo nuevos matices. El término, además, puede emplearse con diferentes significados según el contexto. Es una metáfora extremadamente rica. Y misteriosa. Ya el propio Buda señaló que el nirvana era «profundo, difícil de ver y de entender... e inalcanzable por el mero raciocinio».[57] Una vez más, aquí trataremos de hacer algunas generalizaciones.

De entrada, debemos aclarar que la meta del nirvana siempre ha constituido el objetivo *a largo plazo* para los seguidores budistas; es decir, en el transcurso de múltiples existencias. El ideal de alcanzar la meta en esta misma vida es algo remoto, terreno de una escuálida minoría de *arhats* o *siddhas* tántricos.

Literalmente *nirvana* significa "extinción". No se refiere a la muerte (salvo en el *parinirvana*). Eso correspondería a la doctrina del aniquilacionismo de los materialistas, a la que se opuso el Buda. De hecho, en muchos *sutras* se dice que el nirvana representa exactamente lo contrario: el fin del nacimiento, el envejecimiento, la enfermedad *y la muerte* en el samsara. Por supuesto, tampoco es ningún cielo o paraíso del budismo (que, como hemos visto, los hay a docenas).

La "extinción" del nirvana tiene que ver con "apagar", "aquietar" o "calmar". Posiblemente, el símil más utilizado haya sido el de «extinción de una llama».[58] Una vez que el Buda captó la realidad del sufrimiento, su origen, la posibilidad de su cese y el camino que conduce al cese, el "fuego" pudo ser extinguido. El nirvana tendría que ver, pues, con extinguir la llama de las aflicciones mentales, subsumidas en los tres venenos o "fuegos": el odio, la codicia y la ignorancia, que equivalen a la "sed" que nutre el sufrimiento. Reconocido el deseo como algo impermanente, insatisfactorio y sin entidad fija, el nirvana representa entonces la plena realización de las nobles verdades. Es un proceso de purificación; por tanto, puede concebirse como la extinción de la "sed", el apego, la impulsividad, la sensación de "separatividad" o creencia en una individualidad autónoma. (Estamos muy cerca de las *upanishads*, que ya concebían la liberación como disipación de los deseos.) El nirvana equivale, entonces, a la extinción de *duhkha*, el sufrimiento, y la extinción de *avidya*, la ignorancia.

Por ello, también puede ser descrito en términos positivos: como la sabiduría perfecta, la paz o la felicidad supremas. Y se desprende entonces que tiene que ver con la vida aquí y ahora, en este mundo. Aquel que ha aniquilado la "sed" extinguiendo el "fuego" de los tres venenos puede experimentar la dicha inconmovible del nirvana. No se trata de ningún limbo, sino de la realidad de este mundo de quien ha entendido el sufrimiento, los factores que lo condicionan y la forma de cesarlos. El nirvana tiene que ver con salir del círculo vicioso en el que nos encontramos en el samsara. En los versos del *Dhammapada*:

> «He pasado por toda una serie de múltiples nacimientos,
> buscando sin descubrirlo al que construye la casa:
> doloroso es nacer y nacer una y otra vez.
> ¡Tú que construyes la casa, te he descubierto!
> No me harás una nueva casa,
>    todas tus vigas han sido rotas y el techo destruido;
> mi mente se ha despojado de todo
>    lo que constituye la existencia
> y ha alcanzado la destrucción de los deseos.»[59]

El arquitecto que construye la casa es el deseo, el apego, la "sed" (que precisa del "yo"). Desde el momento en que Gautama despertó y extinguió la "sed", eliminó cualquier semilla de un renacimiento futuro. Se convirtió en lo que la tradición llamó "merecedor" (*ar-*

*hat*), parecido a lo que el hinduismo designa como "liberado en vida" (*jivan-mukti*), ya que las acciones de aquel que ha aniquilado la ignorancia y el apego en su raíz son kármicamente inocuas. De ahí que se hable de dos tipos de nirvana.

Por un lado, el nirvana con residuo, que equivale a la *bodhi* o despertar.\* El Buda lo alcanzó la noche del gran despertar. Aunque las semillas de un futuro renacimiento han sido eliminadas –porque las acciones no están motivadas por fines egoicos–, aún se sigue en vida porque se mantienen los *skandhas* que conforman el cuerpo físico y la personalidad y por el karma previo que ha de fructificar.

Por otro lado, está el nirvana final o sin residuo (el *parinirvana*), al que se accede cuando acaece la muerte física del despierto; o sea, con la extinción de los cinco agregados y cualquier causa de rena-cimiento. Se dice que este nirvana –que está más allá del espacio, el tiempo o las cosas condicionadas– representa ya la *liberación* del ciclo de las transmigraciones.\*\* El Buda lo alcanzó al fallecer en Kushinagara.

Por ello, esta paz natural es referida en alguna ocasión como *lo incondicionado* (a diferencia del resto de *dharmas*), lo no causado, lo no construido (*asamskrita*), lo no sujeto al karma, el camino desandado, lo inmortal, el vacío. Esta es, claramente, la posición preferida del budismo llamémosle "trascendental" o de orientación más monástica (en particular del budismo Theravada, ya que las filosofías del Mahayana no comparten la noción de algo no rela-cionado o no condicionado). Se habla entonces de "entrar" en el

---

\* Si bien *bodhi* y nirvana no son técnicamente sinónimos, la tradición moderna tiende a equiparar el evento del "despertar" con la meta soteriológica del nirvana (o la budeidad).

\*\* En realidad el asunto es algo más complejo, ya que en los textos clásicos *nirvana* se emplea para designar al estado liberado y *parinirvana* remite al hecho de alcanzar dicho estado. Prefiero seguir, no obstante, la corriente mayoritaria que emplea *nirvana* para designar a la liberación en vida y *pari-nirvana* para la liberación del ciclo de las transmigraciones, con la muerte.

nirvana o de "alcanzar" el nirvana. En el *Udana*, un viejo texto pali, se dice de forma apofática que en el nirvana ni hay este mundo ni otro ni ambos... no hay ir, venir, estar, morir o levantarse... ni causa ni resultado. Diríase que la descripción roza la idea de un Absoluto (aunque tal vez no sea más que una metáfora de lo experimentado en la meditación más profunda).

Para el budismo Theravada, el nirvana representa el fin del ciclo de las existencias (samsara); equivale a la liberación (*moksha*) anhelada por la inmensa mayoría de filosofías indias. Para algunas corrientes del Mahayana y del Vajrayana, el nirvana remite asimismo a una realidad que va más allá de la ausencia de la "sed"; pero no gustan entenderlo como cesación, sino como una sabiduría que pone fin a la ignorancia *en* el individuo. Prefieren concebirlo como la desocultación de un elemento latente en la experiencia humana, una condición originaria o fundamento trascendente, una vez ha sido descubierto y experimentado. Recibe entonces nombres como "naturaleza búdica", "budeidad", "rostro original", "gran perfección", "fuente suprema" o, simplemente, *bodhi*, "despertar".

Pero recuérdese que muchas corrientes budistas rechazan la idea de que el nirvana tenga que ver con ninguna cognición o con alguna abstracta "budeidad" (que, por momentos, resuena sospechosamente próxima a la noción de *atman* o *brahman*). En otro texto clásico, el *Sutta-nipata*, por ejemplo, el nirvana es descrito de forma bastante mundanal como el fin del apego, la codicia y la ignorancia. El nirvana es entonces la antes aludida "dicha suprema", paz, tranquilidad y existencia auspiciosa. En esta línea, ni siquiera un nirvanado está exento de los ataques de Mara. Más que la aniquilación de la "sed", el nirvana sería no estar sujeto a ella, independizarse del apego; vivir la vida sin estar condicionado por el odio, el deseo o la confusión (un puñado de emociones impermanentes, que se desvanecen cuando uno deja de identificarse con ellas). Y eso es algo factible aquí y ahora. En ningún lugar el Buda afirma que el nirvana sea algo remoto o imposible de realizar.

## El silencio del Buda

Esta lógica discrepancia de opiniones radica en que el Buda rechazó describir el nirvana. Cuando se refirió lo hizo *via negativa*, expresando lo que el nirvana *no* es. El Buda «ha abandonado las teorías especulativas», repiten los viejos *sutras*.[60]

En efecto, la tradición recoge que el Buda dejó "catorce cosas inefables" en suspense: si el mundo es eterno o está limitado por el tiempo (o ambos, o ni ambos), si es finito o infinito (ídem), si el Tathagata (el Buda) existe o no tras la muerte (ídem) y si el ser vivo es idéntico al cuerpo o distinto. Dio la espalda a este tipo de abstracciones metafísicas para centrarse en lo contingente: la condición de ignorancia, sufrimiento y apego y el camino para ponerle fin. De qué sirve obsesionarse especulando sobre la finitud o infinitud del mundo o la existencia o no existencia de "algo" tras la muerte (interrogantes que presuponen la presencia de un "yo") si no conducen al cese del sufrimiento.

Pero si el Buda guardó silencio sobre estos temas, los budistas de antaño –lo mismo que los de hoy– se han visto obligados a especular y hablar sobre el asunto y los comentadores no han cesado de interrogarse sobre por qué calló el Buda.

Algunos han visto en la actitud del Buda cierto agnosticismo. Ni el sabio dedicado a salvaguardar la verdad puede «llegar con total certeza a la conclusión: "Solo esto es la verdad y lo demás es falso"»,[61] admite Shakyamuni en un viejo texto pali. Un talante pluralista, crítico y sanamente escéptico insufla muchas de las proclamas del Buda. No es descabellado pensar que el Buda tomara de los escépticos y agnósticos (ajñanikas) ciertos postulados; sobre todo sus formulaciones lógicas.

La tradición budista siempre se ha esforzado en tratar de situar-se en el "camino medio" y no caer en el extremo del nihilismo de los materialistas (nirvana = muerte), o en su opuesto, el eternalismo absolutista de los brahmanes (nirvana = dicha eterna *post mortem*). Pero no siguió el mismo razonamiento que el "justo medio" griego. A diferencia de la lógica aristotélica (que se basa en el binarismo sí/no), las lógicas indias admiten al menos cuatro alternativas (sí; no; sí y no; ni sí ni no), un sofisticado argumento lógico conocido como "tetralemma" (*catushkoti*). El "camino medio" del Buda en-raíza en la última proposición (recordemos: ni se afirma el *atman* ni se niega el *atman*). Un monje decía haber oído que aquel que ha eliminado el odio, la codicia y la ignorancia ya no existía tras la muerte. El gran Shariputra (por cierto, antiguo agnóstico) fue a verlo y le enseñó lo erróneo de pensar que un monje deja de existir cuando entra en el nirvana, porque en realidad el monje ¡ni exis-te antes de entrar en el nirvana! Ahí está, quizá, el denominador común de muchas de las interpretaciones acerca del nirvana: la extinción de cualquier sentido de individualidad y separatividad. Comprender la tercera noble verdad significa *aprehender* que no hay "yo" que comprenda, solo lucidez y estado de alerta. A más claridad, más vacío de "yo".

El Buda fue asimismo un gran pragmático y, por ello, evitó em-barullarse en las disquisiciones filosóficas que desvían la atención del meollo. Cuando el discípulo Malunkyaputta comprueba que el maestro deja sin respuesta los mentados interrogantes filosóficos cardinales, el Buda le cuenta una de sus parábolas más famosas:

«Un hombre es herido por una flecha envenenada. Sus amigos se apresuran a buscar un médico. Cuando está a punto de extirpar la flecha envenenada del herido, este grita: "Alto, no dejaré que me saquen la flecha hasta que no sepa quién me disparó; si fue un hombre de casta guerrera, un brahmán, un mercader o un plebeyo; a qué familia y linaje pertenecía; si era alto, bajo o de mediana estatura; si era de piel negra, blanca o amarilla... No me sacaré la flecha hasta que no sepa si el arma era un arco o una ballesta; si la cuerda era de caña, cáñamo, hierbas o corteza...". ¿Qué ocurriría, Malunkyaputta? El hombre moriría antes de que pudiesen contestarse todas estas preguntas. De la misma manera, el discípulo que desease respuestas a todas las preguntas acerca del más allá moriría antes de saber la verdad acerca del sufrimiento, el cese del sufrimiento y la forma de cesar el sufrimiento.»[62]

El Buda respalda su silencio aduciendo que el conocimiento de estas cuestiones «no portan beneficio alguno, no pertenecen a los fundamentos de la vida espiritual, no conducen al desapego, el cese, la paz, el conocimiento directo, el despertar y el nirvana»;[63] es decir, son irrelevantes para la senda. Aferrarse a las especulaciones metafísicas es contraproducente. Por ello le subraya a Malunkya-putta su famosa regla de oro: «Lo que no ha sido declarado [por el Tathagata], tómese por no declarado».[64]

Cuando este tipo de interrogantes surgían, reencauzaba a la audiencia sobre el meollo de la práctica. Él nos invita a hacer algo aquí y ahora para extirpar la flecha envenenada. Nunca perdamos de vista que la tercera noble verdad es –como dice el "Sutra de Be-narés"– para ser *realizada*. ¿Y qué es lo que sí ha declarado y debe ser realizado? La realidad del sufrimiento, su origen y el camino que conduce a su cese. Y otra cosa también deja clara: aquellos que viven en la codicia, la ira y la confusión, que están apegados a los placeres y condicionados por los vaivenes de la mente, estos, desde luego, no pueden captar el nirvana.

Con todo, el Buda nunca dijo que las preguntas fueran incontestables. Simplemente, no las contestó. Por ello hay también quien piensa que calló sobre determinadas cuestiones últimas porque cualquier cosa que digamos sobre el inefable nirvana sería falsa. Escapando de una posible dualidad entre verdad y falsedad, él quizá apostó por el apofatismo.

Lo cierto, sin embargo, es que esta actitud mística es más propia del budismo Mahayana y tal vez menos del Buda histórico. Según el Mahayana, cuando se capta y se experiencia la verdad última, cualquier expresión verbal debe retroceder. «No hablar es la forma de hablar del Buda», dice el "Sutra del descenso a Lanka".[65] Por eso, cuando el *bodhisattva* Mañjushri inquiere al laico iluminado Vimalakirti acerca del sentido último de la doctrina de la no dualidad, Vimalakirti guardó silencio. Y Mañjushri exclamó:

> «¡Bien, bien! Quien no pronuncia siquiera una sílaba, ni una palabra, practica de veras la doctrina del no dualismo.»[66]

Hay quien piensa que el Buda calló porque las premisas eran inaceptables. También es posible que el Buda no conociera las respuestas, pues por su propia naturaleza, estas cuestiones no tienen contestación posible. O no quisiera pronunciarlas ante quienes no podrían comprenderlas. Tras dejar aturdido al monje Vacchagotta al no responder acerca del *atman*, el Buda le confiesa a Ananda que si le hubiera dicho que existía el *atman*, Vacchagotta se hubiese alineado con los eternalistas; pero si le decía que no existía, hubiese tomado la posición de los materialistas. Es decir, le obligaría a constreñirse entre los extremos del blanco o negro, el sí o no. Pero ninguna de estas respuestas es aceptable, no solo a la luz del "tetralemma", que deja espacio a infinidad de matices, sino porque todas las preguntas presuponen que el Tathaghata es un "ser real", mientras que desde el punto de vista de un "despierto", no hay nadie que nazca, perezca, renazca, no renazca o alcance un nirvana, como bien describía Shariputra en la anterior cita. Si, como ya sabemos por la doctrina del *anatman*, no existe un "yo" permanente y separado, la pregunta de "quién" nace, muere o se libera no tiene sentido. Para explicar la naturaleza del Tathagata, el Buda recurre a la imagen de un fuego. Mientras está prendido frente a uno, es posible identificarlo, pero una vez se ha extinguido no puede aventurarse en qué dirección ha ido.

A lo que nos invita el Buda no es a prescindir de la indagación filosófica, sino a suspender el juicio (la *epojé* griega) ante consuelos metafísicos y no caer en los extremos. Dícese que, en una ocasión, un brahmán preguntó al maestro:

«–Buen Gautama, ¿cuál es el fundamento de la mente?
–El fundamento de la mente es la consciencia lúcida.
–¿Y cuál es el fundamento de la consciencia lúcida?
–El fundamento de la consciencia lúcida es la liberación.
–¿Y cuál es el fundamento de la liberación?
–El fundamento de la liberación es el nirvana.
–¿Y cuál es el fundamento del nirvana?
–Esta pregunta va demasiado lejos, brahmán. Ninguna respuesta puede abarcarla.»[67]

En último término, pues, parece que cualquier elucubración que realicemos sobre los motivos de su silencio revela más acerca de nuestras inclinaciones, ideología y presupuestos que no sobre las razones de Shakyamuni. El silencio del Buda muestra nuestro propio desconocimiento. Reconozcamos que cualquier indagación sobre el asunto debe quedar como algo meramente provisional.

# 18. El "óctuple sendero"

Dice la cuarta noble verdad que la práctica que lleva a la extinción de la "sed" y, en consecuencia, al cese del sufrimiento, es el "óctuple sendero" o "sendero de los ocho preceptos". Por tanto, la última noble verdad constituye el método de progresión espiritual para monjes y laicos comprometidos (es decir, para los "nobles", aquellos que ya se han embarcado en el camino) propugnado por el Buda. Es la senda (*marga*) o yoga budista, el "camino medio" –entre la autoindulgencia y la automortificación– que puede conducirnos a la paz del nirvana. Aquella vereda que fue descubierta y transitada por los *rishis* y los *buddhas* del pasado.

Todos los comentadores posteriores (Buddhaghosa, Vasubandhu, Zhiyi, Gampopa, Tsongkhapa, etcétera) basarán la práctica espiritual en el esquema propugnado en el "óctuple sendero". O dicho de otra forma, aunque con el tiempo el budismo desarrollará distintas vías hacia la liberación, el "óctuple sendero" constituye un esqueleto común a todas. Es uno de los clarísimos vectores de continuidad entre el budismo clásico y el budismo actual. Muchos expertos sostienen que el "óctuple sendero" constituye una de las enseñanzas cardinales del budismo más próximo al Buda histórico. Y, aunque en modo alguno la mayoría de los budistas –siquiera de monjes– lo sigue al pie de la letra, el "óctuple sendero" es un referente bien conocido por millones de practicantes.

Si las primeras nobles verdades tienden a expresarse en forma negativa (acabar con la "sed", eliminar el odio, la codicia y la ignorancia, el nirvana como extinción del sufrimiento), el "óctuple sendero" se plantea en términos positivos: cultivar la sabiduría, la generosidad, la compasión, la tranquilidad, la ecuanimidad o la concentración. Por ello, también puede entenderse no solo como el camino que conduce al despertar, sino como la forma de vida adoptada por aquellos que ya han despertado.

Se comprobará lo próximo que está este yoga budista de la escuela Yoga de Patañjali, que también estructuró su yoga en "ocho miembros", comparte gran parte del bloque moral y meditativo, utiliza idéntica terminología y –todo hace pensar que– se fraguó en los mismos medios yóguico-shramánicos.

Este camino constituye el corazón de la práctica budista. Recordemos el cariz eminentemente práctico del budismo. Por muchas especulaciones filosóficas y análisis sobre la condición humana que haya desplegado, lo que da validez al budismo ha sido su *praxis*. (Una cosa es comprender intelectualmente que todo es impermanente; y otra es vivir la aprehensión de la impermanencia.) El carácter liberador (soteriológico) de las filosofías de la India y el ortopráctico de las religiones asiáticas es patente. Ver las cosas tal cual son (es decir, captar las verdades filosóficas) equivale a ver las verdades morales. Refresquemos la memoria: el Dharma es tanto la doctrina budista como su práctica. Remite tanto a la realidad que está más allá de las ilusiones como a la forma congruente de actuar. Este es el punto en el que mayor énfasis puso el Buda.

El sendero no es ninguna doctrina iniciática reservada para una élite. Es un remedio para liberarnos del sufrimiento y la ignorancia. Pero en contraste con tradiciones reveladas, que exigen una profesión de fe en doctrinas inverificables, o cuya autoridad recae en una luenga tradición escritural, el Buda insistió en la importancia de la experiencia personal. El sendero no es una Verdad inalterable, ni una solución universal para todo momento y contexto. Cuando en el famoso *sutra* dirigido a los kalamas le preguntaron al Buda en cuál de los muchos maestros que rondan por ahí habría que creer, respondió que no había que confiar en ninguna autoridad, escritura, tradición o filosofía; mas únicamente cuando *uno ve por sí mismo* que una práctica conduce al fin del sufrimiento, debería aceptarla.* El Buda siempre se autodefinió como un analista y no un dogmatista.

Este camino está configurado por ocho elementos que forman un esquema completo de conducta y progresión espiritual. En el propio "Sutra de Benarés", el Buda sugiere que es preciso primero "comprender", luego "abandonar" y, finalmente, "concretar" o "realizar". De ahí que la tradición posterior estableciera un bloque analítico sobre sabiduría (*prajña*), otro de comportamiento moral (*shila*) y otro estrictamente yóguico-meditativo (*samadhi*). Los ocho miembros del sendero, pues, tienden a gravitar en estos tres grandes bloques; pero entiéndase que no forman ninguna secuencia. Más que de peldaños consecutivos en una escalera, se habla de ocho componentes de un modelo de vida integral. Los ocho miembros son aspectos interrelacionados e integrados en un todo. Tomando una expresión más budista, operan de forma interdependiente. Cada uno porta el añadido sánscrito *samyak*, que significa "recto" o "correcto", pero que deriva de la teoría musical y posee el significado de "armonioso", "perfecto" o "completo".

---

* Este *sutra* —que significativamente el Buda no imparte a sus discípulos— ha cuajado muy bien en Occidente, que lo interpreta como una admonición en favor de cierto individualismo y libre albedrío y le otorga una centralidad que nunca había disfrutado hasta ahora. Algunos budólogos han observado, sin embargo, que el Buda difícilmente habría recomendado dicha actitud a aquellos que ya estuvieran en la senda budista. Con todo, el *sutra* destila un sano tono socrático.

# Sabiduría (*prajña*)

1. Correcta visión o entendimiento. Consiste en comprender las doctrinas de la originación dependiente, el *anatman*, la impermanencia, el karma, las "cuatro nobles verdades" sobre el sufrimiento, su origen, el cese y el camino que porta a su cese, quizá también la doctrina de los "tres cuerpos" del Buda para un mahayanista, el vacío, etcétera. Por tanto, la correcta visión es una fabulosa entrada en la senda. El Buda siempre inisistió en que la práctica que conduce a la liberación exige una reorientación de nuestra visión del mundo (en gran medida porque el problema de raíz es la ignorancia: la mente determina el mundo que vivimos). La correcta visión es la comprensión de que el análisis budista proporciona una salida al círculo vicioso del sufrimiento, el deseo y la ignorancia.

La primera pata del sendero exige un plus de fe (*shraddha*). No es la creencia ciega en un dogma, sino una convicción o confianza en la enseñanza del maestro. En el caso de los laicos, consiste más en una comprensión general de los principios del budismo (otorgarles una validez al menos provisional) y un contacto con los monjes que los transmiten y explican. Quien ya posee la correcta visión a nivel profundo ve el universo como un flujo constante de fenómenos condicionados y faltos de esencia propia. Es importante que esta visión "budista" del mundo no sea meramente intelectual. Como apuntan los *sutras*, la recta visión es dual: un entendimiento intelectual del Dharma y una visión experiencial que "penetra" el Dharma. Se trata siempre de *comprender* en toda su amplitud las certezas vivenciadas durante la práctica ética y meditativa. Recordemos que para Asia la sabiduría no tiene que ver solo con un discurso intelectual, sino que representa, ante todo, una práctica.

2. Correcto pensamiento. Consiste en el cultivo del pensamiento desprovisto de codicia, confusión o ira. Se trata casi de una enseñanza moral, ya que para combatir esta tríada maligna se propugna

centrar o motivar adecuadamente el pensamiento en los valores de la renuncia, la benevolencia o la no violencia; esto es, evitar que el pensamiento sirva a intereses egoístas y, en cambio, fundamentarlo en una genuina aspiración a la verdad, la bondad y la compasión. De ahí que muchas veces se hable de este componente como "correcta intención". Como condensan a la perfección los primeros versos del *Dhammapada*, uno de los textos más apreciados del budismo antiguo: «Si uno habla o actúa con mente perversa, el sufrimiento sobrevendrá».[68] Si se ejercita y se fundamenta uno en una mente pura, nos permitimos liberarnos de la "sed".

Estos dos primeros miembros del sendero constituyen el bloque de la sabiduría (*prajña*), el mejor antídoto para combatir la ignorancia. Se trata, en resumen, de "comprender" –intelectual– y "penetrar" –vivencialmente– la realidad última y fomentar una "visión budista" del mundo. Alguien que posee la visión y el pensamiento correctos ya no queda atrapado en el dualismo, en los hábitos y prejuicios de la mente, en el embrujo del lenguaje o los caprichos del "yo". Sin esta sabiduría o *prajña*, el yoga no es viable.

## Moral (*shila*)

La "sed", empero, no debe atacarse solo sapiencial, meditativa o filosóficamente. La ignorancia siempre conlleva un comportamiento apegado, inmoral y ofuscado. A continuación, pues, sigue el bloque de la moralidad (*shila*) que nos permitirá "abandonar" este tipo de actitudes. La idea subyacente es que la purificación o abandono de determinados motivos genera karma meritorio que, con la plena maestría, conduce a la trascendencia del karma. Como siempre, cuando se habla de acción o comportamiento tiene que ver con el habla, el pensamiento y el cuerpo.

3. Correctas palabras. O sea, no mentir, evitar los dobles sentidos, el parloteo gratuito, el chismorreo, cultivar el silencio, hablar

con propiedad, etcétera. Lógicamente, las correctas palabras están ligadas al correcto pensamiento. Se trata de evitar la compulsión a responder, controlar el deseo de herir verbalmente y, en cambio, favorecer la palabra amable, suave y controlada.

4. Correcta acción (o conducta). El budismo puede entenderse como el marco establecido por el Buda para que las personas actúen libres de egoísmo, ataduras y apegos. No olvidemos que todas las tradiciones índicas entienden que son precisamente las consecuencias de nuestros actos las que nos encadenan en el samsara. De ahí que el Buda nos invite a desechar las acciones que entorpecen el despertar. Al estilo de la *Bhagavad-gita* hindú, nos apremia a actuar desinteresadamente, desapegados del fruto de la acción (lo que concuerda con la máxima budista de que es la intención y el apego a los frutos los que nos encadenan en el samsara).

El camino espiritual pasa, por tanto, por una perfección moral; y, como le dijera el Buda a su fiel discípulo Ananda, «la correcta conducta gradualmente lleva a la cima».[69] Dicha conducta moral es el fundamento de la práctica meditativa. En muchos sentidos, la conducta moral debe estar a la altura o en sintonía con el objetivo de las aspiraciones espirituales que uno persiga. Cuanto más elevadas sean, el fundamento moral ha de ser más sólido.

Aquí se incluyen los importantes cinco preceptos morales (*pañcha-shikshapada* o *pañcha-shila*): abstenerse de dañar a otros seres vivos, de hablar con falsedad, de tomar lo que no ha sido dado, de una conducta sexual desviada y de tomar productos que causen un comportamiento negligente. (Nótese que son casi idénticos a los cinco *yamas* del Yoga o a los "cinco votos" del jainismo; con toda seguridad, un código panindio para renunciantes que el budismo reinterpretó con audacia.) A estos cinco preceptos universales, los monjes y monjas –y los laicos comprometidos– añadirán tres más (castidad absoluta, ayuno tras la puesta del sol, evitar camas blandas), hasta un total de diez (no aceptar oro o plata y no asistir a espectáculos). La idea que se transmite es que uno no puede progresar en la senda del despertar si se es complaciente con los placeres sensuales o los comportamientos malsanos. Como volveremos a ver al final de la obra, los cinco preceptos constituyen la base moral para millones de budistas en todo el mundo. Dentro de la correcta acción suele incluirse también el "triple refugio" o profesión de fe en las "tres joyas" del Buda, el Dharma y el Samgha.

5. Correctos medios de vida. Tiene que ver con la manera de alimentarse, de vestir, las ocupaciones que deben evitarse, etcétera; siempre guiados por la virtud de la no violencia (*ahimsa*); o sea, considerando a las demás personas y seres como si de nosotros mismos se tratara y tratando de evitar o minimizar el daño que pudiéramos ocasionarles. (De ahí que no se aliente el comercio de armas, bebidas intoxicantes, animales para ser sacrificados, etcétera.) Como señalan los *sutras*, el trabajo que insulta al prójimo, corrompe, influencia de forma malsana y solo se centra en la ganancia personal, ese no es el correcto medio de vida. Esta actitud del budismo ha tenido un poderoso efecto humanista en la historia de Asia.

Las tradiciones budistas siempre han consierado que la mente tiene la capacidad de "absorber" el entorno. Debemos, por tanto, elegir con esmero la profesión, la vivienda, las amistades o las aficiones que cultivamos.

Nótese que gran parte de las recomendaciones tienen que ver con *abandonar* o no realizar cierto tipo de acciones insanas. Con este bloque se busca independizarnos de los hábitos kármicos que nos dominan. Igual que con el bloque anterior de la sabiduría, las recomendaciones del bloque ético sirven por igual para monjes y laicos; pero en este caso son especialmente válidas para los últimos, ya que su implicación mundanal hace difícil que puedan profundizar en los principios de la sabiduría budista o en el siguiente bloque, centrado en la meditación. La conducta éticamente responsable es la principal vía para labrar la felicidad en esta vida y un buen renacimiento ulterior.

Conviene, no obstante, entender que –más que prohibir o alentar una serie de deberes– el sendero delimita un conjunto de ocho áreas de conducta. Las prácticas éticas, las sapienciales y las meditativas están entretejidas. Para la teoría moral budista es tan importante nuestro comportamiento como nuestra vida cognitiva.

## Meditación (*samadhi*)

Finalmente, tenemos el bloque meditativo (*samadhi*), que es sin duda la sección más popular del sendero budista entre los practicantes occidentales. En este bloque, el yoga budista está también muy próximo al Yoga clásico de Patañjali, pero es a la vez distinto y original. Entramos de pleno en los años de "purificación" de la mente que facilitaron el despertar de Gautama.

6. Correcto esfuerzo. O sea, autocontrol. No se trata de la represión de las emociones o pensamientos, sino de reconocer la forma en que la mente se apega a lo que imagina que le ofrece seguridad. El esfuerzo es indispensable para trascender la pereza y las distintas formas de corrupción (dejadez, autoengaño, etcétera). El Buda insiste en que nadie vendrá a liberarnos o a purificarnos; nosotros somos los responsables del sufrimiento y capaces de cesarlo. Proclama el *Dhammapada* que: «vosotros os debéis esforzar, pues los *tathagatas* solo muestran el camino».[70] En último término, el correcto esfuerzo consiste en desarrollar aquel estado mental y emocional sano y puro en el que fundamentar nuestras acciones (y abandonar los estados malsanos). Apremia a esforzarnos en vivir en el aquí y ahora y reconocer nuetros hábitos e impulsos.

Asimismo, el correcto esfuerzo consiste en trabajar para prevenir el mal (pasado, presente o futuro). De ahí la participación de los monjes budistas en la salud o la educación de la población laica.

7. Correcta atención. Es decir, la práctica de la atención lúcida o consciencia plena (*smriti*; popular también en la versión pali, *sati*, o en su traducción inglesa *mindfulness*). Plena consciencia al respirar, al caminar, en el cuerpo, el flujo mental, las emociones, los sentidos, al concienciar los *skandhas* y hasta en aspectos de la doctrina, como la impermanencia o el desapego. En términos simples, consiste en vivir en el presente; en el aquí y ahora, en plena lucidez. La correcta visión o atención es un elemento cardinal de toda meditación –y acción– budista. (Profundizaremos más en el siguiente capítulo.)

8. Correcta concentración. Es decir, la práctica de centrar o unificar la mente en un punto y alcanzar un estado de sosiego y quietud (*shamatha*). Esta sección conlleva el cultivo de niveles de trance y concentración altísimos, llamados *dhyanas*, accesibles solo a los más avezados meditadores; trances que culminan en la unificación mental (*samadhi*). Como dice el maestro a sus discípulos: «Uno que está concentrado ve las cosas tal-cual-son».[71] (También profundizaremos más en el siguiente capítulo.)

En la práctica cotidiana de muchos budistas asiáticos, la meditación es inseparable del ritual, ya sea en la forma de cantos, postraciones, circunvalaciones, recitaciones o visualizaciones. Para los monjes y monjas es –o debería ser– un aspecto importante de su práctica diaria. En Occidente, la meditación budista ha llegado a ser tan popular que tiende a eclipsar a los otros bloques del sendero. Sin embargo, nunca debemos olvidar que el "óctuple sendero" es un conjunto integrado de prácticas. Hay que evitar reducir el budismo a unas técnicas meditativas. Las prácticas meditativas realimentan las éticas o las sapienciales, pues quien reposa en la visión lúcida y el discernimiento (séptima práctica), por ejemplo, aprehende las marcas de todo fenómeno (primera práctica); y ese reconocimiento conduce al sosiego y la paz mentales (octava práctica) y a la conducta coherente (cuarta práctica). La meditación budista no es un mero ejercicio de cultivo de la concentración o la tranquilidad, ni una simple progresión de estados refinados de consciencia. La lucidez debe llevarse al comportamiento ético, a la reflexión sobre las principales enseñanzas, la escala de valores, las relaciones humanas, etcétera. O, dicho de otra forma, sin la benevolencia, la humildad o el respeto, la correcta meditación en modo alguno es correcta. Todos los miembros están concatenados e interrelacionados. Cada miembro es complementario del resto y debe estar en armonía con los demás miembros.

Esto se comprueba fácilmente en un método de meditación y de práctica común a casi todas las corrientes budistas: la práctica de traer a la mente las llamadas "cuatro moradas sublimes de Brahma" o los "cuatro inconmensurables" e irradiarlos en todas las direcciones: el amor (*maitri*), la compasión (*karuna*), el júbilo (*mudita*) y la ecuanimidad (*upeksha*). Se trata de la mejor manera de reconocer y purgar las emociones negativas o venenos que nos alejan del despertar: el odio, la codicia, la lujuria, la violencia, la avidez, la ofuscación, etcétera. Los "inconmensurables" logran atenuar el impacto de estas emociones negativas y alientan las positivas, que serán nuestras aliadas en la senda del despertar.

El *amor* –o bondad amorosa– es el anhelo por el bienestar y la felicidad de todos los seres. «Igual que una madre protegería a su único hijo a riesgo de su propia vida, uno debería cultivar un amor ilimitado hacia todos los seres», dice el *Sutta-nipata*.[72] Lógicamente, es un fabuloso antídoto para combatir el odio, la ignorancia o la codicia. La *compasión* –que no hay que confundir con la lástima– es la actitud de ayuda proactiva y desinteresada a los demás, el anhelo de que todos los seres se liberen del sufrimiento y sus causas.

El Buda comenzó su prédica en este mundo por compasión. Este cultivo de la empatía absoluta reposa en la típica noción budista de que todos hemos sido en alguna existencia la madre, el hijo o la hermana del resto de seres vivos. El *júbilo* –o alegría altruista– equivale al espíritu desinteresado que disfruta con la buena fortuna y el éxito de los demás; doblemente importante para la vida comunal o en grupo. Si con la compasión el meditador se identifica con el sufrimiento del otro, con el júbilo se abre a sus cualidades positivas. La *ecuanimidad* es esencial para paliar los "riesgos" de las tres moradas anteriores, que con facilidad pueden degenerar en el apego emocional o en una dicha egoísta y pasajera (o pueden generar un lastre difícil de sobrellevar). La ecuanimidad –que no debe confundirse con la indiferencia– es aquella actitud mental que en cierta manera está más allá de cualquier respuesta emocional porque se fundamenta en la estabilidad y firmeza mentales. Desde esa perspectiva pueden desplegarse la compasión, el júbilo o el amor hacia todos los seres, sean considerados amigos o enemigos.

Obsérvese que estas cuatro disciplinas abren al meditador a un plano comunitario (todas tienen que ver con la forma de relacionarse con el prójimo) y miran de incorporar el sufrimiento de los demás a nuestro campo de acción y consciencia. Dejamos de centrarnos en nosotros mismos y nos tornamos más alocéntricos (centrados en el otro). Dice la tradición que combinando la correcta atención y la correcta concentración en las "cuatro moradas sublimes de Brahma", uno se libera de los tres venenos.

No se trata –como critican algunas visiones distorsionadas del budismo– de alcanzar un desapego insensible, sino de experimentar nuestros sentimientos, afectos y pensamientos con claridad y cuidado. La senda consiste en no caer prisioneros de temores y otras emociones destructivas y, en cambio, dejarse guiar por la alegría, el amor y la dicha liberados de la impulsividad.

Entre los seguidores laicos ha sido asimismo muy popular la meditación en las llamadas "seis consideraciones": el Buda, el Dharma, el Samgha (o sea, las "tres joyas"), la moralidad (como la no violencia, la veracidad, etcétera), la generosidad (recordemos: no solo material, también espiritual) y el culto a las divinidades (que incluye las variadas formas de *puja*, pero también las transferencias de mérito, las confesiones, etcétera). Como los anteriores, se dice que estos ejercicios permiten liberarnos de la codicia, el odio y la ignorancia. Retomaremos las prácticas de los laicos en el último capítulo.

## Los estadios de progresión

Para el budismo clásico, el practicante diligente, el "noble" (*arya*), pasa por distintos estadios de progresión (que se hacen coincidir con los cuatro trances sutiles o *dhyanas*) hasta alcanzar el nivel del que "entra en la corriente [del Dharma]" (*srotapanna*). Este es el primer nivel genuinamente supramundano de la senda (accesible incluso a laicos no célibes), en el que se experimenta la alegría y la felicidad por estar más allá de lo ilusorio. El *srotapanna* es aquel que ha hecho suyo el "óctuple sendero" y ha optado ya por una forma de vivir y ver el mundo plenamente budista. Aunque viejos hábitos aún perduran, comprende la doctrina del *anatman* y ha tenido un atisbo del nirvana en las meditaciones. Toda confianza en ritos o votos exotéricos ha sido debidamente relativizada. La tradición dice que en siete existencias alcanzará el nirvana. El siguiente nivel es el de quien "retorna una vez" (*sakridagamin*), porque se dice que solo renacerá una vez más. Este practicante ha disipado todo apego a una individualidad separada y domina las pasiones. El penúltimo estadio es el "sin retorno" (*anagamin*), en el que el "noble" se ha liberado del error, la duda, el deseo sensual y puede trascender incluso la alegría. Esa entidad no renacerá nunca más en nuestro plano del deseo (Kama-loka) y solo podrá volver a existir en los planos puros y etéreos.

La senda culmina en el nivel del "merecedor" (*arhat*), es decir, el santo libre de toda impureza, que entiende y domina por sí mismo el Dharma, que ha superado la tentación de cualquier poder sobrenatural –que la maestría meditativa pudiera reportarle– y no tiene deseo de existencia en el plano de la "forma" o en el plano "sin forma". La santidad del *arhat* es un nivel que consuma años –y vidas– de práctica espiritual. El *arhat* actúa de forma tan desapegada que no genera karma que pueda llegar a fructificar. Dicen que «ha segado de raíz» la rueda de renacimientos.[73] Es cual *buddha* (con la salvedad de que él ha necesitado de la enseñanza de un *buddha* para llegar a despertar y no posee las cualidades o marcas que caracterizan a los *buddhas*). Imperturbable a las olas del océano, entrará en el nirvana sin residuo en el momento de la muerte.

# 19. El cultivo de la meditación

El último ramal del "óctuple sendero", el meditativo, es el bloque con mayor carga soteriológica del Dharma; el principal medio hacia la liberación. Y el buque insignia de esta tradición. Obviamente, en un texto de las características del presente solo podemos ofrecer una pincelada, con mero propósito esclarecedor, pero vale la pena ahondar un capítulo.

Históricamente, la meditación ha sido considerada en el budismo una rutina cien por cien monástica. Como veremos en otros capítulos, su popularización entre la laicidad no es anterior al siglo XX. Incluso entre los monjes ha sido una práctica mucho más rara de lo que hoy tendemos a imaginar. No existen pruebas históricas de que la meditación haya sido una actividad especialmente practicada por los budistas asiáticos, sobre todo en los últimos seis siglos, cuando fue superada por las prácticas rituales. Sin embargo, es indiscutible que la moderna interpretación budista ha hecho de la meditación un elemento central de la práctica. Y, por lo que se desprende de los antiguos textos, el propio Shakyamuni nunca dejó de practicarla. Sin duda, constituye uno de los ejes esenciales de su enseñanza.

El genérico que designa al bloque llamado meditativo en el "óctuple sendero" es *samadhi*. Pero pronto la tradición optó por vocablos más apropiados (entre otras cosas, porque *samadhi* designa también a la "correcta concentración", octavo miembro del sendero). El término más utilizado para "meditación" ha sido *bhavana*, que literalmente significa "cultivo", pero posee el sentido de "crecimiento interior". Por lo general, dicho cultivo va ligado a otras palabras, como *shamatha* ("tranquilidad") o *vipashyana* ("visión lúcida"), de forma que se habla de *shamatha-bhavana*, "cultivo de la tranquilidad", y de *vipashyana-bhavana*, "cultivo de la visión lúcida". Cuando en el budismo clásico se habla del "desarrollo de la mente", se sobreentiende que remite a ambas: la serenidad y la visión lúcida.

## El "cultivo de la tranquilidad"

El "cultivo de la tranquilidad" (*shamatha-bhavana*) comienza por una postura correcta (ni tensa ni excesivamente relajada). La concentración mental suele focalizarse en "un solo objeto" (*ekagrata*). Por ejemplo, es típico utilizar la propia respiración –constante y pausada a ser posible, sin forzarla– como punto de apoyo. A medida que el practicante *observa* o se concentra en la respiración, la mente se apacigua y tranquiliza y uno puede empezar a ver las cosas, las sensaciones y emociones de forma sosegada y desapegada. De hecho, puede colegirse que la meditación en la respiración es el fundamento de *todas* las prácticas yóguico-contemplativas de origen índico. El Buda le otorgó un lugar muy destacado. Luego, el meditador puede pasar a concentrarse en las extremidades, en el punto del entrecejo o en algún mantra o imagen; y en objetos más abstractos, como la ecuanimidad o el silencio. En todos los casos, se trata de no buscar fuera de uno, no dejarse arrastrar por los sentidos y, en cambio, centrarse en el objeto de meditación, hasta identificarse plenamente con él; sea la respiración, la imagen de un *buddha* cósmico o el amor altruista. De forma gradual, el meditador irá avanzando por diferentes niveles de consciencia, llamados "absorciones" (*dhyanas*). Estas absorciones meditativas equivalen a los trances que atravesó el Buda bajo el árbol de la *bodhi* (y que la cosmología budista también espejea en los cielos de los *brahmas*). Aunque la tradición entenderá que el factor clave para el despertar es la visión lúcida –y no tanto la tranquilidad–, el Buda siempre incluyó el cultivo de los *dhyanas* en el camino gradual de ascenso. Como si la observación o concentración profundas facilitaran y hasta indujeran la sabiduría liberadora.

Cada tipo de meditación posee sus objetos de concentración, según las características personales del meditador, su experiencia y el aspecto que desee abordarse. A medida que avanza en la práctica de la concentración, el meditador va superando turbaciones, como la distracción, la frustración, el cansancio o la duda. Alcanzado el cuarto *dhyana*, el meditador disfruta de tranquilidad, paz y ecuanimidad sublimes.

*Grosso modo*, la práctica del *shamatha-bhavana* y el ascenso en los *dhyanas* equivalen al octavo ramal del sendero: la "correcta concentración". Recordemos que el Buda despertó tras la maestría en los *dhyanas*.

Una consecuencia colateral de la práctica continuada de la concentración y del progreso por los estadios de consciencia alcanzados en los *dhyanas* es la adquisición de poderes extraordinarios (*abhijña, siddhis*). Aunque el Buda advirtió de los peligros de esta maestría, las tradiciones budistas se han explayado bastante en ellos: telepatía, levitación, hacerse invisible, recordar vidas anteriores, clariaudiencia, conocer el karma ajeno, etcétera. Se trata, una vez más, de las capacidades que el Buda adquirió bajo el árbol de la *bodhi*. Canalizada con discernimiento y responsabilidad, esta maestría puede ser de gran ayuda en la senda espiritual.

Aquel que conoce a la perfección la doctrina, ha superado obstáculos como el deseo sensual, la pereza, la duda, la excitación, la distracción o la frustración, domina la meditación en los cuatro *dhyanas* "con forma", sus cuatro equivalentes "sin forma" (modalidades refinadas de los anteriores) y ha superado la tentación de los poderes preternaturales, alcanza el noveno y último *dhyana*, llamado significativamente *nirodha-samapatti* o "estado de cesación", propio de *anagamins* y *arhats*. Este estado de perfecta serenidad o ataraxia, conocido también por otras tradiciones no budistas –como el Yoga, el jainismo o, en la Grecia clásica, por el estoicismo y el escepticismo–, debió ser sumamente importante en el desarrollo del budismo antiguo. En algún lugar del canon theravadin –e incluso en algún texto mahayánico– se insinúa que el noveno *dhyana* es el nirvana (reforzado por la recurrente equiparación entre *nirodha* y nirvana). No obstante, todo parece indicar –como advierten los exégetas– que "se roza" el nirvana y se goza momentáneamente de él en este mundo, pero evitan confundir el nirvana con un estado de consciencia (o de no consciencia, ya que el *nirodha-samapatti* se asemeja a un trance cataléptico). El noveno *dhyana* no es el nirvana. Es seguramente la experiencia más elevada en el samsara; ergo, condicionada. Aún hace falta un plus.

En general, este tipo de meditación introspectiva reposa en la idea de que la principal barrera soteriológica consiste en la dispersión mental y el apego pasional. En las concentraciones dhyánicas se reduce al máximo tanto el caudal cognitivo como el afectivo-emocional. Se trata, así, de debilitar el apego, la ansiedad y la dispersión. Por ello, el resultado es la tranquilidad, la serenidad y el sosiego plenos. (Algo no muy distinto de la definición de yoga de Patañjali como «detención de los procesos mentales» o de las turbulencias de la mente.)[74] Hay quien ha llamado a dicho estado "énstasis" (hacia adentro; contrapuesto a "éxtasis", hacia afuera); una inmersión en lo más profundo de la interioridad, donde no hay "sed" o sufrimiento, sino la paz suprema. En el estado de absorción total y pura *presencia* brota la espontaneidad y simplicidad del instante presente. Se es consciente de la propia consciencia. Se trasciende cualquier dicha pasajera y se alcanza un tipo de felicidad ya propia de los despiertos: la visión de la concatenación e interrelación de los elementos del universo. Esta visión –llamémosla "mística"– de la existencia no tiene que ver con ninguna unión con un principio trascendente o divino, sino con un conocimiento y una ecuanimidad que, menos paradójicamente de lo que aparentan, permiten desplegar la compasión o el amor incondicional por el resto de seres vivos que sufren.

Dice la tradición que el Buda alcanzó el tercer *dhyana* "sin forma" con su maestro samkhya Alara Kalama y el cuarto estadio "sin forma" con su maestro yogui Udraka Ramaputra. Hoy, sin embargo, bastantes expertos consideran la práctica de los *dhyanas* como una aportación original del budismo. (Con lo que se viene a insinuar que el Buda quizá no la aprendiera de sus maestros; mas tal vez la viceversa.) Nunca lo sabremos. Pero recuérdese que el "cultivo de la tranquilidad" constituye el último paso del "óctuple sendero" y comparte el mismo *ethos* shramánico que el yoga y el jainismo.

Lo que sí sabemos es que los principales comentadores del budismo posterior entendieron que dicha práctica no sería más que un preámbulo o preparación a la *vipashyana-bhavana* o "cultivo de la visión lúcida". La moderna tradición meditativa del budismo Theravada considera la *vipashyana* o *vipassana* (aun cuando ni se menciona en los *sutras* más antiguos) y no el cultivo de los *dhyanas* del *shamatha* (aunque pudieran estar más próximos a lo que el Buda enseñó y a pesar de que los textos no cesan de nombrarlos como factores decisivos en el despertar) como la gran aportación del maestro. También las tradiciones tibetanas y del Mahayana entienden que los niveles transpersonales de los *dhyanas* deben distinguirse de la *bodhi*. Para estas, el despertar tiene que ver con una desocultación (de la budeidad o la sabiduría búdica), de modo que cualquier trance *en el* samsara, por muy refinado que sea, no nos libera de la ignorancia.

En cierto sentido, las tradiciones presuponen que la concentración y la pacificación de la mente constituyen la base para el desarrollo de la lucidez y la sabiduría. Con todo, y puesto que las aptitudes e inclinaciones de los meditadores varían, los maestros admiten variantes a la secuencia. Al final, debe darse una armonía entre la serenidad y la visión lúcida.

## El "cultivo de la visión lúcida"

Generalmente, la técnica que se utiliza para el "cultivo de la visión lúcida" (*vipashyana-bhavana*) y generar ese plus de sabiduría es la llamada *smriti* ("atención plena" o mindfulness), que conforma el séptimo miembro del "óctuple sendero". Aunque en ocasiones la gente utiliza *vipashyana* y mindfulness de forma casi sinónima, es conveniente distinguirlos. El mindfulness o *smriti* es una técnica que puede utilizarse hoy para diversos propósitos, pero en el contexto de la meditación *vipashyana* (pali: *vipassana*) su objetivo es desarrollar la sabiduría o visión lúcida de la naturaleza de la realidad. Literalmente, *smriti* (pali: *sati*) significa "memoria", pero el sentido utilizado en meditación es la capacidad de prestar atención de forma lúcida, estar plenamente alerta y consciente de todo fenómeno presente (si bien, es terapéutico no pasar por alto que *smriti*, en tanto "memoria", es asimismo el "recuerdo" de los aspectos centrales del Dharma; sentido que tiende a perderse cuando se entiende el mindfulness únicamente como la atención plena al momento presente).

El *sutra* clave al respecto es el famoso *Satipatthana-sutta* ("El establecimiento de la consciencia lúcida", de la colección del *Majjhima-nikaya*), que explica cómo establecer el modo de concentración y atención necesarios para enfocar hacia el nirvana. Como se afirma en el *sutra*, el *smriti* constituye la «senda directa» hacia la purificación y el nirvana.[75]

Con el cultivo de la *vipashyana*, el practicante "abre" la mente y deja aflorar el enorme caudal psicológico de su "sombra" o lado oscuro. Viejos miedos, fobias, traumas y represiones pasan a hacerse conscientes e integrarse de forma activa. Sin embargo, el meditador debe mantenerse neutro frente al flujo mental y emocional. Primero debe reconocer las sensaciones y los pensamientos, luego *aceptarlos* (y no tratar de reprimirlos o frustrarse por ellos) y, finalmente, debe desidentificarse anátmicamente o desapegarse de estos flujos. En lugar de enmarañarse con las sensaciones, las emociones y los pensamientos, el meditador simplemente los observa. Sin juzgarlos. La meditación budista es una forma de *descondicionar* la mente. Nos permite desprogramar mecanismos (instintos, reflejos, sesgos cognitivos, la sombra inconsciente, etcétera) que llevamos a cuestas a nivel biológico y psicológico. Este proceso de "purificación" de las turbaciones (*kleshas*) y los influjos (*ashravas*) porta a la claridad mental. Recordemos que la tercera noble verdad proclama que con la extinción de la "sed", es decir, con el cese de esas apetencias, turbaciones y compulsiones, se pone fin al sufrimiento.

Aunque de un valor terapéutico incalculable, la meditación budista no es una mera práctica psicoterapéutica. Posee una dimensión ética, yóguica, ritual y gnóstica que difícilmente podríamos incluir en lo que entendemos por "psicología" o "psicoterapia". (Lo que no quita, insistamos, que la psicología pueda servirse y beneficiarse grandemente de ella en su marco terapéutico. Cualquier meditador con experiencia sabe que la práctica continuada le hace a uno más consciente de la forma en que operan los afectos, las emociones, los pensamientos o el comportamiento.)

Existen cientos de temas y formas de cultivo de la plena consciencia. El *Satipatthana-sutta* recomienda "contemplar" cuatro
aspectos: el cuerpo (desde la respiración a la descomposición de
un cadáver [véanse FIG. 17, FIG. 10]), los sentidos (placenteros, do-
lorosos o neutros), los estados de la mente y los fenómenos (desde
los cinco agregados hasta las "cuatro nobles verdades"). Aunque el
*sutra* no lo explicita, parece darse una progresión: del fundamento de todo, la respiración, hasta el conocimiento liberador de las
"cuatro nobles verdades".*

Como es lógico, las distintas tradiciones budistas añadirán
muchos temas más: la interdependencia, el desarraigo, el vacío,
el plexo solar, lavar los platos, la acción desinteresada, la codicia, la impureza, las vestimentas o las ya mencionadas "cuatro
moradas de Brahma" (la compasión, la alegría, el amor y la
ecuanimidad). Incluso hay quien medita en la atención plena;
porque como han advertido muchos maestros, no es el objeto de
meditación lo esencial, sino la atención en sí. Se trata de *ver* que
los pensamientos, las sensaciones o las ideas que tenemos acerca
del mundo son compuestas y condicionadas. Aparecen en circunstancias particulares, bajo determinadas condiciones, se agregan,
se desagregan y son reemplazadas por otras sensaciones, ideas
o pensamientos. Una práctica clásica de la meditación zen, por
ejemplo, es dejar pasar estas ideas y sensaciones como nubes en
el cielo. Intentemos asir la nube y comprobaremos que la mano

---

* Aunque el *Satipatthana-sutta* se ha convertido en el texto "canónico" del movimiento *vipassana*
y del mindfulness secular, su tono es bastante ascético y monástico. Las prácticas de atención que
expone sirven para desasirse del mundo (por ejemplo, meditando en la bilis, el pus o las heces). Los
textos antiguos buscan fomentar cierta repulsa por lo mundanal, ya que en el apego a las cosas del
mundo se encuentra la raíz del sufrimiento. Un tono más conciliador con el samsara se percibe en
las escuelas del Mahayana. Con todo, nunca se abandona la idea de desapegarse del mundo fenoménico. La relectura moderna del *sutra* es, por tanto, muy selectiva; lo cual significa una inteligente
adaptación de la enseñanza a los tiempos modernos.

queda vacía, pues los pensamientos son, como las nubes, vacíos de substancia propia.

El trabajo en la plena consciencia debe cultivarse con perseverancia y paciencia hasta que el meditador es capaz de mantener la mente calma y alerta. Debe hacer consciente toda la actividad corporal, las sensaciones, las emociones, los estados mentales o los contenidos mentales... sin identificarse con ellos. Cuando el Buda «come, se permite la experiencia del sabor, pero no permite quedar atrapado en el anhelo por el sabor», aclara un texto sánscrito.[76] Mientras camina o duerme, mientras mira o guarda silencio, en la rutina diaria o en una conversación pública, el practicante «actúa con plena lucidez»;[77] vive en el momento presente, el *aquí* y *ahora*. (Queda claro, pues, que la *vipassana* o el mindfulness no tienen que ver únicamente con sentarse sobre un cojín.) Con todo, en ningu-

**FIGURA 17:** Imagen —de una serie de nueve— del cadáver de una bella princesa en descomposición, utilizada para meditar en la impermanencia de las cosas y la impureza del cuerpo. Japón, 1675. Amberes, Bélgica: Museo MAS. (Foto: Agustín Pániker).

FIGURA 18: El Buda en meditación (*dhyana-mudra*). Su visión lúcida y penetrante aprehende las cosas tal-cual-son. Gal Vihara, Polonnaruwa, Sri Lanka, siglos X-XI. (Foto:
Agustín Pániker).

na parte del *Satipatthana-sutta* se explicita que el objetivo de la meditación sea vivir en el ahora. Aunque dicha manera de estar forma parte de la práctica meditativa, no es su fin. La *vipashyana* es una contemplación reflexiva de la propia experiencia. Por ello, se la caracteriza de *consciencia lúcida* [véanse Fig. 18, Fig. 5]. En cierto sentido, se trata de transmutar la existencia profana del día a día en una vida lúcida y despierta.

Tanto el cuerpo físico, las sensaciones, las emociones o los pensamientos son experimentados como insatisfactorios (*duhkha*) y caducos (*anitya*). El meditador se da cuenta de la gran confusión: la creencia de que la felicidad se alcanza por colmar los deseos y anhelos. Pero el descubrimiento más profundo –y difícil de captar– es el de la "ausencia de yo" (*anatman*); de donde la magnitud de la meditación en el budismo. Puesto que una de las piezas clave en el camino budista es la comprensión de que no existe ninguna individualidad permanente, y eso parece ir en contra del sentido común (y contra el proyecto de vida más arduo en el que estamos embarcados: la construcción de nuestro "yo"), es necesaria una comprensión directa y no conceptual del *anatman*. Por ello, el punto clave del abordaje vipassánico es el sentido del "yo". No hay posibilidad de eliminar las semillas de la ignorancia, el apego y el sufrimiento si no se *aprehende* en lo más profundo de la meditación la ausencia de individualidad permanente. En el momento en que uno piensa "yo hago esto" o "yo estoy pensando esto", ya no vive en la acción, sino en la idea de "yo". Pero no existe un "yo" que posea la respiración, el pensamiento o el cuerpo. Al final, uno se da cuenta de que no es "uno" quien tiene la experiencia de *anatman* (lo que sería contradictorio), sino que se tiene una aprehensión de la naturaleza anátmica o no yoica de la existencia. Como cuando el Buda instruye a su discípulo Bahiya:

«Cuando para ti en lo visto solo hay lo visto, en lo escuchado solo lo escuchado, en lo sentido solo lo sentido... Entonces, Bahiya, no hay "tú" relacionado con eso. Bahiya, cuando no hay "tú" relacionado con eso, allí no existe ningún "tú". Bahiya, cuando no hay "tú", entonces no estás ni aquí ni allí ni entre ambos. Esto, exactamente esto, es el fin del sufrimiento.»[78]

El "yo" ha sido trascendido, el "constructor del yo" (*ahamkara*) desguazado; solo existen los agregados. Ahí radica el *quid* de muchas de las prácticas contemplativas de Oriente: aprehender vivencialmente la "ilusión del ego". Desde esta perspectiva puede el practicante desplegar la bondad, la sabiduría y la compasión realmente plenas. La meditación deja de ser introspectiva y se abre al mundo y los demás seres. Esta dimensión activa y participativa distingue la meditación budista de una mera técnica de centramiento o de bienestar psicosomático. La meta de las meditaciones budistas consiste en aprender a vivir el mundo sin la interferencia de un "yo" reificado o un ego.

Este proceso de atenuar el sentido de "yo" requiere una práctica continuada de la meditación en el *anatman* (o su equivalente mahayánico: el vacío), compaginada con el estudio, la escucha (del maestro) o la reflexión. Aunque es un proceso gradual que requiere un dedicado entrenamiento, la tradición entiende que culmina en una aprehensión súbita de la unicidad del mundo, en la visión de las cosas tal-cual-son; *eso* que algunos llaman despertar o iluminación.

La diferencia entre el *shamatha-bhavana* y el *vipashyana-bhavana* radica en que, en sus estadios finales, el segundo tipo de meditación no se centra en conceptos abstractos, sino que el meditador ve el sufrimiento, su causa y su cese de forma directa. Por ello la traducimos como "visión lúcida". Pero, como ya observamos, la tradición los considera a ambos necesarios y complementarios. Los niveles de máxima paz, tranquilidad y lucidez experimentados en los dos tipos de meditaciones constituyen la plenitud del yoga budista o *marga*. Uno deja de ser una "persona" y se convierte en uno de los "nobles" (*aryas*), uno de aquellos que ha *comprendido* las "cuatro nobles verdades" y vive en el "óctuple sendero".

## El camino que conduce al nirvana

La soteriología budista es una perpetua fecundación mutua entre estos dos planos: uno estrictamente contemplativo y yóguico, centrado en los *dhyanas* y el cultivo de la tranquilidad (*shamatha*), tal y como se enuncia en la octava sección del "óctuple sendero" (correcta concentración); y otro meditativo y sapiencial, centrado en el cultivo de la visión lúcida (*vipashyana*), tal y como se enuncia en el séptimo miembro del "óctuple sendero" (correcta atención). En el primer plano, la realización espiritual se entiende como una cesación cognitiva (*nirodha-samapatti*) hasta un estado de sosiego enstático. En el segundo plano, la liberación espiritual se entiende como una comprensión existencial de la verdadera naturaleza de la realidad: ver y vivir las cosas tal-cual-son (*yathabhutam*): insatisfactorias, impermanentes, insubstanciales y vacías. Pero entendamos que ambas prácticas se necesitan y retroalimentan. Está claro que la senda propugnada por el Buda exige un refinamiento de nuestra visión y acción en el mundo facilitada por las prácticas meditativas, gnósticas y éticas.

Una vez familiarizados meditativamente con las "marcas de la existencia", puede darse una ruptura con el mundo condicionado y atisbar lo incondicionado (Theravada). O puede aprehenderse la no separación entre sujeto y objeto, entre samsara y nirvana (Mahayana, Vajrayana); es decir, intuir la naturaleza autoconsciente de la realidad: la talidad.

Huelga decir que cuanto más *uno* o *una* persiga la "iluminación" menos va a alcanzarla, ya que dicho anhelo no deja de ser una voluntad egoica de deseo y control. Pero para el que ha progresado en el "óctuple sendero" y se ha desprendido de la ilusión del "yo" y las trampas de la mente, las cosas acaecen y son vistas con ecuanimidad, bajo un manto de paz y serenidad. Hay calma, pero la atención está vigilante. En este contexto, el Buda le dice a Ananda: «Con frecuencia, moro en la vacuidad»;[79] una gráfica descripción de la experiencia meditativa a medida que los factores de la senda van madurando. En la vaciedad meditativa no hay proyección personal sobre lo que existe, el torrente de pensamientos se detiene, la energía mental se retira de los objetos de los sentidos y, por ende, la impulsividad y la búsqueda de gratificación (la "sed") desaparecen.

Gracias a la concentración y a la visión lúcida y cabal, se conocen las cosas tal-cual-son. El meditador queda entonces literalmente "desencantado" (liberado del embrujo del mundo de los sentidos) y alcanza el desapego supremo (el estado en el que la sed y el deseo han sido trascendidos). Incluso la consciencia cesa, ya que al perder contacto con los sentidos, también el agregado de la consciencia puede quedar temporalmente detenido. Lo que no significa que no exista cognición en este nivel, pues en el momento del despertar solo parece existir la percatación del nirvana. No puede saberse qué ha precipitado la *bodhi*, pero se entra en la paz y calma puras. Para algunos –como Shakyamuni–, la experiencia del despertar fue total e insuperable (*samyak-sambodhi*), de modo que puso fin al sufrimiento, el apego y la ignorancia. La *samyak-sambodhi* equivale a la liberación. Para una mayoría, empero, la primera experiencia del nirvana no es lo suficientemente fuerte como para cesar todos los hábitos reactivos (la "sed"). Ese evento epistémico, no obstante, lo marcará para siempre como alguien que ha "entrado en la corriente" (*srotapanna*).

No hace falta decir que la meditación budista en sí misma, por sofisticada y potente que sea, no necesariamente conduce a la sabiduría, la compasión, el despertar o la liberación. Existen meditadores excelentes que, no obstante, siguen aferrados a una vida de apegos (como el apego a la excelencia en las técnicas meditativas). No cesaremos de insistir en que la senda es óctuple y simultánea. Aunque la propia tradición ha otorgado gran centralidad a las prácticas contemplativas, el "despertar" no es un evento meditativo. Puede darse una súbita –y hasta espontánea– experiencia de iluminación, capaz de despejar cualquier duda acerca de la senda, pero el despertar implica siempre un comportamiento congruente. Dicho de otro modo, la contemplación no es de la interioridad, sino que se abre al mundo y los demás. Por tanto, el despertar debe reactualizarse en todo momento, día a día.

La práctica meditativa es indisociable del conocimiento, tal y como enuncian los dos primeros miembros del "óctuple sendero". La meditación budista precisa de la *prajña* o sabiduría que nos permite entender los factores que nos encadenan al sufrimiento. (Por ello, la tradición Theravada tiene cierta predilección en invertir el orden de los ocho miembros y situar el bloque de la sabiduría al final del sendero; una forma gráfica de ilustrar que la práctica desemboca en la sabiduría.) El conocimiento vivencial de los temas abordados en esta sección (sufrimiento, transitoriedad, *anatman*, causalidad, vaciedad, etcétera) es simultáneo e interdependiente.

En la práctica meditativa, el papel del maestro es estelar. No solo por la dificultad de ciertas absorciones o visiones, sino por el potencial perturbador que la práctica introspectiva posee. El vaciamiento genera mucha ansiedad y temor (aquella «nostalgia del samsara» a la que se refería el maestro contemporáneo Chögyam Trungpa).[80] Es ahí donde el cultivo de la paciencia, la ecuanimidad, la fe, el amor o la compasión resultan más necesarios. El lama o maestro de meditación espejea al mismo Buda. De donde la providencial reverencia que suscita. En la tradición Zen, el *roshi* valida –o no– la experiencia de despertar del discípulo. Estos aspectos son esenciales porque indican la necesidad de un marco de referencia conceptual con el que interpretar y guiar la experiencia meditativa. Esta no se da en un vacío. Son las diferentes tradiciones las que aportan dicho marco de referencia.

Tanto el *shamatha-bhavana* como el *vipashyana-bhavana* son de gran antigüedad. Constituyen la base de *toda* meditación budista. No son patrimonio del Theravada. La meditación del budismo Zen (palabra que deriva de la sánscrita *dhyana*), por ejemplo, es parecida. Lo mismo que la de la escuela china Tiantai, que llaman *zhi-guan* ("apaciguamiento y clarividencia"). Para las escuelas del Vajrayana, las prácticas del *Satipatthana-sutta* son imprescindibles para emprender el camino budista (si bien dicho *sutra* nunca fue traducido al tibetano). El empuje de la meditación *vipassana* les ha otorgado inusitada popularidad en Occidente, donde ha transmigrado de forma secularizada y terapéutica en el moderno movimiento mindfulness.

# 20. La liberación

No sabemos con certeza qué enseñó el Buda. Seguramente, algunos de los conceptos e ideas que hemos abordado en esta Parte proceden directamente de su enseñanza: enunciados como los del sufrimiento, su cese, la originación dependiente, el "camino medio", la paz última, etcétera. Ahora bien, aunque estas ideas tal vez lleven su sello, no sabemos cómo estaban articuladas.

La tradición budista, sin embargo, recurre con frecuencia a la imagen del Buda como médico. El Dharma es, ante todo, un remedio para poner fin a la insatisfacción. Es la receta del gran médico para liberarnos de la ignorancia. De ahí que la proclamación de las "cuatro nobles verdades" siga el patrón de la terapéutica médica de la antigua India. (No todos los expertos, empero, secundan esta idea.) Con la primera noble verdad, el médico realiza el diagnóstico de la enfermedad, con la segunda proclama su etiología, con la tercera determina la posibilidad de sanación y con la cuarta expone su remedio, la medicina o terapéutica adecuada.

La fórmula de las "cuatro nobles verdades" muestra la centralidad que tiene en el pensamiento budista la noción de causalidad. El sufrimiento es el síntoma de la enfermedad; de modo que el budismo apremia a identificar su causa y extirpar el veneno.

Ocurre que al deconstruir el "sujeto" –vía el *anatman*– y suspender el juicio sobre el "objeto" –vía la *shunyata*–, el budismo acaba por romper con la dualidad.* Entonces puede captarse que, en último término, la enfermedad (*duhkha*) no se opone necesariamente a su sanación (nirvana). Ni el nirvana es la Verdad ni el samsara puede ser lo falso. El nirvana y el samsara se entrelazan porque se implican mutuamente: no hay sufrimiento si no hay libertad, y viceversa. «La mente es la creadora de todo: samsara y nirvana», proclama un famoso *tantra* tibetano.[81] Precisamente por ello el nirvana puede ser concebido como la no oposición entre nirvana y samsara. Esto es algo muy explícito en el budismo Mahayana y en las escuelas del Vajrayana, donde se hacen corresponder estos "opuestos" para situarse justamente en el "camino medio", más allá del dualismo, pero en modo alguno es ajeno al Theravada. Esta posición facilita la sacralización de lo fenoménico, lo cotidiano, lo humano, lo samsárico, y rebaja el peso de lo monástico. La semilla que puede llevarnos a una vida sin sufrimiento se halla en el propio sufrimiento. (Máxima del budismo tántrico.) Claramente, esta forma de entender el objetivo de la vida espiritual es la que ha ido imponiéndose en el budismo moderno. El nirvana deja de concebirse como algo ultramundano y deviene –para un maestro contemporáneo como Thich Nhat Hanh– en una forma inteligente de disfrutar la vida. También el moderno intérprete de la tradición Daisetz T. Suzuki entendía que el despertar (*satori*) enraíza en nuestras experiencias cotidianas.

Según esta óptica, la liberación ni niega ni contradice la realidad fenoménica. El Buda no busca escapar del mundo, sino que ha encontrado la senda que nos permite estar libres *en* el mundo. Por

---

* Cuando la frontera entre lo subjetivo y lo objetivo se desdibuja, o, lo que es lo mismo, una vez nos damos cuenta de que no somos "uno", pero, a la vez, somos "todo", algunos maestros propugnan una unidad con el mundo (casi al estilo del Vedanta hindú), mientras que otros (más fieles al espíritu escéptico y anátmico tradicional) rehúyen postular ninguna unidad trascendental. El debate o, si se prefiere, la paradoja, sigue en pie.

ello, el despertar se cultiva a cada momento, día a día; y no se limita a destellos de estados de consciencia elevados. Ni el "despertar" ni el nirvana deberían ponerse en mayúscula, porque de lo que se trata es de liberarse día a día. El samsara se extingue con la *bodhi*, sí, pero porque el practicante ha limado toda dicotomía entre nirvana y samsara. No se trata de superar lo fenoménico llegando a un inefable reino trascendental, sino de estar en el mundo de una forma despierta. Ahí reside, creo yo, el no dualismo del budismo.

Por ello, cuando el Buda se refiere al nirvana como "verdad", remite a una meta soteriológica y terapéutica, no a un Absoluto metafísico. Precisamente, porque se dice que es una meta (o una "isla", o un "abrigo" o un "lugar difícil de ver"), el nirvana puede ser "alcanzado". Pero recuérdese que esa "meta" no es un fin –que pueda devenir en objeto de anhelo–, sino un cese, la extinción de la "sed" y, por ende, del sufrimiento y la confusión.

No caigamos, empero, en la ansiedad de dar con una manera universal y unificada de entender el nirvana o la liberación. Si, como proclama el Buda, la mente es creadora de la realidad que vivimos, habrá distintos modos de entender la meta del nirvana. Lo vimos. Por ello el Buda guardó silencio en repetidas ocasiones.

Desde *mi* óptica, pues, el nirvana sería la realidad y el estado de mente del despierto, que ve las cosas tal-cual-son; es decir, sin la ilusión de un "yo" que experimenta "cosas". Despertar y liberación se refuerzan mutuamente. El nirvana sería la experiencia de este mundo sin apegos; o mejor, sin caer dominado por las pulsiones, las obsesiones y los apegos. En términos psicológicos, correspondería a la plena madurez, superado el egoísmo, cuando se es *libre* de actuar sin condicionamientos ni apegos. Una vida, en suma, de discernimiento pleno, verdaderamente transpersonal. Aunque existe una persona, ella no es más que una manifestación de la vaciedad, un "yo" carente de "yo"; por tanto, dinámico y activo;

que puede disfrutar del mundo pero sin quedarse apegado a él. En términos éticos, es la destrucción del odio, la maldad, la codicia y la ignorancia. En términos místicos, sería la propia naturaleza de la realidad –despierta y autoconsciente– percatándose de sí misma, ya que no hay "despierto" alguno.

El nirvana o la *bodhi* no serían, pues, ninguna ruptura de las relaciones, sino el descubrimiento de una relación más genuina. Esto es lo que muchos maestros budistas entienden por "felicidad" o han denominado "liberación". Esa sería –entiendo yo– la verdadera libertad.

Parte III:

# El Samgha

# 21. La comunidad budista

La tercera joya del budismo es el Samgha (o Sangha). Literalmente, significa "asamblea", "comunidad". De buen principio, se utilizó para nombrar a grupos de –como mínimo cinco– *shramanas*.

En un sentido restringido, el Samgha remite a la comunidad monástica budista; al cerca del millón de monjes (*bhikshus*) y monjas (*bhikshunis*) que aproximadamente existen hoy en el mundo. Este es el sentido más común en los textos clásicos y el implícito en el budismo antiguo. Los monjes y monjas son quienes prolongan una cadena de transmisión que se remonta al Buda. El Dharma nos llega a través del Samgha, la comunidad monástica que, en teoría, vive en concordancia con la enseñanza.

Pero en su sentido amplio, el Samgha incluye también la comunidad de practicantes y fieles budistas; o sea, a los seguidores laicos (*upasakas*) y laicas (*upasikas*). Ellos y ellas también constituyen la comunidad de los "nobles" a quienes fueron dirigidas las enseñanzas [véanse FIG. 19, FIG. 49]. Dependiendo de cómo se calculen las filiaciones religiosas (en especial las de Japón, donde muchas personas combinan budismo y sintoísmo, o las de China, donde mucha gente aún está registrada como "atea" o "sin filiación"), puede hablarse de entre 400 y 600 millones de budistas en el mundo, con gran peso de los países asiáticos. Fuentes razonables proponen 250 millones de budistas en China, 70 en Tailandia, 70 en Japón,

40 en Birmania, 15 en Sri Lanka, 15 en Vietnam, 15 en Camboya, 15 en Corea del Sur, 10 en India y 5 en Malasia. A este *top-ten*, que arroja 500 millones de personas, habría que sumar 30 o 40 millones más, esparcidos en otros países, incluidos los de Occidente (4 millones en Estados Unidos, por ejemplo). Pero hay que insistir en que debemos tomar estas cifras únicamente de manera orientativa. ¿De qué religión son los cientos de millones de chinos registrados como "ateos" pero imbuidos de prácticas, valores y convicciones budistas, taoístas, confucianas y de la religiosidad popular? La simultaneidad de creencias es muy común entre los budistas de todo el mundo ya que –como pronto comprobaremos– casi siempre han compartido el terreno con otros sistemas rituales y de creencias. El rasgo es típicamente asiático. Incluso en los países porcentualmente muy budistas, como Camboya (97%), Tailandia (93%), Birmania (80%), Bután (75%), Sri Lanka (70%), Laos (66%) o Tíbet (60%),

**FIGURA 19:** Un millar de monjes y laicos budistas congregados durante el XVIII encuentro de la orden Schwegyyin Nikaya, la segunda más importante del budismo birmano, en un monasterio cerca de Yangon, Birmania, 2012. (Foto: Wikimedia Commons).

coexisten otras cosmovisiones y religiones. Tomemos las cifras de filiaciones religiosas, pues, con precaución.

Aún existe un tercer sentido del término, que hace referencia a las diferentes comunidades de seguidores de un maestro o un linaje. En Occidente, en particular, es común referirse a la *sangha* (en femenino) o "comunidad" del maestro Thich Nhat Hanh, por ejemplo, o a la *sangha* del lama Ponlop Rinpoche, o a la *sangha* del maestro zen Kosen, etcétera. Aunque esta designación no es incorrecta (de hecho, se aproxima más al sentido original, que no remitía a un único cuerpo, sino a las distintas fraternidades budistas), sí porta algo de confusión, ya que estas *sanghas* no constituyen una de las "joyas" en las que se toma refugio.

En este libro se utilizan los tres significados de forma indistinta (aunque con cierta predilección por el segundo), pero el contexto suele dejar claro si nos referimos al sentido más restringido, al amplio o al tercero.

Esta Parte, más extensa que las anteriores, se centrará en la larga y rica historia de la comunidad desde tiempos del Buda hasta el presente. Es importante otorgar al budismo una perspectiva histórica (un enfoque no muy habitual en los libros sobre budismo), para poder combatir una visión monolítica y unitaria de este. Aun cuando la moderna conciencia historicista pueda poner en aprietos algún aspecto tradicional del budismo, estimo que es sana para el mismo. Si en la Parte anterior inevitablemente hemos tenido que realizar grandes generalizaciones, ahora podremos poner el debido énfasis en cómo el antiguo budismo indio se transformó en sus tres grandes corrientes o vehículos: Theravada, Mahayana y Vajrayana; y cómo hoy se está configurando un budismo globalizado. Dicho de otra forma, veremos cómo a partir de un núcleo de enseñanzas estas fueron –y siguen– reinterpretándose sin cesar. No caigamos en el clásico tropo modernista que petrifica –aunque en realidad conjetura e imagina– un mensaje del Buda histórico y pasa por alto los veinticinco siglos siguientes. De hecho, este libro muy bien podría haberse titulado *La historia del Buda y el budismo*. De cómo la historia de aquel príncipe que devino el Despierto y predicó el Dharma se expandió por el mundo entero a través de su Comunidad.

Aunque el Buda nunca quiso instituir un nuevo orden mundial (conocida es su actitud ambivalente hacia lo político),* la historia del Samgha es, desde luego, la historia de la participación de la comunidad en la política, la sociedad y la cultura de una gran cantidad de países. A diferencia de la idealizada imagen (promovida también desde ciertas instancias budistas) de una pacífica religión –o filosofía, si se tiene aversión por la otra etiqueta– basada en la compasión, el budismo ha estado –como toda religión– metido en guerras y pugnas, en revoluciones y resistencias, en la ayuda a los necesitados y los excluidos, en proselitismo y escándalos, etcétera. O, dicho de otra forma, más allá de los orígenes shramánicos (ascéticos y soteriológicos) de la tradición, el budismo siempre ha interactuado con los vectores de transformación social, política o económica.

Revisaremos, pues, las microhistorias del budismo en India, Sri Lanka, Birmania, Tailandia, China, Corea, Japón, Vietnam, Tíbet, Mongolia... hasta su moderna transmisión en Occidente. Espacios todos con pronunciadas diferencias en lengua, cultura o valores, pero que han hallado en la tradición budista un vector vertebrador (y hasta un punto de encuentro). El budismo otorga cierto

---

* Si en algunos *sutras* se aprecia el clásico tono renunciatorio (donde se incita a los monjes, por ejemplo, a apartarse de reyes, militares ¡o ladrones!) y en otros se exalta el ideal del *chakravartin* o "monarca iluminado" (donde se enfatiza la conducta moral irreprochable del monarca), también existen sermones en los que se aboga por algún tipo de contrato "democrático" entre el gobernante y el pueblo (modelo opuesto al poder absoluto del *chakravartin*). En ningún caso da instrucciones precisas acerca de cómo deberían manejar sus políticas.

grado de "parecido familiar" a lo que son sociedades muy –pero que muy– distintas. En su proceso de expansión y adaptación por medio mundo, la comunidad budista transformó y moldeó profundamente Asia; y en su evolución, los diferentes *budismos* fueron transformándose, en un proceso que refleja a la perfección el cambio y la transitoriedad de las cosas.

Aunque, respetando la costumbre, anclaremos la historia del budismo en las diferentes dinastías y reinos de Asia [véase Cuadro en la siguiente página], ello no debe hacernos pensar que la historia del budismo solo depende de los avatares dinásticos. Por supuesto que han existido monarcas probudistas (está claro que para que una religión arraigue suele ser necesario un apoyo del Estado) y regímenes antibudistas, pero existen otros factores (como la rivalidad entre religiones, entre los propios linajes budistas, los vaivenes de la economía, el crecimiento de la población, etcétera) que también juegan en los desarrollos religiosos. El anclaje dinástico sirve didácticamente de ayuda cronológica.

En cada ámbito geográfico, comprobaremos que las distintas facetas de la modernidad (colonialismo, nacionalismo, ciencia, capitalismo, marxismo, secularismo, justicia social, feminismo, etcétera) han modificado y siguen transformando los budismos (y, a su vez, las tradiciones budistas han contribuido a vehicular algunos de estos vectores y a "orientalizar" la propia modernidad). En modo alguno las fuerzas de la modernización implican el declive de la religiosidad, sino que estimulan su transformación.

En los dos últimos capítulos [40 y 41] abandonaremos el discurso histórico para centrarnos en las características y prácticas religiosas contemporáneas de las dos secciones del Samgha: la monástica y la laica. Precisamente, el apoyo mutuo entre ambas secciones permite que la vida espiritual de monjes, monjas, laicos y laicas avance hacia el cese de la ignorancia y el sufrimiento.

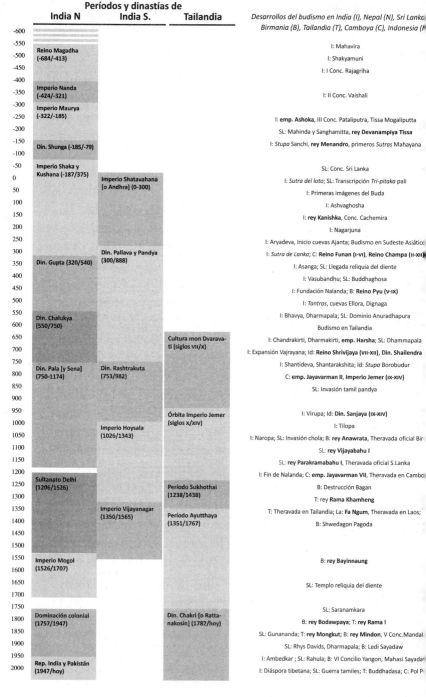

## Períodos y dinastías de

| Año | India N | India S. | Tailandia | Desarrollos del budismo en India (I), Nepal (N), Sri Lanka, Birmania (B), Tailandia (T), Camboya (C), Indonesia (I...) |
|---|---|---|---|---|
| -600 | | | | |
| -550 | | | | |
| -500 | Reino Magadha (-684/-413) | | | I: Mahavira |
| -450 | | | | I: Shakyamuni |
| -400 | | | | I: I Conc. Rajagriha |
| -350 | Imperio Nanda (-424/-321) | | | |
| -300 | | | | I: II Conc. Vaishali |
| -250 | Imperio Maurya (-322/-185) | | | I: **emp. Ashoka**, III Conc. Pataliputra, Tissa Mogaliputta |
| -200 | | | | SL: Mahinda y Sanghamitta, **rey Devanampiya Tissa** |
| -150 | Din. Shunga (-185/-79) | | | I: *Stupa* Sanchi, **rey Menandro**, primeros *Sutras* Mahayana |
| -100 | | | | |
| -50 | Imperio Shaka y Kushana (-187/375) | | | SL: Conc. Sri Lanka |
| 0 | | Imperio Shatavahana [o Andhra] (0-300) | | I: *Sutra del loto*; SL: Transcripción *Tri-pitaka* pali |
| 50 | | | | I: Primeras imágenes del Buda |
| 100 | | | | I: Ashvaghosha |
| 150 | | | | I: **rey Kanishka**, Conc. Cachemira |
| 200 | | | | I: Nagarjuna |
| 250 | | | | I: Aryadeva, Inicio cuevas Ajanta; Budismo en Sudeste Asiático |
| 300 | Din. Gupta (320/540) | Din. Pallava y Pandya (300/888) | | I: *Sutra de Lanka*; C: **Reino Funan (I-VI)**, **Reino Champa (II-XII)** |
| 350 | | | | I: Asanga; SL: Llegada reliquia del diente |
| 400 | | | | I: Vasubandhu; SL: Buddhaghosa |
| 450 | | | | I: Fundación Nalanda; B: **Reino Pyu (V-IX)** |
| 500 | | | | I: *Tantras*, cuevas Ellora, Dignaga |
| 550 | Din. Chalukya (550/750) | | | I: Bhavya, Dharmapala; SL: Dominio Anuradhapura |
| 600 | | | | Budismo en Tailandia |
| 650 | | | Cultura mon Dvaravati (siglos VII/X) | I: Chandrakirti, Dharmakirti, **emp. Harsha**; SL: Dhammapala |
| 700 | | | | I: Expansión Vajrayana; Id: **Reino Shrivijaya (VII-XII)**, Din. Shailendra |
| 750 | Din. Pala [y Sena] (750-1174) | Din. Rashtrakuta (753/982) | | I: Shantideva, Shantarakshita; Id: *Stupa* Borobudur |
| 800 | | | | C: **emp. Jayavarman II, Imperio Jemer (IX-XIV)** |
| 850 | | | | SL: Invasión tamil pandya |
| 900 | | | | |
| 950 | | | Órbita Imperio Jemer (siglos X/XIV) | I: Virupa; Id: **Din. Sanjaya (IX-XIV)** |
| 1000 | | | | I: Tilopa |
| 1050 | | Imperio Hoysala (1026/1343) | | I: Naropa; SL: Invasión chola; B: **rey Anawrata**, Theravada oficial Bir... |
| 1100 | | | | SL: **rey Vijayabahu I** |
| 1150 | | | | SL: **rey Parakramabahu I**, Theravada oficial S.Lanka |
| 1200 | Sultanato Delhi (1206/1526) | | | I: Fin de Nalanda; C: **emp. Jayavarman VII**, Theravada en Cambo... |
| 1250 | | | Período Sukhothai (1238/1438) | B: Destrucción Bagan |
| 1300 | | | | T: rey **Rama Khamheng** |
| 1350 | | Imperio Vijayanagar (1350/1565) | Período Ayutthaya (1351/1767) | T: Theravada en Tailandia; La: **Fa Ngum**, Theravada en Laos; |
| 1400 | | | | B: Shwedagon Pagoda |
| 1450 | | | | |
| 1500 | | | | |
| 1550 | Imperio Mogol (1526/1707) | | | B: **rey Bayinnaung** |
| 1600 | | | | |
| 1650 | | | | SL: Templo reliquia del diente |
| 1700 | | | | |
| 1750 | Dominación colonial (1757/1947) | | Din. Chakri [o Rattanakosin] (1782/hoy) | SL: Saranamkara |
| 1800 | | | | B: **rey Bodawpaya**; T: **rey Rama I** |
| 1850 | | | | SL: Gunananda; T: **rey Mongkut**; B: **rey Mindon**, V Conc.Mandal... |
| 1900 | | | | SL: Rhys Davids, Dharmapala; B: Ledi Sayadaw |
| 1950 | Rep. India y Pakistán (1947/hoy) | | | I: Ambedkar ; SL: Rahula; B: VI Concilio Yangon, Mahasi Sayada... |
| 2000 | | | | I: Diáspora tibetana; SL: Guerra tamiles; T: Buddhadasa; C: Pol P... |

**Cuadro:** Dinastías y reinos de algunos países de Asia y acontecimientos relevantes del budismo...

| Períodos y dinastías de China | Corea | Japón | Desarrollos del budismo en China (Ch), Tíbet (Ti), Vietnam (V), Asia Central (AC), Mongolia (Mo), Corea (K), Japón (J) | |
|---|---|---|---|---|
| ...stía Zhou (...5/-476) | | | | -600 |
| | | | | -550 |
| | | | | -500 |
| | | | | -450 |
| ...os combatientes (.../-221) | | | | -400 |
| | | | | -350 |
| | | | | -300 |
| ...tía Qin (-221/-206) | | | | -250 |
| ...stía Han (.../220) | | | | -200 |
| | | | | -150 |
| | Tres reinos [Gogurjeo, Baekje, Silla] (siglo -ı/668) | | | -100 |
| | | | | -50 |
| | | | | 0 |
| | | | | 50 |
| | | | Budismo en China; Budismo en Asia Central | 100 |
| | | | | 150 |
| ...a de desunión: ...stías Xi Jin, ... Jin... | | | Ch: An Shigao | 200 |
| | | | Budismo en Vietnam | 250 |
| | | | AC: Din. Sasánida (ııı-v); Ch: invasión hunos | 300 |
| | | | Ch: Daoan, Faxian; K: Budismo en Corea | 350 |
| | | | Ch: Kumarajiva, Daosheng, Huiyuan | 400 |
| | | | AC: *Avatamsaka-sutra*, cuevas Bamiyan | 450 |
| | | | Ch: Bodhidharma, Danluan, cuevas Yungang y Longmen | 500 |
| ...stía Sui (581/618) | | Período Asuka (538-710) | Budismo en Nepal; Ch: Paramartha; AC: Pinturas Xinjiang; K: Jinheung | 550 |
| ...stía Tang (.../907) | | | Ch: Zhiyi; Ti: rey Songtsen; V: Vinitaruci; J: emp. Shotoku | 600 |
| | | | Ch: Xuanzang; Ti: Fundación Jo-khang; K: Wonhyo, Uisang | 650 |
| | Tres reinos tardíos (668/926) | Período Nara (710/794) | Ch: Yijing, Huineng, Fazang, **emp. Wu Zetian**; J: Gyogi | 700 |
| | | | Ch: Tantrismo en China, Shitou, Mazu; Ti: Padmasambhava; J: Saicho, **emp. Shomu** | 750 |
| | | Período Heian (794/1185) | Ch: Huangbo; Ti: **rey Trisong**, Kamalashila; J: **emp. Kanmu**, Dengyo, Kukai | 800 |
| | | | Ch: Persecución budismo, Linji; Ti: **rey Ralpacan, rey Langdarma** | 850 |
| | | | Ch: Yunmen | 900 |
| ...astías (907/960) | Período Goryeo (918/1392) | | Ch: Impresión canon chino, "Cinco casas" del Chan | 950 |
| ...stía Song [norte ...] (960/1279) | | | Ti: Rinchen Zangpo; V: **Din. Ly (1010-1224)**, Pagoda Dien Huu | 1000 |
| | | | Ch: *Biyanlu*; Ti: Atisha, Drogmi, Marpa | 1050 |
| | | | Ti: Milarepa, Gampopa; K: Uichön | 1100 |
| | | | Ch: Dahui; Ti: Düsum Khyenpa | 1150 |
| | | Período Kamakura (1185/1333) | J: Honen, Eisai; K: Jinul | 1200 |
| ...stía Yuan ...3/1368) | | | Ch: *Wumen-guan*; Ti: Sakya Pandita; J: Shinran, Dogen, Nichiren | 1250 |
| | | Período Muromachi (1337/1576) | Mo: **emp. Kublai Khan**; V: **Din. Tran (1225-1414)** | 1300 |
| ...stía Ming ...8/1644) | Período Yi (1397/1910) | | Ti: *Libro tibetano muertos*, Butön, Longchenpa; K: "Tri-pitaka" coreano | 1350 |
| | | | Ti: Impresión *Kangyur*, Tsongkhapa, Ganden; J: "Cinco monasterios" Rinzai | 1400 |
| | | | | 1450 |
| | | | Bu: Drugpa Künley; J: Guerras sectarias | 1500 |
| | | | Ch: Zhuhong; Ti: ııı° dalai-lama | 1550 |
| | | Período Tokugawa [Edo] (1603/1868) | Mo: **rey Altan Khan** | 1600 |
| ...stía Qing ...4/1911) | | | Ti: v° dalai-lama; Sik: **Din. Namgyal (1642-1975)** | 1650 |
| | | | Mo: Zanabazar; V: Thieu | 1700 |
| | | | J: Hakuin | 1750 |
| | | | Ti: Movimiento Ri-mé | 1800 |
| | | | Ti: Patrul Rinpoche, Jamgon Kongtrul | 1850 |
| | | Meiji, Taisho, Showa, Heisei (1868/hoy) | Ch: Taixu; Ti: xııı° dalai-lama; Mo: **R.P. Mongolia (1921)**; K: Kyongho Sunim | 1900 |
| ...ina, R.P.China y ...án (1911/hoy) | Ocupación japonesa | | Ch: revol. cultural; J: Recensión Taisho, Suzuki, Makiguchi, Nishitani | 1950 |
| | Corea S. y Corea N. (1948/hoy) | | Ti: xıv° dalai-lama; V: Thich Nhat Hanh; J: Ikeda | 2000 |

...ente: Agustín Pániker).

# 22. El budismo antiguo

Durante sus primeros 500 años, el budismo fue un fenómeno básicamente surasiático (índico), centrado en el Dharma o enseñanza práctica, y en el Samgha o comunidad de renunciantes y fieles laicos, ya que el Buda no dejó ningún sucesor.

El Samgha no es una Iglesia budista; ni ha existido nunca –hasta tiempos modernos (y solo circunscrita a contados países)– una jerarquía "eclesiástica". Cada congregación de monjes se autorregulaba –y aún se guía– de forma separada según un código monástico prescrito por el Buda. (Ha existido, no obstante, una clara jerarquía interna de género, como comprobaremos al final de la obra.) La mayoría de las decisiones se tomaban –e, idealmente, aún se toman– por unanimidad en la fraternidad monástica. La autoridad siempre ha recaído en los maestros con veteranía de vida monacal (y en los monjes que hubieran alcanzado los niveles más avanzados). La unidad de la orden se ha preservado a lo largo de los siglos gracias al código de conducta (el *vinaya*) y la recitación quincenal de las faltas (el *pratimoksha*). Durante sus primeros siglos, este reglamento poseía plena independencia de cualquier poder político o temporal. Todo hace pensar que la comunidad monástica se perpetuó siguiendo la tradición de las repúblicas tribales (*gana-samghas*) y no de las monarquías.

A diferencia de modelos más autoritarios, el budista tolera

mejor las prácticas y opiniones disidentes, pero al precio de una multiplicidad de cuerpos, cada uno con sus peculiaridades.

El Samgha monástico se ha escindido cuando una minoría –de al menos cinco monjes– ha disentido en algún aspecto de la disciplina. Es decir, por la ortopraxis. Y es que el Dharma nunca ha constituido una "ortodoxia" ni se erige como revelación inmutable. Es una enseñanza práctica y flexible (recuerden: provisional). De ello, la proliferación de corrientes en el budismo. La expansión geográfica también ha contribuido.

## El primer concilio del Samgha

La tradición budista habla de una serie de "concilios" o "recitaciones colectivas" (*sangitis*) en los que las figuras más importantes de la orden monástica se reunieron para tratar de consensuar posiciones. Es verosímil que el propio Buda hubiera permitido diferentes interpretaciones del Dharma siempre que se mantuvieran dentro del croquis soteriológico y ético fundamental. La tradición recuerda que hacia el final de su vida le comentó a Ananda que, tras su fallecimiento, la comunidad podía «abolir las reglas menores».[82]

Un "primer" concilio se habría celebrado en Rajagriha, bajo el patrocinio del rey Ajatashatru de Magadha, quizá tres meses –o un año– después del *parinirvana* (si bien los historiadores no le conceden demasiado crédito). Dícese que durante siete meses se reunieron quinientos *arhats* bajo la supervisión de Mahakashyapa, el monje de mayor edad. Hay quien sostiene que Mahakashyapa representa el definitivo giro "eclesiástico" del budismo, un intento (el único) de dotar al Samgha con alguna autoridad de estilo "papal", capaz de establecer una ortodoxia y regular de forma estricta la comunidad. Según el *Cullavagga* (el texto que recoge el grueso de información acerca de este dudoso primer concilio), las tensiones entre Mahakashyapa y Ananda se hicieron patentes. Fue entonces cuando se le habría reprochado a Ananda no haber rogado al Buda que pospusiera su entrada en el *parinirvana*, lo mismo que haber insistido en crear la orden de monjas.

La tradición cuenta que en el concilio, Ananda –que aún no era un *arhat,* pero que fue la mano derecha del Buda durante 25 años–, y hombre de prodigiosa memoria, pudo recitar uno a uno los discursos del maestro. De ahí que todos los *sutras* empiecen con el estribillo: "Así lo he oído...", que adquirirá carácter de mantra (y rango de "palabra del Buda" o aprobada por el Buda). Por su parte, Upali recitó el *vinaya*, la sección que contiene las directrices de la disciplina monástica.

Por supuesto, no puede aceptarse que Ananda y Upali "recordasen" todo el inmenso material de diálogos y sermones del Buda y que un "canon" quedara fijado al año de la muerte del maestro. Aunque nada nos hace dudar de la centralidad de Ananda en unas recitaciones, él no estuvo al lado del Buda los 45 años de su ministerio. Sí es del todo factible, empero, que los "ancianos" (*sthaviras*) realizaran con prontitud (puede incluso que en vida del Buda, ya que él dejó instrucciones para examinar la autenticidad de los *sutras*) algún tipo de reunión para consensuar las enseñanzas y las normas monásticas y editar el material para que pudiera ser memorizado y recitado.* A partir de entonces emergió un tipo de monje especializado en memorizar y transmitir una sección particular del Dharma.

Debemos, pues, al esfuerzo de sus discípulos la fenomenal tarea de preservar los discursos y reglas que adscribimos al Buda histórico. La enseñanza pasó de boca en boca siguiendo los métodos mnemónicos de la antigua India.

---

* Es posible que Shariputra organizara en vida del maestro alguna de estas recitaciones colectivas para preservar el Dharma, temeroso –como sucedió con la enseñanza jainista tras el fallecimiento de Mahavira– de que hubiera pérdidas o discrepancias entre los seguidores.

## El segundo concilio y la bifurcación del Samgha

Mejor atestiguado está un segundo concilio en Vaishali, unos cien años después, provocado por disputas en el código monástico. Al parecer, algunos monjes habían aceptado oro y plata de seguidores laicos, habrían tomado alimento a horas no prescritas y cometido otras infracciones del estilo.

Al no haber Iglesia, estrictamente hablando tampoco debería existir en el budismo un "cisma". El hecho de tener una opinión particular no implica necesariamente una ruptura. Reiteremos que siempre que han existido bifurcaciones en el Samgha el motivo ha sido de práctica. No obstante, aunque las cuestiones doctrinales fueran secundarias, en la recitación colectiva de Vaishali se pusieron de manifiesto discrepancias interpretativas dentro del Samgha. Dícese que cuando dicho concilio ya existían "dieciocho escuelas" o cofradías (*nikayas*), hoy colectivamente referidas como "budismo Nikaya" o, de forma más simple, como budismo antiguo. Más que "sectas", estas escuelas deben considerarse como corrientes de opinión. Algunas de estas corrientes acabarían teniendo sus colecciones de *sutras* (sermones del Buda) y su *vinaya* (recopilación de normas monásticas) particulares. Debió ser entonces cuando empezaron a circular las primeras "biografías" del Buda.

El caso fue que en el concilio de Vaishali el Samgha se bifurcó. Dicen algunas fuentes –de la tradición Theravada– que una sección de monjes laxos realizó una nueva exégesis, alteró el orden de los textos y mantuvo su actitud amoral. Quizá, las tensiones condujeran a una tercera recitación en otra ciudad (no reconocida, empero, por la tradición Theravada). Como fuere, en el encuentro de Vaishali, un siglo después del *parinirvana*, podemos detectar dos grandes corrientes en el Samgha monástico.

Por un lado, tendríamos la "Corriente de los ancianos" (Sthaviravada), que decía perpetuar la enseñanza original del Buda, aunque posiblemente se tratara de un grupo que buscaba mayor rigor en los asuntos del *vinaya* (y se habría autodenominado "Corriente de los ancianos" para conferir solidez y pedigrí a sus propuestas). Esta corriente habría sido más atractiva a los linajes del oeste. Por otro lado, tendríamos la "Gran asamblea" (Mahasamghika), tal vez liderada por el monje Mahadeva, que quería dejar las cosas tal cual, o quizá rebajar el número de reglas del *pratimoksha*. Esta corriente sería la preferida por los monjes del este.

Según algunas fuentes, los mahasamghikas discrepaban sobre ciertos textos y su interpretación y sobre el estatus del *arhat*, aquel que, replicando el camino trazado por Shakyamuni, ha alcanzado los niveles de práctica más avanzados y ha eliminado todos los obstáculos. ¿El *arhat* duda?, ¿le asalta la ignorancia?, ¿necesita aún de otros? y, por encima de todo, ¿tiene necesidades corporales y puede ser seducido por las hijas de Mara? Los sthaviravadins respondían en negativo. Los mahasamghikas, en afirmativo. En cierto sentido, el Mahasamghika buscaba humanizar, relativizar y problematizar el despertar del *arhat*. (No puede pasar desapercibido que con ello estaban cuestionando la hegemonía de algunos pretendidos *arhats* que decían haber completado la senda.) Su afirmación de la corporalidad del *arhat* iba de la mano de una tendencia a reafirmar el aspecto trascendental (*lokottara*) y omnisciente del Buda (un poco al modo de los docetistas cristianos, que no llegaban a explicarse cómo un mero mortal pudiera ser la fuente de la Verdad). De esta forma, el Buda quedó para los mahasamghikas como única fuente de autoridad. Los sthaviravadins, por su lado, subrayaron el aspecto humano del Buda y mantuvieron la senda esforzada del *arhat* como ideal de la práctica, dando a entender que el despertar representa un logro definitivo.

De forma simplificada (y nos excusarán los budólogos), pero válida para una exposición breve como esta, determinadas corrientes del Sthaviravada se transformarán gradualmente en el budismo Theravada ("Doctrina de los ancianos" en lengua pali), mientras que las corrientes del Mahasamghika apuntan hacia el budismo Mahayana ("Gran vehículo" en sánscrito), si bien no hay que olvidar nunca que en aquellos tiempos ambas corrientes pertenecían todavía a lo que llamamos budismo Nikaya o antiguo.

Con todo, el antagonismo entre las diferentes sensibilidades no debió ser muy pronunciado. Sabemos que, durante siglos, miembros de distintas fraternidades y hasta *nikayas* "rivales" compartían los mismos monasterios.

# 23. La expansión del budismo

El budismo no habría pasado de ser otra diminuta comunidad de *shramanas* del norte de la India de no ser por el apoyo que recibió de algunas monarquías. Ya en época del Buda, los reinos de Magadha y Kaushala jugaron la carta de los grupos shramánicos (en parte, por maquiavelismo político, para contrarrestar el poder brahmánico). Recordemos las donaciones del rey Bimbisara de Magadha (de quien se dice que alcanzó el nivel del *srotapanna*) o la amistad de Prasenajit de Kaushala con el Buda. Eso fue aún más explícito con el primer gran imperio indio, el Maurya (centrado justamente sobre el viejo reino de Magadha), inaugurado por Chandragupta Maurya hacia el -320. Tanto él como su hijo Bindusara apoyaron los movimientos shramánicos de los jainistas, los ajivikas y los budistas.

## Ashoka

Con el tercer monarca maurya, el gran Ashoka, que reinó entre el -270 y el -232 aproximadamente, el budismo pasó definitivamente al primer plano.

Dícese que tras una sangrienta campaña militar en Kalinga (la actual Odisha), el emperador decidió abrazar el budismo y gobernar por el *dharma* (*raja-dharma*) y no por la espada. Aunque no está del todo claro que el emperador se "convirtiera" al budismo, como sostienen las fuentes budistas (aunque sí parece cierto que su hermano y dos de sus hijos entraran en la orden), es evidente que fue su religión preferida. Él mismo peregrinó a los lugares sagrados asociados a la vida del Buda y en alguno de sus edictos se autodefine como "laico" (*upasaka*) budista. Con los años, se convirtió en uno de los mayores monarcas que ha visto Asia, no solo por el tamaño de su imperio (que comprendía el grueso de la actual India, más Bangladesh, Nepal, Pakistán y parte de Afganistán), sino por la calidad de su gobierno.

Ashoka apoyó sin reservas el Samgha budista. Alentó la construcción de monasterios y *stupas* y envió emisarios –incluidos su hijo Mahinda y su hija Sanghamitta– para llevar la nueva religión a Sri Lanka, Birmania, Cachemira y puede que incluso hacia el Mediterráneo. Inundó la India de hospitales, albergues, pozos y carreteras. Y nombró funcionarios para que velaran por el bienestar de los súbditos. Se convirtió en el arquetipo del rey iluminado (*dharma-raja*) o "gobernante del mundo" (*chakravartin*), el equivalente terrenal y secular de un *buddha*, que gobierna de acuerdo a las normas éticas más elevadas y unifica el mundo en un reino de justicia y prosperidad. Esta figura tratará de ser emulada por cantidad de reyes posteriores, tanto en India, el Sudeste Asiático, China o Japón.

El emperador expuso los ejes del *dharma* para los súbditos (entendido aquí *dharma* como el código de conducta apropiado) en una serie de edictos grabados en pilares en diferentes lenguas y alfabetos y diseminados por todo el reino. La proclama contribuyó a impedir que el budismo posea una lengua sagrada (al estilo del sánscrito), sino múltiples. Los edictos están inspirados seguramente en fórmulas del Imperio aqueménida persa, pero su tono es muy diferente, empezando por su arrepentimiento personal por la campaña de Kalinga. Ashoka otorga gran importancia a la no violencia (y alienta vigorosamente el vegetarianismo), la piedad filial, la veracidad, la moderación en la posesión de bienes o la generosidad. Es un *dharma* muy influenciado por el budismo, pero que también contiene principios del brahmanismo y el jainismo, que asimismo fueron patrocinados. (Una constante típica de la India, que entiende que el Estado ha de proteger todas las religiones, más allá de las convicciones personales del regente, y aconseja a los súbditos para que honren todas las religiones como la propia.) Es un *dharma* índico e imperial; lo suficientemente amplio para cobijar a súbditos muy diversos. No es exactamente el Dharma budista. Ashoka no fue el Constantino del budismo. Pero su acción otorgó a los seguidores del Buda (conocidos por entonces como bauddhas o shakyas) un respaldo decisivo e hizo de Shakyamuni una figura de notable autoridad. El enérgico espaldarazo ashokiano convirtió el budismo (en especial, las líneas conservadoras de los sthaviravadins) casi en una religión de Estado. Gracias a él, la espiritualidad budista devino abiertamente en la *religión* del Buda. E hizo del budismo una verdadera *civilización*. Con la bonanza económica y la estabilidad política, una tradición que combinaba una orientación soteriológica y ascética, con un énfasis en la moralidad y la generosidad, resultó atractiva. El país se inundó de monasterios y la prosperidad material de estos creció de forma considerable. Ello debió incitar a algunas gentes a entrar en la orden para aprovecharse de las ventajas de la vida monacal y motivaría la convocatoria de un nuevo concilio para "purgar" el Samgha de corrientes parasitarias.

## Las "dieciocho escuelas"

Para la tradición Theravada, el tercer concilio (este sí históricamente probado) se convocó hacia el -250 o el -240. Tuvo lugar en Pataliputra (hoy Patna), capital del imperio, y fue dirigido por el monje Tissa Moggaliputta, el *sthavira* más respetado. Más que de un concilio general, debió de tratarse de una reunión de sthaviravadins. El encuentro puede concebirse como el momento fundacional de la escuela Theravada, surgida de una de las "cofradías" o *nikayas* del Sthaviravada. Se dice –y los estudiosos confirman– que entonces se "completó" la totalidad del canon sthaviravadin-theravadin.

La tradición habla siempre de "dieciocho escuelas" (aunque, en realidad, el número debió ser superior) que gravitaban alrededor del Sthaviravada (vibhajjavadins –embrión del Theravada–, sarvastivadins, sammitiyas, dharmaguptakas, sautrantikas...) o del Mahasamghika (lokottaravadins, purvashailas...). La mayoría de estas escuelas transmitía sus propias recensiones de los sermones del Buda (*sutras*), las reglas monásticas (*vinaya*) y la sistematización de la doctrina (*abhidharma*).* Estas recensiones agrupadas en "tres" (*tri*) "canastas" (*pitakas*) se transmitieron en lenguas prácritas como el pali, el paishachi, el kaushali o el gandhari y hasta en un sánscrito híbrido. Vistas en retrospectiva, poseen una irrefutable hermandad, en especial las dos primeras "canastas". Mucho material debió ser compartido por varias escuelas. Pero, a la vez, se detectan las lógicas desviaciones, fruto de las transmisiones orales y discrepancias escolásticas. Incluso en el radio de una misma escuela podemos encontrar varias versiones de un mismo sermón.

De todos los antiguos *tri-pitakas* solo subsiste uno al completo: el de la escuela Theravada, redactado en lengua pali. Puesto que en todo su enorme corpus de *sutras* no se menciona el concilio de Pataliputra, se acepta que debió codificarse poco después del ante-

---

* No todas las escuelas se constituyeron en órdenes o compilaron "cánones". La escuela Sautrantika, por ejemplo –originada, como su nombre indica, en círculos de recitadores de *sutras*–, no poseía monasterios; por tanto, tampoco código monástico o *vinaya* propio. Técnicamente, pues, no existían monjes ordenados como sautrantikas aunque hubiera monjes que mantuvieran posiciones sautrantikas.

rior, el de Vaishali. Desde dicho concilio hasta su transcripción, que se inició hacia el -88 (ya en Sri Lanka), los textos debieron sufrir algunas modificaciones y añadidos, pero los budólogos estiman que debería parecerse mucho al actual.

El análisis exegético que realizó cada escuela o corriente de pensamiento daría forma a las distintas filosofías del budismo Nikaya. Las divergencias se dan en la "canasta del *abhidharma*", centrada en clasificar y enumerar los *dharmas*; o sea, las fuerzas y factores últimos de la existencia (física o psíquica). El concepto es similar al de *skandha*, pero no abarca solo los componentes de la "persona", sino de la realidad. Puede que las clasificaciones de los *abhidharmas* arranquen de tiempos del Buda (y por ello algunas escuelas las consideran "palabra del Buda", quizá bajo la coordinación de Shariputra), pero en general delatan ya una composición escolástica (el *abhidharma* theravadin contiene incluso un texto compilado por Moggaliputta). Durante los siguientes seis o siete siglos, los *abhidharmas* fueron comentados por tratados filosóficos. Aunque respetuosos con la tradición, los filósofos del budismo Nikaya (o abhidharmikas) tienen una clara intención de reinterpretarla y racionalizarla.

La escuela que fue ganando mayor hegemonía en los primeros siglos antes y después de nuestra era fue la Sarvastivada (traducible como "Escuela todo existe" o "panrealista"), localizada en la zona noroccidental del Sur de Asia. Aparte de poseer su propio *tri-pitaka* en sánscrito, generó dos obras decisivas para la filosofía budista, el *Mahavibhasa* ("Gran exégesis", a partir del cual la escuela toma otro de sus nombres, Vaibhashika), redactado durante un concilio en Cachemira, en el siglo II, y el *Abhidharma-kosha* de Vasubandhu, que es un par de siglos posterior.

Tomando la clásica noción de impermanencia –que en el budismo más antiguo estaba ligada a la de *duhkha*–, los sarvastivadins postularon que los *dharmas* surgen y desaparecen a gran velocidad. Aunque fugaces, sin embargo, los *dharmas* son reales. Asombrosamente, existen en el pasado, en el presente y en el futuro. (De esta forma dicen explicar cómo opera la memoria o cómo el karma afecta el presente y el futuro.) Al ser indivisibles poseen "naturaleza propia" (*svabhava*), una posición cercana al substancialismo (que el Buda había refutado con ahínco). Son precisamente los abhidharmikas sarvastivadins (también los theravadins) quienes proponen que la realidad última se caracteriza por las tres "marcas de la existencia": *anitya*, *anatman* y *duhkha*.

La emergencia de la escuela de los sautrantikas debió ser una reacción contra los sarvastivadins. Sabemos que rechazaban otorgar estatus canónico a los *abhidharmas* (ya que para ellos solo los *sutras* eran "palabra del Buda"). A diferencia de sarvastivadins y theravadins, los sautrantikas no aceptaban la existencia de *dharmas* incondicionados, siquiera el del nirvana, que es libre de toda designación. Para ellos, la reificación de los *dharmas* llevada a cabo por los sarvastivadins era contraria a las doctrinas de impermanencia, *anatman* y causalidad. Anticipándose a las filosofías del Mahayana, los sautrantikas afirmaban que estas explicaciones son meras convenciones, que nada tienen que ver con la realidad última de las cosas.

Otra corriente importante fue la de los pudgalavadins, quienes –siguiendo al monje Vatsiputra– mantenían que tras los cinco *skandhas* podía detectarse cierto tipo de unidad metafísica, que llamaron "persona" (*pudgala*), y explica tanto la conciencia unificada de continuidad como los mecanismos de la transmigración. En teoría, no es el "yo" ni el *atman*, mas una esencia sutil –ni idéntica ni distinta de los cinco *skandhas*– solo discernible por los *buddhas*. A mediados del siglo VII, aún era una de las principales escuelas del budismo Nikaya en India.

En estos desarrollos y debates puede notarse el telón de fondo de filosofías rivales, fueran budistas, brahmánicas o jainistas. Esta pugna intelectual condujo a una creatividad filosófica sin igual en la India del primer milenio de nuestra era; un proceso en el que el budismo tuvo un papel muy destacado. La huella budista es evidente en alguna *upanishad*, como la *Maitri*; lo mismo que en secciones del *Mahabharata*, como el *Shanti-parvan*; en la filosofía Vaisheshika; por supuesto, en el sistema Yoga, tal y como delata la terminología "abhidharmika" del *Yoga-sutra*; lo mismo que en los gramáticos Patañjali o Bhartrihari; y conocido es el influjo que el budismo Mahayana tuvo en el vedantin Gaudapada, quien influirá de forma decisiva en el pensamiento no dualista de Shankara.

## Las dos secciones del Samgha

En los siglos posteriores al *parinirvana*, el modelo del *shramana* errante continuó vivo; pero seguramente en época ya temprana una considerable sección del Samgha monástico habría abandonado la vieja práctica de peregrinar durante todo el año y sedentarizarse solo durante la estación de lluvias. Los pequeños refugios que tenían para tal propósito fueron convirtiéndose en monasterios. (Muchas reglas del *vinaya* delatan ya una vida sedentaria.) Los *chaityas* excavados en roca de Bhaja o Ajanta evidencian una intensa vida sedentaria. Con todo, el ideal del monje solitario, o que en una pequeña compañía porta una vida contemplativa, siempre gozó de prestigio.

Los monjes y monjas de una misma región, ya fueran sedentarios o de grupos eremíticos, tenían que reagruparse quincenalmente para confirmar sus votos y confesar sus transgresiones (el *pratimoksha*). A estas reuniones, llamadas *upavasatha*, todavía al uso, asistían los seguidores laicos. Al imponerse una forma de vida más sedentaria, la interacción con los laicos se incrementó, reforzando la función dual de los monjes: la búsqueda personal de la sabiduría liberadora, y la preservación, enseñanza y propagación del Dharma para el bien común.

Desconocemos bastante el tipo de religiosidad practicada por el Samgha laico, pero seguramente estaría centrada en el culto al Buda, los *stupas* y los seres de los panteones budistas. Además de este aspecto devocional, las recomendaciones de generosidad (para con la orden y los demás seres vivos) y moralidad (los cinco preceptos) serían asimismo protagonistas.

La historia del príncipe Gautama que devino el Buda iba siendo explicada y engalanada en distintas lenguas por todo el Sur de Asia.

## La expansión del budismo

De forma gradual, el budismo fue saliendo del valle del Ganges y penetrando con fuerza en Andhra (al sur), en Bengala (al este), en Cachemira (al norte) o en Gandhara (al oeste).

En esta última región, en lo que hoy es el norte de Pakistán y el este de Afganistán, el budismo topó con las civilizaciones persa y helénica. El resultado sería una fértil transformación de la iconografía del Buda [véanse FIG. 20, FIG. 11], la incorporación de saberes griegos (como la astronomía o la atomística) y una fascinante avanzadilla –de 2.000 años– de un "budismo para occidentales", como ejemplifica el genial *Milinda-pañha* ("Las preguntas del rey Menandro"). Dicho monarca, que reinó entre el -155 y el -130, fue un genuino continuador de la tarea de Ashoka. Se cuenta que incluso murió como monje.

Desde Cachemira, el budismo penetró en Asia Central. ¿Y quién sabe si –como sostiene la tradición– algunos misioneros llegaron hasta Siria, Egipto y Macedonia? Desde el sur de la India, el budismo saltó a Sri Lanka, que en seguida se convirtió en uno de sus focos más activos.

**FIGURA 20:** Buda de pie, en el clásico estilo indo-griego de Gandhara, Pakistán, siglos I-II. Tokyo, Japón: Museo Nacional. (Foto: Wikimedia Commons).

Durante los primeros siglos de nuestra era, el budismo recibió un apoyo considerable por parte de dos grandes formaciones imperiales, la Shaka (de origen escita) y la Kushana (de origen yuezhi). Aunque los shakas iniciaron su mandato con cierta hostilidad hacia el budismo, su actitud cambió rápidamente e hicieron de Takshashila (no lejos de la moderna Islamabad, en Pakistán) un importante centro de educación y cultura. Al ser de origen centroasiático, estas dinastías indianizadas tenían una vocación muy cosmopolita; por tanto, proclives a apoyar tradiciones universalistas como el budismo o el jainismo (a veces, en detrimento del brahmanismo, desde siempre muy ligado a la indianidad y al suelo indio).

Un papel decisivo en transformar el budismo de una religión panindia en otra panasiática lo tuvo el rey kushan Kanishka, que reinó en el siglo II. En el paradigmático espíritu ashokiano, y tras una sangrienta campaña militar en Xinjiang, Kanishka se afanó en promover el budismo. Erigió un gran *stupa* en su capital, Purushupura (la actual Peshawar, en Pakistán), y apoyó con ímpetu el arte de Gandhara. Kanishka organizó un concilio en Jalandara (Cachemira) que, entre otras cosas, "oficializó" el sánscrito como lengua budista. De hecho, este concilio sirvió para transcribir los textos de la escuela Sarvastivada. Parece cierto que el renombrado poeta Ashvaghosha, autor de la "Vida del Buda", tuviera un papel destacado en dicho concilio. Como veremos, esta región, que ya era de primacía mahayánica, fue clave en la transmisión del budismo hacia China. También en época de Kanishka eclosionó la representación antropomórfica del Buda, tanto en Gandhara como en Mathura.

La expansión del budismo se asentó asimismo sobre un espíritu abiertamente universalista. Todo el mundo, más allá de su casta o procedencia, podía entrar en la orden (ya que al iniciarse en el Samgha monástico se pierde –en teoría– todo rastro de identidad ritual o social previas) y aspirar al nirvana. El budismo fue asimismo responsable de diseminar la educación al margen de las restricciones de casta. Las instituciones educativas budistas, desde los pequeños monasterios de pueblo hasta las grandes universidades, como Nalanda (fundada en el siglo IV), destacaron por su carácter inclusivo y ecuménico y por una educación más humanista y "horizontal" que la védica.

Fue en estos siglos de pugna con el brahmanismo-hinduismo o con la religión hermana del jainismo, cuando se enfatizó el carácter no védico y no brahmánico del budismo. Sería entonces, cinco o seis siglos después de la muerte del Buda, cuando los grupos bauddhas adquirieron plena conciencia de su particularidad (fundamentada en la orden de mendicantes, un linaje que se remontaba al Buda, con textos y enseñanzas diferenciados, lugares de culto y mitologías propias, una cosmovisión peculiar, etcétera) y, recíprocamente, serían "alterizados" –bajo la etiqueta de "heterodoxia" (*nastika*)– por la tradición brahmánica.

El recurso primero a un sánscrito híbrido (una *lingua franca* próxima a los prácritos) y luego al sánscrito "clásico" muestra una decidida vocación universalista. Debieron plasmarse entonces versiones escritas de los textos. Los *sutras* del Mahayana, que aparecen hacia el siglo I, revelan –por su estructura, barroquismo y extensión– una tradición escritural más que oral. La escritura será esencial para traducir los textos sagrados a otras lenguas (están atestiguadas las primeras traducciones al chino ese mismo siglo I).

Empieza a detectarse entonces una idea recurrente en muchas tradiciones índicas (quizá reflejo del caos y el impacto provocado por las diferentes invasiones de pueblos centroasiáticos): la noción del paulatino deterioro del *dharma* (hindú) o el Dharma (budista y jainista). Se decía en algún *sutra* que el Buda había predicho la desaparición de la orden en 500 años, si bien –¡y dada su visible continuidad!– se sospechó que había habido un error y sin duda el Buda había vaticinado 1.000 o 5.000 años. Con todo, se tenía una cierta sensación de vivir en los últimos tiempos del Dharma; una ansiedad que se trasplantaría a China y Japón.

Durante los siglos IV y V, el hinduismo se fue consolidando como la expresión religiosa hegemónica en India. No obstante, fue en esta época cuando se desarrollaron las formulaciones "clásicas" del Mahayana, con filósofos de la talla de Asanga, Vasubandhu o Dignaga. Aunque, en retrospectiva, podamos hablar de un declive del budismo frente al nuevo hinduismo de templo de corte devocional, lo cierto es que aún quedaban varios siglos de disputa por la hegemonía religiosa o filosófica y por el mecenazgo de los dirigentes en el Sur de Asia. Las cuevas y *stupas* de la India central y del sur (que en seguida visitaremos) atestiguan la pujanza de los bauddhas. Téngase en cuenta, por poner un ejemplo aún más tardío, que entre los siglos VII y XI la universidad budista de Nalanda fue posiblemente la institución académica más importante del mundo (con más de 3.000 monjes), muchos siglos antes de que existieran universidades en Europa. Y no muy a la zaga le irían otras universidades budistas como Vikramashila, Odantapura o Valabhi, donde se estudiaban las enseñanzas de las principales escuelas del budismo Nikaya, las filosofías del Mahayana, gramática, astronomía, matemáticas, medicina, lógica... e incluso el *Veda* y otros saberes relacionados con el brahmanismo. Fue este budismo clásico indio –en ocasiones llamado "tradición de Nalanda"– el que en gran medida heredaron chinos, tibetanos, coreanos y japoneses.

# 24. Arte e iconografía

Todas las culturas y tradiciones religiosas se expresan a través de símbolos. El budismo no es ninguna excepción. Su riqueza iconográfica es bien conocida. Y su influencia en el desarrollo y la sofisticación de la simbología, el ritual o los cánones estéticos de otras tradiciones asiáticas ha sido formidable. En muchos aspectos, una estatua de un *buddha*, un bajorrelieve en un templo o un jardín de un monasterio pueden expresar mejor lo que el Buda enseñó que no un tratado filosófico.

## El desarrollo del arte budista

Durante los dos o tres siglos que siguieron al *parinirvana*, el Buda nunca era representado en forma humana. Las escenas de los bajorrelieves se centraban en sus vidas anteriores. Y los motivos que tienen que ver con su paso por este mundo lo representaban siempre de forma simbólica: la "rueda del Dharma", el *stupa*, un trono vacío junto a un árbol, las huellas de los pies [véase Fig. 21], etcétera. Estos símbolos reúnen mito, rito, filosofía, poesía, arte... El loto representa su nacimiento, el parasol su linaje real, el árbol encarna el despertar, etcétera.

De forma gradual, en los primeros siglos antes de nuestra era, fue emergiendo un culto al Buda. Ello parece implicar que existía ya una pujante comunidad laica que seguía los preceptos del Dharma, pero no optaba por la renuncia. Sin embargo, resultaría borroso entender que el culto al Buda emergiera como una concesión al enaltecimiento y devoción populares. Los restos arqueológicos más antiguos y los primeros textos denotan el mismo interés por los aspectos mitológicos de Shakyamuni como por su faceta humana. Está claro que para los monjes el Buda siempre fue algo más que un simple mortal.

La aparición de un culto al Buda es indisociable del culto a los *stupas*. Y este se fundamentaba, a su vez, en antiquísimos ritos y formas de culto a unos seres semidivinos –denominados genéricamente *yakshas*– que se realizaban en pequeños santuarios llamados *chaityas*. Los *chaityas* podían ser pequeñas cuevas o arboledas y podían contener un túmulo bajo el que se enterraban cenizas de jefes. Sobre estos *chaityas* y veneración a los *yakshas* y las *yakshinis* –posiblemente populares entre los shakyas–, el budismo superpuso los *stupas* y el culto al Buda. La palabra *chaitya* aún se utiliza

**FIGURA 21:** Las huellas del Buda (*buddhapada*), clásica representación simbólica del Despierto, con incrustaciones de las "tres joyas". Escultura de Gandhara, Pakistán, dinastía Kushana, siglo II. New Haven, EE.UU.: Yale University Art Gallery. (Foto: Wikimedia Commons).

para designar las cuevas –como Bhaja, Karle, Ellora, Udayagiri o Ajanta– donde vivían de forma permanente los monjes. Posiblemente, también en tiempos muy antiguos el budismo absorbió el culto popular a los árboles. Estas incorporaciones están asimismo atestiguadas en el jainismo.

El *stupa* constituye una red fascinante de símbolos, doctrinas, mitos y rituales. Es el memorial y mojón relicario (inicialmente de las cenizas del Buda, luego de *arhats* y monjes venerados, aunque otros no contienen reliquia física alguna), de siempre asociado a la vida del Buda y, en especial, al *parinirvana*. Fue una de las primeras formas figuradas (no antropomórficas) de representarlo. A la vez, el *stupa* se homologa a la montaña o eje que atraviesa los distintos niveles del cosmos. Con el desarrollo del concepto de "budeidad", el *stupa* también pasó a simbolizarla. Por último, es un perfecto mandala; es decir, una herramienta para la meditación y para entender los principios del Dharma. En cierto sentido –y con permiso de la "rueda del Dharma" (*dharma-chakra* [véase FIG. 9])–, el *stupa* pasará a simbolizar el budismo, de forma similar a como la "cruz" representa el cristianismo.

En los primeros siglos antes y después de nuestra era se erigieron *stupas* tan formidables como los de Sarnath (el más antiguo, dícese que en el lugar exacto donde el Buda pronunció las "cuatro nobles verdades", en las afueras de Benarés), o los de Bharhut, Mathura, Amaravati, Anuradhapura (Sri Lanka) y el más impresionante de todos, Sanchi, cerca de Bhopal, en la India central, que hará de prototipo de *stupas* posteriores. Ya en época del emperador Ashoka está atestiguada la práctica de circunvalar el *stupa*. En este desarrollo (una vez más, compartido con el jainismo), el budismo parece haber ido en vanguardia.

Más tarde fueron construyéndose infinidad de *stupas* (llamados *pagodas* en China, *payas* en Birmania, *dagobas* en Sri Lanka, *chör-*

*tens* en Tíbet o *chedis* en Tailandia) por todo el continente asiático. Sobresalen los de Bagan y Yangon (Birmania), el de Katmandú (Nepal) [véase Fig. 44], el Sennyu-ji de Kyoto (Japón), la *pagoda* de Leifeng en Hangzhou (China), el *stupa* de Borobudur (Indonesia) [véase Fig. 34] o el de Gyantse (Tíbet).

Durante esos mismos siglos, fueron compilándose cientos de *jatakas*: las leyendas de existencias anteriores del Buda, extremadamente populares para divulgar la leyenda del Buda, los mecanismos del karma o los ideales del budismo. Hacia el siglo II se escribió la que es la más importante "biografía" del Despierto, la "Vida del Buda" (*Buddha-carita*) de Ashvaghosha, que es asimismo una pieza poética y literaria de primer orden, al estilo de las epopeyas hindúes clásicas.

Los bajorrelieves de las cuevas de Bharhut (al norte de Madhya Pradesh), que son del siglo -I, constituyen la primera representación completa de la vida del Buda. Sus primeras imágenes antropomórficas son del siglo I. Pero será en el II cuando aparezcan con regularidad, de manera simultánea en Mathura y en Gandhara [véase Fig. 20]. Por entonces, ambas zonas estaban bajo control kushan. Aunque los estilos difieren, es sorprendente la uniformidad iconográfica y simbólica que ya muestran. Estas imágenes no reflejan a un mortal, sino el concepto del "gran hombre" (*mahapurusha*), con sus 32 marcas características. La representación antropomórfica se tornó indispensable con el auge de la religiosidad devocional. Una imagen de un *buddha* (o una divinidad hindú, por caso) es, en gran medida, su "corporalización"; cual avatar. Seguramente este desarrollo es inseparable del desarrollo del Mahayana y facilitará las especulaciones mahayánicas sobre el "cuerpo" del Buda.

Si en el arte de la zona noroccidental del continente índico (Gandhara) se detecta una clara influencia helénica y romana (y se utiliza a Apolo como modelo para representar a Shakyamuni), la iconografía de la escuela de Mathura, en el valle del Ganges, se inspira en las tradiciones típicamente indias de culto a los *yakshas* y en el arte jainista. En Amaravati, en la zona de Andhra, eclosiona asimismo un refinado estilo de arte búdico (que más tarde dejará profunda huella en el Sudeste Asiático), tal vez con alguna influencia romana. Estas hibridaciones atestiguan puentes e intersecciones entre distintos movimientos religiosos y culturales y su enraizamiento en las tradiciones populares. En conjunto, se da una notable fecundación mutua entre budismo, jainismo e hinduismo; o entre técnicas greco-latinas y creencias populares. En otras palabras, el budismo se impregna del clásico espíritu inclusivista y sincrético indio. Se está configurando el común sustrato *índico* de las diferentes tradiciones espirituales y expresiones estéticas que ha proporcionado la India.

Con los siglos, el arte índico irá sofisticándose, con el budismo claramente en vanguardia. Durante la dinastía Gupta (siglos IV-V), uno de los clímax de la civilización índica, en especial en lo que a su creatividad cultural se refiere, los cánones estéticos y la simbología quedaron ya perfectamente definidos: las proporciones del cuerpo, los símbolos asociados a cada *buddha*, *bodhisattva* o divinidad, sus gestos (*mudras*), los puntos cardinales asociados, los emblemas auspiciosos (como la flor de loto, la rueda del Dharma o el nudo de la inmortalidad), etcétera. Todo el riquísimo repertorio iconográfico budista quedó definido: el "despertar" en meditación bajo el árbol de la *bodhi* [véase FIG. 18], la "victoria sobre Mara" [véase FIG. 4], la "puesta en marcha de la rueda del Dharma" [véase FIG. 6], la escena del *parinirvana* recostado sobre su lado derecho [véase FIG. 7], etcétera. De esta forma se creó un vocabulario iconográfico budista fácilmente identificable para los adeptos. En todos los casos, la imagen gupta representa a un hombre joven, sereno, hermoso y armonioso [véase FIG. 1]. (En algunos casos se detecta cierta androginia, propia de quien ha trascendido la dualidad; pero en otros se destacan los atributos masculinos asociados al ideal guerrero.) En cualquier caso, el arte búdico no enfatiza el sufrimiento, sino la posibilidad de cesarlo y alcanzar un estado de dicha interior plena. Será el estilo gupta el que mayor influencia acabará teniendo en otras zonas de India, en el Sudeste Asiático y en China.

## El panteón budista

El desarrollo del arte budista es inseparable del ritual, la mitología y el florecimiento de un rico panteón asociado a la vida del Buda, entretejido con la cosmología budista. Sobresalen con fuerza las figuras de otros *buddhas* y *bodhisattvas*.

Para el budismo Mahayana, que precisamente eclosiona en estos siglos, el *bodhisattva* ya no es solo aquel en curso de convertirse en un *buddha* (como para el budismo Theravada). El término también se aplica a toda persona –mítica o histórica– entregada a la práctica de la compasión y al despliegue de la sabiduría, en especial si ha tomado el voto –llamado, como es natural, "voto del *bodhisattva*"– de despertar para liberar a los infinitos seres de la ignorancia y el sufrimiento. A medida que avanza en los estadios de la senda, el *bodhisattva* va dejando de percibir los seres y objetos como entidades discretas y separadas. Alcanzado el octavo estadio, la senda es ya irreversible. En el noveno adquiere la capacidad de cambiar de forma y enseñar de acuerdo a las capacidades de los oyentes. En el décimo y último estadio, logra la omnisciencia –cual *buddha*– con poderes ilimitados. Una de las principales innovaciones del Mahayana consistirá en adoptar este modelo como patrón ideal para todos los seguidores. Sin embargo, el modelo resulta tan sobrehumano que los *bodhisattvas* son, por lo general, seres míticos. Son figuras que han sacrificado la meta del nirvana del *arhat* (que implica un cierto abandono del mundo) en favor del despliegue absoluto del altruismo y la compasión en este mundo. Por tanto, sirven de mediadores con los devotos, dado que su participación compasiva en los asuntos del samsara los hace próximos y asequibles. En este sentido, el gran maestro Shantideva pudo decir, hace 1.300 años, que el nirvana no se obtiene, sino que «se *da* a los demás seres vivos».[83]

Entre estos *bodhisattvas* destacan Avalokiteshvara, Maitreya [véase FIG. 22], Mañjushri, Samantabhadra, Vajrapani o Kshitigarbha. Muchos son representados con el atuendo principesco de los reyes (y no los hábitos de los monjes, propio de los *buddhas*). Puesto que estas figuras son virtualmente *buddhas*, se las venera con la misma reverencia y admiración que a estos.

Entre los *buddhas*, aparte Shakyamuni, sobresalen los "cinco *buddhas*" cósmicos (que pueden aparecer juntos o por separado): Amitabha, Akshobhya, Ratnasambhava, Amoghasiddhi y Vairochana. Muy popular es también Bhaishajyaguru, el *buddha* "Maestro de la sanación". Pero la lista es muy extensa.

Según el budismo Mahayana, incontables *buddhas* se replican y predican el Dharma en innumerables universos. La idea de la omnipresencia del Buda se popularizó entre los siglos III y IV. Suele combinarse con la del loto como imagen cósmica. Cada pétalo representa un mundo y está ocupado por uno de los infinitos *buddhas*. Aunque no todos los mundos tienen necesariamente un *buddha* activo en todo momento (un *buddha* es un ser raro que aparece tras varios cientos de miles de años), aquellos universos que tienen esa fortuna son conocidos como "campos búdicos" (*buddhakshetras*). En el trasfondo (quizá inspirado en las leyendas de los *jatakas*) subyace la idea de que un *buddha* no puede extinguirse con el nirvana, pues eso sería inconsistente con su enseñanza de la compasión. De modo que fue desarrollándose el culto a sus reliquias, meditaciones sobre sus atributos para visualizar su presen-

**FIGURA 22:** El futuro *buddha* Maitreya. Monasterio de Tikse, Ladakh (Jammu & Kashmir), India. (Foto: Agustín Pániker).

cia y hasta la idea de que los *buddhas* y *bodhisattvas* permanecen en estos campos búdicos para ayudar a los demás seres.

Entre los discípulos del Buda sobresalen figuras de *arhats* como Mahakashyapa, Shariputra o Ananda. La iconografía budista se ampliará considerablemente con el desarrollo del budismo tántrico. Al panteón clásico se incorporarán múltiples "guardianes" (del Dharma, de las cuatro direcciones, etcétera), como el "Gran negro" (Mahakala), o las contrapartidas feroces de los *buddhas*, más los grandes yoguis (*siddhas*) del tantra.

*Buddhas* y *bodhisattvas* no son solo modelos que hay que emular, sino que son auténticos salvadores. Paradigmático es Avalokiteshvara ("El que todo lo ve"), un *bodhisattva* que tendrá –y aún posee– una extraordinaria popularidad en la vasta zona de influencia del Mahayana: China, Japón, Vietnam o el Tíbet (conocido con nombres como Guanyin, Kannon o Chenrezi). Viene a ser la encarnación del ideal de la compasión [véase FIG. 14]; de modo que, según se requiera, puede adoptar la forma de un monje, una diosa, un animal, un *arhat*, un ser infernal o una serie continuada de grandes lamas. Se dice que pronunciando con devoción y pureza de mente su mantra o su nombre, Avalokiteshvara es capaz de salvarnos de accidentes, catástrofes, demonios y hasta concedernos hijos. Por ello, suele ser representado con múltiples brazos, símbolo de su capacidad activa y compasiva. En China, Taiwán o Japón (donde adquiere rasgos femeninos), la *bodhisattva* está asociada a multitud de leyendas. Algo similar sucede con la *bodhisattva* Tara (Drölma en Tíbet), que nos protege de serpientes, bandidos, incendios, ogros o felinos. O el caso aún más emblemático de Dharmakara, que tomó el voto bodhisáttvico de convertirse en *buddha* solo cuando su mérito kármico fuera lo suficientemente gigantesco como para generar un "campo búdico" (concepto que transmigrará en Extremo Oriente bajo el nombre de "tierra pura"), en el que puedan renacer aquellos que generan la *bodhichitta* (la mente que anhela el despertar) y pongan su mente en el *buddha* o mediten en el nombre del *buddha* con plena consciencia en el momento de la muerte. De esta forma, el *bodhisattva* Dharmakara se manifestó en el *buddha* Amitabha ("Luz infinita", conocido en China como Amituo [véase Fig. 36] y en Japón como Amida [véase Fig. 23]), que preside sobre la tierra pura de Sukhavati ("Tierra de la felicidad"), verdadero paraíso celestial del budismo Mahayana. Iconográficamente, se le suele representar en posición de meditación sobre una flor de loto. La capacidad del *bodhisattva* para manifestar un *buddha* para el bien de los demás desdibuja la distinción entre estas dos figuras.

Otra tierra pura famosa es Abhirati ("Tierra de la suprema alegría") del *buddha* Akshobhya ("el Imperturbable"), iconográficamente representado en la posición del despertar (apoyando los dedos sobre la tierra). ¿Y cuál es el campo búdico del *buddha* Shakyamuni? Nuestra Tierra, por supuesto. Maitreya será el futuro *buddha* de nuestro campo búdico, cuando envíe su cuerpo fantasmal para predicar de nuevo el Dharma. Mientras no aparezca, Maitreya se mantiene como *bodhisattva* en el cielo Tushita. En China –conocido como Mile– fue muy común representarlo también como Budai, el "Buda de la risa" (Hotei en Japón), manifestación de Maitreya bajo la guisa de un panzudo y riente monje que porta un hatillo (*budai*).

Hay quien ha propuesto que el origen de algunos *buddhas* y paraísos celestiales es centroasiático o persa, lo cual es factible (en especial la figura de Mara). Lo cierto, sin embargo, es que Amitabha (identificado con Amitayus, el "*buddha* de la luz resplandeciente") posee tantas cualidades del dios Zurvan del zoroastrismo iranio como de los *devas* hindúes. A la vez, su tierra pura está representada al modo de los palacios chinos. (Estos paraísos utópicos son, en realidad, bastante comunes a muchas tradiciones, como muestra un repaso al Jerusalén celestial o la República ideal de Platón.)

**FIGURA 23:** El Daibutsu ("Gran Buda"), gigantesco bronce del *buddha* Amida de la escuela Jodo-shu. Kamakura (Kanagawa), Japón, 1252. (Foto: Takeshi Kuboki/Wikimedia Commons).

Sea como sea, está claro que desde hace mucho tiempo la devoción ha desempeñado un destacado papel en el budismo; y las prácticas de culto, peregrinación y circunvalación, o los rituales de protección con imágenes, amuletos o *sutras* han estado muy presentes en todos los países budistas. Puede que el Buda criticara el ritual brahmánico (en especial, el sacrificio animal) y su papel de cara a la liberación, pero en ningún lugar se detecta en Shakyamuni una actitud negativa ante la fe o la devoción.

Las imágenes de estos *buddhas*, *bodhisattvas* y otros seres del panteón desempeñaron un papel fundamental en la propagación del budismo. Piénsese que los textos han estado siempre en manos de la diminuta élite letrada. Los *sutras* –que para los modernos nos resultan esenciales en el estudio o la comprensión del budismo– fueron desconocidos para la inmensa mayoría de los budistas de otros tiempos. Las imágenes, en cambio, son veneradas y visualizadas diariamente por millones de devotos (monjes o laicos). Por la misma razón, los *sutras* van siempre ilustrados.

Una estatua –ritualmente consagrada– del Buda es más que un símbolo del Despierto o de los ideales a los que uno aspira: es el mismísimo Buda. Se entenderá, por tanto, que el propósito del arte budista trascienda las consideraciones estéticas y abarque una honda dimensión ritual y espiritual. Las imágenes pueden ser soportes para la meditación y símbolos que reflejan los ideales a seguir. Esto queda patente en las imágenes de diosas –como Tara, Prajñaparamita o las *dakinis*– que representan la gnosis, el conocimiento y la compasión. Para los devotos, sin embargo, el carácter ritual de la imagen antecede casi siempre al meditativo. Las estatuas son receptáculos de la devoción. Los propios mandalas tibetanos sirven de "residencia" de los *buddhas* y *bodhisattvas* que se invocan para adquirir mérito. Solo en las visualizaciones tántricas más elevadas puede decirse que sirven para la expansión de la consciencia.

# 25. El ocaso del budismo en la India

Aunque en Occidente se tiene al budismo por una espiritualidad ultramundana con poco espacio para la devoción, en el capítulo anterior hemos comprobado cuán distinta ha sido la realidad. De hecho, fue este budismo repleto de seres que pueden ser objeto de la admiración de monjes y laicos el que generó la "reacción" hinduista, con la consecuente elevación de un "señor" (*ishvara*) –normalmente Shiva, alguna forma de Vishnu (Krishna o Rama) o la Devi–, capaz de competir en popularidad con los *buddhas* y *bodhisattvas* del budismo o los *tirthankaras* del jainismo.

En efecto, en los primeros siglos de nuestra era, en especial durante la dinastía Gupta, floreció con ímpetu el "hinduismo de templo" (la antigua religiosidad védica era anicónica y no requería de templos). Ahora los hindúes ya no solo querían "oír" lo divino a través de las letanías sagradas, sino que querían "verlo" en imágenes. En buena medida, esta forma religiosa y sus nuevos dioses supusieron la reformulación brahmánico-popular ante el ascenso de las tradiciones shramánicas. El hinduismo se consolidaría como la expresión religiosa hegemónica en la India. No solo transformaría el brahmanismo y la religión védica, sino que lograría desplazar al resto de movimientos religiosos a posiciones más periféricas. Lo que sutura estos procesos concatenados fue el desarrollo de una práctica altamente devocional que, en todas las tradiciones (pero

de forma especial en el hinduismo), derivará en una democratiza-
ción de lo religioso. Esta religión del amor va de la mano de una
audaz ampliación de la tradición, en especial con la popularización
de las epopeyas (*Mahabharata* y *Ramayana*) y las "crónicas antiguas" (*puranas*), que resultaron ser extraordinarios vehículos para
integrar mitologías, divinidades, prácticas, cultos y cosmovisiones
locales al lado de la tradición brahmánica basada en los *vedas*.

Después de florecer por más de mil años, el budismo empezaba
a languidecer en la tierra que lo vio nacer. Con todo, pensadores
notables como Chandrakirti, Dharmakirti o Shantideva, autores de
tratados filosóficos y de lógica de gran calado, aún denotan una
fuerte creatividad intelectual.

Un duro golpe al budismo lo asestó el rey huno Mihirakula, que
arrasó el Imperio gupta y destruyó 1.600 establecimientos budistas de la India noroccidental a principios del siglo VI. El último gran
emperador indio de inspiración ashokiana fue Harsha, dirigente
de Kanyakubja en el siglo VII. El peregrino chino Xuanzang, que
fue huésped suyo, observó que las escuelas del budismo Nikaya
todavía eran preeminentes, pero ya notó que iban quedando con-
finadas a la franja occidental de India. Da a entender –algo incon-
gruentemente– que la mitad de los monjes indios se adherían al
Mahayana. Por entonces, ya asomaba el budismo de corte tántrico.
(Como veremos en otro capítulo, el ocaso del budismo indio no
significa su estancamiento, ya que aún va a deparar un desarrollo extraordinario para la espiritualidad asiática: el tantra.) A la
muerte de Harsha, solo la dinastía Pala de Bengala favorecería el
budismo, manteniendo emblemáticos monasterios como Odantapura, Nalanda, Jagaddala o Somapura, a los que acudían monjes de
China, Corea y Japón. (De hecho, en toda la historia del budismo
indio, únicamente los palas intentaron hacer del budismo la religión de Estado.) Aunque gracias a los palas los estudios budistas

perdurarían hasta mediados del siglo xii, en el x el budismo era un fenómeno ya claramente marginal en la India.

Las causas de este retroceso son múltiples y concatenadas. Por un lado, parece que el budismo gravitó en exceso alrededor del Samgha monástico, en detrimento del Samgha seglar. Alejada de los seguidores laicos, la comunidad de monjes no puede prosperar. Está probado que los siglos que van del vii al xi vieron crecer de forma desmesurada los monasterios. Léanse, una vez más, las descripciones del peregrino Xuanzang. La orden fue perdiendo el mecenazgo de caudillos y reyes, para quienes resultaba muy costoso mantener esas gigantescas instituciones; y se decantaron por erigir pequeños templos a los *devas* hindúes, que protegían el reino lo mismo que los *buddhas* y los *bodhisattvas*. En otras palabras, el budismo perdió proximidad, legitimidad y hegemonía.* Por otro lado, el budismo fue haciéndose indistinguible del hinduismo (en el ritual, notablemente con el desarrollo del devocionalismo y el tantra;** en la mitología, con la malévola incorporación del Buda como avatar de Vishnu, pero también en la filosofía, en particular frente al Vedanta).*** La noción típicamente india de paulatino deterio-

---

* Se detecta, asimismo, cierta relajación del espíritu monástico. Los pequeños retiros, convertidos en grandes monasterios, con tierras de cultivo, siervos y hasta lujos (y, en algún caso, lujurias), serían blanco de las críticas de los jainistas (que optaron por "retornar" al espíritu renunciante y mendicante de sus orígenes shramánicos) y, naturalmente, de los brahmanes.

** Por ejemplo, la noción de un *buddha* primigenio o Adibuddha (generalmente Vairochana, de cuyo "embrión" emanan los otros *buddhas* y puede que hasta el mundo), bien que fuera una doctrina tántrica secreta, llegaba a desviarse tanto de la enseñanza original budista que resultaría indistinguible de muchos movimientos hindúes.

*** Filosóficamente hablando, el Vedanta Advaita formulado por Gaudapada y continuado por Shankara, considerado hoy la filosofía central del hinduismo, fue en muchos aspectos el continuador del pensamiento no dualista del Mahayana. Hasta el punto de que algunos budistas hoy proclaman, con ironía, pero no sin algo de razón, que el budismo sobrevivió —y de hecho florece— en la India bajo la forma del Vedanta no dualista. Además, Shankara fundó una orden monástica de renunciantes (un *samgha*), todavía muy activa, caso único en el hinduismo.

ro del Dharma (concebido a la manera budista, jainista o hindú) ganaba enteros. A medida que palidecía, muchos budistas indios emigraron a Sri Lanka, Nepal o el Tíbet. Para colmo, en el siglo XII cayó la probudista dinastía Pala y los ejércitos turco-afganos dieron el definitivo toque de gracia al destruir los últimos monasterios en la zona de Bihar. Cuando el monje tibetano Dharmasvamin llegó a Bodh-Gaya en el 1234 solo halló cuatro monjes en el lugar. Las invasiones afganas alteraron sin remedio la economía agraria del valle del Ganges de la que dependía el Samgha. En el sur, el budismo aguantaría hasta el siglo XIV. Pero en el XVI, incluso Bodh-Gaya había pasado a estar dirigido por sacerdotes hindúes.

Hoy, todos los budistas de India proceden de tres ámbitos diferenciados. En primer lugar, del mundo cultural y lingüístico tibetano de ciertas regiones del Himalaya indio (Ladakh, Sikkim, Spiti, Lahaul, Arunachal). Desde los 1960s, este ámbito ha ido creciendo gracias a la diáspora de refugiados tibetanos tras la invasión china del Tíbet. En los estados indios de Himachal Pradesh y Sikkim residen hoy muchos lamas emblemáticos. En segundo lugar, otro colectivo se encuentra en pequeños reductos de los estados del noreste, directamente ligados al budismo Theravada de Birmania y Bangladesh, reforzados a finales del siglo XIX cuando la Mahabodhi Society –fundada por el laico cingalés Anagarika Dharmapala– emprendió su labor de "recuperación" de los lugares sagrados de Bengala y Bihar. Finalmente, tenemos a los nau-bauddhas o ambedkaritas, en su mayoría miembros de castas exintocables, seguidores del líder *dalit* Bhimrao R. Ambedkar, que realizó conversiones en masa al budismo en los años 1950s como forma de protesta política y cambio de identidad socioespiritual. Ambedkar, considerado cual *bodhisattva* por sus seguidores, enfatizó los aspectos del budismo que liberan del yugo social. Él fue uno de los grandes precursores del llamado budismo "socialmente comprometido".

Estos neobudistas, que hoy superan los 8 millones, están dispersos por amplias zonas de la India central. Desde un punto de vista espiritual, muchos gravitan alrededor de la orden ecuménica Triratna, establecida por el monje británico Sangharakshita. Gracias a las medidas introducidas por el propio Ambedkar (padre de la Constitución de la India), los exintocables de la India se benefician hoy de una generosa política de acción afirmativa.

La India independiente –en especial la de sus primeras décadas, precisamente en tiempos de Ambedkar– se decantó por "rehabilitar" la figura del Buda. Eso fue patente en su primer *premier* Jawaharlal Nehru. Aunque nunca se declaró budista, no ocultó sus simpatías por esta tradición. Tomó el símbolo de la "rueda del Dharma" como emblema para la bandera del nuevo país y el "león" de los capiteles ashokianos se plasmó en sellos, pasaportes y billetes. (La moderna República India, empero, tendió a identificarse más con el Estado ashokiano que no con el budismo en sí.)

Entre los hindúes urbanos de clase media se da hoy una cierta reivindicación –un punto chovinista– de la figura del Buda como maestro espiritual universal (una posición que contrasta con la animadversión brahmánica tradicional), destacando el carácter índico y *moderno* de su enseñanza.

# 26. La irradiación del budismo

En retrospectiva, podemos considerar el budismo como la religión misionera más antigua de las conocidas. Muchos siglos antes de su ocaso en India, el budismo ya se había expandido por medio Asia. De hecho, hay quien ha conceptualizado dicha expansión como la forma en que la India –por lo general, alérgica al proselitismo– logró formalizar un mensaje espiritual realmente universal.

### Upaya-kaushalya

Durante siglos, dicho mensaje pudo vehicularse gracias a una doctrina extremadamente importante. En sánscrito recibe el nombre de *upaya-kaushalya*, que suele traducirse por fórmulas como los "medios hábiles" o "pericia en la acción" (en especial cuando se refiere a la capacidad de un *buddha* o un *bodhisattva* de valerse de distintos "medios" para guiar a los seres), pero que en nuestro recuento histórico es preferible traducir por "adaptación al contexto" o "flexibilidad". Una virtud muy índica, por cierto.

Esta doctrina explica, por ejemplo, la aparición de nuevos *sutras* muchos siglos después de muerto el Buda, ya que –gracias a su "pericia en la acción"– él habría enseñado en un lenguaje adaptado a los oyentes de su época y habría reservado las enseñanzas más elevadas para cuando –en tiempos del Mahayana, pongamos por caso– la audiencia pudiera entenderlas en toda su profundidad.

Este ardid hermenéutico también permitía explicar las contradicciones doctrinales que el Buda parece respaldar en los *sutras*. Con todo, no hay que pensar que la doctrina fuera una innovación del Mahayana, ya que también posee su importancia en el Theravada. Asimismo –y ahí es donde la acepción de "flexibilidad" cobra pleno sentido–, la doctrina explica la expansión del budismo por multitud de sociedades asiáticas; y cómo pudo hacerlo sin necesidad de la espada. Porque el *upaya-kaushalya* exige que los emisarios o misioneros budistas adapten la enseñanza a la cultura local. Qué problema hay en seguir venerando espíritus y divinidades locales o recurrir a encantamientos (o a fármacos modernos) para conseguir beneficios mundanales. Para apuntar a la liberación tenemos las "tres joyas", de eso no hay duda, pero para las metas más prosaicas...* En consecuencia, apenas ha habido en la historia del budismo erradicación de las prácticas y creencias locales prebudistas, sino una difusión gradual y notablemente pacífica de un mensaje acomodado y adaptado a las diferentes idiosincrasias.

Esto no significa que no hayan existido tensiones con cultos prebudistas. Siguiendo el modelo de convertir a los *yakshas* de la tradición popular india en devotos del Buda (o de asociar a la cosmología budista los *brahmas, maras, asuras* y demás espíritus de las cosmologías panindias), el budismo fue incorporando y subordinando infinidad de cultos, ya fuera en Sri Lanka (*devas*), Tíbet (*chös-kyongs*), Birmania (*nats*), Japón (*kamis*) o Tailandia (*phii*). Estas divinidades y espíritus locales fueron "convertidos" al budismo, mientras diosas benevolentes se asimilaron a renombra-

---

* Esta flexibilidad y escaso interés en pronunciarse sobre asuntos mundanales (como el trabajo, la familia, las relaciones sociales, la cosa pública, etcétera) ha demostrado su eficacia para adaptarse a la modernidad. A diferencia de otras tradiciones, los líderes budistas no se han encallado en exceso en tratar de dominar el discurso sobre muchos de estos aspectos.

dos *bodhisattvas*. Algunos de los que "rehusaron" subordinarse se transformaron en demonios. Muchos otros, empero, mantuvieron su autonomía en cultos locales (sintoísmo, taoísmo, bön, hinduismo, culto a los *nats*, etcétera) con los que el budismo siempre ha convivido. Recordemos que el Samgha monástico vive de la generosidad de los laicos, de modo que siempre ha habido en el budismo un poderoso motivo económico que favorece la tolerancia hacia los cultos y creencias populares.

Como en sucesivos capítulos vamos a ver, las tensiones principalmente se han dado entre las distintas escuelas y corrientes budistas. Japón y el Tíbet son paradigmáticos. O entre el Estado y el Samgha. La historia de la expansión del budismo, como toda historia humana, no está falta de conflicto. El discurso que idealiza un budismo como una idílica religión de la paz no se sostiene. Es indiscutible que los textos clásicos enfatizan la no violencia o el cultivo de la paciencia ante un agresor. Cuando al Buda se le preguntó qué asesinato estaría dispuesto a aprobar, él contestó que los nobles solo celebran la muerte del odio. Al guerrero caído en el campo de batalla no le aguarda ningún paraíso celestial, sino uno de los tenebrosos infiernos, ya que en el momento de su muerte su mente está ofuscada por el odio y la violencia. Ahora bien, con el paso del tiempo, y a medida que el budismo se involucró en la historia de distintas sociedades, está claro que el ideal pacifista de las fuentes antiguas no impidió a los monjes budistas conducir en la práctica campañas militares o dominar las artes guerreras. No solo los monjes se han involucrado en la guerra y la política, sino que la típica noción occidental de "guerra justa" (que encontramos también en el *Artha-shastra* brahmánico) ha sido suscrita –aunque de forma menos sistemática– por los budistas de diferentes épocas y países. La dialéctica del heroísmo no es ajena a las tradiciones budistas. Lo demuestra la participación del Samgha en conflictos como los del Estado de Sri Lanka con los tamiles, el de Tailandia con los malayos, Birmania con los rohinyás o el de Japón en su expansionismo militar durante la primera mitad del siglo xx.

En líneas generales, empero, y si el cristianismo y el islam tendieron a valorar una actitud "comisaria" en su expansión, hay que reconocer que el carácter universalista y misionero del budismo ha tenido una vocación más cortés o "emisaria".

## Tres focos de irradiación

Cronológicamente, el primer foco de emisión o irradiación del budismo fue el centro de la India (de donde parece provenir la lengua pali), la zona sudoriental (hoy Andhra Pradesh) y la isla de Sri Lanka. El fruto de esta irradiación –que se inició un par de siglos antes de nuestra era y se prolongó durante casi un milenio– es el actual budismo Theravada.

El segundo foco fue el de la zona noroccidental del Sur de Asia (Punjab, Cachemira, Gandhara) y Bactriana (Afganistán). Esta irradiación, muy activa entre los siglos i y vii, gravitó alrededor del budismo Mahayana.

El tercer foco se condensó más tarde, entre los siglos vii y xii. Se situó en el nordeste de la India, en la zona de la "gran Bengala" (incluye Bihar, Bangladesh o Assam), más algunos puntos del Himalaya occidental (en Cachemira y el actual Pakistán). Esta irradiación dio lugar a las formas que genéricamente llamamos Vajrayana.

Como es obvio, esto es una simplificación, pero válida para nuestro propósito didáctico, ya que es fácil de ubicar geográfica y cronológicamente [véase Fig. 24].* Incluso puede hablarse de una

---

* Algunos apologetas de las distintas corrientes han visto un sentido en este desarrollo. Para algunos theravadins, por ejemplo, su modalidad de budismo es la "original", mientras que los desarrollos posteriores del Mahayana y el Vajrayana habrían sido concesiones a las masas y hasta formas corrup-

cuarta irradiación, la del budismo occidental. A diferencia de las anteriores, sin embargo, no procede de ningún espacio de la India, sino de múltiples centros (Sri Lanka, Birmania, Corea, Japón, Tíbet, etcétera), y no está asociada a ningún vehículo (*yana*) en particular.

Centrémonos, de momento, en las tres irradiaciones "clásicas". En la dinámica de estas irradiaciones pueden distinguirse, *grosso modo*, dos grandes fases. La primera es de "apropiación": cuando se introducen las prácticas budistas, se traducen los textos, se fundan los monasterios (generalmente con apoyo estatal), se establecen los lugares de culto y peregrinación y se mantiene un contacto directo con el país transmisor: India (en el caso de Sri Lanka, China o Tíbet), Sri Lanka (para Tailandia o Birmania), China (para Corea o Japón), Tíbet (para Mongolia o Bután), etcétera. La segunda fase corresponde a la plena "integración" del budismo en la cultura y la sociedad locales. Es entonces cuando se desarrollan escuelas de pensamiento que no tienen contrapartida india, se incorporan deidades o espíritus locales y los monjes desempeñan de forma natural el trabajo de sacerdotes, chamanes o sanadores.

En estos procesos de integración, siempre cuaja aquello del budismo que ya *resuena* en el nuevo contexto cultural, o lo que es asimilable para las prácticas culturales de la sociedad que lo acoge. En cierto sentido, los prejuicios y preconceptos que la cultura de recepción superpone sobre el budismo acaban por reinterpretarlo y transformarlo. De ahí la gran variedad de budismos que hallamos

---

tas del budismo. Por su parte, algunos mahayanistas entendieron –o entienden– que su modalidad es una restauración de la genuina senda altruista y compasiva que el viejo budismo Nikaya –que caracterizan peyorativamente de *hinayana* o "pequeño vehículo"– había olvidado. Por su parte, algunos seguidores del Vajrayana sostienen que los tres *yanas* formarían una jerarquía y su modalidad representa la culminación de las fases anteriores. Desde nuestra óptica, estas tres perspectivas son simplistas, propagandísticas y, como comprobaremos, poco rigurosas. Sería sano abandonar tanto la teoría evolutiva como la degenerativa de los tres vehículos.

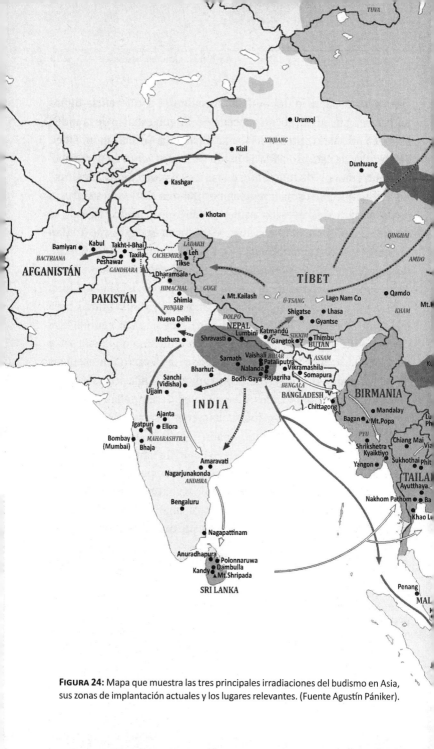

**FIGURA 24:** Mapa que muestra las tres principales irradiaciones del budismo en Asia, sus zonas de implantación actuales y los lugares relevantes. (Fuente Agustín Pániker).

nbaatar

LIA

Yungang
Pekín (Beijing)
Mt.Wutai ▲

Kaesong
Seúl

COREA
NORTE

COREA
SUR

JAPÓN

(Chang'an)
Longmen (Luoyang)
▲ Mt.Shaolin

CHINA

Tongdosa    Bulguska

Mt.Hiei
Eihei-ji
Tokyo
Kamakura
Osaka    Kyoto    Mt.Minobu
Mt.Koya ▲    Nara
Seiganto-ji

Mt.Jiuhua ▲
Hangzhou
Shanghai
▲ Mt.Putuo

Taipei

TAIWÁN

Cantón (Guangzhou)
Hongkong

Hue

VIETNAM

Chi Minh (Saigón)

DONESIA
rta

obudur ●● Candi Sewu

**LEYENDA:**

Zona de **origen** del budismo

Irradiación del **budismo Nikaya**
Irradiación del **Theravada**
Irradiación del **Mahayana**
Irradiación del **Vajrayana**

Zona de predominancia **Theravada**

Zona de predominancia **Mahayana**

Zona de predominancia **Vajrayana**

● Lhasa    **Ciudades,** lugares
                  y **tirthas** emblemáticos

LAOS    **Países**

*BIHAR*    **Regiones** históricas
                  o culturales

en el mundo. Esto es más palpable cuanto más estructurada está la sociedad de acogida, como fue el caso de la China de los primeros siglos de nuestra era o el Occidente de los últimos cien años.

Aunque existen importantes diferencias entre las distintas corrientes y las variaciones puedan parecer extremas a los ojos de los no budistas, en ningún caso un budista de cualquiera de estas épocas o países admitiría que sus prácticas o creencias no pueden remontarse a las "tres joyas": el Buda, el Dharma y el Samgha.

En la irradiación y acogida del budismo, no solo los monjes desempeñaron un destacado rol; también los comerciantes, los traductores, los peregrinos, los dignatarios, los artesanos, los marinos, etcétera. Y, como dijimos, el papel que jugaron las imágenes de *buddhas*, *bodhisattvas*, *siddhas* y demás figuras del panteón fue asimismo esencial. Aunque la iconografía budista asiática se ajusta a los protocolos indios marcados en la dinastía Gupta, en cada país se operaron importantes transformaciones y adaptaciones. Veremos ejemplos.

Esta expansión por sociedades tan diversas refleja el carácter cosmopolita y el mensaje universal e intemporal del budismo. No obstante, en muchos países donde el budismo cuajó, fuera en Birmania, Sri Lanka, Tailandia, Japón o el Tíbet, el budismo no solo entró como una "religión", sino como un activo movimiento cultural y civilizacional, de suerte que pronto se convirtió en un elemento "nacional". De ahí que haya primado también el sentimiento nacional (con más fuerza, lógicamente, tras la irrupción del "nacionalismo", uno de los credos de la modernidad) ante cualquier supuesta identidad budista transnacional. (No ha existido una *umma* budista o comunidad de creyentes universal, aunque los vectores de la globalización empiezan a darle ya cierto contorno.) Lo comprobaremos al relatar las microhistorias budistas de los diversos países.

# 27. Los "cánones" del budismo

Un papel notorio en la propagación del budismo lo ha tenido la clásica noción índica de *sonido sagrado*. La recitación de *sutras*, que arranca siempre con el mantra "Así lo he oído...", adquirirá en Asia un carácter talismánico. A determinados textos se les atribuirán poderes salvíficos, protectores, curativos y auspiciosos. Más que leídos, los *sutras* han sido oídos (y todavía hoy, muchos laicos pagan a monjes para que vengan a sus hogares a recitarlos [véase Fig. 52]). De ahí la popularidad de las *dharanis* (fórmulas mágicas) y los mantras.

Ello nos sirve para recordar que el papel que han tenido los textos en las culturas budistas ha sido distinto del que la modernidad –y el budismo occidental– atribuye a los libros. Los monjes tibetanos que murmuran y memorizan los textos sagrados no los "leen", sino que se enfrascan en una actividad ritual, pedagógica y meditativa de carácter estrictamente monástico. Sirvan estas consideraciones antes de abordar la voluminosa producción literaria del mundo budista.

## El "canon pali"

En el primer foco de irradiación, muy dinámico en los tres primeros siglos antes de nuestra era, fue tomando contorno un gigantesco "canon" budista formado por las ya aludidas "tres canastas"

(*tri-pitaka*) o colecciones de enseñanzas, transmitidas oralmente
por los monjes de la escuela Theravada: 1) la canasta de los *sutras* (pali: *suttas*), que comprende el gran corpus de sermones del
Buda; 2) la canasta del *vinaya*, con las reglas de conducta para la
comunidad monástica; y 3) la canasta del *abhidharma* (pali: *abhidhamma*), textos escolásticos que buscan sistematizar la enseñanza
de los *sutras*.

La primera "canasta", que es sin duda la más interesante y
legible, se subdivide en cinco "colecciones" de *sutras* (llamadas
también *nikayas*), organizadas más o menos según la extensión de
los sermones: 1) El *Digha-nikaya* es la "Colección de los discursos
largos" (como el *Mahaparinibbana*, sobre los últimos días de la vida
del Buda, o el *Mahanidana*, sobre la originación dependiente); y
parece orientada a una audiencia "popular" o menos familiarizada
con los principios budistas; 2) el *Majjhima-nikaya* es la "Colección
de los discursos medianos" (como el *Satipatthana* o el *Anapanasati*,
textos medulares para la meditación); pensada más en clave "interna"; 3) el *Samyutta-nikaya* constituye la "Colección de los discursos [cortos] agrupados temáticamente" (del estilo de "los factores
del despertar" o las "cuatro nobles verdades", grupo en el que se
ubica, por ejemplo, el "Sutra de Benarés"); útil para la transmisión
monástica; 4) el *Anguttara-nikaya* es la "Colección de los discursos
[cortos] agrupados numéricamente" (según si contiene un tema,
dos, tres... hasta once, un viejo recurso mnemónico); con material
tanto para laicos como para monjes; y 5) el *Khuddaka-nikaya* o "Colección de textos menores" posee *sutras, gathas* y *jatakas* dispersos
(entre los que encontramos textos como el *Dhammapada*, el *Udana*, el *Mahaniddesa* [véase Fig. 25], el *Sutta-nipata* o los poemas
de los monjes y monjas de los primeros tiempos), muchos de los
cuales fueron compuestos en verso o en un híbrido entre prosa y
poesía.

Algunos *sutras* se repiten en varios *nikayas*. El de los sermones largos contiene solo 34 *sutras*, el de los medianos 152, pero el *Samyutta* cuenta con casi 3.000 discursos breves y el *Anguttara* reúne unos 2.400. Para darnos una idea, la recensión impresa en inglés de todos los *sutras* ocupa unas 5.500 páginas (más otro millar del *vinaya*).

Puesto que este canon se transmitió en lengua pali (una *lingua franca* híbrida que se sirvió de los prácritos o vulgatas del sánscrito para facilitar la diseminación de la enseñanza), también se conoce como "canon pali". El uso y utilidad del pali (posiblemente empleado en monasterios cercanos a Vidisha y Sanchi, en la India central) ha sido semejante al del latín para el catolicismo. Pero a diferencia del latín respecto al arameo de Jesucristo, el pali sí está muy próximo al prácrito que habló el Buda. Al menos, forma parte del mismo universo lingüístico, cultural y mental en el que se gestó el budismo.

En un cuarto concilio (estrictamente theravadin) que tuvo lugar en Sri Lanka, a partir del -88, se revisó este gigantesco corpus y empezó a transcribirse en hojas de palmera por primera vez, quizá por temor a su pérdida o a su manipulación.

El canon pali es normativo para el budismo Theravada. Al pertenecer a una única escuela, este material posee un notable grado de uniformidad y coherencia. Pero recuérdese que otras escuelas del budismo Nikaya (antiguo) también tuvieron sus *tri-pitakas* o *agamas*, estructurados de forma muy similar, transmitidos en otros prácritos y hasta en un híbrido sánscrito. (Por ejemplo, el *Majjhima-nikaya* theravadin se corresponde con el *Madhya-agama* sarvastivadin, y así con otras colecciones o canastas.) No obstante, ninguna de las demás escuelas del budismo Nikaya ha llegado hasta nosotros. Y puesto que el canon en lengua pali es el más antiguo de los que sobreviven, desde el propio mundo theravadin se ha promovido la idea de que su canon es el "auténtico" y lo más parecido a un "budismo original".

Es incuestionable la antigüedad de este corpus escritural. Muchos de los diálogos que recogen los *sutras* debieron haber tenido lugar, quizá no *verbatim* (por su estructura, está claro que fueron compuestos para ser memorizados), pero sí deben recoger las enseñanzas principales del Buda histórico. Los budólogos aseguran que en algunos fragmentos –de las colecciones de *sutras* "largos" y "medianos" o ciertas reglas del *pratimoksha*– resuena el eco de Gautama. Está fuera de toda duda que la recensión en pali constituye un titánico esfuerzo por "recordar" la enseñanza del Buda. Pero, como hemos dicho, hoy se sabe que este canon fue solo uno de los que el budismo Nikaya generó y en modo alguno los desarrollos posteriores derivan –o se desvían– de la enseñanza que esta tradición recoge. Téngase en cuenta que los *sutras* en pali se revisaron y fijaron de forma escrita en el siglo -I, tres o cuatro siglos después del *parinirvana*, más o menos al mismo tiempo que empezaban a transcribirse en India los *sutras* del budismo Mahayana. La verdad es que el budismo Theravada ha sufrido notables desarrollos y en modo alguno puede considerarse un calco petrificado del budismo de 2.000 años de antigüedad.

Con todo, el canon pali constituye una herencia común a *todo* el budismo, ya que ni el Mahayana ni el Vajrayana lo repudiaron. De hecho, grandes filósofos mahayánicos como Nagarjuna o Asanga entendían este material (en especial, la "canasta de los *sutras*") como genuina "palabra del Buda" (*buddha-vachana*). Su discrepancia tendrá que ver con la a todas luces posterior "canasta del *abhidharma*", que es el material exegético que trata de sistematizar las enseñanzas según cada corriente de pensamiento del budismo Nikaya.

Aunque antagonizaran en puntos de la doctrina o la práctica, las escuelas budistas se influyeron mutuamente y mantuvieron un estrecho contacto. Como veremos, el Mahayana no representa ninguna secta o escisión. Es una corriente de opinión. Buen ejemplo de esos trasvases y contactos lo tenemos en Vasubandhu, uno de los mayores pensadores que ha dado el budismo, que originalmente gravitó en el Sarvastivada (escuela del budismo Nikaya), se aproximó al Sautrantika (otra escuela nikáyica), pasó luego a defender el Yogachara (una filosofía del Mahayana) y –dicen que– acabaría consagrado al culto a Amitabha (budismo devocional). (Claro que la opacidad historiográfica india permite también conjeturar sobre la existencia de dos o más Vasubandhus.)

## Los textos del Mahayana

El Mahayana no posee un "canon". Existe una gran cantidad de *sutras* y textos de orientación mahayánica y cada escuela tomará de ese "pozo" aquellos que se adecúen a sus formulaciones. A la inversa, las posiciones de algunos *sutras* ayudarán a dar contorno a varias escuelas del Mahayana.

Aunque, como hemos dicho, el Mahayana jamás negó la autenticidad de los *sutras* y el *vinaya* del *tri-pitaka* pali, nunca les prestó demasiada atención. Algún material –como el "Sutra del rey Ajitasena" (*Ajitasena-sutra*) o el "Sutra del arbusto de arroz" (*Shalistamba-sutra*)– es tenido hoy como protomahayánico.

Los primeros textos que abiertamente rechazaron el carácter canónico de la "canasta del *abhidharma*" del budismo Nikaya son los que genéricamente conocemos como "Sutras de la perfección de la sabiduría" (*Prajña-paramita-sutras*), compuestos en sánscrito. Aunque decían ser "palabra del Buda", no asomaron hasta los siglos -I y +I (por lo que son considerados apócrifos por el budismo Theravada). Aun así, eso no sería mucho después de la aparición de los *abhidharmas*; con lo que pueden considerarse tan genuina-

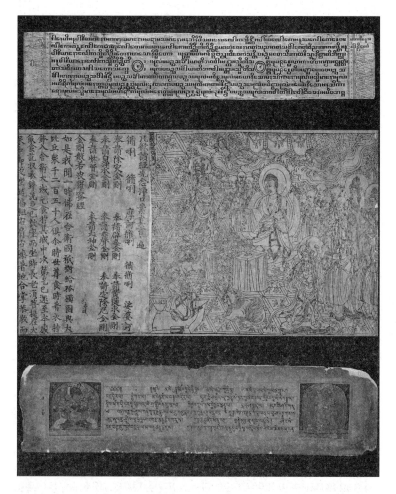

**FIGURA 25:** Manuscrito birmano en lengua pali del *Mahaniddesa*, uno de los textos del *Khuddaka-nikaya* del *Sutta-pitaka*. (Foto: Wellcome Images/Wikimedia Commons).

**FIGURA 26:** El libro impreso más antiguo del mundo es un "Sutra del diamante", uno de los "Sutras de la perfección de la sabiduría" del budismo Mahayana, producido en China en el 868 y hallado en las cuevas de Dunhuang (Gansu), China. Londres, Reino Unido: Biblioteca Británica. (Foto: Wikimedia Commons).

**FIGURA 27:** *Dharani* protectora con Guhyasamaja y Raktayamari. Monasterio de Shalu, Tíbet central, siglos XIV-XV. Los Ángeles, EE.UU.: Museo de Arte del Condado de Los Ángeles. (Foto: Wikimedia Commons).

mente "palabra del Buda" como aquellos. Existen casi 40 *sutras* de este género. El más antiguo parece ser el "Sutra de la perfección de la sabiduría en 8.000 versos" (*Ashtasahasrika-prajñaparamita-sutra*). Existen desde monumentales, de cien mil versos, hasta los ultracondensados, como el "Sutra del corazón" (*Hridaya-sutra*), de apenas una página (quizá compuesto ya en China y vertido luego al sánscrito). También muy popular es el "Sutra del diamante" (*Vajracchedika-sutra*) [véase Fig. 26].

Entre los siglos II y V irían apareciendo otros "Sutras de la perfección de la sabiduría" y materiales –como el "Sutra de Vimalakirti" (*Vimalakirti-sutra*), el "Sutra del rugido del león de la reina Shrimala" (*Shrimaladevi-simhananda-sutra*), el "Sutra del descenso a Lanka" (*Lankavatara-sutra*), etcétera– que habían perdido el carácter aforístico de los *sutras* del canon pali, ya que son más elaborados, extensos y barrocos, y evidencian una transmisión escrita. Algunos –como el "Sutra de la guirnalda [del Buda]" (*Avatamsaka-sutra*), el "Sutra del nirvana" (*Nirvana-sutra*) o el "Sutra del montón de joyas" (*Ratnakuta-sutra*)– son tan largos que la tradición los llamó *vaipulya*, de "gran extensión". Constituyen verdaderas "colecciones" de *sutras*.

Estas enseñanzas se atribuyen al Buda vía la doctrina del *upaya-kaushalya*, que ya no es aquí tanto la "pedagogía" para adaptarse al contexto cultural, como la "pericia" de Shakyamuni de proclamar su enseñanza a diferentes niveles, según la capacidad de comprensión de los oyentes. Lo que subyace es, en parte, de sentido común. Lo que es espiritualmente válido para una persona determinada en un lugar y época concretos puede no serlo para otra persona y época. Los *sutras* del Mahayana dicen corresponderse con la enseñanza más profunda y secreta. De esta forma, los textos quedan anclados en la cadena de transmisión que procede del Buda y poseen, para los mahayanistas, toda legitimidad y autenticidad.* La utilización del sánscrito (en un "híbrido budista") permitió al budismo abrirse paso en los debates filosóficos con los maestros brahmánicos y jainistas (si bien la mayoría de los textos nos ha llegado por sus traducciones al chino o al tibetano).

Los *sutras* de carácter místico y filosófico dieron lugar a algunas de las escuelas filosóficas más importantes del Mahayana. E igual que los filósofos del budismo Nikaya realizaron su exégesis a la "canasta del *abhidharma*", los del Mahayana compusieron sus *shastras*, los "tratados" donde buscaban sistematizar la enseñanza de los *sutras*.

Otro texto importante fue el "Sutra del juego completo" (*Lalitavistara-sutra*), un recuento de la vida del Buda desde un prisma que transita del budismo Nikaya al Mahayana. La apoteosis de Shakyamuni se dio con el "Sutra del loto [del verdadero Dharma]" (*Saddharma-pundarika-sutra*), que debió finalizarse en Gandhara, hacia el siglo I, y se convertiría en la enseñanza más influyente en el budismo de Extremo Oriente. Otros *sutras* también de tono devocional son los dos "Sutras de la Tierra de la felicidad" (*Sukhavativyuha-sutras*), centrados en la tierra pura del *buddha* Amitabha. El popular "Sutra de la contemplación de Amitayus" (*Amitayurdhyana-sutra*) es ya un apócrifo centroasiático o chino.

---

* Para que un texto fuera considerado "palabra del Buda" (*budddha-vachana*) en el canon pali era preciso que el Buda hubiera pronunciado el sermón o que, caso de ser de algún discípulo, personalmente él lo hubiera aprobado. Muerto el Buda, el canon habría quedado cerrado. Pero el desarrollo de la doctrina de que el Buda permanecía en contacto compasivo con el mundo permitió la creación de escrituras "místicamente aprobadas" por el Buda o captadas en visualizaciones y sueños lúcidos por los monjes. Aunque la pretensión mahayánica de que estos *sutras* fueron pronunciados por el Buda no tiene fundamento empírico (lo que no quita que muchos mahayanistas crean que, en efecto, el Buda los reveló de viva voz), pensemos que el contenido de muchos *sutras* representa una reacción contra la escolástica de los abhidharmikas.

# El "canon tibetano"

El budismo del tercer foco de irradiación se fundamenta en una serie de textos –transmitidos en sánscrito y traducidos más tarde al tibetano– altamente esotéricos y místicos llamados *tantras*. De ahí que esta forma budista se conozca también como budismo tántrico. Muchos de estos *tantras* se atribuyen al Adibuddha Vajradhara (una forma propia del Vajrayana), con frecuencia bajo la manifestación de Vajrasattva. Este material fue transmitido a los grandes *siddhas* y maestros tántricos en forma de visualizaciones. Para sus adeptos suponen la culminación de los *sutras* y *shastras* anteriores. Y si aquellos estaban destinados a una gran audiencia, los *tantras* solo fueron enseñados a un reducido grupo de iniciados.

Existe algún *tantra* del siglo III, pero la mayoría son del VII en adelante. Un *sutra* mahayánico tardío, como el "Sutra del Gran Vairochana" (*Mahavairochana-sutra*), compuesto en el siglo VI, es a todos los efectos ya un *tantra*. Los *tantras* más antiguos, como el "Tantra de la comunidad secreta" (*Guhyasamaja-tantra*), delatan una notable influencia del shivaísmo.

Normalmente, se habla de cuatro tipos de *tantras*. En primer lugar, los que se centran en el ceremonial (*kriya-tantras*), con instrucciones para los ritos cotidianos (que tienen que ver con beneficios mundanales) o la construcción de imágenes y *stupas*. En segundo lugar, los centrados en el culto (*charya-tantras*), que profundizan en el significado de las acciones rituales y las enseñanzas del lama. Muchos de ellos se centran en rituales para que el iniciado pueda visualizar a Vairochana e identificarse con su naturaleza diamantina. En tercer lugar, tenemos los dedicados a las técnicas yóguicas rituales (*yoga-tantras*), donde el énfasis se traslada al mundo interior del yogui y cuyo objetivo es la budeidad. Finalmente, los más elevados de todos, centrados en técnicas yóguicas meditativas (*anuttarayoga-tantras*), accesibles solo a los iniciados y cuyo objetivo es trascender las formas dualistas de actuar y pensar. La escuela tibetana Ñingma divide esta última categoría en tres secciones más, que culminan con la enseñanza del *dzogchen*. Entre los *tantras* de esta corriente destaca el *Kunje Gyelpo*, conocido también como "Tantra de la fuente suprema".

Algunos *tantras*, como el *Hevajra* o el *Chandamaharoshana*, son muy transgresores (donde, por ejemplo, se recomienda la unión sexual ritual). Otros, como el *Kalachakra*, interpretan las prácticas de forma simbólica.

Un aspecto interesante de parte de esta literatura (en especial, de la menos "convencional") es el lenguaje que utiliza, conocido como "lenguaje intencional" u opaco (*sandha-bhasha*), repleto de dobles sentidos y metáforas, incomprensible para los no iniciados. Se trata de una fórmula que casa con el aspecto esotérico del tantrismo y sirve para proteger la enseñanza tanto de manos profanas como de usos perversos o negligentes.

Casi toda la literatura tántrica forma parte del *Kangyur*, el "canon" del budismo tibetano, que comprende –además de los *tantras*– una gran cantidad de *sutras* mahayánicos y su *vinaya*. La tarea de edición de esta colección fue coordinada por Butön, en la primera mitad del siglo xiv. El *Kangyur* consta de 1.055 textos, agrupados en más de cien volúmenes. A este fabuloso corpus se anexionó el *Tangyur*, que comprende el material escolástico del Mahayana (*shastras*), textos del *abhidharma* y parte de la literatura tibetana vinculada, compuesto por 3.626 textos, en más de doscientos volúmenes.

Antes de la compilación de este "canon", las órdenes tibetanas ya habían generado una literatura popular, conocida genéricamente como *namtar* ("biografía"), centrada en las vidas de los personajes principales del Vajrayana: Marpa, Milarepa, Sakya Pandita, Drukpa Künley, Tsongkhapa, etcétera. Las *dharanis* o fórmulas condensadas protectoras fueron –y son– asimismo muy apreciadas [véase Fig. 27].

❖ ❖ ❖

Como se observa, pues, no existe *un* "canon" del budismo, sino una pluralidad de textos y recopilaciones, más o menos vinculados a las grandes corrientes. Si la conexión entre el canon pali y el budismo Theravada es clara, lo mismo que la del *Kangyur* y el *Tangyur* tibetanos con el Vajrayana, el corpus escritural del Mahayana es mucho más difuso. De ahí que, en su caso, se recurra a designaciones como el "canon chino", el "Tri-pitaka coreano", la "recensión Taisho" japonesa, etcétera. Estas colecciones mahayánicas son más "bibliotecas" de material budista traducido, perteneciente a diferentes escuelas y corrientes (budismo Nikaya incluido), que no un "canon" en el sentido convencional. Algún material –de discursos del Buda– es compartido por varias –y hasta todas las– corrientes o se incluye como preliminar, pero otros son exclusivos de la colección en particular. Como veremos, incluso existen escuelas mahayánicas sino-japonesas que se centran en un solo texto (generalmente el "Sutra del loto") y desestiman el resto de materiales.

Todo ello marca una notable diferencia entre las escrituras sagradas budistas de los cánones sagrados de otras tradiciones religiosas. Por muy venerados que sean los *sutras* o los *tantras*, no existe en el budismo la noción de un prístino cuerpo escritural cerrado, rígido e inalterable; normativo para todas las cuestiones doctrinales, revelado desde lo alto. (Y es que cómo podría serlo –se pregunta uno–, con enseñanzas como la vaciedad, la impermanencia o el *upaya*.) El budismo, ciertamente, no es una "religión del Libro".

# 28. La primera transmisión: el Theravada

El foco de la primera transmisión del budismo fue una gran zona que abarca parte de la India central (con epicentro en la región de Ujjain y Vidisha), India sudoriental (franja costera de Andhra) y la isla de Ceilán. *Grosso modo*, propulsó la forma budista que hoy conocemos como Theravada ("Corriente de los ancianos"), que es la prolongación cingalesa del Sthaviravada, que –si recordamos– significa lo mismo.*

El Theravada es el único superviviente directo de lo que en su día fue el budismo Nikaya. Al ser mayoritario en Sri Lanka y en los países del Sudeste Asiático (Tailandia, Birmania, Camboya o Laos) o en países limítrofes donde el budismo tiene hoy menor presencia (Bangladesh, Malasia, en la propia India o en regiones del suroeste de China), en ocasiones es referido como "budismo del sur". En proporción, algunos de estos países son los más "budistas" del mundo. Para los practicantes de estos lugares, Sri Lanka posee una ascendencia espiritual importante; pero Birmania y Tailandia no se quedan muy atrás. El peso del canon pali, del que ya hemos dado cuenta, es otro de sus principales distintivos, si no el primordial. El pali sigue utilizándose como lengua litúrgica (si bien los textos

---

* Técnicamente, el Theravada procede de una de sus subescuelas, la Vibhajjavada (que podría traducirse algo así como "Corriente analítica"), y su linaje cingalés llamado Tamraparniya.

pueden recitarse en cingalés, tailandés, jemer, marathi, etcétera). Al estar hilvanado por una única escuela, el budismo del sur posee una considerable unidad, ya que toda la comunidad monástica comparte un mismo *vinaya*.

Aunque el Theravada es hoy hegemónico en los citados países, históricamente el Mahayana y el budismo tántrico también fueron importantes en Sri Lanka y el Sudeste Asiático. El Theravada solo llegó a ser la doctrina "oficial" en Birmania en el siglo XI y en Sri Lanka, en el XII (precisamente gracias a la inestimable ayuda del rey birmano Anawrata). La proclamación en ambos países de que el Theravada sería la única doctrina oficial fue, ante todo, un asunto político. Por tanto, la "transmisión del sur" solo puede ser caracterizada de theravadin en retrospectiva.

Lo que mejor caracterizaría al budismo Theravada (o lo que más lo distinguiría de otras formas budistas) es la insistencia en: 1) que el Buda fue un humano mortal que alcanzó el despertar gracias a su propio esfuerzo; 2) el peso de las "cuatro nobles verdades" expuestas en los *sutras* en pali; 3) la importancia de la doctrina del *anatman*; 4) el ideal del *arhat* como modelo de santidad; y 5) la centralidad de la orden monástica.

No redundaremos en estos puntos, ya que nuestra exposición en la Parte II ha tenido en gran consideración las posiciones del Theravada. Es cierto que hemos incluido importantes aspectos del Mahayana (como la vaciedad, la idea de *pratitya-samutpada* como interdependencia o la no dualidad entre samsara y nirvana), pero hemos mantenido un discurso razonablemente theravadin, siguiendo de cerca las "cuatro nobles verdades", con mucho hincapié en la noción theravadin de *anatman* y su deconstrucción del "yo" en los cinco *skandhas*. Por descontado, la Parte I ha tenido también un sesgo theravadin al centrarse en el recuento del Buda humano que despertó a la realidad tal-cual-es. El Theravada reniega de las visiones trascendentales del Buda típicas del Mahayana.

La filosofía y la psicología del Theravada están expuestas en la "canasta del *abhidharma*" y sus comentarios. Dado que la mayor parte de este material es de una extremada aridez, son mucho más inteligibles y bellas las exposiciones de la doctrina que se encuentran en los *sutras* y hasta en materiales no canónicos como el *Milinda-paña*. Su filósofo más destacado fue el gran Buddhaghosa, que vivió entre los siglos IV y V. Su obra *Visuddhi-magga* ("Camino de purificación") es un compendio del canon pali, una clara exposición de la doctrina y lo más próximo a una "ortodoxia" theravadin. El comentador posterior Dhammapala también es digno de mención. Estos pensadores son los que otorgaron al Theravada su acusado carácter racional y analítico.

La epistemología del Theravada roza el escepticismo. Como hemos mencionado, su ontología es claramente anátmica. Los abhidharmikas y exégetas theravadins discrepaban de otras escuelas del

**FIGURA 28:** Monjes theravadins en su ronda matutina de limosnas (*pindapata*). Yangon, Birmania. (Foto: Agustín Pániker).

budismo Nikaya, como la Sarvastivada o la Pudgalavada, lo mismo que de las corrientes de pensamiento del Mahayana.

Aparte del legado del impresionante canon pali, la principal contribución del budismo Theravada ha sido la transmisión de prácticas de meditación muy refinadas. Una vez más, el tratado de Buddhaghosa es esencial.

Como sabemos de otro capítulo, los maestros de la tradición meditativa theravadin sostienen que la "recta concentración" del óctuple sendero, que se fundamenta en los cuatro trances o *dhyanas* "con forma" y en los cuatro trances "sin forma", no conducen ni a la dicha nirvánica ni a la plenitud del *arhat*. Para ello se requiere un plus de sabiduría liberadora. El proceso meditativo que la genera es la "visión lúcida" (*vipashyana*; pali: *vipassana*). Si recordamos, la *vipashyana* es la aprehensión meditativa y vivencial de la transitoriedad (*anitya*), la insatisfacción (*duhkha*) y la falta de identidad propia (*anatman*) de la existencia. Mucha importancia se concede a la observación introspectiva del cuerpo, las emociones y los estados psíquicos, de manera que el meditador aprehende de forma vívida que el "yo" no es más que un *continuum* de estados físicos, psíquicos y de consciencia. A diferencia de las prácticas dhyánicas, que requieren pleno aislamiento y un alto nivel de concentración, la *vipashyana* es más asequible, tanto para monjes como laicos. De ahí su triunfo entre buena parte de la comunidad seglar de Birmania y Tailandia y su exitosa transmisión a meditadores occidentales.

Una característica del Theravada es la estrecha interacción entre monjes mendicantes y seguidores laicos. Como veremos al final de la obra, en muchos lugares del mundo theravadin los monjes han participado en la educación, la sanación y en los rituales de paso de los laicos (traspasando, pues, el ámbito estrictamente monástico). Asimismo, los seglares participan en determinados momentos de la vida monástica y, en bastantes lugares, todavía dan de comer y de vestir con regularidad a los monjes [véase FIG. 28].

Otra característica del mundo theravadin ha sido la hegemonía del Samgha monástico sobre la comunidad seglar. Siguiendo las enseñanzas más antiguas, en teoría el Theravada no admite que un laico pueda llegar a despertar. El marco adecuado es la orden monástica, que es donde se siguen los preceptos de renuncia y autocontrol del *vinaya*. Como sabemos, el ideal de la vida espiritual es el del *arhat*, aquel que por propio esfuerzo ha recorrido la senda de forma impecable, tal y como –por ejemplo– queda reflejado en los *avadanas* (pali: *apadanas*), unos textos que narran las vidas de *arhats* modélicos como Shariputra, Ananda, Rahula o Upali.

Como en todos los países budizados, en los theravadins se da un interesante maridaje entre la práctica monástica budista con

**FIGURA 29:** Fotografía de la celebración del Esala Perahera ("Procesión del diente") en Kandy, Sri Lanka, *circa* 1885. (Foto: Scowen & Co./Wikimedia Commons).

rituales, costumbres y creencias populares. Un festival tan importante como el Esala Perahera ("Procesión del diente [del Buda]"
[véase Fig. 29]), que desde hace muchos siglos se celebra cada año
en Kandy (Sri Lanka), y que nadie puede negar su ascendencia en
la historia del país y del Samgha (el diente es, posiblemente, la reliquia del Buda más famosa en todo el mundo), podría considerarse
también un ritual no budista, ya que ni las escrituras en pali ni sus
comentarios lo mencionan y, según los principios del Theravada,
estas procesiones constituirían más bien obstáculos para la vida
contemplativa. Pero igual que el monje pronto asumió las funciones
del sacerdote o el chamán, o el monasterio budista reemplazó al
viejo santuario local, la tradición theravadin ha adoptado festivales
y rituales de toda índole.

El budismo del sur es el que históricamente ha mantenido lazos
más estrechos con el poder, sobre todo en Birmania, Sri Lanka y
Tailandia, donde ha pasado a ser un elemento "nacional" de primer
orden. Siguiendo la estela de Ashoka, la conversión al budismo del
primer rey cingalés estableció una relación de subordinación del
Estado al Samgha monástico. El rey es un laico que, como cualquier
devoto, acumula mérito por sus donaciones al Samgha. De esta forma, el Estado queda subordinado al Samgha vía el monarca. (Ya los
comentadores antiguos hicieron lecturas abiertamente políticas de
los discursos del Buda.) Precisamente por ello, la realeza ha tenido
siempre mucho interés en mantener la pureza del Samgha y, a la
vez, vigilarla. De ahí que en los países del Sudeste Asiático el Estado controle cada vez más el Samgha, vigilando el cumplimiento
de la disciplina monástica, supervisando la administración de los
monasterios, promocionando a los monjes "afines" al régimen,
organizando concilios, protegiendo los linajes monásticos, estan-
darizando los métodos de educación monástica y hasta los libros
de estudio.

Con la aparición de la ideología nacionalista (hija de la modernidad), en muchos países los monjes se han convertido en símbolos de la "patria" (lo que, en algún caso, les ha llevado a justificar la violencia que el Estado comete en nombre de la nación). Por la misma lógica, también el Samgha monástico ha tenido problemas con determinados regímenes, como en Camboya, Laos o Birmania.

En pleno contexto colonial, a finales del siglo xix, apareció –primero en Sri Lanka, luego en Tailandia, Birmania, Camboya...– una nueva conciencia de pertenencia a una tradición "Theravada" supralocal. Aunque los vínculos entre los linajes theravadins de distintos países habían sido frecuentes, fueron los movimientos reformistas de finales del xix –creando órdenes orientadas hacia los preceptos clásicos del *vinaya* (como la Schwegyin birmana, la Thammayuttika tailandesa o la Dhammakaya camboyana)– los que espolearon la moderna conciencia theravadin.

Esta nueva conciencia se fortaleció con el trabajo filológico de eruditos occidentales. Como veremos, el británico Thomas W. Rhys Davids realizó una gran labor de introducción del budismo pali en el mundo de habla inglesa. En cierto sentido, los orientalistas finiseculares "inventaron" el budismo como "religión", al seleccionar, clasificar y traducir los textos budistas, una tarea en la que el canon pali desempeñó un papel pionero y decisivo. Fueron ellos los que trataron de reconstruir la vida del Buda histórico y miraron de recuperar la enseñanza "original" del Buda. El estudio colonial del budismo acabaría generando una visión muy racionalizada de la enseñanza del Buda; y otorgó un sólido respaldo a la idea de que el Theravada era la forma más "pura" de budismo (mientras que el Mahayana sería una concesión a las masas y el Vajrayana, una forma corrupta y sincrética). Los modos de estudio coloniales se fueron imponiendo y divulgando a una velocidad impensable gracias a las imprentas y medios de comunicación modernos.

# 29. El budismo en Sri Lanka

Cuentan las antiguas leyendas cingalesas –ampliamente creídas en Sri Lanka– que gracias a sus poderes psíquicos el propio Buda visitó la isla de Ceilán.

Más plausible sería, no obstante, que algún tiempo más tarde, quizás hacia el -240, los hijos del emperador Ashoka (Mahinda y Sanghamitta) llevaran el budismo a la isla. La gran conquista del budismo durante la dinastía Maurya fue realmente la isla de Ceilán. Siguiendo el modelo ashokiano, Mahinda alentó la construcción de un gran *stupa*. Las fuentes históricas apuntan a que sus habitantes pronto adoptaron con entusiasmo las prácticas e instituciones budistas.

Tras su "alianza" con Ashoka, el rey Devanampiya Tissa logró gobernar sobre todo el territorio cingalés y financió la construcción del monasterio de Mahavihara, en la ciudad de Anuradhapura. Ello otorgaría al budismo, y a la escuela Theravada en particular, una sólida instauración en la isla. Junto al monasterio se plantó un esqueje –dícese que– del mismísimo árbol de la *bodhi*, traído por Sanghamitta (y que todavía florece y aún es muy reverenciado). Uno o dos siglos después, sin embargo, el rey Valagamba donó el monasterio de Abhayagirivihara a monjes que estarían más influenciados por el pensamiento del Mahayana. Seguramente fue el "reto" de los abhayagiriviyakas (unido a una invasión del sur de la

India y a una feroz hambruna) lo que motivó a los monjes de Anuradhapura a transcribir su canon oral en lengua pali en hojas de
palmera en las cuevas de Aluvihara. La tarea duró varias décadas,
entre el -88 y el -17 (quizá entre el -25 y el +25). También monjes
de Anuradhapura fundaron las cuevas de Dambulla, todavía uno
de los centros budistas más célebres del país.

En el siglo v llegó a la isla el filósofo Buddhaghosa, cuya obra
marcaría profundamente el budismo Theravada cingalés y, por
extensión, el del Sudeste Asiático. Los peregrinos chinos que visitaron la isla poco tiempo después aún mencionan la pujanza de los
dos grandes monasterios. (Faxian, quizá exagerando, señaló que
en Abhayagirivihara convivían ¡5.000 monjes!) Parece claro que
los reyes de la antigüedad favorecieron indistinta –o alternativa-
mente– ambas corrientes. Durante los siglos vii y viii, el budismo
tántrico también penetró en Sri Lanka. Dos de los principales
monjes que propagaron el budismo tántrico en China, Vajrabodhi
y Amoghavajra, estaban en la isla en esa época. Durante estos siglos fue tomando forma la estructura definitiva del canon pali y la
interpretación theravadin ortodoxa, basada en Buddhaghosa y en
comentaristas como Buddhadatta o Dhammapala. De ahí la centralidad de Sri Lanka en la codificación y propagación del budismo
Theravada; y su autopercepción como "isla del Dharma" (*dhamma-
dipa*) o tierra iluminada por las "tres joyas".

Como ha sucedido en distintos países del ámbito budista, la
orden monástica se convirtió en un poder terrateniente. Dado que
el código monástico impone restricciones a los monjes en este sentido, los monasterios poseían jornaleros, siervos y hasta esclavos.
Los monjes ancianos desempeñaban un papel no muy distinto del
de los grandes señores feudales. El apogeo de esta tendencia se
dio entre los siglos ix y xii, cuando se calcula que los monasterios
poseían más tierras que la corona o cualquier otra clase social. Su

participación en los asuntos mundanales se fortalecería aún más cuando se establecieron lazos de sangre entre la nobleza y el Samgha.

En el siglo XI, los ejércitos de la dinastía Chola del sur de la India invadieron el norte de la isla y destruyeron los tres principales monasterios budistas: Mahavihara, Abhayagirivihara y Jetavanavihara.* En este tiempo acaeció la todavía no bien explicada desaparición de la orden de monjas, que había sido fundada por Sanghamitta, hija de Ashoka (orden que no volvería a reestablecerse hasta 2005, gracias a la participación de distintas organizaciones budistas y feministas internacionales). En el 1100, el rey cingalés Vijayabahu I reconquistó Polonnaruwa con la ayuda del rey birmano Anawrata y la convirtió en la nueva capital. Ese hecho fue crucial para la expansión del Theravada, ya que para poder recomponer el diezmado linaje monástico tuvieron que venir monjes theravadins de Birmania. A mediados del siglo XII se organizó un concilio en Anuradhapura, bajo el auspicio del rey Parakramabahu I, que zanjó viejas disputas por el mecenazgo real –más que doctrinales– y por el que se suprimió cualquier escuela no theravadin. Todas las fraternidades budistas (incluidas las de Abhayagirivihara y de Jetavanavihara) tuvieron que reordenarse según la fórmula del Mahavihara. Por entonces, ya era notoria la popularidad de las peregrinaciones al monte Shripada (o Pico de Adán) y de la reliquia del diente de Kandy (posiblemente llegada hacia el siglo IV), que pasó a convertirse en el principal signo de la autoridad real en la isla [véase FIG. 29]. Desde el siglo XIII, el legítimo gobernante de la

---

* Los chola fueron fervientes shivaístas y mostraron gran animosidad hacia el gobierno budista. A pesar de este episodio de hostilidad, la isla nos depara muchas formas de interacción entre hinduismo y budismo. Hoy, muchos budistas cingaleses participan del culto o *puja* en templos hindúes o en santuarios que difícilmente puedan adscribirse a una religión u otra.

isla deberá estar en posesión de la reliquia del "diente del Buda" para validar su gobierno.

También en esta época se detecta una "bifurcación" todavía presente en el Samgha monástico. Por un lado, una sección de monjes, aposentados en las aldeas y ciudades, centrados en estudiar o enseñar el Dharma; y, por otro, una sección minoritaria de monjes renunciantes, que seguían una vida eremítica y contemplativa en los bosques, tratando de mantener el viejo ideal shramánico y ascético (si bien hoy muchos de los monjes que se identifican como "moradores del bosque" llevan un tipo de vida parecido al de los monjes de aldea).

La irrupción colonial no fue positiva para el budismo cingalés. De todos los países asiáticos, Sri Lanka ha sido el que más tiempo ha estado sometido a potencias extranjeras. Particularmente intensa fue la acción misionera cristiana. A los frailes franciscanos –llegados en 1505– los siguieron dominicos y jesuitas. De manera gradual, la zona costera quedó bajo control directo de los portugueses. En 1557, los franciscanos lograron la significativa conversión del rey Dharmapala; un duro golpe para los budistas, que perdían a su principal mecenas y al único rey que aún podía promover una sociedad basada en los valores budistas. Cuando se consiguió expulsar a los portugueses, a mediados del xvii, con ayuda holandesa, lo que estos hicieron simplemente fue tomar su lugar. La actividad misionera de los calvinistas fue asimismo agresiva, tratando de convertir a toda costa a budistas, hindúes y ¡hasta católicos! Sin mucho éxito, hay que admitir, ya que 350 años después, solo un 7% de la población profesa el cristianismo en la isla (6% de católicos y poco más de un 1% entre protestantes y anglicanos).

Mientras la actividad colonial quedaba confinada a la franja costera, en el interior, en –y durante– el reino de Kandy (siglos xvii y xviii), los monjes mantuvieron sus privilegios "feudales". Hasta tal punto se implicaron en la economía local que la ordenación monástica se truncó por falta de monjes plenamente ordenados (es decir, con más de diez años de vida monástica adulta) que pudieran conducir una iniciación superior (*upasampada*). A finales del siglo XVII, y de nuevo en el XVIII, tuvieron que ser importados monjes del Sudeste Asiático para asegurar la continuidad del Samgha. Hoy, las tres órdenes principales de la isla (Siyam Nikaya, Amarapura Nikaya y Ramañña Nikaya) son todas de origen tailandés o birmano. La primera, establecida por el monje tailandés Upali y el "novicio" cingalés Valivita Saranamkara en 1753, es la más importante. Saranamkara se anticipó 150 años a los "orientalistas" al promover una reforma del Samgha a través del estudio de los textos en pali.

En 1796, los británicos desbancaron a los holandeses en la costa. En 1815 sometieron al reino de Kandy y pasaron a controlar la isla al completo (hasta 1948). El primer gobernador británico, *sir* Thomas Maitland, optó por la clásica estrategia del "divide y vencerás", fomentando la rivalidad entre cingaleses y tamiles o entre grupos monásticos, asociados perversamente a las distintas castas de la isla (el Siyam Nikaya solo ordenaba miembros de castas de agricultores, mientras que una escisión suya, el Ramañña, ordenaba y servía a las inferiores). El interés en desunir el Samgha iba de la mano de una "usurpación" de sus funciones: la educación y la salud. Pronto, las misiones se hicieron con el monopolio del magisterio. Y una nueva batería de misioneros –anglicanos, baptistas, presbiterianos y hasta del Ejército de salvación– se desplegó por el país. La imagen que los misioneros ofrecían del budismo fue extremadamente negativa: una religión pagana, supersticiosa, caracterizada por el ateísmo y la idolatría y que perseguía una meta nihilista como el nirvana.

Una buena dosis de autoestima para los budistas provino de unos debates públicos que enfrentaron a clérigos cristianos y monjes budistas. Para los asistentes, los monjes locales se impusieron, mostrando un budismo altamente moral, racional y científico, en modo alguno retrógrado y supersticioso. Decisiva fue la participación de Mohottivatte Gunananda en cientos de debates durante los 1870s (que llegarían a oídos de los teósofos). Gunananda –que conocía bien el cristianismo– puso en evidencia las dificultades que tenían los cristianos en entender el budismo. (Algún budólogo sitúa en el más famoso de estos debates, el de Panadura de 1873, el nacimiento del "budismo moderno".) La visita a Sri Lanka en 1880 de los fundadores de la Teosofía, Henry Olcott y Helena Blavatsky, que tomaron refugio en las "tres joyas", todavía se considera uno de los hitos del resurgimiento budista en la isla. El propio Olcott consiguió que el gobierno colonial declarase fiesta nacional el Vesak, la luna llena que conmemora el nacimiento, el despertar y el *parinirvana* del Buda. Olcott apoyó al monje Sumangala Thera

**Figura 30:** El coronel Henry S. Olcott junto al venerable Hikkaduwe Sumangala Thera. Colombo, Sri Lanka, 1889. (Foto: Wikimedia Commons).
**Figura 31:** Anagarika Dharmapala. Foto tomada posiblemente en Bodh-Gaya (Bihar), India, donde fundó la Mahabodhi Society en 1891. (Foto: Wikimedia Commons).

[véase Fig. 30], también activo en aquellos debates, en su cometido de fundar colegios monásticos y escuelas al estilo de las de los misioneros. El proceso de revaloración del budismo llevaría a la creación de la Young Men's Buddhist Association, fundada a principios del siglo xx, y que hoy cuenta con miles de escuelas en todo el país.

Todos estos vectores confluyen en la figura estelar de Anagarika Dharmapala (que había presenciado de niño el famoso debate de Gunananda, había recibido educación occidental en una escuela anglicana en Colombo y más tarde colaboró estrechamente con Henry Olcott). Dharmapala luchó para recuperar los *tirthas* sagrados en la India (donde fundó la Maha Bodhi Society en 1891) y resucitar el budismo en la tierra que lo vio nacer [véase Fig. 31]. Dharmapala se volcó en promocionar un genuino "modernismo" budista; es decir, en dar contorno a un budismo ético, racional, científico y socialmente comprometido. Casi que cuanto más pudiera ajustarse el budismo a los valores de la modernidad más podría escudarse de los clichés negativos de los misioneros. Aunque Dharmapala fue crítico con Occidente y acabó detestando el cristianismo, en sus posicionamientos se nota la huella del protestantismo, el racionalismo ilustrado y hasta la moral victoriana. Tomando la máxima "orientalista" de que el budismo de su época estaba corrompido (una apreciación que surge siempre al comparar los *textos* clásicos con la religión *viva* de los coetáneos), apremió a los monjes a olvidarse de la astrología y demás ritos para el populacho y, en cambio, instruir a los laicos en una moral budista, que formaría la base de la prosperidad de la nación. En este sentido, Dharmapala fue asimismo clave en crear la moderna *identidad* cingalesa-budista. Y en llevar el budismo a Occidente, tras su estelar participación en el famoso Congreso Mundial de las Religiones celebrado en Chicago en 1893.

Fue en Sri Lanka donde algunos occidentales comenzaron a estudiar el budismo de forma seria. Liderados por el budólogo Thomas W. Rhys Davids, fundador de la emblemática Pali Text Society, los académicos occidentales "descubrieron" el canon pali y comenzó una insigne tarea de estudio, traducción y edición; un trabajo aún activo en el siglo XXI.

La moderna interpretación del budismo en Sri Lanka, por tanto, procede del encuentro entre los vectores del colonialismo (principalmente la acción misionera y el estudio orientalista) en diálogo-y-tensión con las tradiciones locales (monásticas y de la nueva intelectualidad cingalesa). En este sentido, Sri Lanka se adelantó en varias décadas a otros países (asiáticos u occidentales) en dar forma a la modernidad budista.

No es desdeñable el peso de conversos occidentales en el desarrollo contemporáneo del Theravada. Monjes como Nyanatiloka Thera y Nyanaponika Thera o, más recientemente, Bhikkhu Bodhi y Thanissaro Bhikkhu han contribuido con seriedad al estudio de la tradición y a popularizar las formas de meditación clásicas. Por descontado, el mayor impulso proviene de notables pensadores cingaleses –como Walpola Rahula, muy activo en el movimiento en favor de la independencia durante los 1940s, K.N. Jayatilleke o David Kalupahana–, quienes, en la línea abierta por Dharmapala, articularon interpretaciones racionales, éticas, desmitologizadas, libres de constructos populares y devocionales, donde se acentúa la compatibilidad y hasta congruencia del budismo con el empirismo y la ciencia moderna. Esta reinterpretación exige una purga selectiva de elementos cosmológicos tradicionales y una revisión de las metas ultramundanas para poder destacar el papel de Siddhartha Gautama como reformador social. Esta cierta "protestantización" de la tradición (que es, a la vez, una "protesta" ante el aparato misionero-colonial), con sólida base escritural y filosófica, se ajusta más a una audiencia educada a la occidental. Y exige la creación de nuevas instituciones de orientación mayormente laica. Como veremos, estos desarrollos facilitaron la transmisión del budismo a Occidente. En Londres se estableció un monasterio theravadin ya en la década de los 1920s.

En Sri Lanka, el movimiento "modernista" siempre anduvo ligado a cuestiones sociales y políticas. En este sentido hay que leer la creación –instigada por Dharmapala– de las "Madres de los diez preceptos" (*dasa-sil matas*), mujeres que siguen una vida de renunciantes (pero sin estatus de monja, ya que el linaje hacía siglos que estaba truncado). Estas "madres" podrían enseñar los valores budistas a la sociedad y contrarrestar la influencia colonial y misionera. El propio Dharmapala adoptó un papel similar, ya que –hasta poco antes de fallecer– no se ordenó como monje, pero secundaba los "ocho preceptos", que incluyen el celibato, que es el distintivo de los *bhikshus*.

La intelectualidad cingalesa buscaba "reinstaurar" el budismo en el lugar preeminente que había ocupado en la historia de Ceilán, lo que obligaba a cierta idealización de un pasado budista (y demonización del "otro" tamil-hindú). Eruditos como Gunapala P. Malalasekera y Walpola Rahula sostenían que el deber de los monjes era servir a la nación asesorando a los líderes y movilizando al pueblo en su favor.

Con la independencia, ganada en 1948, el "orgullo" budista se abrió paso. El nacionalismo budista-cingalés propició la elección en los 1950s de un primer ministro de orientación "socialista-budista", Solomon W.D. Bandaranaike (que acabaría asesinado en 1959 por un disgustado monje). La "religión civil" promovida por Bandaranaike, unida a la Constitución de 1972 que establecía que el budismo tendría un "lugar preeminente" entre las religiones del país, más el viejo chovinismo budista de Dharmapala y la política del primer ministro J.R. Jayewardene durante los 1980s, acabaron por levantar a los tamiles hindúes del norte de la isla en una cruenta guerra civil (con más de cien mil muertos, hasta su fin en 2009). La tesitura favoreció que algunos monjes pasaran a fomentar el nacionalismo cingalés y a implicarse en un rol de "guía político". A medida que la insurgencia tamil iba siendo aplastada, el nacionalismo budista fue ganando preeminencia (e incluso algunos colectivos de monjes secundaron una solución abiertamente militar al conflicto). Hoy existe hasta un partido político (el JHU), heredero del viejo mensaje de Walpola Rahula, dirigido en exclusiva por monjes budistas. Logró 9 escaños en las elecciones generales de 2004. Aunque los debates internos han minado la imagen del partido, sigue constituyendo una fuerza de peso. Una escisión suya, el BBS, ha sido particularmente agresiva en las campañas antimusulmanas de 2014 y 2018.

Buena parte de la reconciliación entre las comunidades tamil y cingalesa pasa por movimientos como el Sarvodaya Shramadana, liderado por A.T. Ariyaratne, que combina la filosofía budista, los ideales gandhianos, una labor de compromiso social, ecumenismo espiritual y una "tercera vía" de lo que podría ser una "economía budista", alternativa al capitalismo o al marxismo. La organización, activa en más de 15.000 aldeas (la más grande oenegé del país), fue cardinal en la tarea de ayuda y reconstrucción del país tras el devastador tsunami de 2004.

# 30. El budismo en el Sudeste Asiático

## La indianización del Sudeste Asiático

El budismo llegó al Sudeste Asiático bajo la guisa de lo que los antropólogos llaman "gran tradición"; es decir, como alta y refinada cultura, que se superpuso a la "pequeña tradición" local, dominada por diferentes cultos (como a los *phii* en Tailandia y Laos, los *nats* en Birmania, los *neak ta* en Camboya, etcétera). El budismo se adaptó a los distintos contextos y, en la mayoría de los casos, subordinó estos cultos al Buda.

Este proceso de budización fue en paralelo al de hinduización. De ahí que lo pertinente sea hablar de una *indianización* del Sudeste Asiático, en especial entre los siglos IV y X. Este proceso no fue tanto una exportación (y menos aún una conquista o colonización político-militar) como una importación. Fueron los monarcas de los reinos del Sudeste Asiático (Dvaravati, Pyu, Funan, Champa, Shrivijaya, Angkor, Sukhothai...) quienes realmente anhelaban importar la alta cultura índica, fuera budista o brahmánica. Aparte de los sacerdotes o los monjes, un papel importante lo desempeñaron los comerciantes, los peregrinos o los artesanos. En consecuencia, el budismo suturó un sinfín de pujantes centros civilizacionales que se extendían a lo largo de los fértiles valles fluviales del Irawaddy, el Chao Praya o el Mekong.

Las sociedades del Sudeste Asiático tomaron de la India ideas políticas, como el culto al *deva-raja* hindú (el monarca como apoteosis de un ser divino, normalmente Shiva, o su forma budizada Lokeshvara), o el modelo del *dharma-raja* ashokiano, que es muy similar. Ambas fórmulas constituyen las mejores expresiones del ideal del "monarca universal" o *chakravartin*, el rey iluminado que conquista los cuatro cuadrantes del mundo y patrocina los grupos religiosos. El reino se configuraba asimismo como un microcosmos, con su capital sagrada y el palacio en el centro, réplica terrenal del *axis mundi* del monte Meru (mientras que el rey, los príncipes y los jefes locales se homologaban a deidades como Indra, rey de los dioses, los cuatro guardianes del mundo o los veintitantos *devas*). Se crearon nuevos alfabetos basados en el *devanagari* indio y la impronta del sánscrito es palpable en la mayoría de las lenguas. Buena parte de la jurisprudencia y el "derecho" brahmánico fueron integrados. Y qué decir de las técnicas y cánones estéticos, tanto de escultura como de arquitectura. El arte indianizado del Sudeste Asiático nos ha legado complejos colosales como Bagan (Birmania), Angkor (Camboya) o Sukhothai (Tailandia), todos exquisitos ejemplos de palacio-capital-reino microcósmico; o joyas como el mandala de Borobudur (Java), que replica en piedra la cosmovisión del budismo Mahayana [véase Fig. 34]. Se popularizaron las grandes epopeyas indias (el *Mahabharata* y el *Ramayana*), que todavía son inmensamente populares, incluso en los países islamizados. Se importaron las tradiciones de música y danza. Y, por descontado, incontables aspectos de las religiones de origen índico (desde rituales, filosofías, textos, mitologías, grupos religiosos, órdenes monásticas, normas de conducta, yogas, etcétera). Queda claro que el budismo ha ejercido un rol de primer orden en la formación de las culturas y las identidades nacionales en todo el Sudeste Asiático.

Nada de esto resta originalidad al Sudeste Asiático, que –lejos de ser un receptor pasivo de factores indianizantes– a su vez exportó innumerables elementos de su cultura a medio Asia (empezando por el cultivo del arroz, técnicas de navegación, mitologías, especias, y hasta el modelo de sociedad más igualitarista del continente).

En este largo y complejo proceso se dieron todo tipo de aculturaciones e hibridaciones. La presencia dual del hinduismo y budismo sobre los sustratos locales conocerá distintas fases y modalidades de interacción (hostilidad, cooperación, influencia mutua); cosa, por otro lado, nada excepcional, ya que estas religiones llevaban siglos coexistiendo en la propia India y compartían numerosos elementos en común. En el reino de Champa, por ejemplo, en la zona central de Vietnam, se desarrolló hasta el siglo X un fascinante híbrido de budismo Mahayana e hinduismo shivaísta. En el reino de Shrivijaya de Sumatra convivían budismo Theravada, budismo Mahayana y budismo tántrico. Etcétera. Empero, el espíritu que a la postre mayormente insuflaría la transmisión fue el de tratar de replicar lo mejor posible las formas de budismo indio o cingalés ya establecidas.

## El budismo en Birmania

El budismo llegó a Birmania –procedente de Bengala, Andhra y Sri Lanka– en tiempos antiguos, quizá incluso apadrinado por Ashoka. Muy pronto, en todo caso, los pueblos de etnia mon se fijaron en los modos indios para consolidar un patrón cultural.

Inicialmente, fue el Mahayana el que mejor arraigó en la cuenca del Irawaddy, como atestigua el yacimiento de Shri Kshetra, capital del reino Pyu y activa ciudad comercial entre los siglos V y IX. Pero también el budismo tántrico, las escuelas del budismo Nikaya y hasta el hinduismo vishnuista cuajaron entre los mons, los pyus y los arakaneses. En la zona central del país, se detecta un cierto sincretismo indobirmano con la asimilación del monte sagrado local, el Popa, al monte Meru de las cosmologías tradicionales indias.

Tras las primeras oleadas de mons y pyus, en el siglo X arribaron a la región los bamars (birmanos), que consolidaron la complejísima composición multiétnica de Birmania. A mediados del siglo XI, el rey Anawrata venció a los mons y a los pyus, exigió el vasallaje de etnias menores (como los shans o los arakaneses), detuvo el avance de los jemeres (hindúes) y, de esta forma, estableció el primer gran imperio birmano.

Aconsejado por el monje theravadin Shin Arahan, el rey abandonó su antigua filiación de budismo tántrico y se convirtió al Theravada, erigida como doctrina oficial del reino. Su enérgico ímpetu le llevó a purgar formas del Theravada consideradas desviadas y hasta a ilegalizar su antigua filiación tántrica (budismo Ari), en un hecho bastante insólito en la historia del budismo. Pero si el rey poseía ese lado fiero e intolerante, asimismo desplegó un cariz dhármico. Inundó su capital, Bagan, de monasterios, templos y *stupas* (llamados *payas* o pagodas en Birmania, al modo cingalés). A destacar el impresionante templo de Ananda (que no toma el nombre del discípulo del Buda, sino de *ananta*, la "infinita" sabiduría) o la pagoda de Schwezigong, finalizada en tiempos de su nieto. Aunque, como hemos visto, la política de Anawrata no fue todo lo pacífica que cabría pensar, trató de emular el modelo del *dharmaraja* ashokiano. Hasta la destrucción de Bagan en 1287 por parte de las tropas de Kublai Khan (emperador mongol de China), la capital fue uno de los centros budistas más importantes del mundo.

Desde la época de Anawrata, el budismo Theravada ha sido hegemónico en Birmania (salvo entre las etnias animistas de las montañas). Este giro quedó perfectamente completado cuando Anawrata acudió en ayuda del rey Vijayabahu I de Sri Lanka para expulsar a los tamiles de Ceilán y cuando, a finales del siglo XII, monjes birmanos viajaron a Sri Lanka y adoptaron las formas de ordenación de la prestigiosa orden theravadin Mahavihara.

En el siglo XIV se construyó la enorme pagoda de Shwedagon en Yangon, según dice la leyenda, sobre la reliquia de un cabello del Buda. Más allá de los avatares políticos, el principal vector de continuidad del país ha sido el budismo Theravada. A finales del siglo XV, el rey Dhammazedi de Bago, que había sido monje algunos años, introdujo de Sri Lanka un nuevo linaje monástico más "ortodoxo" y obligó a reordenarse a todos los monjes del reino, ya que por entonces entre estos se daba una perniciosa tendencia a adquirir propiedades. Con el enérgico Bayinnaung, que reinó en el XVI, Birmania quedó definitivamente "unificada". Otro caso de "rey del Dharma" de espíritu ashokiano fue Bodawpaya, que reinó en el XVIII, y se autoproclamó el futuro *buddha* Maitreya. En esta época, la venerada imagen arakanesa del Buda Mahamuni fue transportada hasta su ubicación actual en Mandalay.

Esta progresiva intervención del Estado en los asuntos del Samgha se concretó en una institución administrativa clerical dirigida por un "Cabeza de la comunidad" (*sangha-raja*) nominado por el rey y por un concilio de monjes veteranos. La participación del Samgha laico en el Samgha monástico posee en Birmania otra dimensión, ya que existe allí la extendida costumbre de que los laicos se ordenen temporalmente como monjes. Por lo general, son jóvenes que se insuflan del carisma y los valores de la orden monástica durante los tres o cuatro meses de una estación de lluvias, un poco al modo de rito de paso a la adultez (aunque no es desdeñable el número de personas que pasan años y hasta décadas en la orden para salirse después y retornar a la vida "civil"). Esta costumbre también se da en Tailandia y Laos. El hecho de que tantos birmanos sean o hayan sido miembros temporales de la comunidad monástica significa que existe allí mucho contacto, retroalimentación y hasta control mutuo entre ambas secciones del Samgha.

En paralelo a la "gran tradición", coexisten en Birmania diversos cultos locales, como el de los *nats* ("señores"), que Anawrata y el budismo tuvieron que aceptar. Para tratar de incorporar a los *nats* al panteón budista, Anawrata incluyó un "Señor Supremo" (Thagyamin), que no es otro que el dios Sakka (Indra) del canon pali. Existe una cierta tensión residual entre este culto y el del Buda. A pesar del sincretismo, se da todavía una forma autónoma de culto a los *nats*, que posee sus capillas, sacerdotes, médiums, ritos de fertilidad y su gran centro en el monte Popa, muy cerca de Bagan [véase FIG. 32]. A destacar el papel que desempeñan las mujeres en este culto.

Tras las cruentas guerras anglobirmanas, la mayor parte del país entró en la órbita del Imperio británico, convirtiéndose en una provincia "india" (y muchos indios migraron a Birmania y coparon buena parte de los nuevos puestos de trabajo).

En la segunda mitad del siglo XIX, el rey Mindon –del reino todavía independiente de Mandalay– dio un nuevo impulso a los valores y prácticas budistas. De la mano del monje Schwegyin, auspició un regreso a las reglas más clásicas del *vinaya* (los monjes no llevarían sandalias o parasoles ni participarían en festivales populares). Así se formó el Schwegyin Nikaya [véase FIG. 19], todavía hoy considerado el grupo monástico más "elitista" del país. No obstante, Mindon no deslegitimó ni al poderoso Thudamma Nikaya ni a otros linajes menores. En este espíritu de reforma, se estableció también la orden Dwara. En 1871, Mindon propulsó un "quinto concilio budista" (de acuerdo a la tradición Theravada), que estandarizó buena parte de las escrituras theravadins.

El reino de Mandalay también cayó ante el poder colonial. El rey Thibaw tuvo que exiliarse, su palacio fue convertido en un fortín militar y el simbólico "trono del león" fue llevado de Mandalay hasta Rangoon (hoy Yangon) y, posteriormente, a Calcuta (hoy Kolkata). La acción colonial erosionó muchas de las prácticas y valores tradicionales. Entre otras, los británicos dieron al traste con el sistema del *sangha-raja.* En este inestable contexto aparecieron movimientos mesiánicos, esporádicas rebeliones anticoloniales y reclamos de pretendientes al trono.

Un buen ejemplo de la nueva conciencia budista en el contexto colonial fue la aparición, a principios del siglo XX, de la organización Young Men's Buddhist Association (según el modelo de la cristiana YMCA), una organización laica que buscaba promover la educación occidental y una identidad nacional que fuera budista, birmana y moderna. En sus panfletos se decía: "Ser birmano es ser budista" (un eslogan que aún resuena en la actual dirigente Aung San Suu Kyi).

El siglo XX fue muy convulso para el Samgha. La excesiva participación de los monjes en la lucha anticolonial, por ejemplo, llevó a una sección del Samgha laico a distanciarse de los monjes. En los 1940s aparecieron las primeras asociaciones de monjes marxistas que entendían el socialismo como el "retorno" a un gobierno iluminado. Una vez ganada la independencia, en un intento por revitalizar el budismo, el presidente U Nu reorganizó la jerarquía eclesiástica, estandarizó la educación monástica y organizó en Yangon un "sexto concilio budista mundial" (1954-1956) con ocasión del 2.500º aniversario del *parinirvana* (según la cronología tradicional theravadin). Monjes de todos los países theravadins se reunieron para llevar a cabo una nueva y meticulosa labor de edición de los textos sagrados. Los monjes Mingun Jetavan Sayadaw y Mahasi Sayadaw destacaron por su conocimiento del *Tri-pitaka*. Gracias a estos esfuerzos (recuérdese también al rey Mindon), Birmania nos ha legado hoy la más concienzuda recensión del canon pali. A principios de los 1960s, U Nu intensificó su propuesta de "socialismo budista" e intentó hacer del budismo la religión del Estado. El experimento fue derrocado en 1962 por un golpe militar encabezado por el general Ne Win.

El régimen militar socialista desterró el budismo de la agenda política. Los monjes regresaron a los monasterios y el país avanzó en la secularización. Al mismo tiempo, el régimen militar trató de controlar el Samgha, de modo que apostó por reestructurarlo y hasta apoyarlo, financiando la construcción de la gran pagoda de Mahavijaya, en Yangon. Tras décadas de distanciamiento del poder, los monjes han fortalecido sus vínculos con la laicidad y afianzado su papel como educadores y maestros de meditación.

El siglo XX proporcionó, en efecto, una fértil eclosión de las formas de meditación theravadins. El "modernismo budista" –del que algo hemos esbozado en el capítulo anterior– se basa tanto en la desmitologización, propulsada desde las universidades cingalesas, como en la popularización de formas de meditación, vehiculadas principalmente por *theras* birmanos. La notoriedad de la meditación *vipassana* se debe, en gran medida, a maestros birmanos como Ledi Sayadaw, pionero en enseñar *vipassana* a los laicos a principios del

**FIGURA 32:** La diosa-madre del monte Popa, Mae Wunna, y sus dos hijos. Ellos son algunos de los *nats*, "espíritus" de un culto pre-budista todavía popular. Taung Kalat, Birmania. (Foto: Agustín Pániker).

siglo XX, el erudito Mingun Jetavan Sayadaw, el gran U Narada, su discípulo Mahasi Sayadaw (quizá la figura clave en este respecto [véase FIG. 45]), el laico U Ba Khin, que llegó a ocupar puestos relevantes en el gobierno, lo mismo que discípulos de Mahasi como Anagarika Munindra, S.N. Goenka o U Pandita, con quienes cientos de occidentales aprendieron *vipassana*. Como ya comentamos en el capítulo dedicado a la meditación, su interpretación antepone –de una forma un tanto arbitraria pero congruente con Buddhaghosa y con la "modernidad"– las prácticas de *vipashyana* a las de *shamatha*. Indirectamente, pues, el moderno movimiento mindfulness en Occidente es heredero de esta tradición. Asimismo, el auge de la meditación laica facilitó el empoderamiento de las mujeres birmanas como meditadoras, eruditas y semirrenunciantes (*thila-shin*).

En las últimas décadas, los monjes budistas han vuelto a la escena política, apoyando de forma activa el movimiento en defensa de la democracia dirigido por Aung San Suu Kyi (que ganó infructuosamente las elecciones de 1990). En 2007, decenas de miles de monjes lideraron revueltas y protestas (la llamada "revolución azafrán") contra el régimen militar y sus políticas económicas. En un interesante giro, el Samgha monástico declaró tener la autoridad moral para interceder en favor de la comunidad laica. Se convocó una huelga nacional invocando la ley monástica que otorga a los monjes la capacidad de rechazar dádivas de donantes inmerecedores, en este caso el cuerpo militar; un acto que equivale a una excomunión. Miles de monjes fueron arrestados y alrededor de 200 personas asesinadas.

Lamentablemente, y con el beneplácito del gobierno –primero de la junta militar, y luego el democrático, reinstaurado en 2015–, algunos monjes de tendencia que solo cabe calificar de "fundamentalista" están participando en el tenebroso *apartheid* y la limpieza étnica de miembros de la minoría musulmana rohinyá del noroeste del país.

## El budismo en Bangladesh

En la zona costera de Chittagong, contigua a Birmania, existe una importante minoría theravadin bangladesí, que se remonta al siglo XVI. Puede que hoy ronde los 700.000 miembros, diseminados entre los baruas (comunidad de Chittagong) y los chakmas (etnia de las montañas).

Históricamente, no obstante, el budismo fue mucho más mayoritario en la región. Floreció con ímpetu durante la dinastía Pala (siglos VIII a XII). Buen ejemplo es el famoso monasterio de Somapura o el incansable trabajo del monje bengalí Atisha, que tanto influiría en el budismo tibetano.

Dos importantes maestros contemporáneos de *vipassana* –en la línea de Mahasi Sayadaw– han sido los bangladesíes Anagarika Munindra y Dipa Ma.

## El budismo en Camboya

Camboya es quizá el más elocuente ejemplo del proceso de indianización del Sudeste Asiático, en especial entre los siglos VIII y XII. El hinduismo y el budismo permearon de forma indefectible las artes, la sociedad y la expresión religiosa jemer. El resultado fue la formidable civilización de Angkor.

Siglos antes, un primer reino étnica y lingüísticamente ligado a los jemeres ya recibió una fuerte impronta india. Se trató de Funan, un Estado que floreció entre los siglos I y VI en la franja costera del actual Vietnam y el delta del Mekong. Sus habitantes recibieron con entusiasmo el hinduismo y, en menor medida, el budismo. El último gran gobernante de Funan fue Jayavarman I, que falleció a principios del siglo VI. Del poso de la cultura funan brotará cien años después la impresionante civilización jemer o de Angkor, establecida por Jayavarman II en el año 802.

Los primeros monarcas del nuevo Imperio jemer gravitaron alrededor del hinduismo; o, para ser más exactos, de una amalgama entre budismo Mahayana de corte javanés y bengalí e hinduismo brahmánico de tendencia shivaísta. Lo atestigua el popular culto a Lokeshvara (fusión del dios hindú Shiva y el *bodhisattva* Avalokiteshvara). Se trata de una impecable emulación del concepto de *deva-raja* o "rey-dios" hindú, instaurado de forma hereditaria entre los monarcas jemeres. Uno de ellos fue Suryavarman I, un vishnuista-mahayanista, artífice de la construcción de una de las joyas de la civilización jemer, el templo hindú de Angkor Vat.

Jayavarman VII abrazó definitivamente el budismo a finales del siglo XII y, más acorde con su filiación, trató de encarnar el ideal del *dharma-raja*. Él hizo construir Angkor Thom [véase FIG. 33], la más grande y última de las capitales de los jemeres, que es un verdadero tesoro de simbología búdica. Aunque el monarca fue mahayanista, la penetración del Theravada de corte cingalés era ya evidente. A partir del 1200, la estatuaria jemer dejó de ser principalmente hindú para convertirse en budista.

Con el ascenso de Jayavarman IX en 1327, el Theravada se convirtió en la religión del Estado, probablemente por influencia tailandesa, y el pali sustituyó al sánscrito como lengua litúrgica y de los textos sagrados. No obstante, la silenciosa y completa "conversión" de la sociedad jemer al Theravada sigue siendo un fenómeno algo misterioso.

Gradualmente, y a medida que la civilización angkoriana declinaba, el epicentro de la sociedad jemer fue desplazándose hacia el delta del Mekong, en el sur. Los siguientes siglos fueron de sucesiva influencia tailandesa, primero, y colonial, después. (Y la vieja Angkor fue cayendo en el olvido, ocultada por la selva.)

Entre 1864 y 1953, el país fue una colonia francesa, hasta que el rey Sihanouk negoció la independencia. Sihanouk halló en el budismo una vía media entre el comunismo vietnamita y el capi-

**FIGURA 33:** Una de las misteriosas imágenes de Angkor. Para algunos representa al dios Brahma, otros sostienen que es el *bodhisattva* Avalokiteshvara y hay quien piensa que es el rey Jayavarman VII. Bayon, Angkor Thom, Camboya, siglo XIII. (Foto: Agustín Pániker).

talismo tailandés, pero fue depuesto en 1970 por un golpe militar auspiciado por los Estados Unidos. En 1975 entraron en escena los "jemeres rojos" de Pol Pot. Camboya pasó por una fase nefasta de su historia. Los "jemeres rojos" consideraron que el budismo era extranjero, parasitario y antipatriota, de modo que llevaron a cabo una de las más terroríficas persecuciones que el budismo –o cualquier religión– haya conocido. Unos 60.000 monjes fueron eliminados y muchos miles forzados a exiliarse o llevados a "campos de reeducación". Los templos y monasterios fueron destruidos. Irónicamente, la intervención vietnamita (enemigos tradicionales de los jemeres) supuso un cierto alivio para el Samgha camboyano. Con la salida de los vietnamitas, el gobierno decretó a principios de los 1990s que el budismo sería de nuevo la religión del Estado y volvió a nombrar un *sangha-raja* (llamado *sangh-rash* en Camboya). Los monasterios fueron reparados y la estructura monástica reconstruida. Destaca el papel del carismático monje Maha Ghosananda, un *sangh-rash* clave en la transición posterior al régimen de Pol Pot.

Las cosas se han normalizado hoy de forma considerable. Hasta tal punto que se calcula que un 97% de la población es budista practicante, lo que hace de Camboya el país más budista del mundo en términos porcentuales. Como en otros países del Sudeste Asiático, el budismo convive con cultos populares de los espíritus.

## El budismo en Laos

Entre los siglos VIII y XIV, Laos formó parte del gran Imperio jemer. El primer reino laosiano se estableció justo después, con la entronización de Fa Ngum. El monarca y su maestro jemer trajeron la venerada estatua de Phra Bang (de donde la antigua capital del país, Luang Phrabang, tomó su nombre), que sería a Laos lo que el "diente del Buda" es a Sri Lanka. En el siglo XVI, el rey Visun hizo de Luang Phrabang uno de los más bellos complejos arquitectónicos del Sudeste Asiático. Su nieto llevaría la capital a Viangchan (Vientián). La corriente hegemónica en el país es el Theravada, si bien el Mahayana es mayoritario entre las minorías de chinos y vietnamitas.

El budismo vivió décadas turbulentas en el siglo XX. Pero, a diferencia de lo acaecido en otros países, los gobiernos marxistas –que tras una cruenta guerra civil alcanzaron el poder en 1975– optaron por infiltrarse y utilizar el Samgha para propagar sus ideas, lo que evitó una ruptura como la camboyana. Para asegurarse el control de la comunidad, se suprimió la donación a los monasterios, de modo que los monjes pasaron a depender al cien por cien del gobierno. Aunque el partido todavía controla el Samgha monástico, desde los 1990s el Samgha ha retomado su clásica orientación religiosa.

El budismo –siempre impregnado de creencias de tipo animista– forma parte integral de la cultura y la sociedad laosiana. Se calcula que un 66% de la población es budista practicante.

## El budismo en Tailandia

El budismo penetró en Tailandia de la mano de los mons, uno de los pueblos más sofisticados del Sudeste Asiático. El arte y la cultura mon florecieron en el reino de Dvaravati, entre los siglos VI y X, en el curso bajo del Chao Praya. Los mons nos han legado el fabuloso *chedi* (*stupa*) de Nakhon Pathom.

A principios del siglo XI, la mayor parte del territorio tailandés entró en la órbita de la civilización de Angkor, por entonces principalmente hinduista. De forma gradual, pueblos de etnia thai (que ya habían estado en contacto con alguna forma de budismo Nikaya en su tierra de origen, Yunnan, al sur de China) fueron migrando hacia su actual ubicación por los valles del Chao Phraya y el Mekong.

El primer estado "tailandés" de cierta importancia se formó a mediados del siglo XIII, cuando los thais se independizaron de los jemeres y construyeron la magnífica capital de Sukhothai. De los jemeres derivaron su sistema de escritura y gobierno y de los mons y los bamars tomaron el Theravada de la tradición cingalesa del Mahavihara. A finales del siglo, Rama Khamheng unificó los feudos thais y se erigió en el primer rey de un país ya próximo en extensión a la actual Tailandia. Rama Khamheng hizo del Theravada la religión oficial del reino. Desde entonces, el budismo tailandés ha sido decididamente theravadin, aunque no es desdeñable la influencia en el ritual del hinduismo (heredado de los jemeres) y de la religiosidad popular, centrada en el culto a los *phii*. De esta época procede el estilo sukhothai, caracterizado por las imágenes colosales de la antigua capital.

Durante el siglo XIV, el centro de poder se desplazó a Ayutthaya, algo más al sur. El rey Ramathibodi inició un nuevo período en la historia tailandesa basado en el modelo del *bodhisattva*-y-*chakravartin*, un patrón sincrético hindú-budista. Los monarcas de Ayutthaya mantuvieron sacerdotes hindúes en la corte. Con la llegada, ese mismo siglo, de un numeroso grupo de monjes cingaleses, el Theravada se estableció definitivamente como la corriente hegemónica y el pali, como la lengua litúrgica.

A mediados del siglo XVIII, recién instaurada la –aún vigente– dinastía Chakri, monjes tailandeses viajaron a Sri Lanka para vivificar la tradición cingalesa, por entonces seriamente amenazada por el colonialismo y la deriva poco "vináyica" del Samgha. Dieron forma al Siyam Nikaya, hoy la más importante orden theravadin de Sri Lanka. A finales del XVIII y principios del XIX, Rama I llevó a cabo una nueva "purificación" del Samgha tailandés y, en el mejor estilo ashokiano, hizo construir la mayoría de los monasterios que todavía se yerguen en la nueva capital, Bangkok. Las reformas de

Rama I fueron continuadas por sus sucesores. Notable entre los monarcas chakri fue Mongkut (Rama IV), contemporáneo de Mindon de Birmania, que gobernó a mediados del siglo XIX, tras pasar 25 años como monje. Durante su etapa monástica había liderado un grupo reformista que daría origen al Thammayuttika Nikaya, una fraternidad más rigorista que la Maha Nikaya, la principal del país. Su hijo y sucesor, Rama V, intensificó la tarea de centralizar la administración del Samgha y estandarizar el currículo de los monjes.

Tailandia fue el único país del Sudeste Asiático que no vivió la experiencia colonial. Ello le ha proporcionado más estabilidad –y prosperidad– que sus vecinos. Sin embargo, la presencia estadounidense tras la II Guerra Mundial y, sobre todo, durante la guerra de Vietnam alteró considerablemente los valores tradicionales.

El Samgha tailandés posee una estructura piramidal, encabezada por un patriarca designado por el rey (quien, a su vez, tal y como manda la Constitución, ha de ser budista). Esta institucionalización estatal del Samgha –compartida también por el budismo de Laos y Camboya– posee importantes implicaciones. Por un lado, las autoridades civiles tienen la potestad de "excomulgar" a un monje. Por otro, se ha creado un sistema de exámenes eclesiástico, lo que conlleva una cierta estandarización de la tradición y da contorno a una noción de "ortodoxia". El Estado se ha servido de los monjes –cuando el temor a la expansión del comunismo se sintió de forma acuciante– para promover programas públicos y educativos en remotas regiones o entre las minorías étnicas. La conexión Estado-Samgha ha sido asimismo crucial en el sempiterno conflicto entre la minoría musulmana malaya del sur y el Estado tailandés.

Para una gran mayoría de los monjes tailandeses, la práctica meditativa es una actividad secundaria (incluso mal vista en ciertos círculos, ya que se asocia a monjes errantes de ambiguo estatus dado su papel de astrólogos y sanadores), y mucho mayor énfasis se pone en el cumplimiento estricto del *vinaya*, el estudio de los textos o en enseñar a los laicos. Los monjes son muy respetados en todo el país por su participación en la educación y los rituales de los laicos.

Sin embargo, la orden monástica también es criticada periódicamente por su conservadurismo o sus relaciones y corruptelas con los estamentos políticos. Famosas fueron, en este sentido, las arengas anticomunistas del monje Kittivuddho durante los 1970s (con eslóganes tan poco budistas como "matar comunistas no es demeritorio"), un controvertido portavoz del poderoso movimiento revivalista Dhammakaya, iniciado en la misma década por Luang Dhammajayo. Se trata del movimiento de mayor crecimiento del país, muy popular entre la clase media sino-thai del gran Bangkok. El movimiento ha desarrollado una variante de meditación bastante poco anátmica. Promete la armonía social y la paz mundial basándose en el concepto –mahayánico– de naturaleza búdica en todos los seres. Su templo principal, el Wat Dhammakaya, es el mayor del país. Realiza ordenaciones regulares y lleva a cabo rituales multitudinarios para sus seguidores. Posee incluso un canal de televisión propio. Dados los vínculos del movimiento con el líder opositor Thaksin Shinawatra (derrocado en 2006), los estamentos militares han desplegado una contundente campaña de acoso al grupo.

En contraposición a estas corrientes conservadoras, han brotado otros grupos reformistas, asimismo hijos del diálogo con la modernidad. Particularmente interesante ha sido el mensaje de Bhikkhu Buddhadasa, un controvertido intérprete de la tradición, que rechazó las prácticas rituales y de adquisición de mérito del budismo popular y reinterpretó las ideas de *anatman,* nirvana o vaciedad como principios morales para "esta vida" y bajo el ideal mahayánico del *bodhisattva*. Su interpretación le llevó a posturas políticas, sociales, económicas o medioambientales muy reformistas (un tipo de "socialismo dhármico"). En sintonía, cabe mencionar el movimiento Santi Asoke, liderado por Phra Bodhiraksa en los 1970s, que reemplazó el ritual tradicional por la vida comunal frugal, la disciplina ascética y la autosuficiencia alimentaria.

No es desdeñable el número de oenegés budistas enfocadas a la acción social (sida, prostitución, pobreza, etcétera) o medioambiental. Destaca la labor de Sulak Sivaraksa, uno de los padres del llamado "budismo socialmente comprometido", que busca llevar a la práctica el "socialismo dhármico" de Buddhadasa y es crítico con la corrupción o con los grupos –como el aludido Dhammakaya– que presionan por hacer constitucionalmente del budismo la religión del Estado.

En paralelo al budismo vináyico de las aldeas y las ciudades, siempre ha existido en Tailandia una "tradición ascética del bosque", que se desarrolló con ímpetu a principios del siglo XX, gracias a Ajahn Sao Kantasilo y su discípulo Ajahn Mun. En estos círculos eremíticos –que siempre han suscitado gran admiración– se han transmitido las formas de meditación theravadin (*vipassana*) y un estilo de vida monástica más acorde con el viejo ideal shramánico. A destacar el maestro Ajahn Chah, discípulo de Ajahn Mun, que contribuyó mucho en divulgarlas entre los occidentales. Asimismo popular entre los occidentales ha sido Ajahn Tong, discípulo del maestro birmano Mahasi Sayadaw.

## El budismo en Malasia e Indonesia

El budismo es la segunda religión de Malasia, tras el islam. Aunque existen minorías de budistas malayos e indios, la inmensa mayoría procede de la populosa comunidad china. En las provincias de Penang, Kuala Lumpur y Johor, los budistas superan el

30% de la población. No obstante, apenas existen organizaciones supralocales.

Las cifras de Singapur también arrojan algo más del 33% de población budista, en su mayoría seguidores de alguna forma mahayánica china o del Theravada.

Antes de la llegada del islam a Indonesia, el hinduismo de corte shivaísta y el budismo se habían fundido en un peculiar híbrido. Dan buena cuenta los reinos Shailendra (siglo VIII), Sanjaya (siglos IX-XIV) y Shrivijaya (siglos VII-XII) de Java y Sumatra.

El peregrino chino Yijing, que pasó casi diez años en Palembang (Sumatra) a finales del siglo VII, constató que Shrivijaya era un importante centro de aprendizaje del budismo (Theravada y Mahayana). Hasta el punto que, en el siglo XI, un sabio de la talla del bengalí Atisha (que sería cardinal en la irradiación del budismo indio hacia el Tíbet) viajó hasta Sumatra para aprender con un maestro local. Todas las corrientes budistas florecieron en las islas hasta el siglo XIV. Tras la caída de la breve dinastía Shailendra de Java (que, entre otras maravillas, nos ha legado el *stupa* de Borobudur [véanse FIG. 34, FIG. 16]), la dinastía Sanjaya ganó preemi-

**FIGURA 34:** El gran *stupa* de Borobudur (Java), Indonesia, una de las joyas del arte budista del Sudeste Asiático. Dinastía Shailendra, siglos VIII-IX. (Foto: Agustín Pániker).

nencia en la isla y desplegó un peculiar mestizaje entre hinduismo shivaísta, budismo tántrico y espiritualidad javanesa. El mestizaje transmigró –aunque de forma cada vez menos budizada– en el hinduismo balinés, todavía mayoritario en la isla de Bali.

Aunque hace ya varios siglos que el budismo quedó relegado por el islam a una posición residual en Indonesia, la constante llegada de migrantes chinos lo ha mantenido vivo. Un notable impulso lo dio Ashin Jinarakkhita, un monje budista de origen chino que había estudiado física en Holanda (donde se familiarizó con la teosofía) y *vipassana* con Mahasi Sayadaw. Tras su regreso a Java, en 1955, estableció diversas asociaciones y lugares de culto. El budismo de Jinarakkhita se fundamenta tanto en las antiguas tradiciones javanesas (y en el concepto de "Buda primordial" o Adibuddha, necesario para que la Constitución indonesia –que exige la creencia en Dios– reconozca a la asociación), lo mismo que en el Theravada, el Mahayana y hasta en el budismo tántrico.

# 31. La segunda transmisión: el Mahayana

Es factible que el budismo Mahayana, que se detecta simultánea-mente en el sur y en la zona noroccidental de India hacia el siglo -II, dimanara de las escuelas del Mahasamghika y los cultos a los *sutras* (primero en forma de mantras, luego de textos ya escritos) y a los *stupas*. Quizá se originó en reacciones de monjes y laicos frente a un Samgha demasiado conservador. Tampoco deben descartarse influencias no budistas. Como fuere, el caso es que a través de esta corriente se canalizaron ideales, textos y metas distintos.

A diferencia del mundo theravadin, donde el budismo se ha mantenido relativamente hegemónico desde hace bastantes siglos, el Mahayana ha tenido más altibajos y tensiones con el Estado; en particular, en determinados momentos del Japón y la China impe-riales (o comunista).

Aunque el Mahayana es solo mayoritario en Extremo Oriente (China, Taiwán, Japón, Corea y Vietnam), donde ha producido ma-ravillas como las cavernas de Longmen y los colosales *buddhas* de Yungang, en China, o los complejos japoneses de Nara [véase Fig. 39] y Kyoto, también ha proporcionado joyas en otras regiones, como el *stupa* de Borobudur, en Java [véase Fig. 34], o los *buddhas* de Bamiyan, en Afganistán [véase Fig. 37]. Existen asimismo mi-norías mahayánicas en muchos países del Sudeste Asiático o de

Occidente (allí donde encontremos alguna comunidad de la diáspora china de cierta envergadura).

El Mahayana no es ninguna secta, orden o escuela monástica. No constituye ningún *nikaya*. Se rige por las reglas de los *vinayas* del budismo Nikaya. No existe, pues, una forma de ordenación propia del Mahayana. Es una "corriente"; y una que quizá nunca tuvo verdadera conciencia de serlo.

Esta corriente suscribe la mayoría de los puntos filosóficos del budismo Nikaya (*duhkha, anitya, anatman,* karma, *pratitya-samutpada,* etcétera), pero va a profundizar en algún aspecto y devaluar otros. Hay que abandonar la idea de que el Mahayana fue una "reforma" del budismo. Muchos de sus rasgos distintivos se hallan más o menos implícitos en el budismo Nikaya. De ahí que no exista un claro corazón doctrinal entre sus enseñanzas, algunas de las cuales son bastante incompatibles entre sí, ni que exista un "canon" del Mahayana. Tan variadas han sido sus prácticas y proposiciones, que posiblemente tome de ese talante su nombre, "Gran vehículo" (*mahayana*), capaz de portar a un variopinto e inmenso número de seres a la liberación.

Puesto que las peculiaridades del Mahayana han sido solo esbozadas de forma puntual en la Parte II, vamos a extendernos algo más en este capítulo. A modo de síntesis, destacaríamos cinco rasgos recurrentes: 1) una nueva cosmología, centrada en un Buda omnisciente y trascendente; 2) la adopción de la meta de la "budeidad"; 3) la promulgación de la senda del *bodhisattva* como ideal; 4) una reformulación de la filosofía de los abhidharmikas; y 5) el desarrollo de un budismo altamente devocional.

## El Buda como principio trascendente

Las escuelas del budismo Nikaya ya reconocían el carácter excepcional del Buda, nacido como "gran hombre", con sus 32 marcas.

Algunas escuelas del Mahasamghika ahondaron en esa dirección. La Lokottaravada proponía que el cuerpo del Buda estaba hecho de cualidades incontaminadas, como la sabiduría o la concentración ilimitadas. La noción de "cuerpo" (*kaya*) dejaba de significar la forma física para representar las virtudes abstractas de los *buddhas*. Para esta corriente, el Buda fue un ser sobrehumano (*lokottara*) que, al alcanzar el despertar pleno, trascendió las convenciones del samsara. Aunque permanece en silencio perpetuo, su influencia salvífica opera gracias a su resolución de liberar a los seres y a sus poderes de concentración insuperables.

Otro texto ilustrativo de la transición hacia un Buda trascendente es el "Sutra del juego completo" (*Lalita-vistara-sutra*), un recuento de la vida de Shakyamuni. Pero ahora su vida y obra no es más que el "juego" (*lalita*) de un ser sobrenatural. El tono del *sutra* se asemeja a los *puranas* hindúes y ya se pone mucho énfasis en la fe en este ser trascendental: «A todos los que creen en mí, hago el bien», señala el Tathagata.[84]

La absolutización del Buda se da con la formulación de los "tres cuerpos" (*tri-kaya*), una aportación de una de las filosofías emblemáticas del Mahayana, la Yogachara, que ya nos topamos con anterioridad: 1) el *nirmanakaya*, 2) el *sambhogakaya*, y 3) el *dharmakaya*.

El *nirmanakaya* es la forma proyectada por los *buddhas* en este mundo, como el Buda histórico Siddhartha Gautama. La idea no es muy diferente a la del *avatara* del hinduismo o el Cristo (Dios-hecho-hombre, el Hijo) del cristianismo. Este cuerpo es el vehículo para que el Buda trascendente actúe entre los humanos.* El

---

* Se dan formas "parciales" del *nirmanakaya* en grandes lamas y santos. Así, cuando un tibetano expresa la idea de que el *dalai-lama* es una encarnación de Chenrezi, entiende que este *bodhisattva* ha enviado su "cuerpo fantasmal" al mundo y adopta la forma del lama.

*sambhogakaya* es la forma que asumen los *buddhas* enseñando sin descanso en sus tierras puras. En esta capacidad de "gozo", el Buda pronuncia los *sutras* del Mahayana o los *tantras* del Vajrayana. Se trata del potencial activo y energético de lo real. La noción tampoco es muy distinta a la del *ishvara* del hinduismo (dado que es la única expresión del Buda que puede ser "pensada") o, aún mejor, del Espíritu Santo del trinitarismo cristiano. Según un famoso *sutra*, el *sambhogakaya* adopta la forma de los dioses y espíritus de otras tradiciones para ofrecer así el Dharma incluso a los no budistas. Finalmente, el *dharmakaya* es la suma de todas las cualidades de la existencia [véase FIG. 8], el "cuerpo de todos los *dharmas*", a veces referido también como *dharma-dhatu* ("la totalidad de lo que existe") o *tathata* ("talidad"), ya que escapa a toda conceptualización. El Buda es aquí una verdad omnipresente. En ocasiones, esta idea ha sido personificada en el "Buda primordial" (Adibuddha), llamado Samantabhadra o Vairochana en las tradiciones tántricas o tibetanas. Para los seguidores de las corrientes devocionales, este Buda trascendental no difiere demasiado del "Padre" omnipotente de otras tradiciones.

La doctrina de los "tres cuerpos" pone incluso entre comillas la historicidad del Buda, ya que el cuerpo fantasmal en la forma del príncipe Siddhartha no habría sido más que una ficción, un medio hábil utilizado por el *dharmakaya*; que es casi un principio metafísico "permanente" (acusación esgrimida por el budismo Nikaya), parecido al *brahman* del Vedanta. Para el "Sutra de la guirnalda", el *dharmakaya* «interpenetra el cosmos, sin obstáculos; la naturaleza de toda la infinidad de cosas reside al completo en ese cuerpo».[85] Con todo, este cuerpo suele ser visto como "vacío". Seguramente, los yogacharins llegaron a estas conclusiones a través de las visualizaciones meditativas dirigidas al Buda.

## La budeidad

Las escuelas del Mahayana postulan una meta distinta del nirvana: la "budeidad" (*buddhatva*), también llamada "naturaleza búdica" (*buddhagotra*) o "matriz del Tathagata" (*tathagata-garbha*). En teoría, tampoco se trata de una realidad metafísica, sino de la naturaleza "despierta" latente en todos los seres (pero también se acerca de forma peliaguda a una esencia permanente). Ya en el "Sutra del loto" se dice que todos los *dharmas* poseen la cualidad del nirvana. El "Sutra de la guirnalda" afirma que «no existe un solo ser vivo que no esté plenamente poseído por la sabiduría del Tathagata».[86] Esta enseñanza será cardinal en escuelas chinas como la Tiantai, la Huayan y la Chan, donde la budeidad es referida como *fo xing* (japonés: *bussho*).

En cierto sentido, la noción de naturaleza búdica cumple la misma función que la imagen del Buda, el *stupa* o el *sutra*: es el sustituto del Buda, pero con el añadido de que es congénita a todo ser animado o inanimado, pues el "Buda" es ahora la textura del universo. La enseñanza es decididamente optimista ya que no solo dice que podemos aspirar a ser *buddhas*, sino que, en lo más hondo, ¡ya lo somos! Ojo, eso no debe confundirnos: hay que descubrir y actualizar ese potencial innato. Por ello, la budeidad no se "alcanza", sino que se *realiza* ("se hace real") existencialmente. Una vez purificada la mente de aquello que la turba, la naturaleza despierta refulgirá en todo su esplendor. Con lógica, si no hay distancia que recorrer, puede darse un despertar espontáneo o repentino, una noción muy del agrado del budismo extremo-oriental.

En teoría, este des-cubrimiento equivale a lo que el budismo Nikaya llamó *nirvana*. Pero existen notables diferencias. Para el Theravada, la realización del nirvana implica el cese del samsara. En el Mahayana, en cambio, el nirvana se asimila al despertar (*bodhi*) o realización de la budeidad. La *bodhi* implica ver las cosas tal-cual-son. Y la forma en que se ven las cosas cuando no hay un "yo" que las ve es la "talidad" (*tathata*). Para el Mahayana, la *bodhi* equivale, por tanto, al reflejo del *dharmakaya* en los seres sensibles. Es el *dharmakaya*, bajo la forma de la *bodhichitta*, lo que hace sentir, pensar o actuar a los seres. Por tanto, cuando un ser alcanza la *bodhichitta* en realidad es el *dharmakaya* que está actuando para su propio "despertar".

## La senda y el ideal del *bodhisattva*

El budismo Nikaya empleaba el término *bodhisattva* para referirse a aquellos seres que van a devenir *buddhas*. Los clásicos son Gautama (antes del despertar) o Maitreya, que aguarda en Tushita el momento de encarnar en la Tierra como *buddha*. El Mahayana deduce que si Maitreya y los siguientes *buddhas* futuros están todavía por venir, eso implica que existen otros seres aquí y ahora en este universo que ya son *bodhisattvas*.

El ideal del Mahayana pasa del esforzado *arhat*, que busca la liberación para sí (ya que según la óptica mahayanista existiría en él un residuo egoico), al *bodhisattva*, que es redefinido como aquel que ha despertado, está próximo a convertirse en un *buddha*, pero que compasivamente opta por permanecer en el samsara para beneficio de los seres atrapados en el círculo vicioso del sufrimiento.

Dicho ideal consiste, por tanto, en anteponer el bien del prójimo al propio, aun sabiendo que el término "propio" no es más que una designación convencional. Si realmente este cuerpo no es "mi" cuerpo, ¿por qué no considerar los otros cuerpos como "propios"? Esto es la compasión (*karuna*). El modelo es el del Buda histórico, pues ¿acaso no despertó y postergó el *parinirvana* para proclamar la doctrina en beneficio de los seres? Puede, incluso, que el ideal del *bodhisattva* sea un desarrollo de los recuentos de vidas anteriores del Buda que hallamos en los *jatakas*.

En ningún lugar se dice que el *arhat* no pueda conducir a la liberación de los demás.* Ocurre que las intenciones del *bodhisattva* y las del *arhat* son distintas. El *bodhisattva* descarta el nirvana de los *arhats* y dice aspirar al nirvana pleno de los *buddhas*: la budeidad. Aunque sabe que no hay "seres" que liberar, cultiva las *paramitas* o "perfecciones" y genera la *bodhichitta* o "mente que aspira al despertar" en su empeño por liberar a todos los "seres". Tan importante es este aspecto que en muchos textos a esta corriente se la designa Bodhisattvayana o "Senda del *bodhisattva*", en especial en su primera época, cuando ni siquiera se había formado el concepto de *mahayana*.

El Mahayana exhorta a que cada uno tome el voto del *bodhisattva* e, imitando el patrón de estos grandes seres, eventualmente alcance un estatus celestial. Por tanto, tenemos dos aspectos de la senda del *bodhisattva*: uno devocional, para los creyentes, y otro práctico, para los que quieran seguir la senda del *bodhisattva* ellos mismos. El desarrollo de este ideal es responsable de la gradual devaluación del nirvana, en especial entre las corrientes devocionales de China, Corea y Japón.

La senda consta de seis "perfecciones": generosidad, moralidad, paciencia, energía, concentración y sabiduría. Gracias a la última, las cinco perfecciones anteriores se tornan trascendentes o "nobles". Así, cuando el que toma la senda practica la primera *paramita* y "da", lo hace espontáneamente, sin percibir la noción de "dar", de "generosidad", de "resultado", siquiera de "donante". Más adelante, la senda se complementa con otras cuatro perfecciones: pericia en

---

* Por ello el *arhat* será aún muy popular en China (donde se conoce como *luohan*) y en la escuela Chan (Zen), que es cien por cien mahayánica. El Chan sospecha de bastantes aspectos míticos del budismo y, por contra, valora a aquellos que –como el *arhat*– por su propio esfuerzo han completado la senda.

el método, determinación, fortaleza y gnosis; que suelen compaginarse con las meditaciones en las "cuatro moradas sublimes de Brahma", que ya conocemos.

## Las reformulaciones filosóficas del Mahayana: Madhyamaka, Yogachara y Tathagata-garbha

Los *sutras* del Mahayana también se inician con el famoso "Así lo he oído...". Pero ahora es algún *bodhisattva* –como Mañjushri o Vajrapani– y no Ananda quien ha escuchado el sermón del Buda. Con ello se da a entender el carácter secreto de la enseñanza, no destinada a los oyentes directos del Buda. (Recordemos la doctrina del *upaya-kaushalya*: la adaptación de la enseñanza a las capacidades de la audiencia.) De ahí que en algunos círculos cuajara la idea de que se ponía en marcha por segunda vez la "rueda del Dharma". De esta forma, el Mahayana pudo desestimar el material más antiguo y relegarlo bajo la apelación peyorativa de "Hinayana" ("Pequeño vehículo", pero que también significa "inferior" o "vil") o la más amable de "Shravakayana" ("Vehículo de los discípulos").

Hoy, muchos expertos sostienen que los primeros seguidores del Mahayana debieron ser monjes centrados en prácticas contemplativas. Una de las "perfecciones" (*paramitas*) que cultiva quien sigue la senda del *bodhisattva* es la sabiduría (*prajña*), precisamente aquella que logra que las demás perfecciones sean "nobles". Con lógica, la "perfección de la sabiduría" es el tema preferido de las enseñanzas llamadas genéricamente "Sutras de la perfección de la sabiduría" (*Prajña-paramita-sutras*), que, como conocemos, fueron las primeras en rechazar la canonicidad y las posiciones filosóficas de los *abhidharmas*.

Sabemos que el Buda cuestionó que el conocimiento de un supuesto *atman* pudiera guiarnos hacia la liberación. El budismo Nikaya amplió la negación para incluir a la persona, concebida como una entidad compuesta de *dharmas* y *skandhas*. Por momentos, el budismo Nikaya parece ir más allá y habla de «vaciedad de los *dharmas*».[87] Pero es el Mahayana el que amplía el espectro y pasó de afirmar que "los *dharmas* no son el *atman*" a decir que "los *dharmas* son sin *atman*"; es decir, sin naturaleza propia; ergo, vacíos, inexistentes. No solo el "yo" es insubstancial, sino todos los seres y elementos de la existencia. La gnosis o *prajña* es ahora el estado de consciencia que aprehende la vacuidad (*shunyata*) de todo fenómeno.

El "Sutra de la perfección de la sabiduría en ocho mil versos", que es probablemente el primer texto cien por cien mahayánico, proclama que el *bodhisattva* «conduce a incontables seres al nirvana, pero, en realidad, no ha habido ningún solo ser que haya sido conducido al nirvana».[88] Los seres y las cosas del mundo fenoménico son como un hechizo. Se niega la realidad de los *dharmas* (recordemos: los componentes últimos de la existencia), que era un axioma central del budismo Nikaya.

El "Sutra del corazón", otro de los "Sutras de la perfección de la sabiduría" más conocidos, va vaciando de naturaleza propia todos los *skandhas* –al estilo del budismo Nikaya–, pero para proseguir vaciando las "cuatro nobles verdades" y hasta la obtención del nirvana. Como ya vimos en la Parte II, la doctrina de la vaciedad es una prolongación de la del *anatman*, ampliada a toda cosa, sin excepción. Uno de estos *sutras* llega a la asombrosa conclusión de que:

> «La perfección de la sabiduría es inmensurable, eterna y sin fin. ¿Por qué? Porque la perfección de la sabiduría no existe.»[89]

Nagarjuna [véase FIG. 35], que debió vivir hacia el siglo II, fue el mejor sistematizador de esta línea de pensamiento y el valedor

**FIGURA 35:** Representación del gran filósofo Nagarjuna rodeado de los 84 *siddhas*. Pintura tibetana de la escuela Gelugpa. Siglo XVIII. Nueva York, EE.UU.: Museo Rubin. (Foto: Wikimedia Commons).

de la escuela Madhyamaka, la filosofía más influyente del Mahayana. Su *Mulamadhyamika-karika* ("Versos sobre los fundamentos del camino medio") es un loable esfuerzo por sistematizar el
pensamiento de los "Sutras de la perfección de la sabiduría" a la
luz del clásico "camino medio" (entre los nihilistas y los eternalistas), que es lo que literalmente expresa el nombre de la escuela:
Madhyamaka. Este texto es considerado una de las cumbres del
pensamiento indio.

Debemos insistir en que las "filosofías" budistas no son órdenes
religiosas, sino corrientes de pensamiento. Sus propulsores pertenecieron a diferentes órdenes y linajes. Ni siquiera Nagarjuna
tenía ninguna conciencia de ser un mahayanista ni de pertenecer
a ninguna escuela llamada "Madhyamaka". Fue su aceptación de la
senda del *bodhisattva* y admiración por los "Sutras de la perfección
de la sabiduría" lo que, *a posteriori*, nos permite etiquetarlo así;
pero en no pocos aspectos está más próximo a la enseñanza del
Buda histórico que a otros filósofos del Mahayana.

El principal interés de Nagarjuna no era proponer un nuevo
sistema (él prefiere inhibirse de emitir juicios y, de paso, se escuda
de ser refutado), sino demostrar lógicamente que las posiciones
de los abhidharmikas estaban intelectualmente apegadas y condicionadas. Ni el nirvana ni el *pratitya-samutpada* ni las "cuatro
nobles verdades" resisten un análisis lógico en tanto *causalidad*.\*
Postular el nirvana no puede proceder de un análisis, sino de una
intuición o experiencia prájñica.

---

\* El desarrollo lógico del tetralemma nagarjuniano es el siguiente: 1) si el nirvana existe, entonces
está sujeto a producción y destrucción y, por tanto, contradice la definición misma de nirvana como
lo incondicionado; 2) pero si se sostiene su inexistencia, entonces se niega la posibilidad de lograrlo,
y eso es contrario al Dharma; 3) si existe y no existe a la vez, se afirman propiedades mutuamente
contradictorias acerca de un mismo concepto; y 4) si ni existe ni no existe, se afirma algo sin sentido.
Ergo, el nirvana, en tanto causalidad, no resiste el análisis.

Decían los abhidharmikas, por ejemplo, que los *dharmas* necesitan del *dharma* "nacimiento" (*jati*) u "originación" (*utpada*) para llegar a existir. Pero el *dharma* "nacimiento" es asimismo condicionado y, por tanto, necesita de ese mismo *dharma* para sí, que podría llamarse "originación de la originación", que a su vez necesita del *dharma* "originación", y así hasta el infinito. De modo que concluye que, al no haber sido demostrado que las cosas surjan y cesen, no existe lo condicionado ni lo incondicionado. Los *dharmas* no pueden existir en sí mismos; son como un sueño, una ilusión mágica. En la mirilla, Nagarjuna tenía a la escuela Sarvastivada, que sostenía que los *dharmas*, aunque extremadamente fugaces, poseían realidad, y, al ser indivisibles, tenían "naturaleza propia" (*svabhava*).

Nagarjuna aduce que, si las cosas son vacías de naturaleza propia, como sostienen los "Sutras de la perfección de la sabiduría", no puede haber relación de causa y efecto entre cosas que no poseen existencia en sí mismas. Ningún *dharma* se origina y ningún *dharma* perece porque no poseen, en verdad, realidad en sí mismos. Porque todo existe en relación y dependencia de otra cosa, a su vez vacía de autoexistencia.

Si el Buda propuso en su tiempo el *anatman* para combatir el eternalismo de las *upanishads*, Nagarjuna afronta el sustancialismo abhidharmika con la "vaciedad". Si recordamos, la "vaciedad" o *shunyata* es precisamente la falta de naturaleza propia (*nihsvabhava*) de los *dharmas*, porque nada hay en el universo que no dependa de otros factores y condiciones. De ahí el rechazo a designar el nirvana como lo "incondicionado". El nirvana está más allá de toda categoría y se describe como "paz"; una paz que consiste en apaciguar el pensamiento discursivo, en dejar de construir un mundo de objetos separados.

El enfoque madhyamika es fundamentalmente dialéctico-sapiencial, con mucho peso en el análisis de la construcción lingüística del mundo. Siguiendo a los "Sutras de la perfección de la sabiduría", busca generar la gnosis (*prajña*) que entiende que los fenómenos no poseen realidad substancial; solo plena dependencia. Existen en relación con otros fenómenos, igualmente dependientes y vacíos. Si algo existiera en sí mismo, no podría ser alterado o modificado (porque al hacerlo ya no sería sí mismo). La ignorancia consiste en tomar esa realidad vacía como substancial. Por ello, porque oculta la verdadera realidad, los madhyamikas la denominan "realidad de ocultamiento" (*samvriti-satya*) o convencional, un concepto que también toman de los "Sutras de la perfección de la sabiduría". El mundo fenoménico, pues, viene condicionado por nuestras representaciones lingüísticas y mentales. Pero cuando uno profundiza en la vaciedad, las representaciones cognitivas se detienen y penetramos en el plano de la "realidad superior" (*paramartha-satya*).

Nagarjuna –como el budismo Nikaya– no niega que percibamos los objetos del mundo fenoménico; pero tales objetos son meras ocultaciones de una "realidad superior". No representan lo real. De donde el sufrimiento e insatisfacción de la experiencia. Cuando, en lugar de procesos vemos "cosas", el sufrimiento está servido. La diferencia entre Nagarjuna y los abhidharmikas reside en que para los últimos la realidad superior está compuesta de *dharmas* causalmente dependientes, posición que Nagarjuna refuta. Nuestra ignorancia, pues, es la causante de la "realidad de ocultamiento".

Ocurre que acerca de la "realidad superior" nada podemos decir. A lo sumo, puede intuirse que no existe ni sujeto ni objeto ni devenir samsárico. Decir que la realidad o verdad superior es *shunyata* es una *metáfora conveniente*. El vacío no es ninguna realidad en sí. (De ahí que la etiqueta de "nihilismo" que a veces se cuelga sobre el Madhyamaka sea inapropiada: no es por virtud de una abstracta y mayúscula Vaciedad que las cosas sean vacías, sino que son vacías porque no existen en sí mismas.) Son vacías de una existencia independiente.

El "Sutra del diamante" llega a la demoledora conclusión de que nadie será nunca liberado, ni ningún *sutra* fue jamás expuesto, ni ninguna enseñanza fue predicada. Para nuestra tranquilidad, sin embargo, hay que decir que toda la literatura de la *prajña-paramita* habla desde la perspectiva de un *buddha*. En el plano de la realidad convencional hallaremos el Dharma budista que permitirá desasirnos de nuestras representaciones y del propio Dharma. De ahí que Nagarjuna acentúe la importancia de la práctica cotidiana. Precisamente porque todas las entidades son vacías existe el mundo convencional. Un mundo en el que las entidades poseyeran naturaleza propia sería un mundo estático, sin interdependencia, sin cambio o alteración (en el que el *duhkha*, por ejemplo, sería eterno e imposible de cesar), sin posibilidad de conocerse, pues todo poseería su independencia. Recordemos, empero, que «la forma es vacío y el vacío es forma».[90] Por tanto, deconstruyendo el mundo convencional desde el plano último, Nagarjuna acaba afirmándolo. Como sostiene la corriente Prasangika, todos los fenómenos son vacíos de existencia en sí porque *dependen* de otros fenómenos; y puesto que se originan en dependencia, existen de forma *convencional*. De esta manera, la vaciedad y la interdependencia se integran. Los agregados, las mesas o el karma existen en dependencia, no en sí mismos. El hecho de que sean vacíos no elimina la distinción convencional entre los objetos; ni elimina que los sintamos o experimentemos. La verdad convencional no es la falsedad; es asimismo *verdad*.

Es la vaciedad precisamente lo que hace que un objeto en cuestión sea eso, un "objeto convencional", pues –insistamos– si no estuviera vacío –de naturaleza propia–, jamás lo captaríamos. La realidad de ocultamiento, por tanto, posee un valor enorme, pues es el medio o *upaya* para desvelar la realidad superior. Repitamos la cita de otro capítulo: «Sin basarse en la verdad convencional... no se logra la liberación», proclama el filósofo.[91]

La filosofía Madhyamaka no propone, por tanto, una descripción de la realidad más verdadera, sino un método para mostrar que todas las descripciones son convencionales, pero pueden poseer el incalculable valor de alejarnos del odio, la codicia y la confusión. Darse cuenta de la vaciedad de todo fenómeno sirve precisamente para que abandonemos el hábito de cosificar, reificar, nombrar o esencializar. Dicho de otra forma, solo aquel que ha comprendido las "cuatro nobles verdades" puede captar que incluso el samsara y el nirvana son conceptos dependientes y condicionados. Todo el mundo del samsara es, por tanto, búdico. Nunca hubo un tiempo en que las cosas no fueran nirvana. «No hay ninguna distinción entre nirvana y samsara», asevera Nagarjuna.[92] Eso no significa que sean lo mismo, o que exista una identidad entrambos, sino que son distintos aspectos de la vaciedad; dos caras de una misma moneda. ¡Y cuidado de no cosificar ese vacío: eso también debe ser vaciado! La *shunyata* no es *brahman* o lo Absoluto. La vaciedad es una herramienta que debe utilizarse con fines soteriológicos: la vaciedad es vacía; no es la ultimidad. El ignorante es –siguiendo un famoso ejemplo de Chandrakirti– aquel a quien el comerciante le ha dicho que no tiene nada que venderle y entonces le pide que le venda esa "nada". Aunque Nagarjuna vacía el mundo de substancia, nunca niega que el samsara posibilite este vaciamiento. Aunque se enfatiza la no dualidad de las apariencias, la "realidad superior" no es el fundamento de la "realidad de ocultamiento" ni es la "verdadera" naturaleza de la realidad empírica. (No caigamos en un monismo.) La realidad superior es el modo de existencia derivado de cuando uno se indiferencia de las supuestas "cosas".

Esta enseñanza tendrá una influencia enorme en la mayoría de las corrientes del Mahayana, en el budismo Vajrayana y en las corrientes no dualistas del Vedanta hindú (y, de rebote, en el neoconfucianismo y hasta en la filosofía occidental). La escuela Madhyamaka fue continuada por Aryadeva, quien –en claro espíritu mahayánico– ya presenta el budismo como "senda del *bodhisattva*". Según la tradición tibetana, la escuela se escindió en el siglo v en las subescuelas Prasangika (Buddhapalita, Chandrakirti, Shantideva) y Svatantrika (Bhavya).

Fue la Prasangika, en especial con Chandrakirti, la corriente que más insistió en que un verdadero madhyamika no puede sostener tesis propia. Los trabajos de este notable erudito son de estudio obligatorio en los monasterios tibetanos. La corriente Svatantrika de Bhavya rechazó el extremismo de la Prasangika y apostó por establecer argumentos propios (*svatantras*). Sus diferencias, no obstante, son básicamente de método.

En el siglo iv floreció la otra gran escuela del Mahayana: el Yogachara ("Practicante del yoga"). Vendría a ser una reacción ante el gnosticismo madhyamaka y una reapropiación crítica del análisis sarvastivadin (dícese que el sarvastivadin Vasubandhu se pasó al radio de acción del Yogachara, que lideraba su hermanastro Asanga). Los yogacharins tomaron como punto de partida enseñanzas como el "Sutra de la explicación de los secretos profundos" (*Sandhinirmochana-sutra*), el "Sutra del descenso a Lanka" (*Lankavatara-sutra*) o el "Sutra de la guirnalda" (*Avatamsaka-sutra*). Además de Asanga y Vasubandhu, destacaron también los lógicos Dignaga y Dharmakirti, así como los propulsores del ala más radicalmente idealista, Dharmapala y Xuanzang.

Su principal enseñanza propugna que "solo hay mente" (*chittamatra*); que el mundo en el que vivimos es "solo ideas" (*vijñaptimatra*). La consciencia (*vijñana*), que es una realidad mucho más compleja para esta escuela que para los abhidharmikas, "crea" los objetos de este mundo. O dicho de otra forma, toda cognición o percepción tiene como objeto una representación, no un objeto "real" que existe ahí afuera. El flujo de consciencia *es* la realidad misma; por lo que el mundo que percibimos sería una proyección, cual "sueño", "eco" o "ilusión mágica". La única diferencia entre la realidad soñada del mundo y un sueño onírico es que en el estado "normal" alucinamos el mundo de forma colectiva. Con lógica, se ha caracterizado a esta corriente como Vijñanavada ("Doctrina de la consciencia").

No se postula exactamente que el mundo sea mental, sino que todo se basa en nuestra experiencia cognitiva y no podemos tener ninguna concepción extramental de la realidad. La "mente" no puede disociarse de lo que llamamos realidad. Aunque eso es virtualmente "idealismo" (al estilo del neoplatonismo o, más recientemente, de la película *Matrix*), en ningún texto yogacharin se niega la existencia de los objetos externos. Lo que para los madhyamikas es "vacío", para los yogacharins es una construcción mental. Si los primeros miran de acceder a la budeidad por una senda dialéctica y gnóstica, enfatizando la *prajña*, los yogacharins otorgan mucho más peso a la meditación, al *samadhi*, y muy en particular a las visualizaciones. En cierto sentido, critican a los madhyamikas que su deconstrucción del mundo acaba por decirnos bien poco acerca de cómo este se nos aparece y es vivido.

Los yogacharins distinguen los seis estados mentales o consciencias (consciencia de ver, de oír, de pensar, etcétera) del budismo Nikaya y añaden una séptima, la "mente" (*manas*), que designa el pensamiento continuado. Pero una particularidad controvertida de los yogacharins es la proposición de una octava consciencia, que denominan "depósito de consciencia" (*alaya-vijñana*), que se modifica sin cesar y es la raíz del resto de consciencias. Es precisamente ese depósito lo que la mente toma de forma errónea como su "yo" permanente o *atman*.

El "depósito de consciencia" es el sustrato individual en el samsara, ya que porta las impresiones kármicas, constituye el fundamento del sentido del "yo" y es el factor responsable de una nueva existencia tras la muerte. Aunque se está a un paso de identificar el *alaya-vijñana* con un "espíritu eterno", o con una "mente absoluta" (o un inconsciente colectivo, el *brahman* o Dios), como buenos budistas los yogacharins se resisten a hacerlo. A diferencia de una sustancia espiritual, que es eterna y no se modifica, el "depósito de consciencia" está en perpetuo cambio. Con ello dicen explicar mejor el proceso de "recordar", incluso de aquellos que han pasado por fases comatosas, o el de "transmigrar", ya que el *alaya-vijñana* retiene las latencias kármicas (*vasanas*) de igual forma que el *continuum* de consciencia.

Este "depósito de consciencia" contiene las semillas del despertar espiritual. Se encuentran en el *param-alaya*, es decir, en el "depósito que está más allá", un aspecto profundo del *alaya*, a veces llamado "reino de los *dharmas*" (*dharma-dhatu*) o "talidad" (*tathata*). Esa realidad universal que mora dentro de cada ser es equiparada al nirvana, la vaciedad o la budeidad.

El yoga de los vijñanavadins consiste en vaciar la mente de todo contenido y establecer la consciencia más allá del dualismo. En la meditación, el yogui elimina el "objeto" y se mantiene en la esencia pura en su interior. El flujo de experiencias deja de ser entonces interno o externo; simplemente *es*. En cierto sentido, los yogacharins prolongan la tradición dhyánica que llegaba al noveno estadio (el *nirodha-samapatti*), típica del budismo Nikaya. Al liberarse de todo objeto de la mente, el yogui puede volcarse sobre el "depósito de consciencia" y captar intuitivamente que el *alaya* es su propia base. El *alaya* se refleja a sí mismo en el espejo de la mente y alcanza la comprensión plena de su propia naturaleza. Y el "Sutra del descenso a Lanka" proclama: «el nirvana es el *alaya-vijñana*».[93]

Hacia el siglo VIII, el Yogachara se fusionó con la subescuela madhyamika Svatantrika. A esta síntesis pertenecieron Shantarakshita y Kamalashila, que tanta importancia tendrían en la transmisión del budismo en el Tíbet. En general, será el budismo Vajrayana la corriente que mejor vehiculará los postulados del Yogachara.

Una tercera corriente filosófica del Mahayana indio (si bien nunca se articuló en forma de escuela), es el llamado pensamiento del Tathagata-garbha ("Matriz del Tathagata"). Se fundamenta en materiales como el "Sutra de la matriz del Tathagata", que es cronológicamente el primero, el "Sutra del rugido del león de la reina Shrimala", el "Sutra del nirvana" y hasta en un *sutra* tan yogacharin como el "Sutra del descenso a Lanka".

En puro espíritu mahayánico, el pensamiento tathagata-garbhin postula una "esencia despierta" en todos los seres. Cuando los seres se liberan de las turbaciones e impurezas, entonces ese "embrión", "semilla" o "matriz" (*garbha*) trasluce como el *dharmakaya*, el "cuerpo de las perfectas cualidades búdicas". En esencia, pues, *tathagata-garbha*, *dharmakaya*, naturaleza búdica, talidad o budeidad son idénticos. Esta filosofía otorgará un papel de primer orden al concepto de *bodhichitta*, la mente que aspira al despertar. Influyó mucho en el Yogachara, en la escuela china Huayan, en el budismo Vajrayana y en el Zen.

❈ ❈ ❈

Las filosofías del Mahayana, en especial la Yogachara y el pensamiento del Tathagata-garbha, están operando un pronunciado viraje ante los postulados del budismo Nikaya. Están sugiriendo que existe algo más allá de los *dharmas*, que han declarado vacíos y, en

El Samgha

último término, inexistentes, que sí podría existir. Se dice que *eso* es increado, sin fin, inmensurable; de hecho, inconcebible e inimaginable. No le afecta el mundo fenoménico y permanece inmóvil. A veces se le designa como el "reino de los *dharmas*" (*dharma-dhatu*), o con más frecuencia, "talidad" o "mismidad" (*tathata*), o "vaciedad" (*shunyata*), "perfección de la sabiduría" (*prajña-paramita*) o "budeidad" (*buddhatva*). Como esencia de todas las cosas, esta existencia superior también es llamada "matriz del Tathagata" (*tathagata-garbha*). El "Sutra de la guirnalda" afirma que el Tathagata es la Realidad Última, y quien en él solo ve a un sabio mortal, yerra y no ve al Buda. Se trata prácticamente de un cosmoteísmo. El giro absolutista es casi completo. Estamos a un paso del *brahman* del Vedanta y de las *upanishads* que el Buda esquivó con tanto esmero. (Por ello, madhyamikas y abhidharmikas criticaron con vehemencia cualquier atisbo "átmico" de estas posiciones.)

## La devoción en el Mahayana

El budismo Mahayana posee una potente vertiente devocional, mayoritaria hoy en Japón, China, Taiwán y Vietnam y lugares de la diáspora extremo-oriental. Se basa en textos como el "Sutra del loto" (*Saddharma-pundarika-sutra*) o los "Sutras de la Tierra de la felicidad" (*Sukhavati-vyuha-sutras*).

La idea central del "Sutra del loto" es que Shakyamuni lleva "nirvanado" casi desde la eternidad (si bien no se explicita directamente, sí afirma que el Buda «siempre ha existido con una duración de vida ilimitada»).[94] Su aparición en este mundo no fue más que una proyección hábil, un *upaya*, para el beneficio de los ignorantes, de acuerdo con sus capacidades intelectuales. Pensar que vivió ochenta años y que progresó de un estado samsárico a otro nirvanado es quedar atrapado en la dualidad. De hecho, en ningún momento del *sutra* se dice que los *buddhas* entran en el nirvana con la muerte. A nivel popular, esto significa que Shakyamuni es un ser celestial, eterno y omnipresente que observa el mundo desde un lugar supremo. Como tal, es un valiosísimo objeto de adoración.

Lo mismo que los *bodhisattvas*, quienes, gracias a sus poderes psíquicos, pueden manifestar –y hasta convertirse en– *buddhas* para el bien de los demás.* Aunque el *bodhisattva* sabe que el mundo cotidiano solo existe como realidad convencional, por su infinita compasión toma los problemas de los demás con total seriedad. Como ya conocemos, *buddhas* compasivos como Akshobhya o Amitabha (Amituo, Amida) generan y delimitan tierras puras en otros niveles del cosmos para poder ejercer su benevolencia de la mejor manera posible [véanse Fig. 36, Fig. 23]. Allí podrán renacer los devotos de corazón.

Estas tierras puras se describen como paraísos, aunque en realidad son lugares especialmente favorables para el despertar (debido al mérito acumulado por el *buddha*). Hay quien llega a concebirlas como estados de consciencia. Para el devoto, empero, se trata de genuinos paraísos desde los cuales podrá detener el ciclo de renacimientos.

Renacer en una tierra pura solo es posible si el devoto ha estimulado la reserva kármica del *buddha*, generalmente a través de la devoción intensa hacia el *buddha* (a través de la meditación, o incluso con la repetición del nombre del *buddha*). La meta del budismo devocional deja de ser el nirvana o la budeidad y pasa a ser el renacimiento en esta tierra pura celestial.

Obviamente, estas nociones obligan a una reformulación de la

---

* Existe ahí una aparente contradicción, ya que si el *bodhisattva* se convierte en *buddha* rompe su voto (de postergar la entrada en el nirvana). Sucede que renunciando a la budeidad, el *bodhisattva* la "realiza" y, de forma paradójica, se convierte finalmente en un *buddha*, tal y como ilustra el ejemplo del *bodhisattva* Dharmakara que deviene el *buddha* Amitabha.

**FIGURA 36:** El *buddha* Amituo (Amitabha) en el paraíso occidental o tierra pura de Sukha-vati ("Tierra de la felicidad"). Cuevas de Mogao, Dunhuang (Gansu), China. Dinastía Tang (siglos VII-XI). (Foto: Wikimedia Commons).

teoría del karma, que deja de ser "individual". (De hecho, nunca podría serlo al cien por cien, ya que el Mahayana siempre ha entendido que todo está mutuamente interrelacionado, por lo que nada existe que sea plenamente "individual".) El Mahayana suaviza la doctrina y aporta la noción de que el *bodhisattva* o el *buddha* pueden transferir o dirigir los méritos propios en favor de otros. (Incluso el buen karma que uno acumula con acciones meritorias o rituales en el templo puede ser transferido hacia un propósito particular o hacia otra persona.) No es que la retribución del acto individual se elimine, sino que se relativiza. Por mucho que el budismo antiguo insistiera en que la senda era un asunto individual, en el Mahayana la devoción hacia el *buddha* o el *bodhisattva* puede hacernos recipientes de su gracia y compasión, que no solo neutraliza nuestro demérito, sino que nos protege y atiende nuestras súplicas.

Para millones de budistas de Asia, el budismo no tiene que ver con la meditación ni con ninguna ascesis, y menos aún con abstracciones como el *tri-kaya* o la "matriz de Tathagata". Va de unos seres celestiales que constituyen su fuente de inspiración espiritual. El devoto establece con ellos una relación amorosa y personal (imposible para con una abstracción como el Dharma). Por tanto, no es Shariputra, el gnóstico, el mejor representante de la corriente devocional, sino el fiel Ananda. Aunque estos desarrollos, que aparecen ya en el Mahayana indio tardío, pueden contradecir ciertos aspectos de la tradición, en otros también la enriquecen y la abren a nuevas potencialidades. Nótese que los "Sutras de la Tierra de la felicidad" conectan el budismo ascético, esforzado y virtuoso del *bodhisattva* Dharmakara con el budismo de la fe y la devoción de los creyentes. La entrega absoluta, humilde y sincera al poder del *buddha* tiene mucho de desapego y trascendencia del ego. (El devocionalismo clásico proclama que el esfuerzo personal no deja de ser una forma de egoísmo.) El devoto simplemente se inclina hacia el *buddha*, vacía su corazón de egoísmo, ira y orgullo, y pone su fe y esperanza en su poder salvífico.

No hay que considerar el desarrollo del budismo devocional como una "importación" del hinduismo. Es cierto que el radiante Buda del "Sutra del loto" se asemeja más al dios Krishna de la *Bhagavad-gita* que al austero maestro del canon pali, y que la influencia de monjes de extracción brahmánica siempre ha sido fuerte en el Samgha, pero la "senda del amor" o *bhakti-marga* se impuso en India de forma simultánea en el hinduismo y el budismo. Tampoco hay que considerar el devocionalismo como una concesión a los laicos. En la vida monástica del Tíbet o Japón, las liturgias devocionales ocupan un lugar destacado (aunque posean asimismo un costado meditativo).

Estas ideas· quedaron reforzadas por la predicción de que el Dharma desaparecería (aunque los cálculos varían entre 500, 1.500 o 5.000 años después del *parinirvana*) y existiría total desconocimiento del camino hacia la liberación. La noción de "declive del Dharma", que se insinúa ya en el "Sutra del loto", fue una constante del budismo de China y Japón durante siglos. De ahí que cuajara la idea de que en esta época oscura fuera imposible seguir el ideal esforzado del *arhat* o del compasivo *bodhisattva* y la solución se encontrara en confiar en el poder salvífico de algún *buddha*. El paradigmático es Amida (Amitabha). De esta forma, la noción de "gracia" también hallaría su lugar en el budismo. Y, en este sentido, Amida no está tan lejos del Dios personal de otras religiones. El budismo también se convirtió en una religión teísta.

# 32. El budismo en China

## El budismo en Asia Central

Respaldado por la cosmopolita dinastía Kushana, en los primeros siglos de nuestra era, el budismo (principalmente el Mahayana, pero también algunas escuelas del budismo Nikaya) tomó la Ruta de la Seda –en gran parte bajo control kushan– y fue penetrando en Asia Central y China.

A la dinastía Kushana siguió la Sasánida (siglos III-V), de origen iranio. Aunque los sasánidas profesaban el zoroastrismo, fueron muy tolerantes con el budismo. De su época datan los *stupas* de Hadda, los monasterios de Bamiyan (Afganistán) y los *buddhas* colosales que siglos después serían destruidos por los talibanes [véase FIG. 37].

Gradualmente, reinos centroasiáticos como Kashgar, Kucha, Turfan o Khotan emergieron como poderes locales; pero mantuvieron una fuerte impronta de la cultura índica, como demuestran las fascinantes cuevas pintadas de Kizil o Karashahr (Xinjiang) [véase FIG. 8]. Se atestigua asimismo una verdadera eclosión del *buddha* Amitabha, desconocido para el budismo Nikaya, y que tendrá una extraordinaria popularidad en Extremo Oriente.

A partir del siglo VIII, el islam entró en escena, lo que no fue impedimento para que en Bamiyan, Kashgar o Khotan los monasterios budistas siguieran activos durante algunos siglos más. El

**FIGURA 37:** Estatua de uno de los *buddhas* gigantes de Bamiyan, Afganistán. La fotografía es de 1963, mucho antes de que fueran destruidos por los talibanes en 2001. El *buddha* colosal medía 55 metros y se construyó entre los siglos v y vi. (Foto: Unesco/ Wikimedia Commons).

budismo desapareció definitivamente de Asia Central cuando el gobernante de Turfan (Xinjiang) abrazó el islam en 1469.

## La expansión del budismo en China

Fue la macrorregión de Asia Central –y no tanto el lejano continente índico– la que verdaderamente desempeñó el papel de "transmisor" del budismo hacia China. Incontables monjes, traductores o devotos bactrianos, sogdianos, kushanos, tocarios o partos contribuyeron a generar una fascinante cultura budista desde el Hindu Kush hasta Corea.

A diferencia de la primera transmisión del budismo, donde se dio una deliberada "importación" de la alta cultura índica por parte de los dirigentes del Sudeste Asiático, el Mahayana llegó a China por "difusión" comercial y cultural a través de la Ruta de la Seda. (En menor medida, también por mar.) Y lo hizo sobre una civilización que ya era milenaria, letrada y estaba muy estructurada. Por ello, una constante de la historia del budismo chino ha sido una intermitente tensión entre el Estado confuciano y el Samgha budista.

Tenemos constancia de comunidades budistas de cierta importancia a principios del siglo II, durante la todopoderosa dinastía Han. Por referencias, puede deducirse una conexión con el taoísmo religioso, que debió de servir de canal para que penetraran las primeras ideas y ritos budistas. Tal vez, en esos primeros siglos el Buda fue visto como una especie de "inmortal" (*xian*) extranjero.

Para que la fusión de horizontes entre la religiosidad índica (y centroasiática) y la china se pertrechara favoreció el hecho que, poco después, tras la caída de Luoyang (311) y Chang'an (316) en manos de los xiong-nu (hunos), el "Reino Medio" conoció uno de sus escasos períodos de fragmentación y descentralización, presidido por inestables dinastías "bárbaras", una desconcertante –pero fecunda– "Edad Media china" que se prolongó durante tres siglos y medio. Bajo un gobierno imperial dominado por la ideología confuciana, el budismo habría tenido escasas posibilidades de "arraigar". Al contrario, en un período de caos y atomización las enseñanzas budistas sobre el sufrimiento y la impermanencia (más la acción de *bodhisattvas* compasivos y de monjes taumaturgos) tenían un mensaje particularmente pertinente que ofrecer. Sin olvidar que el budismo poseía una ética tan desarrollada como la confuciana (y una orientación menos elitista) y una filosofía tan sofisticada y mejor sistematizada que la taoísta. Como resultado, el confucianismo perdió su fuerza y prestigio tras el derrumbe del Imperio han.

De hecho, el encuentro del mundo índico y el sínico a lo largo de buena parte del primer milenio de nuestra era representó un diálogo cultural y religioso sin parangón. Durante 700 años (entre los siglos V y XI), el budismo ocupó el primer plano de la escena religiosa, intelectual, social, política y económica de China. Aunque el budismo (*fo-jiao*) nunca pudo deshacerse del todo de la etiqueta de enseñanza "extranjera", y fue más "tolerado" que "promovido" por las altas instancias, y China nunca llegó a ser un país "budista" como Tailandia, Birmania o el Tíbet, el budismo se convirtió en uno de los vectores esenciales en la formación del mundo chino.

Durante siglos, los *sutras* budistas tuvieron una difusión mucho mayor que los "clásicos" confucianos, de modo que la comprensión del mundo de los chinos se modificó de forma considerable. El carácter pragmático, mundano y secular de la cosmovisión china tradicional se vio modificado por metas –conectadas con el ideal monástico de la renuncia– como el despertar, la budeidad o la liberación. El espacio y el tiempo se tornaron inmensos, el ser humano quedó sumergido en un ciclo infinito de renacimientos, el monte Meru desplazó al Kunlun. Todo ello encontró su expresión en el arte budista. En contraste con el arte chino anterior (que no representaba al individuo), fue el arte budista el que glorificó la figura humana y le otorgó las más elocuentes expresiones morales y espirituales. Esto pone en aprietos las etiquetas de "ultramundana", en la que solemos encorsetar a la religiosidad índica, y de "humanista", a la china. (De hecho, otro aspecto no siempre resaltado es que buena parte del éxito de la penetración del budismo en China le debe mucho a las representaciones plásticas.) Se infiltraron los modelos de arquitectura indo-irania de grutas excavadas en la roca (como las de Dunhuang o Yungang), de pagodas de sorprendente verticalidad (que rompieron con los esquemas tradicionales de horizontalidad de la arquitectura china) y de estatuas colosales (asimismo de origen centroasiático), como las de Longmen, que son del siglo v. Con el triunfo del budismo, las ciencias "profanas" de Asia Central y la India vinieron a complementar esta gigantesca irradiación cultural: matemáticas, astrología, astronomía, música o gramática. (No olvidemos que la mayoría de monjes budistas indios procedía de castas brahmánicas, de modo que difundieron sus conocimientos tradicionales.)

Una de las figuras pioneras en la introducción de las filosofías budistas, la meditación y en la estructuración de las normas monásticas fue Daoan, un monje que asimismo inició el culto al *bodhisattva* Mile (Maitreya) a mediados del siglo IV. La labor de los traductores centroasiáticos y chinos en verter los textos sánscritos al mandarín fue memorable. Como resultado, fue cuajando un budismo con no pocos elementos del taoísmo.

En efecto, el taoísmo posee bastantes puntos en común con el camino budista: la búsqueda de la armonía o *dao,* el ideal de la acción desinteresada y natural (*wuwei*), el retiro a las montañas, métodos de trabajo interior como medio para alcanzar la inmortalidad... incluso formas de magia no tan alejadas del ritualismo tántrico. El poso taoísta –aunque modificó considerablemente el sentido de muchos términos sánscritos– facilitó la traslación y la aceptación del mensaje budista. De resultas, cuajó un fuerte espíritu de síntesis y apertura hermenéutica, como muestra el trabajo de traductores como el parto An Shigao, o gigantes como Dharmaraksha, Dharmakshema, Daosheng o el gran Kumarajiva. Este último, un centroasiático que había estudiado en Cachemira y llegó a China en el 383, tradujo –o retradujo– obras tan importantes como el "Sutra del loto", el "Sutra de Vimalakirti", el "Sutra del diamante" o el "Sutra de la Tierra de la felicidad". Con él, se superó el primitivo método de "equiparación de conceptos" (*ge-yi*) y las traducciones pudieron liberarse de la terminología taoísta. Otro gran traductor fue el indio Paramartha, introductor del pensamiento yogacharin. A medida que los chinos fueron sustituyendo los "préstamos" taoístas por conceptos nuevos y más precisos, miles de *sutras* budistas fueron vertidos o retraducidos al chino.

Este proceso no solo aportó nuevos matices al budismo, sino que supuso una sorprendente experiencia de descentramiento –y hasta de modestia– para China (el Reino Medio), que, por vez primera en su historia, se sintió que habitaba en una *periferia*: la del mundo budista.

Lentamente, el budismo fue arraigando tanto en las capas populares (en el norte) como en los círculos cultos y cortesanos (en el sur). Como es comprensible, las dinastías "bárbaras" y cosmopolitas del norte no tuvieron reparos en abrazar una religión extranjera como el budismo, en especial entre los siglos IV y VI. El control que los Estados ejercieron sobre el Samgha impidió que allí se desarrollara una comunidad monástica independiente (como ocurriría en el sur). El budismo norteño siempre estuvo en contacto con los desarrollos del budismo de Asia Central. El destacado rol de la laicidad en el budismo septentrional ha permanecido como característica del budismo chino. No en vano, las formas de budismo devocional y culto a Amituo (Amitabha) fueron las más populares en el norte. A finales del siglo V, Luoyang seguramente sería el centro budista más importante del mundo.

En el próspero sur de China cuajó un budismo más filosófico que el del norte (quizá transmitido por las vías marítimas). Fue precisamente en el sur, en la cuenca del Yangtsé, donde taoísmo y budismo se "confundieron" durante siglos y las formas budistas poseen un aire más "sinizado" (y menor influencia índica o centroasiática). En los círculos aristocráticos del sur, donde el neotaoísmo de la escuela Xuan-xue estaba muy en boga, las élites se entregaban a tertulias filosóficas, en las que pronto cuajarían las doctrinas mahayánicas sobre la vaciedad o la insubstancialidad. La similitud del *wu* taoísta y la *shunyata* –o el *anatman*– budista enmascararía por varias generaciones el resto de diferencias. (En cambio, los ideales típicamente indios de renuncia y cierta repulsión por el samsara pasaron a un segundo plano.)

La comunidad monástica del sur aumentó rápidamente. A principios del siglo VI contaba con 2 millones de monjes (si bien, con bastante seguridad, en esa cifra se incluyen a los laicos que dependían directamente de los monasterios). Como fuere, el cierto igualitarismo del Samgha budista –que rompía con el valor confuciano de la jerarquía– lo hizo muy atractivo. El Samgha monástico era un poderoso campo de mérito que recibía cuantiosas donaciones de los campesinos. Mientras en el norte, el monje Faguo de la corte Wei intentaba identificar al emperador con el Buda, en el sur, Huiyuan declaraba la independencia del Samgha respecto al poder político. Poco a poco, el Samgha sureño se constituyó como un "Estado" dentro del Estado. Lo promovía un pequeño círculo de familias señoriales que se habían alejado del confucianismo. Si en el norte los propagadores del budismo habían sido extranjeros sinizados, en el sur se vehiculó a través de una élite clerical china de alto abolengo.

En la base, surgieron numerosos monasterios y santuarios, cercanos a cultos no budistas y a movimientos religiosos de toda índole. Eso permitiría la expansión de distintas formas de budismo devocional, ritos de exorcismo, culto a los antepasados, movimientos mesiánicos, etcétera. Esta polarización social del Samgha llevó a una actitud del gobierno algo bipolar: patrocinio pero a la vez control sobre la élite y los grandes monasterios, y combinación de *laissez faire* y suspicacia hacia el budismo popular.

La adaptación a la idiosincrasia china portó interesantes cambios. El budismo se vio insuflado de ideas y prácticas taoístas, de forma que lo que habría sido una religión exótica se transformó en una corriente mucho más cercana al pueblo. Por ejemplo, la noción de samsara perdió buena parte del carácter "trágico" que poseyó durante mil años en India. La idea de "despertar súbito", típica de la escuela Chan, resuena familiarmente taoísta. Por otro lado, el *bodhisattva* Avalokiteshvara se fue transformando en la diosa de la compasión Guanyin, mientras Mile (Maitreya) lo haría en Budai, el "Buda de la risa". Como siempre, fue la doctrina del *upaya-kaushalya* la que permitió la adaptación y sinización; la que autorizaría, por ejemplo, que los novicios mostraran hacia su tutor un "amor filial" (*xiao*) de ecos muy confucianos.

El monaquismo y celibato budista chocó siempre con la máxima china de perpetuación de la familia. Sin embargo, en el sistema ritual budista, apoyar la orden monástica significa generar mérito para el donante; un buen karma que podrá ser transferido a los antepasados y abonar, así, un destino auspicioso para sus vidas futuras. Es decir, lo que podría vivirse como una institución negativa fue convertida por la cosmología y el ritual en una forma de practicar la piedad filial tan idiosincráticamente china. (Razón por la que el taoísmo importó un monaquismo de tintes muy búdicos.)

Un papel destacado en la propagación del budismo lo tuvieron los peregrinos –como Zhu Shixing, Faxian, Xuanzang o Yijing–, que viajaron a la tierra sagrada budista de India para recoger *sutras* y reliquias y establecer la verdadera doctrina.

## El apogeo y el declive del budismo en China

A finales del siglo VI, la breve dinastía Sui consiguió unificar de nuevo China. Por entonces, el budismo ya era una tradición de potente raigambre y China estaba repleta de santuarios, lugares sagrados, leyendas, maestros ilustres o bibliotecas budistas. Siguiendo en parte al brillante Zhiyi (fundador de la Tiantai, la primera escuela budista verdaderamente china), pero también como forma de controlar la orden monástica, el emperador Wen hizo del budismo la ideología oficial del imperio. Él mismo trató de convertirse en el Ashoka chino: hizo construir templos y monasterios por doquier, apoyó el estudio del budismo y alentó su traslación a Corea y Japón.

La "era dorada" del budismo en China corresponde a la dinastía Tang (618-907). Tras varios siglos de disgregación, el "Reino Medio" se asemejaba a los tiempos del glorioso Imperio han. Llegaba hasta Irán por el oeste, Corea al noreste y Vietnam al sur. El país se había convertido en la dinamo de Asia; y sus dos capitales, Luoyang y Chang'an, eran el centro de una civilización cosmopolita y abierta a lo extranjero. Penetraban la iglesia nestoriana y el maniqueísmo, asomaba el islam, se estrechaban los vínculos con Japón. No es por casualidad que el Japón de las épocas Nara y Heian (siglos VIII a XI) fuera una imitación deliberada de la cultura y modos de los tang. Monjes japoneses como Genbo, Saicho o Kukai viajaron a China para visitar los centros, estudiar con maestros o copiar textos. Los tang establecieron estrechas relaciones con el Tíbet, que por entonces estaba abrazando el budismo tántrico indio. Una de las dos esposas del rey Songtsen Gampo, el primer rey "budista" del Tíbet, fue una princesa china entregada en matrimonio por los emperadores tang.

En cierto sentido, los tang utilizaron el taoísmo y el confucianismo como religiones de Estado mientras reconocían –y patrocinaron– el budismo como religión de los chinos (aunque siempre tratando de controlar el tamaño del Samgha y la competencia de los monjes bajo un sistema de exámenes). El período 710-755 vale por la "edad de oro" de la dinastía.* El budismo se había hecho francamente una religión muy popular; pero también muy poderosa.

En efecto, la orden monástica organizaba festivales, peregrinaciones y procesiones multitudinarias. Se aprovechaban estas ocasiones para instruir a la comunidad laica. La prosperidad de los monasterios aumentó de tal forma que algunos llegaron a hacer de mercados comarcales y hasta de bancos. Aparecieron las primeras sociedades secretas religiosas, algunas de corte bastante subversivo. Los monjes de los monasterios chan –contraviniendo las normas del *vinaya*– realizaban trabajos manuales sin reparos. Poseían molinos, prensas de aceite o imprentas xilográficas (con las que, por cierto, se imprimió todo el canon budista a finales del siglo X [véase FIG. 26]). Contribuían al bienestar de la comarca financiando hospitales, hostales o dispensarios; o distribuyendo alimentos entre los pobres; y hasta participaban en la construcción de carreteras, puentes o pozos. Con ello trataban de escudarse de la sempiterna acusación de "parasitismo". Además, los grandes monasterios poseían la incalculable riqueza del bronce y el metal

---

* Justo antes reinó la emperatriz Wu Zetian (reinó 690-705), la única mujer en toda la historia china que llegó a tomar el título de "emperador" (*huangdi*) y reinar como soberana al inaugurar su propia dinastía Zhou (un paréntesis de quince años en el período Tang). Esta inexplicable entronización nunca hubiera sido posible sin el apoyo secreto del Samgha budista (en particular, de la escuela Huayan). A pesar de su gobierno despótico, la proclama de que el budismo sería la religión del Estado le valió un notable apoyo popular.

de las estatuas. De hecho, estaban privando al Estado de una parte de sus ingresos (estaban libres de impuestos), de mano de obra (las conversiones ficticias crecían de forma escandalosa) y hasta de soldados.

Todo esto alimentaba la vena anticlerical –más que antibudista– del Estado. La riqueza del Samgha monástico, unida a las incursiones de los pueblos tibetanos y de las estepas, y al control que persas, uigures y árabes tenían en el comercio de la Ruta de la Seda, más una desastrosa guerra civil (factores concatenados que vaciaron las arcas del Estado), alentaron finalmente a los tang –a los que habían sido los más fructíferos padrinos del budismo– a perseguirlo y favorecer el "retorno a lo chino" que se exigía desde los círculos confucianistas y taoístas de la corte. En el 845, el emperador Wuzong ordenó destruir 4.000 monasterios budistas y confiscó sus bienes. Las campanas y estatuas budistas se fundieron y transformaron en moneda. Miles de monjes fueron ejecutados y cientos de miles obligados a retornar a la laicidad. Se suprimieron las ceremonias budistas del culto oficial.

El budismo nunca se recuperaría de la estocada; más cuando las nuevas sectas taoístas y el confucianismo renovado estaban reapropiándose de muchos aspectos de la filosofía o las técnicas meditativas del budismo. Aunque el budismo volvería a ser legalizado rápidamente (está claro que los motivos fueron económicos: se trataba de apropiarse de la riqueza del Samgha; en modo alguno se persiguió a los fieles laicos), la supresión de las rutas comerciales en Asia Central, unida a la decadencia del budismo en la propia India, facilitaron el vigoroso contraataque del neoconfucianismo.

Si bien durante la dinastía Song (960-1279) el budismo conoció momentos de esplendor, su gloria en China ya había pasado. Desde aquel golpe, el Samgha monástico aceptó que una autoridad terrenal interfiriera en sus asuntos. El neoconfucianismo acabó apropiándose del sentimiento nacionalista chino, relegando al budismo al nivel de religión popular, entremezclado con el taoísmo. De todas las escuelas budistas, las que mejor aguantaron fueron la Chan y la Jingtu (devocional), que deliberadamente se alejaron de lo político.

No obstante, tampoco hay que fustigar con el cliché de que el budismo lleva mil años de declive sobre suelo chino. Tantos siglos de expansión no podían ser eliminados de una estocada. Como veremos, algunos de los más grandes maestros del Chan florecieron en este período.

La siguiente dinastía, la Yuan (1271-1368), fue de origen mongol. Los yuan establecieron la capital en Pekín y gobernaron con bastante rudeza. Por diversos motivos –que veremos en otro capítulo–, los mongoles se sintieron atraídos por el budismo tibetano (Vajrayana). A pesar del patronazgo imperial, empero, el Vajrayana nunca cuajaría a nivel popular. Durante esta dinastía surgieron nuevas sociedades secretas de orientación político-religiosa ("Sociedad de Mile", "Secta de la nube blanca", "Sociedad del loto blanco", "Organización de los turbantes rojos", etcétera). Dicen que algunas de estas sociedades paramilitares tuvieron a monjes-guerreros budistas –como los famosos *shaolin*– como fundadores. Las dos últimas sociedades conseguirían derrocar a los mongoles y establecer la dinastía Ming (1368-1644). El recurso al término *ming* ("luminoso") alude a una nueva era iluminada bajo el *buddha* Mile. Aunque los ming apoyaron el budismo, sus mejores pensadores e innovadores fueron neoconfucianistas. En el siglo XIV, el neoconfucianismo (que le debe tanto al budismo como al confucianismo clásico) alcanzó el rango de ortodoxia oficial del imperio. Giros paralelos tuvieron lugar en Japón, Corea y, más tarde, en Vietnam.

## Las escuelas budistas chinas

Antes de proseguir con la historia reciente del budismo en China conviene realizar una somera incursión en sus distintas escuelas, pues la constante reinterpretación del mensaje budista en términos chinos condujo a una extraordinaria fertilidad filosófica y práctica.

Tradicionalmente, se habla de diez escuelas chinas: dos representan al budismo Nikaya, tres son traslaciones directas de escuelas del Mahayana indio y cinco son desarrollos chinos del Mahayana. Estas corrientes surgieron principalmente por el énfasis puesto en un texto u otro. La escuela Tiantai, por ejemplo, se centra en el "Sutra del loto". La Huayan tiene en máxima estima el "Sutra de la guirnalda". Y así sucesivamente. Cada escuela suele hablar de un "ancestro" fundador del linaje, pero muchos de ellos no fueron reconocidos como "patriarcas" hasta generaciones posteriores, lo que implica que no existía una clara noción de pertenencia a una escuela.

Las dos escuelas nikáyicas son la Luzong, centrada en el *vinaya*, y la Jushe (Sarvastivada). En la órbita del Mahayana, la escuela Sanlun es la traslación del Madhyamaka. Contó con maestros de la talla de Sengzhao, el traductor Kumarajiva o Jizang. No pocos madhyamikas "chinos" fueron, en realidad, coreanos, como el monje Hyegwan, que llevó la Sanlun a Japón. Esta escuela, centrada en el concepto de *shunyata* (chino: *kong*), dejó una profunda huella en el taoísmo, que poseía en el *wu* un término equivalente. La versión china del Yogachara fue la Fa-xiang. A esta escuela pertenecieron el peregrino Xuanzang y su discípulo Kuiji. Aparte de su fascinante "Crónica de la peregrinación al oeste" (*Da Tang xiyou-ji*), Xuanzang legó las reglas definitivas para la traducción del léxico budista. Y se trajo de India nada más y nada menos que ¡657 manuscritos!

Una de las principales escuelas chinas es la Fahua, más conocida como Tiantai, venerada montaña en el este de China, donde vivió su fundador: Zhiyi. Él fue uno de los primeros maestros chinos en efectuar una formulación mahayánica completamente china. Realizó una clasificación de las escrituras en consonancia con la doctrina del *upaya*, y estableció que el "Sutra del loto" representaba la cumbre de todas las enseñanzas budistas o "único vehículo" (*ekayana*). Aunque este *sutra* es un clásico del Mahayana indio, alcanzó mucha mayor notoriedad en China y en Japón, donde se conoce respectivamente como *Fahua-jing* y *Hoke-kyo*. El *sutra* carga contra ideas clásicas del budismo Nikaya y hasta contra proposiciones del Mahayana, pero desde la idea mahayánica de que los fenómenos son una manifestación de la "talidad" (*tathata*).

Otra notable escuela china fue la Huayan, muy próxima a la corriente india del Tathagata-garbha. Destacan patriarcas como Dushun, el sogdiano Fazang o Zongmi. La escuela se basa en la enseñanza del "Sutra de la guirnalda [del Buda]" (*Avatamsaka-sutra*). El texto es en realidad una colección de *sutras* –como el *Dashabhumika* o el *Gandavyuha*– que circulaban de forma independiente y pasaron a ser "capítulos" del gigantesco *Avatamsaka*. Aunque la composición original es india, el ensamblaje debió realizarse en Asia Central. La obra describe la senda del *bodhisattva*, desde el despertar de la *bodhichitta* hasta la completa budeidad. La enseñanza reinterpreta la "originación dependiente" en términos de interconexión e interpenetración total (es decir, todos los *dharmas* son interdependientes y mutuamente condicionados), tanto en el espacio como en el tiempo (cada minuto de la vida contiene la eternidad). Ahí se nota la influencia yogacharin y taoísta. Para la Huayan, la doctrina de los "tres cuerpos" del Buda es esencial. En consecuencia, sostiene que lo único verdaderamente real es el *dharmakaya*. Aunque se asocia la Huayan a la orientación filosófica y escolástica que imprimió Fazang, existe una "práctica" huayan descrita por Li Tongxuan, centrada en realizar la budeidad en vida.

El quinto patriarca, Zongmi, incorporó prácticas meditativas del Chan y exprimió al máximo la enseñanza del *tathagata-garbha*. Esta escuela se transmitió con notable éxito a Japón, donde recibiría el nombre de Kegon. Asimismo, influiría en el enfoque del monje coreano Jinul.

La escuela tántrica china por excelencia fue la Zhenyan, centrada en el "Sutra del Gran Vairochana". Fue introducida por los indios Shubhakarasimha, Vajrabodhi y Amoghavajra, admirados por la tradición como los "tres maestros". Lograron el aval de los soberanos tang, que utilizaron ritos tántricos en la corte para proteger el imperio. El monje japonés Kukai introdujo la escuela en Japón, donde se conocerá como Shingon. En el continente, no obstante, acabaría fundiéndose con el budismo Vajrayana de corte tibetano.

La escuela Jingtu, más conocida simplemente como Tierra Pura, corresponde a la corriente devocional mahayánica. Se convirtió en la forma más popular de budismo en China. Se dice que un extaoísta, Huiyuan, propagó el culto a Amituo (Amitabha) y fundó el movimiento del "Loto blanco" a finales del siglo IV. Como sabemos, la asociación entre budismo y taoísmo ha sido frecuente. De hecho, la idea de una "tierra pura" se asemeja tanto a los cielos de los *devas* indios o a los paraísos iranios como a los cielos de los inmortales del taoísmo religioso. Empero, la escuela considera a Danluan, otro extaoísta, como su primer patriarca, ya que él fue quien estructuró el movimiento.

El segundo patriarca, Daozhuo, tomó de una efímera escuela china (llamada Sanjie-jiao) la noción de que el Dharma estaba en su fase más deteriorada, tal y como admite el "Sutra [largo] de la tierra de la felicidad". Esta idea se fusionó con la predicción que aseguraba que, pocos siglos después del *parinirvana*, el despertar sería inalcanzable por el esfuerzo y el mérito propios (máxima del espíritu devocional). Pero si hay que creer en las enseñanzas de la compasión del Buda, este hándicap puede superarse con absoluta fe en los *buddhas*. El despertar es factible por la gracia de agentes externos, como el *buddha* Amituo. La idea enraíza en la noción de que los *buddhas* son agentes de poderes indescriptibles y de extrema pureza (de donde el nombre *jingtu*, "tierra pura"). En consecuencia, la práctica más importante de la escuela Jingtu es la repetición murmurada del nombre de Amituo. Esta práctica, conocida en sánscrito como *buddhanusmriti*, y que aparece ya en un texto pali tan antiguo como el *Sutta-nipata*, se denomina *nianfo* en chino (y *nembutsu* en japonés).* Para la Jingtu, el *nianfo* no es el camino al nirvana, sino a la tierra pura de Sukhavati, el paraíso donde no existe lastre kármico. Una vez renacido allí, el devoto recibirá directamente la enseñanza de boca del *buddha* y alcanzará con facilidad el nirvana absoluto.

La escuela Jingtu será –con permiso del Chan– la más resiliente del budismo chino. Incluso se dará una interesante aproximación entre ambas corrientes durante la dinastía Ming, en gran medida gracias a la labor de Zhuhong, un monje que combinó el no dualismo del Chan con la devoción a Amituo-fo.

## El Chan

La completa sinización del Mahayana se dio con la escuela Chan, que gozó de enorme vitalidad entre los siglos VII y XIII. Se transmitió a Vietnam, Corea y Japón, donde pasó a denominarse, respectivamente, Thien, Sön y Zen; y bajo estas formas sigue gozando de muy buena salud.

---

* En su origen, el *nianfo* o *buddhanusmriti* consistía en una visualización meditativa de las 32 marcas de los *buddhas* en uno mismo. Luego, pasó a ser una meditación en sus cualidades para hacerlo visible. Gradualmente, irá derivando hacia una recitación mántrica del nombre del *buddha*, que es como hoy mejor conocemos el *nembutsu* en Japón.

Existe un deliberado intento en el Chan de aproximarse al corazón del mensaje y la experiencia del Buda histórico, al que se tiene en alta estima (y es incluso objeto de veneración, en la que, por otra parte, suele ser una escuela austera). De hecho, su nombre es una traslación fonética china (*chan-na*, abreviada en *chan*) de la sánscrita *dhyana*, que significa "meditación". Aunque el *chan* o *dhyana* ya era utilizado por otras escuelas chinas, esta ha sido la práctica estrella de esta corriente. Por contra, el Chan ha sospechado del escolasticismo y las especulaciones metafísicas de otras escuelas. También en este sentido se aproxima al talante pragmático del Buda.

La escuela ha tenido en gran consideración *sutras* como el "Sutra del descenso a Lanka", el "Sutra de Vimalakirti", el "Sutra de la guirnalda" o el "Sutra del diamante". Además, los maestros chan escribieron sus propios tratados (como el "Sutra del estrado" de Huineng) o recopilaciones de *koans* (como las "Crónicas del acantilado azul" de Yuanwu). Aunque existió una corriente iconoclasta que buscaba independizarse de las escrituras, lo cierto es que el estudio de los textos ha sido importante en esta escuela. Sucede que, a diferencia de otras, el Chan no se basa en ningún texto *en particular*.

En esta escuela está muy marcada la noción de linaje espiritual; que toma la guisa de una "lámpara" o "luz" (la enseñanza más allá de las palabras) y una serie de insignias (el cuenco de mendigar, los hábitos) que se transmiten de maestro a discípulo. El *Denkoroku*, un texto clásico del Zen japonés, recoge la hermosa historia de la transmisión de la enseñanza desde Shakyamuni (1º patriarca), Mahakashyapa (2º), Ananda (3º)... Bodhidharma (28º indio y 1º chino)... Huineng (6º chino)... hasta llegar a Dogen (52º patriarca y 1º japonés). La crónica comienza con el "silencio" del Buda cuando alza una flor ante las preguntas filosóficas de sus discípulos. Únicamente Mahakashyapa "comprende" la "mente del Buda" y esboza una sonrisa.

El enfoque del Chan consiste en purificar la "mente-corazón" (*xin*) hasta que pueda percibirse la prístina "mente del Buda" o naturaleza búdica. Más que en un ejercicio interior, la "purificación" consiste en una superación de la dualidad, eliminando las limitaciones y hechizos creados por la propia mente. Cuando es purificada, puede llamarse "mente despierta", talidad, *bodhichitta*, "rostro original" o *dharmakaya*. Como sea, remite a una espontaneidad y quiescencia (semejante al ideal de no acción o *wuwei* del taoísmo) que los maestros designan como alcanzar el *dao*. La "mente despierta" coincide con el universo entero.

Esa libertad puede sobrevenir en cualquier instante porque es algo connatural a la realidad del mundo y de cada ser. Es decir, el despertar no solo es algo factible en esta vida, sino que es *natural*. De ahí que tantos sucesos de "despertar" hayan tenido lugar cuando el practicante realiza actividades triviales y mundanas; cuando precisamente ha dejado de buscar, cuando la distancia de un sujeto que busca un objeto ha sido abolida. Por eso la sonrisa de Mahakashyapa ante la verborrea intelectual; y la estima del Chan y el Zen por el "Sutra de Vimalakirti", que enseña que el despertar es compatible con las actividades cotidianas de monjes o laicos. Como indicará el maestro Dahui:

> «Para alcanzar el despertar no es necesario abandonar la familia, dejar el trabajo, hacerse vegetariano, convertirse en asceta o retirarse a un lugar solitario.»[95]

Puesto que la realización consiste en aprehender que la mente-corazón nunca ha estado separada, nunca ha sido distinta del *dharmakaya* (clara influencia huayan), la misión del maestro chan o zen

FIGURA 38: Bodhidharma (Daruma en japonés), el primer patriarca del Chan. Pintura de Kano Naonobu, Japón, primera mitad del siglo XVII. (Foto: Wikimedia Commons).

consiste, más que en enseñar, en *estimular* el despertar. Con todo, en esta corriente el maestro posee una responsabilidad única en el budismo: certificar el despertar (japonés: *satori*) del discípulo.

La tradición cuenta que el monje indio Bodhidharma portó la "escuela del Dhyana" a China a principios del siglo VI. El terreno estaba pavimentado por la presencia ya desde el siglo IV de maestros de meditación, alrededor de los cuales se habrían congregado grupos de discípulos. El Chan y el Zen harán de este misterioso y emblemático "patriarca que vino del oeste" el eje de muchos *koans*. Aunque es una figura envuelta en la leyenda, hoy se acepta que debió existir un maestro indio que sentó las bases del Chan. Dicen que arribó al sur de China por la vía marítima, sería luego invitado por el emperador del reino de Liang, se dirigió luego al norte donde, presuntamente, pasó nueve años sentado imperturbable en meditación "de cara a la pared" (*biguan*) del monasterio de Shaolin [véase Fig. 38].

Los recuentos dicen que centró su enseñanza en cuatro prácticas: soportar con ecuanimidad el sufrimiento, reconocer sus causas, buscar nada y vivir de acuerdo al Dharma (una variente de las "cuatro nobles verdades"). Enfatizando el papel del maestro que transmite la enseñza directa a su pupilo (allende las escrituras), pasó la enseñanza a Huike, el segundo patriarca chino. La transmisión sigue con Sengcan, autor de uno de los textos chan más antiguos, Daoxin y Hongren. El lenguaje que utilizaban estos maestros resultaba más asequible y más al gusto chino que los elaborados *sutras* de origen indio. El prototipo de este tipo de maestros es el sexto patriarca, el más enaltecido de todos: Huineng.

En su caso, tampoco es posible separar el material hagiográfico del biográfico. De él se cuenta que era un leñador huérfano, analfabeto, pobre y feo, originario del sur de China, que despertó espontáneamente al escuchar de manera casual el "Sutra del diamante". (O sea, representa un modelo para *cualquier* adepto.) Sus enseñanzas se incluyen en el "Sutra del estrado" (uno de los pocos textos no atribuidos al Buda que recibe el honorífico título de *sutra* o *jing*). La tradición cuenta que viajó hasta encontrar a Hongren y permaneció algún tiempo al servicio de su monasterio. Dícese que tras un certamen de "poesía iluminada" propuesto por el quinto patriarca para seleccionar a su sucesor, Hongren lo escogió en lugar de al "favorito", Shenxiu.

Con Shenxiu y Huineng parecen delimitarse dos vías de purificación. Shenxiu abogaba por un proceso *gradual*, con énfasis en el estudio. Huineng planteaba el despertar *súbito*. La mente-corazón o *xin* no tiene que purificarse ni vaciarse. Hay que dejarla fluir, pues la mente-corazón no es nada que deba alcanzarse. El despertar consiste, por tanto, en una "no mente", aunque lo llamemos "rostro original", *dao* o budeidad (japonés: *bussho*). La iluminación *ocurre* en un "momento atemporal".

Seguramente, Huineng pasaría a liderar la escuela Chan del sur –centrada en el monasterio de Baolin, cerca de Guangzhou– como el "sexto patriarca", mientras que Shenxiu se convertiría en el "sexto patriarca" de la Chan del norte (también conocida como "Escuela del *Lankavatara*"), centrada en Luoyang. A los ojos de los modernos estudiosos, sin embargo, las diferencias y la animosidad entre estas dos corrientes no debieron de ser muy importantes. Los términos "despertar súbito" o "despertar gradual" tienen quizá más de eslóganes que no de proposiciones doctrinales. (Ambas vías ya aparecen y son aceptadas en el "Sutra del descenso a Lanka".)* El éxito de la escuela de Huineng (y su canonización definitiva como "sexto patriarca") hay que atribuirlo a uno de sus discípulos, Shenhui, que a mediados del siglo VIII logró convencer a la corte de que el método de Huineng representaba la auténtica enseñanza de los patriarcas. Fue Shenhui el artífice de la historia de los poemas de la transmisión. Él mismo inauguró una escuela –llamada Heze–, que desaparecería un siglo después (durante las persecuciones del 842-845), pero a la que perteneció también el huayan Zongmi, que tanta huella dejaría en el pensamiento del Chan, el Sön y el Zen.

Como fuere, con Huineng comienza la época más esplendorosa del Chan. A partir de él, el Chan dejó de comunicarse en términos tradicionales. Se pasó a la paradoja del *gong'an* (japonés: *koan*) o al silencio de la meditación sentada o *zuochan* (japonés: *zazen*).

---

* La polémica posee un trasfondo idiosincrático de la espiritualidad china: la histórica rivalidad entre el cultivo gradual confucianista y la intuición espontánea taoísta. El Chan parece incorporar esta tensión a su seno. Tampoco está lejos de la polémica theravadin entre la práctica dhyánica gradual del *shamatha* y la visión lúcida de la *vipashyana*.

Los siglos VIII a X constituyen el apogeo de la escuela. Es la época del llamado "Chan clásico". Sobresalieron dos maestros geniales, discípulos en segunda generación de Huineng: Mazu y Shitou. El primero, basado en el sur de China, representa la corriente iconoclasta del Chan. Abogaba por el uso de gritos, bastonazos y paradojas. Mazu quiere evitar a toda costa la práctica de sentarse en meditación con el *propósito* de alcanzar la budeidad. Uno de los discípulos de Shitou, Deshan, también pasará a la posterioridad por quemar *sutras* e imágenes del Buda. Una postura que encandiló a los occidentales que en los 1950s y 1960s "descubrieron" el Zen.*

A tenor del grandísimo número de sucesores de Mazu y Shitou que recibieron la transmisión del Dharma, su método debió ser muy eficaz. De siguientes generaciones fueron el gran Huangbo, autor de alguno de los textos más importantes del Chan, o Zhaozhou, a quien se atribuye el famoso *koan* "Mu". Más tarde sobresalieron Yuanwu, compilador del *Biyanlu*, o Wumen, compilador del *Wumenguan*, las dos colecciones más importantes de *koans*.

De las llamadas "cinco casas" del Chan clásico, desarrolladas entre los siglos IX y X, la Linji y la Guiyangzong se basan en Mazu; mientras que la Fayan, la Yunmen y la Caodong se articularon vía Shitou. Asimismo decisivo fue el cambio de orientación del monaquismo chan. Baizhang, discípulo de Mazu, acuñó la máxima «un día sin trabajo, un día sin comida»,[96] que tanto ímpetu y riqueza iba a aportar a los monasterios chan. (Es a partir de este momento cuando el Chan culmina su independencia *de facto* de las otras escuelas, ya que pasa a poseer una organización monástica propia.)

De las "cinco casas" del Chan, la que durante siglos gozó de ma-

---

* El carácter poco convencional, en ocasiones transgresor e iconoclasta, de algunos maestros del Chan debe leerse bajo el contexto del monaquismo tradicional budista. En Occidente, sin embargo, esta actitud fue interpretada bajo el filtro del romanticismo y la contracultura: la originalidad, la espontaneidad y la rebeldía.

yor ímpetu e implantación fue la Linji (que se conocerá en Japón como Rinzai). Se remonta al maestro del mismo nombre, discípulo de Huangbo. Linji fundó la escuela en los años oscuros de la persecución del budismo. Su estilo de enseñanza fue particularmente estricto. Siguiendo a Mazu, la escuela recurre con frecuencia al grito o al bastonazo y concede gran importancia a los *koans* (chino: *gong'an*). Suya es la máxima: «Si encuentras a un *buddha*, mátalo; si encuentras a un patriarca, mátalo... si encuentras a tus padres, mátalos».[97] A mediados del siglo X, la escuela absorbió a otra de las "cinco casas", la Guiyangzong. Algunos de los más grandes maestros del Chan clásico, como Dahui, gravitaron alrededor de la Linji. Fue él quien acusó a la escuela Caodong de quietista y enfatizó la meditación "dinámica" de los *koans* como distintivo de la Linji.

La escuela Caodong (que se conocerá en Japón como Soto) fue establecida por Caoshan y Dongshan (nótese que el nombre de la escuela es un acrónimo de las primeras sílabas de los dos maestros). En el siglo XI estaba casi desaparecida, pero fue renovada durante la dinastía Song del sur; lo suficiente para que el japonés Dogen aprendiera sus directrices del maestro Rujing.

Fayan dio nombre a otra de las "cinco casas" del Chan. Su escuela no sobreviviría en China, pero tendría gran impacto en Corea. Yunmen, que asimismo otorgó el nombre a otra de las "casas", fue también prolijo en la utilización de los *koans*. A esta escuela perteneció Qisong, que tendría tanta ascendencia sobre el pensamiento neoconfucianista.

La inmediatez del despertar que propugna el Chan no significa que no exista una preparación. Puesto que el despertar es el reconocimiento de nuestra naturaleza vacía, la práctica recurre a técnicas para descondicionar la mente. Las preferidas son el trabajo con los *koans* y la meditación sentada; trazos que hacen del Chan un Mahayana bastante diferente del indio.

El *koan* es una frase o diálogo corto que posee un sentido paradójico, ya que no puede resolverse con el mero raciocinio. El recurso a estos "casos" o enigmas, que es una práctica ciento por ciento china (transmitida luego a Japón y Corea), casa con la sensibilidad taoísta, pero también con la dialéctica madhyamaka, y no está tan alejada del *nianfo* del amidismo. Se trata de un buen ejemplo del antiintelectualismo chan. Es un medio para generar cierto cortocircuito intelectual, dejarnos en la incertidumbre y situar al adepto frente a la naturaleza no dual o vaciedad de todo fenómeno. De ahí la importancia del maestro en escoger los *koans* apropiados para cada discípulo según el nivel de la práctica. Las recopilaciones de *koans* –en la órbita de las escuelas Linji y Yunmen– constituyen algunas de las joyas espirituales del Chan.

Por su parte, la tradición Caodong, tradicionalmente considerada "gradualista", recurrió más a la meditación sentada. Lo revelador es que uno no se sienta a meditar para alcanzar la iluminación, sino que se sienta porque es lo que hacen los *buddhas* al manifestar la naturaleza búdica. El despertar ni se persigue.

## El budismo chino contemporáneo

La última gran dinastía china, la Qing o manchú (1644-1911), aunque de talante confucianista, apoyó abiertamente el budismo. Los qing alentaron las traducciones de textos budistas al mongol y al manchú. Gracias a la soberanía ejercida en el Tíbet y en áreas mongolas, el budismo de corte Vajrayana prosperó en los "márgenes" del imperio. Pero a pesar del esfuerzo de los manchúes en promover el budismo (véase también el gran templo de Yonghe en la capital), el budismo anduvo deprimido en el corazón de la China de etnia han a lo largo de los siglos XVIII y XIX. En esta época se dio una clara tendencia a la fusión de escuelas y se acentuó el papel sacerdotal de los monjes.

Con los manchúes, las sociedades secretas reaparecieron y nacieron los movimientos carismáticos de inspiración cristiana (como el de los taiping), que pusieron en jaque a las religiones "tradicionales". Durante la famosa "rebelión de los taiping", entre 1851 y 1864, muchos monasterios budistas fueron saqueados y miles de *sutras* quemados. A finales del siglo, se sentía ya en China un movimiento reformista que tenía en la mirilla las religiones tradicionales (y el budismo en particular), acusadas del atraso del país.

Con la instauración de la República China, en 1912, el espíritu reformista se materializó. En un clásico giro modernista, se trasladó lo religioso al ámbito privado, tratando de distanciarlo de lo público; espacio en el que el budismo tendría que conformarse a un modelo más eclesiástico, diferenciado de otras religiones. Esto representó una importante novedad, ya que hasta entonces –y aún hoy– pocos chinos se identificaban como seguidores de una religión *en exclusiva*. De hecho, la propia noción de "religión" (como entidad discreta y distinta) ha sido bastante ajena al pensamiento chino. Al mismo tiempo, espejeando desarrollos similares en otros países, se arrinconó el universo de las prácticas chamánicas, adivinatorias, festivales y ritos locales a la esfera de la "superstición".

El triple reto del proselitismo cristiano, las acciones de los reformistas y la sempiterna fiscalización estatal llevó a la creación de distintas asociaciones budistas, a las cuales los monasterios y templos quedarían asociados.

De forma gradual, los budistas emprendieron su labor de reforma de la tradición. Uno de los principales fue el laico Yang Wenhui, creador de un importante centro de estudios budistas. Un discípulo suyo fue el monje chan Taixu, el más famoso reformador budista de la primera mitad del siglo XX. Para Taixu, que se involucró políticamente para tumbar a los qing, el budismo había quedado osificado en una religión de ritos funerarios y poco más. Vio en las escrituras el potencial para desarrollar una religiosidad comprometida y caritativa (al modo de las organizaciones cristianas). Propuso que los templos pasaran a ser lugares de meditación y estudio del budismo, posición que no le granjeó muchas amistades entre las filas más conservadoras. Aunque en su tiempo no tuvo demasiado éxito, él fue uno de los pioneros del "budismo socialmente comprometido" y tendría una notable influencia en otros movimientos reformistas de Extremo Oriente, en especial en Taiwán y Vietnam.

Durante la primera mitad del siglo XX, el budismo chino dialogó con el japonés, el del Sudeste Asiático y hasta con Occidente. Las pujantes comunidades de chinos de la diáspora (Singapur, Tailandia, Estados Unidos, etcétera) fueron parte activa. En China aparecieron organizaciones laicas que revitalizaron la tradición, restaurando *sutras* destruidos durante la "rebelión de los taiping", creando orfanatos, escuelas o periódicos. El Estado chino se sirvió del budismo para favorecer un sentimiento "nacional" entre tibetanos y manchúes (muchos de los cuales gravitaban alrededor de formas del Vajrayana) y, así, atraerlos a la moderna nación china. Todos estos vectores fueron fortaleciendo un nuevo sentido de identidad "budista".

El Estado apoyó el budismo hasta la década de los 1940s, cuando la ocupación japonesa (primero) y la guerra civil entre los nacionalistas y los comunistas (después), truncó el paisaje político, social y económico del país. Con la victoria de los comunistas, en 1949, muchos líderes budistas se exiliaron en Taiwán. Las primeras acciones del Estado comunista fueron hostiles hacia el budismo, que, además, carecía de una organización que defendiera sus intereses. La creación en 1953 de la "Asociación Budista China" sirvió más bien para lo opuesto, para servir a los intereses del Estado y controlar el Samgha monástico.

Durante las reformas agrarias de los 1950s gran parte de las tierras de templos y monasterios fueron redistribuidas entre los agricultores. Las campañas del Partido por controlar y neutralizar las religiones se volvieron más agresivas, quizá con la excepción de las áreas de las "minorías", como el Tíbet, que aún esperaban ganar para la causa. A finales de los 1950s, sin embargo, el descontento en el Tíbet llevó a los comunistas a invadir el país y controlar sus instituciones religiosas.

La situación se agravó mucho durante la llamada "revolución cultural", en la década de los 1960s. Mao Zedong declaró que la revolución china –que no estaba logrando los resultados espera-dos– estaba inacabada, de modo que reclamó al pueblo chino –y a la joven "guardia roja" en particular– que destruyera las "viejas" costumbres, ideas y supersticiones. Toda religión fue virtualmente ilegalizada. Todas menos una: el maoísmo (con su "gran timonel", sus profetas, Iglesia, rituales, festivales, mitologías, escatologías...), que se convirtió *de facto* en la religión del Estado. Miles de monas-terios budistas fueron saqueados y el debilitamiento del Samgha llegó a su cota más alarmante. La "revolución cultural" perduró hasta 1976, año del fallecimiento de Mao y de la caída de la "ban-da de los cuatro" (la sección dura del Partido). El budismo solo aguantó en Taiwán.

A principios de los 1980s, Deng Xiaoping liberalizó la economía, condenó la "revolución cultural", relajó las restricciones a la par-ticipación religiosa y se reestableció la libertad de practicar cinco religiones reconocidas (el budismo entre ellas).

Desde finales de aquella década, el budismo ha tomado un nuevo auge. Los medios de comunicación (televisión y cine en particular) no cesan de glorificar el pasado budista de la nación, en especial sus artes marciales. Muchos templos se han reconstrui-do, ampliado o edificado de nuevo (bien por iniciativa estatal, que ve ahí un potencial económico importante, en especial gracias al turismo, o por el auspicio de asociaciones laicas). Las peregrinaciones vuelven a popularizarse, las asociaciones de culto renacen por doquier, los festivales vuelven a ser multitudinarios, grupos vegetarianos o de meditación chan se extienden por las universidades. Aunque el impulso inicial a esta "recuperación" provino de budistas chinos del exterior (Hongkong, Taiwán y lugares de la diáspora), entrado el siglo XXI, el ímpetu proviene principalmente de la creciente comunidad budista del continente.

Aunque el Samgha monástico ni llega aún a una cuarta parte del que existía a mediados del siglo XX, y –debido a la obligatoriedad de que los templos sean autosuficientes– muchos monjes y sacerdotes pasan la mayor parte del tiempo realizando ritos para los laicos, el budismo sigue expandiéndose en China; en especial, la escuela Jingtu. Incluso algunos monjes tibetanos han viajado a las llanuras del país, logrando no pocos simpatizantes y seguidores entre los chinos de etnia han.

A diferencia de lo que uno tendería a pensar, ni el pragmatismo chino ni el capitalismo feroz han sido impedimento para que renazcan los sentimientos religiosos del pueblo chino. Aunque ausente de la vida política oficial, y aún bajo control gubernamental, la religión vuelve a organizar los valores y los modos de vida de millones de chinos. Si bien dicha "religión" es siempre una amalgama de budismo, taoísmo, confucianismo y religiosidad popular, cada vez se contornea más un sentimiento y una identidad "budista"; y lo que hasta hace poco era aún más inimaginable, esta identidad se sabe parte de una comunidad global de "budistas" del mundo.

## El budismo en Taiwán

Las escuelas devocionales y el Chan han sido las que mejor han logrado adaptarse a la modernidad taiwanesa. Como en el resto del ámbito extremo-oriental, la devoción a la *bodhisattva* Guanyin y al *buddha* Amituo son extremadamente populares en la isla.

Los chinos llegados del continente tras la derrota en la guerra civil (entre ellos, importantes líderes políticos y religiosos) trajeron consigo la "Asociación Budista de la República China", que ha estado bastante activa representando a los budistas chinos en foros y asociaciones budistas internacionales. También se ocupó de la restauración de templos. A partir de los 1950s se dio un verdadero "renacimiento" del budismo en Taiwán.

Filosóficamente, destaca la corriente del llamado "budismo humanista", inspirada por Taixu. El maestro Yin Shun es un buen ejemplo. Motivó la organización Fo Guang Shan, fundada en 1967 por el monje Xingyun, que ha enfatizado una orientación mundana, centrándose en la ayuda a los necesitados y en los valores morales. Otra organización taiwanesa similar es Fojia Ciji [Tzu Chi], fundada por la carismática monja Zhengyan en 1966, también inspirada en la enseñanza de Taixu. La organización supera los 6 millones de miembros y posee ramificaciones en 30 países. Ha abierto hospitales en todo el país y es muy activa en la ayuda en catástrofes naturales en todo el mundo.

Ambas organizaciones muestran la importancia de las mujeres taiwanesas en el budismo (único lugar del mundo budista donde el número de monjas supera al de monjes). La Fo Guang Shan financió la reordenación de monjas theravadins de Sri Lanka y el Sudeste Asiático. Representan la cara moderna del budismo sino-taiwanés, donde la acción compasiva en este mundo (y no la senda hacia un abstracto nirvana en otro plano) se constituye como eje de la religiosidad.

# 33. El budismo en Vietnam y Corea

## El budismo en Vietnam

El sur de Vietnam entró en contacto con el budismo hacia el siglo I, en tiempos de Funan y Champa, dos reinos –étnicamente ligados a los jemeres– pioneros en el proceso de indianización del Sudeste Asiático. En la zona norte, que era provincia china, el budismo llegó un siglo después.

Gradualmente, la región fue pasando a la órbita de influencia china y la mayoría de las escuelas budistas chinas se transmitieron a Vietnam. En el siglo VI ya se tiene constancia de la presencia de la que sería la más importante escuela del país, la Thien (forma vietnamita del Chan), traída por el monje indio Vinitaruci, que había sido discípulo de Sengcan, el tercer patriarca chan.

A mediados del siglo IX, Vietnam logró la independencia de la China de los tang. Su primer emperador, Dinh Bo Linh, protegió el budismo y situó a un alto miembro del Samgha como consejero imperial. Poco después, se trajo el primer canon completo de China. Con la dinastía Ly (1010-1224), el budismo alcanzó su apogeo. Los ocho emperadores de la dinastía fueron patronos del budismo. La construcción de pagodas, como la de Dien Huu de Hanoi, pasó a ser asunto de Estado. Los gobernantes ly también fueron asesorados por monjes budistas en la administración estatal.

Poco a poco, una síntesis entre el Chan y el budismo de Tierra

Pura fue cuajando. Más tarde, este híbrido fue impregnándose de taoísmo y confucianismo, algo patente durante la dinastía Tran (1225-1414), cuando su segundo emperador abdicó para inaugurar la escuela Truc Lam, una síntesis de todas estas corrientes. Desde entonces, el sincretismo budista, taoísta y confucianista ha sido la norma en Vietnam.

En el siglo XVI, el país quedó dividido entre dos poderosas familias que rivalizaron durante casi tres siglos: la Trinh, en el norte, y la Nguyen, en el sur. Siguiendo el modelo de la China ming, el neoconfucianismo se convirtió en la ideología oficial del Estado. En el sur se desarrollaron nuevas escuelas budistas, en su mayoría originadas por monjes chinos. La figura más destacada fue Nguyen Thieu, iniciador del linaje Linji.

Durante el período colonial (siglo XIX y primera mitad del XX), el budismo quedó reducido a las escuelas del Thien y a formas rituales sincréticas. En 1951, los movimientos budistas se agruparon en una organización única, la Asociación general de budistas de Vietnam, truncada durante el largo período de rebelión contra los franceses y durante la guerra de los 1960s y 1970s.

Los gobernantes comunistas fueron en Vietnam menos destructivos con el Samgha que en otros lugares. De hecho, fueron organizaciones vietnamitas –que habían aceptado monjes theravadins de origen jemer– las que reinstauraron la ordenación en Camboya tras el pogromo de los jemeres rojos.

Durante la guerra de Vietnam, cientos de monjes, monjas y laicos vietnamitas se autoinmolaron como acto de sacrificio para detener la guerra. Puede considerarse un punto de inflexión mundial en el hasta entonces tímido papel del "budismo comprometido".

Al respecto, cabe destacar al maestro thien Thich Nhat Hanh, gran promotor del "budismo comprometido" (una *praxis* que nace del diálogo entre budismo y cristianismo), y que toma el ideal del *bodhisattva* como vía para que los monjes se impliquen en los problemas del mundo. Muy concernido en sus inicios en una reforma del budismo (y la apreciación general de que los monjes y monjas estaban alejados de las problemáticas sociales), pronto se entregó a ayudar a los necesitados en la dolorosa guerra del Vietnam.

Desde su exilio en Francia, Thich Nhat Hanh ha alcanzado gran notoriedad en Occidente con un mensaje asequible y una nueva orientación en la meditación thien. En 2005 pudo regresar a Vietnam, un hecho que marca la nueva mirada del régimen hacia el budismo y hacia un líder con probada popularidad en Occidente.

El Thien sigue siendo la forma budista de mayor raigambre, con tres subescuelas. La escuela Tinh Do (Tierra Pura) de culto a Adi Da (Amitabha) es también popular. En las zonas rurales, el budismo está muy enmarañado con prácticas animistas.

Vietnam ha sido particularmente creativo a la hora de generar nuevos movimientos religiosos, como el noidaoísmo ("vía interior"), una síntesis budista-taoísta; el caodaísmo, establecido a principios del siglo xx por Ngo Minh Chieu y que además incorpora el ocultismo, el confucianismo y hasta el cristianismo; o el haohaoísmo, otro movimiento híbrido, aunque sobre una base más budista.

## El budismo en Corea

Corea siempre ha sido un corredor de ideas y tendencias entre China y Japón. Pero, como vamos a ver, el valor del budismo coreano no se limita a su papel de bisagra.

Aunque todas las escuelas budistas coreanas se basan en las innovaciones doctrinales y soteriológicas chinas, pronto los coreanos reinterpretaron la tradición según su prisma y acabaron dando forma tal vez a la tradición budista más ecuménica de todo Asia. Se trata, en general, de un budismo Mahayana anclado en la filosofía

Madhyamaka y la taxonomía de la escuela Tiantai, con Shakyamuni como figura central, mucho énfasis en la meditación, pero a la vez abierto a tendencias pietistas, como evidencia la popularidad del *buddha* Amita (Amitabha).

El budismo alcanzó Corea hacia el siglo IV, durante la época de los "tres reinos" (Silla, Gogurjeo y Baekje), cuando la península se abrió a todo tipo de influencias culturales. Venía precedido de gran fama por sus poderes taumatúrgicos, rasgo típico del budismo del norte de China. El rey de Gogurjeo inmediatamente patrocinó la nueva enseñanza. Poco a poco, los dirigentes del rival reino de Silla también comprobaron que los poderes de los *buddhas* eran superiores a los de los viejos espíritus chamánicos. A medida que Silla fue ganando preeminencia, el budismo fue aceptado como religión nacional. El rey Jinheung fue ya un gran promotor del Dharma. Como ha ocurrido en otros países, en Corea el budismo sirvió de vector civilizador, notablemente con la incorporación de la escritura china.

Durante los siglos VI y VII, muchos monjes y peregrinos coreanos viajaron a China –e incluso a la India– a estudiar, traducir textos y luego predicar el Dharma. Destacan Gyeomik, especializado en el *vinaya*, o Uisang, que había estudiado con los patriarcas chinos de la Hwaom (Huayan). El más destacado fue Wonhyo, fundador de la escuela Popsong, que es ciento por ciento coreana. Promovía un ecumenismo que ha perdurado hasta nuestros días. Paulatinamente, la escuela Sön (Chan) fue imponiéndose, introducida por el monje Pomnang, que estudió con uno de los patriarcas del Chan. La mayoría de los linajes del Sön se vinculan a la corriente iconoclasta de Mazu. Incluso existe una línea de transmisión, llamada Sumi, que dice representar la escuela Chan del norte.

El período Goryeo (918-1392), iniciado cuando un grupo de generales de Gogurjeo derribaron al gobierno y tomaron Baekje y

Silla, representa el esplendor del budismo coreano. El fundador de la dinastía equiparó la suerte del reino con el budismo y promovió fuertes lazos entre la corte y el Samgha. La nueva capital, Kaesong (hoy en Corea del Norte), se convirtió en una esplendorosa metrópoli budista.

La escuela Chontae (Tiantai) monopolizó el panorama intelectual. Destaca el papel del monje Uichön, experto en literatura clásica china y que había estudiado en China con maestros tiantai, huayan, chan, jingtu o de la escuela Luzong. Siguiendo el espíritu ecuménico de Wonhyo, trató de armonizar las escuelas meditativas con las escolásticas.

Durante el siglo XI, el Samgha se constituyó –como tantas veces ha sucedido en la historia del budismo– en un "Estado" dentro del Estado. Ello fue –en parte– consecuencia del sistema de exámenes confuciano que exigía a los monjes muchos años de estudio y un compromiso con lo secular.

La figura que finalmente logró unificar el budismo coreano fue el monje sön Jinul [Chinul], al casar la filosofía hwaom (huayan) con la meditación sön (chan). Fundó el monasterio de Songwang (todavía uno de los centros budistas más importantes del país). Aunque abogó por el "despertar súbito" de Huineng, en el pragmático espíritu coreano aceptaba que determinadas personas precisaran la vía gradual. Su sucesor espiritual fue Hyesim. Durante el período Goryeo se realizaron impresiones completas del canon budista, como la que se conserva en el monasterio de Haeinsa [véase Fig. 50].

A finales del siglo XIV, tras un breve período de control mongol, el general Seonggye [Taejo] encabezó una rebelión que daría luz al largo período Joseon o Yi (1392-1910). El general abrazó el neoconfucianismo y el budismo comenzó su declive. A principios del siglo XV, el rey yi Do [Sejon] confiscó las propiedades de los monasterios y promulgó la fusión obligatoria de las escuelas escolásticas en una sola, de nombre *kyo*; y el resto, bajo la etiqueta *sön*. Paulatinamente, el poder de los monjes y su incidencia en la vida pública y espiritual de los coreanos fueron menguando. El establecimiento de la dinastía Qing (manchú) en China, a mediados del siglo XVII, fue vivido como una catástrofe por los coreanos, que pasaron a considerarse como el bastión y vanguardia del confucianismo en Asia. Figuras esporádicas, como el maestro Kyongho Sunim, mantuvieron la enseñanza sön tradicional, pero solo pudo darse un resurgir del budismo a mediados del siglo XX, tras la retirada de las tropas japonesas.

En la actual Corea del Norte, todas las religiones –menos la comunista– han sido devoradas por el régimen marxista. En Corea del Sur, el proceso de modernización y occidentalización ha sido tan rápido y voraz que una mayoría de la población declara no pertenecer a ninguna religión o profesar el cristianismo. Del 20% o 25% aproximado de budistas, la mayoría pertenecen a los llamados "nuevos movimientos religiosos". La amalgama entre budismo devocional y meditación sön es la norma. La irradiación del Sön coreano a Occidente le debe mucho a los maestros Kusan Sunim y Seung Sahn.

Un importante movimiento contemporáneo ha sido el Won, iniciado por Soe Tae San, de marcado carácter laico y socialmente comprometido, a caballo entre el amidismo y el Sön.

# 34. El budismo en Japón

## Los orígenes del budismo en Japón

Dicen las crónicas antiguas que el budismo llegó a Japón en el año 538, cuando una delegación coreana llevó una estatua del Buda y algunos *sutras* al emperador. El registro debe ser auténtico, pues es un hecho que 60 años después la emperatriz Suiko era ya una budista comprometida (y acabaría retirándose a un monasterio).

La venida del budismo debe contextualizarse en la oleada sinizante –instigada por el poderoso clan Soga– que barrió las islas niponas desde finales del siglo VI. Un poco como el Sudeste Asiático hizo con India, los japoneses "importaron" de China formas de gobierno y burocracia estatal, modelos artísticos y arquitectónicos, inventos tecnológicos, textos y géneros literarios, formas de escritura y... nuevas religiones: taoísmo, confucianismo y budismo. Sería esta última la que cautivaría a las élites japonesas y "competiría" con el sintoísmo local.

En esta tesitura debe inscribirse también la "conversión" del príncipe regente Shotoku, sobrino de Suiko, y considerado el "padre" del primer Estado japonés centralizado. Él promulgó una Constitución con fuertes ecos budistas (aunque también confucianos y taoístas), centrada en virtudes como la armonía, la tolerancia o la compasión. Shotoku decretó en el 594 la veneración a las "tres joyas", pero siempre buscó el consenso y la armonía entre las distintas tradiciones. El budismo cuajó primero en la corte y se difundió progresivamente hacia el pueblo. Como sucedió en otros lugares, la nueva religión no reemplazó a las divinidades locales, los *kamis* del sintoísmo, una religiosidad con la que entablaría un largo proceso de hibridaciones y, por momentos, tensiones.

En el siglo VIII, el emperador Shomu hizo de la capital Nara un espléndido centro budista. La implantación de la escuela Ritsu (la china Luzong, especializada en el *vinaya*) sirvió para promover la disciplina monástica y conducir las ordenaciones formales. Al igual que coreanos y vietnamitas, los japoneses emplearon el chino como lengua para el culto. Pero, a diferencia de las escuelas chinas (con predisposición a la interfecundación), las japonesas tendieron siempre a magnificar sus diferencias.

La primera escuela en adquirir cierta fuerza fue la Hosso (Faxiang o Yogachara), introducida por el monje Dosho, que había estudiado en China con el peregrino y traductor Xuanzang. Fue continuada por Gyogi.

Otras escuelas destacadas en los primeros tiempos fueron la Sanron (Madhyamika), la Kusha (Sarvastivada; la única escuela del budismo Nikaya que sobrevive en Extremo Oriente) y, sobre todo, la Kegon (Huayan), que en el siglo VIII tomaría el liderato, desplazando a la Hosso. Protegidos y patrocinados por el emperador Shomu, los kegons hicieron del gran templo Todai-ji de Nara su centro espiritual [véase FIG. 39]. Cuando se acentuó la síntesis sintoísta-budista promovida por Gyogi, el *buddha* Vairochana (considerado por los kegons el principio supremo de la budeidad) fue identificado con Amaterasu, la deidad sintoísta del sol y "madre" del emperador. De esta forma, Vairochana se convirtió en un elemento unificador del país y la tendencia al sincretismo –o simultaneidad– entre budismo y sintoísmo se ha mantenido como característica de la religiosidad japonesa. Por supuesto, el texto principal de la escuela es el *Kegon-kyo* ("Sutra de la guirnalda" o *Avatamsaka-sutra*), pero, a diferencia de la interpretación huayan, que es eminentemente filosófica, la kegon se decantó por los aspectos mitológicos de la enseñanza del *sutra*.

El budismo del período Nara se fundamentó, por un lado, en un reducido grupo de monjes-sacerdotes versados en la protección y prosperidad de la casa imperial, y, por otro, una modalidad popular, centrada en unos semirrenunciantes no iniciados, propensos a combinar elementos del budismo, el taoísmo o el chamanismo indígena. Pronto se les conocería como *hijiris*, "santos-sabios".

## El budismo del período Heian

La influencia de algunos monjes budistas en Nara llegó a ser excesiva. Tanta que, tras una rebelión a finales del siglo VIII, la capital se trasladó a Heian-kyo (la moderna Kyoto). El cambio tam-

**FIGURA 39:** El Templo de Todai-ji en Nara, Japón. La estructura original es de mediados del siglo VIII. (Foto: Wikimedia Commons).

bién simboliza una cierta independencia del tutelaje civilizacional chino. Mientras, en los monasterios de provincias se desarrollaban dos nuevas escuelas que habrían de influir mucho en el budismo japonés: la Tendai y la Shingon.

La figura que "trajo" la escuela Tendai (Tiantai) de China fue Saicho, hoy más conocido como Dengyo Daishi. Su modesto monasterio en el monte Hiei, alejado de las intrigas palaciegas de Nara y Kyoto, llegó a convertirse en un gigantesco complejo de templos, colegios y monasterios, que llegaría a albergar hasta 30.000 monjes. Apoyado por el emperador Kanmu, Dengyo predicó en favor de la armonía entre las distintas escuelas, un rasgo típicamente tendai. Tras un viaje a China, donde se familiarizó con la ortodoxia tiantai de Zhiyi y su reverencia por el "Sutra del loto", Dengyo incorporó prácticas contemplativas del Chan y elementos esotéricos de la Zhenyan, que otorgaron a su escuela un carácter distinto de la matriz china. Además, trajo una gran cantidad de *sutras*, mejorando de forma considerable los conocimientos de las escuelas japonesas.

Kukai, luego conocido como Kobo Daishi, fue el fundador de la escuela Shingon (Zhenyan o del budismo tántrico), centrada en el uso de sílabas y frases de poder. Kukai sigue siendo un personaje muy querido por los japoneses, también por sus facetas de calígrafo, sanscritista, pedagogo, ingeniero, asceta, viajero, hacedor de lluvia o escultor. Tras pasar años como eremita y viajar a China (en la misma embajada que Dengyo), se ganó el favor y la amistad del emperador Saga, a quien llegó a iniciar en el budismo tántrico.

No es de extrañar que fuera la escuela Shingon la que más promoviera la integración entre budismo y sintoísmo (incorporando también aspectos del confucianismo y el taoísmo). El ritualismo esotérico shingon permearía el budismo del período Heian. Tras dirigir durante algunos años el poderoso templo de Todai-ji, en la vieja capital de Nara, Kukai estableció su centro en el monte Koya, no lejos de Kyoto. Allí falleció, rodeado de misterio (para algunos, aún permanece en trance profundo hasta que arribe el *buddha* Maitreya). Su tumba en el monte Koya sigue siendo uno de los lugares de peregrinación más visitados del país.

La influencia del budismo en los cánones estéticos japoneses ha sido notable. El canto budista, el *shomyo*, era muy apreciado en los círculos de la corte e influiría en la música y la poesía japonesa. El teatro japonés también le debe mucho a los elaborados rituales budistas. Al mismo tiempo, tanto Dengyo como Kukai abogaron por el estudio de los "clásicos" confucianos e incorporaron el ideal confuciano del "hombre noble" (*jun-zi*) en la senda de progresión del *bodhisattva*.

El final del período Heian se caracterizó por la enorme pujanza de los complejos tendai del monte Hiei y shingon en el monte Koya. Gracias a las exenciones fiscales, ambas escuelas alcanzaron un poder y una riqueza impresionantes. Los monasterios poseían ejércitos propios y brotó el ideal del "monje-soldado" (*sohei*). Lógicamente, comenzaron las hostilidades entre sí; lo mismo que contra los clanes aristocráticos de la región de Kyoto. Aunque, en teoría, el budismo era la religión del Estado, el emperador buscó alianzas con los clanes provinciales para contrarrestar el poder militar de los monasterios. El país acabó en una sangrienta guerra civil entre los clanes Minamoto y Taira.

## El ascenso del devocionalismo

En el 1185, el clan Minamoto se alzó con la victoria y un gobierno militar se estableció en Kamakura, cerca de la actual Tokyo. Durante el período Kamakura (1185-1333), Japón pasó a ser gobernado por un shogunato o sistema feudal dominado por la nobleza y la clase guerrera (*samurai*) del clan Minamoto. Las tendencias sinizantes se suavizaron y se revalorizó lo "nipón".

En el espacio rural, el sintoísmo seguía siendo preeminente, pero bajo una guisa cada vez más budizada, reforzada por la enseñanza tendai y shingon de que los *kamis* sintoístas eran manifestaciones de los *buddhas* y *bodhisattvas*. La equiparación entre Amaterasu y Vairochana se consolidó.

Hasta entonces, el budismo había cuajado entre las capas aristocráticas y militares, pero le faltaba una verdadera implantación popular. Ese paso lo dieron algunos maestros inspirados en la escuela Jingtu (Tierra Pura) china. El peso del intelectualismo (tendai) y el ritualismo (shingon) de épocas precedentes decreció. Siguiendo la máxima mahayánica de que el despertar está ya presente y es realizable por todos los seres vivos, el budismo laico salió reforzado.

A la vez, aumentaba la sensación de haber entrado en la "última fase del Dharma" (*mappo*). Se calculó que esa fase habría comenzado en el 1052. Ya nadie podría alcanzar el despertar por su propio esfuerzo. El poder redentor de *bodhisattvas* como Miroku (Maitreya) o Jizo (Kshitigarbha) y del *buddha* Amida (Amitabha) fue bienvenido. El monje tendai Genshin ya había expresado la idea de que únicamente se requería la invocación del nombre de Amida para renacer en la tierra pura del *buddha*.

En esta atmósfera, irrumpió con fuerza la escuela Jodo-shu, versión japonesa de la china Jingtu, que había sido introducida en Japón por el monje Ennin en el siglo IX, prolongada luego por Kuya y por Genshin. Todos gravitaban alrededor de la Tendai, pero la acusaban de haberse corrompido, lo que reforzaba la tesis del *mappo* y hasta de un inminente "fin del mundo".

El fundador de la Jodo-shu en sí fue Honen Shonin, cuando a mediados del siglo XII rompió con el monaquismo tendai y se unió a los grupos de santos e *hijiris* que vagabundeaban por el país. Siguiendo las enseñanzas de los patriarcas chinos de la Jingtu, Honen sostenía que en los tiempos finales del Dharma la liberación solo era factible por la intervención de *buddhas* o *bodhisattvas*. Con la recitación plena de fe del mantra del nombre de Amida (*namu-amida-butsu*, abreviado en *nembutsu*), en su origen una práctica estrictamente meditativa (y que buscaba ecualizar la disposición del meditador con las cualidades de los *buddhas*), uno podía aspirar a renacer en la tierra pura o "paraíso occidental" de Amida [véase FIG. 23]. Su honestidad y magnetismo favorecieron mucho la popularización del mensaje. El movimiento arraigó entre la clase guerrera y el alto funcionariado, por lo que fue considerado una amenaza tanto por el *establishment* budista (tendai y de las antiguas escuelas de Nara) como por el shogunato. Honen fue expulsado del Samgha en el 1207 y tuvo que exiliarse.

Un seguidor de Honen, Shinran Shonin, fundó a principios del siglo XIII la siguiente escuela de Tierra Pura, la Jodo-shinshu (contiene el agregado *shin*: "verdadera"). Comenzó a predicar por provincias, dejó los hábitos, contrajo matrimonio y tuvo varios hijos.

Para Shinran (el "imbécil rapado", como él mismo se autodenominaba), ni siquiera la recitación del *nembutsu* despertaba la gracia de Amida. Uno solo podía poner el destino en manos del *buddha*, concentrándose sinceramente en él, y dejar que su poder salvífico actuase en nuestro beneficio. El *nembutsu* es solo la expresión de agradecimiento por todo lo que recibimos del *buddha*. De hecho, para Shinran una sola recitación era suficiente. Las siguientes solo sirven para agradecer a Amida por habernos salvado de antemano.

Para Shinran, la repetición del mantra con fin de renacer en la tierra pura todavía representaba un inútil "esfuerzo personal" (*jiriki*). Él quería enfatizar la absoluta dependencia en el "poder externo" (*tariki*) de Amida; la total bajeza del espíritu humano en la era *mappo*; una posición que él creía más consecuente con la doctrina del *anatman*. Por tanto, a diferencia de la Jingtu china o la Jodo-shu, donde todavía el esfuerzo del devoto es esencial para alcanzar la tierra pura (creando el sosiego meditativo y las conexiones kármicas con el *buddha*), en la corriente de Shinran no existe vínculo causal entre el practicante y el *buddha*. Con todo, llevada a su conclusión lógica la doctrina del *tariki* le permitió superar la dualidad entre un "yo" y un "poder externo": Amida y la tierra pura moran en nuestro interior. Una posición que también sostendría otro amidista, Ippen Shonin, que acabaría sintetizando la enseñanza en la fórmula: "el *nembutsu* pronuncia el *nembutsu*".

La mayor contribución de Shinran al desarrollo del budismo japonés fue el abandono del celibato para los monjes. Él vivió como un seglar y su matrimonio simboliza el definitivo giro "laico" del budismo japonés. Asimismo, puso las bases para la sucesión hereditaria en el liderazgo de las sectas, típica del budismo nipón hasta nuestros días. Con las Jodos ya ni siquiera las "tres joyas" poseen demasiado sentido. Se concentran en una sola: el *buddha* Amida.

Aunque Shinran también tuvo que vivir algunos períodos de exilio (al poner en duda el que una vida moral y de méritos nos acercara a la liberación), pasó los últimos años de su vida en Kyoto, rodeado de sus seguidores. Tras su muerte, un organizador –y artífice de la militarización– de la escuela fue Rennyo.

El controvertido Nichiren, hijo de un humilde pescador, no prolongó ninguna escuela china. Él creó la suya propia. Formado en la Tendai, concluyó que el "Sutra del loto" (*Hoke-kyo* en japonés) contenía la clave para la salvación en la era *mappo*. Con él se da una absolutización de la fe en el *sutra*. Y el valor del texto para esta época de discordia está contenido en el título. La práctica esencial de su secta consistía –y consiste– en repetir el mantra *namu-myoho-renge-kyo* ("Homenaje al Sutra del loto"), que equivale al estado de despertar. En cierta manera, "reactualiza" la naturaleza de Shakyamuni. Nichiren representó gráficamente la esencia de su doctrina en un mandala con el título sagrado y otros símbolos, conocido como el "principal objeto de culto" (*gohonzon*). Obviamente, la recitación de este mantra es el equivalente del *nembutsu* de las escuelas de Tierra Pura. Sin embargo, Nichiren comenzó su ministerio en 1253 atacando a las Jodos. Luego, sus campañas incluyeron al resto de escuelas y a las autoridades gubernamentales. Conoció el exilio, pero, tras el perdón, se centró en el monte Minobu (no lejos del Fuji), donde la secta aún posee su principal templo (Kuon-ji).

Nos hallamos ante un tipo de visionario de carácter mesiánico, algo raro en el budismo. Su doctrina tenía que imponerse como la única religión oficial del país (él mismo se autodefinía como el «pilar de Japón, el ojo de la nación»);[98] y luego extenderse por el mundo. Consideraba que el resto de escuelas eran incluso dañinas para la población y deberían ser suprimidas. A su entender, las Jodos veneran a un imaginario Amida, la Shingon a un distante Vairochana, el Zen sigue a un Shakyamuni demasiado terrenal, etcétera. Su falta de diplomacia le valió enemistades por todos los flancos. Gracias a su asombrosa capacidad de predecir sucesos (como las invasiones mongolas), Nichiren aumentó su prestigio y su escuela llegaría a ser la más importante del país. Desde siempre, ha tendido a confundirse con el sentimiento nacional japonés, lo que le ha valido apoyos y críticas a la vez.

## El Zen

La última de las escuelas japonesas en aparecer es, sin duda, una de las más renombradas: el Zen, la forma japonesa del Chan. Pero si el Chan chino se debilitó en el continente durante las dinastías Ming y Qing, el Zen japonés se ha mantenido sólido desde su implantación, en el período Kamakura.

El Zen ha permeado las artes y la expresión estética japonesa, desde la pintura, la caligrafía, la ornamentación floral, el teatro, la ceremonia del té o la arquería, si bien en la misma medida que el confucianismo o el taoísmo (ya que los orígenes de muchas artes niponas se encuentran en los refinados círculos intelectuales y artísticos de la China tang y song), o que el esoterismo budista (*mikkyo*, de corte shingon o tendai). Estas artes tomarán luego un vocabulario "zen", que las institucionalizará como "vías" y, así, las dotará de un aroma más religioso y espiritual.

En el clásico espíritu del Chan, para los zenistas Shakyamuni es un maestro *humano* y un modelo a seguir. Se detecta ahí un deliberado "retorno" a las formas originales.

El honor de llevar el budismo Chan a Japón recae en el monje Dainichi Nonin, activo en los 1190s. Sin embargo, la primera figura de relieve fue Myoan Eisai, un monje tendai que viajó a China. Aunque nunca rompió su filiación tendai (no en vano ya Dengyo había incluido la meditación en su esquema práctico), ni nunca pretendió establecer ninguna escuela, Eisai enseñó el abordaje chan de Linji, que en Japón se conoce como Rinzai, y fundó los primeros monasterios zen de Japón. Eso le ocasionó problemas con el *establishment* tendai, pero a la vez despertó el interés de la élite militar. En 1195 estableció el templo de Shofoku-ji en Fukuoka. Otra figura importante en la implantación del Zen fue Kakushin, que trajo de China la gran colección de *koans* (chino: *gong'ans*) del *Wumenguan*.

De mayor relieve fue Eihei Dogen, uno de los hombres más notables de la historia del budismo, hoy admirado por todos los japoneses, budistas y no budistas. Desencantado con el abordaje tendai, se familiarizó con el Zen gracias a Eisai. Viajó al sur de China en 1223, donde pasó cuatro años estudiando con el maestro caodong Rujing, quien confirmaría su experiencia de despertar (*kensho*). Aunque Dogen siempre receló de la división del Chan en "casas", fue nombrado –póstumamente– patriarca de la escuela Caodong, que en Japón se conoce como Soto. Tampoco consideraba el Zen como una transmisión al margen de las escrituras. Él mismo –que dominaba a la perfección el chino clásico y el japonés– hizo bastantes esfuerzos en verbalizar, sistematizar y transcribir su pensamiento, tal y como se recoge, entre otras obras, en su monumental *Shobogenzo*, uno de los textos más profundos del Zen. Su abordaje proponía que el estudio textual complementara la práctica meditativa y no se persiguiera por vanidad academicista.

La pequeña choza que utilizó en su vida eremítica se convertiría en el monasterio de Eihei ("Paz eterna"), un lugar apartado de los centros de poder (que acabaría por establecer una diferencia notable entre la tradición quietista Soto y la más activa, Rinzai). Eihei sigue siendo –con permiso del monasterio de Soji– uno de los más importantes centros del Soto Zen.

La línea maestra de la enseñanza soto es el *zazen* o "meditación sedente", también llamado *shikantaza*: "solo sentarse". Está en plena consonancia con las enseñanzas del *Satipatthana-sutta* (pieza clave de la meditación *vipassana*), que conduce a niveles de concentración y trance muy profundos. Pero más que una serie de ejercicios psicofísicos en pos de la sabiduría, el *zazen* es la expresión del estado despierto, algo así como la conducta de los *buddhas* [véase Fig. 40]. Para Dogen, la práctica del *zazen* no es la causa del despertar (recordemos al "sexto patriarca" Huineng); pero nada es más valioso que el *zazen* para preparar la mente-corazón. O, dicho de otra forma: el *zazen* es lo más próximo a la naturaleza iluminada de la realidad (*bussho*; o el "rostro original" en terminología chan), que es otro de los conceptos capitales en Dogen. Se nota ahí su familiaridad con la filosofía Kegon (Huayan). Pero si esta escuela poseía una "peliaguda" inclinación a equiparar la budeidad con un *atman*, Dogen se cuida mucho de no hacerlo. La budeidad no es ni la fuente ni el depósito de las cosas.

Otros grandes patriarcas soto fueron Koun Ejo, sucesor de Dogen, y Keizan, autor del famoso *Denkoroku* ("La transmisión de la luz").

La aproximación Rinzai posiblemente se asemeja más al Chan clásico de los períodos Tang y Song. En esta escuela, el papel del maestro (*roshi*) es decisivo, pues solo él tiene la autoridad de proponer un *koan* y certificar su "correcta solución". Con todo, existen pocas diferencias entre ambos linajes, que siguen las líneas maestras de Huineng. No puede simplificarse afirmando que el Rinzai recurre a los *koans*, mientras que el Soto utiliza el *zazen* (Dogen nunca rechazó el uso de *koans*). En ambas escuelas, la meditación en la sala (*zendo, dojo*) es la práctica esencial (acentuada en los *sesshin* o períodos de intensificación de la contemplación); y esta puede ir, en mayor o menor grado, acompañada de *koans*. La entrevista personal del discípulo y su maestro, llamada *dokusan*, es asimismo importante en las dos escuelas. Dadas las particularidades de la práctica zen (con sus paradojas, bastonazos, períodos de intensificación, etcétera), la pericia del maestro es crucial. Incluso ambas corrientes recurren a un aspecto devocional, normalmente personificado en la *bodhisattva* Kannon.

La experiencia liberadora (*satori*), la visión espontánea de la budeidad en uno mismo y el universo, ocurre de súbito. Pero, a diferencia de lo que ciertas mistificaciones sostienen, suele venir precedida de algunos "signos". Todo el proceso que conduce al eventual despertar está muy ritualizado y, tradicionalmente, ha seguido una coreografía establecida.

## El budismo en los períodos Muromachi y Tokugawa

El período Muromachi (1337-1576) fue tumultuoso para Japón y para el budismo. Los estándares de vida mejoraron, pero en la misma medida que la rivalidad entre los señores de la guerra y los grupos monásticos guerreros.

Algunos monjes rinzai –como Muso Soseki– hicieron de consejeros de los shogunatos del clan Ashikaga. El Zen impregnó la filosofía de vida de la casta guerrera *samurai*. La Rinzai prosperó de forma considerable, como muestra la creación de los famosos "cinco monasterios" de Kyoto. Con posterioridad, nombres ilustres como Ikkyu, Takuan, Bankei [véase Fig. 13] o Hakuin gravitaron alrededor de esta escuela. Hakuin, que además de maestro era pintor, calígrafo y poeta, reintegró la práctica del *zazen* –junto a los clásicos *koans*, que renovó por completo– en el abordaje rinzai. Es, por ende, considerado el "padre" del moderno Rinzai. En el corazón de los japoneses ocupa, junto a Dogen, uno de los primeros lugares.

Como las escuelas Shingon y Tendai estaban militarizadas desde hacía siglos, sucedió lo inevitable. En el 1465, un ejército tendai atacó el templo de la Jodo-shinshu en Kyoto. Aunque los amidistas se repusieron gracias a su implantación popular, fueron atacados de nuevo en 1532 por la secta Nichiren. De modo que los jodos se aliaron con sus antiguos enemigos de la Tendai (y hasta con el *shogun* de Kyoto) para atacar conjuntamente a la secta Nichiren. Se calcula que hubo 50.000 muertos, en especial entre los nichirenistas (que tardarían siglos en reponerse). A finales del siglo XVI, el señor de la guerra Nobunaga Oda desmanteló el centro de la Jodo-shinshu en Osaka y arrasó el impresionante complejo de la Tendai en el monte Hiei. Un total de 3.000 templos fueron destrozados y casi 20.000 monjes eliminados. Durante un tiempo, el budismo fue oficialmente suprimido. Un último combate contra la escuela Shingon tuvo lugar en 1584, con resultados desastrosos para los budistas.

El sucesor de Nobunaga Oda completó la reunificación de Japón y, en 1603, Ieyasu Tokugawa estableció un nuevo shogunato, con capital en Edo (la actual Tokyo). El período Edo o Tokugawa (1603-1868) cerró Japón al exterior. El régimen proporcionó orden y estabilidad al país, pero impidió la innovación. Aunque el shogunato estimó conveniente adoptar el neoconfucianismo como ideología oficial, el budismo volvió a ser apoyado y hasta alentado (el propio Ieyasu era seguidor de la Jodo-shu). Ieyasu reestableció el complejo tendai en el monte Hiei y mantuvo la tradición de asesorarse con algunos monjes zen. De esta forma consiguió una cierta armonía entre las escuelas y se las ganó ante un nuevo enemigo común: las misiones cristianas. A principios del siglo XVII, el gobierno prohibió el cristianismo e impidió el comercio con los europeos. Entonces se fundaría una tercera escuela del Zen, la Obaku.

En este clima de unificación, aislamiento y pacificación del archipiélago prosperaron las artes asociadas a la casta guerrera *samurai* (arquería, defensa personal, espada, etcétera). En el siglo XX se reinventaron de nuevo, dando lugar a las artes marciales modernas.

Una de las obligaciones impuestas por los tokugawa fue que todo japonés se registrara como miembro de una "parroquia" budista. Paulatinamente, los monjes y sacerdotes budistas (por entonces, la sucesión hereditaria de templos se había expandido y los "monjes" se consolidaban como sacerdotes) asumieron la impopular tarea de censar a los habitantes y recolectar impuestos. Es el sistema conocido como *terauke*. Los sacerdotes guardaban los archivos censales en el templo y, en compensación, tenían el monopolio de realizar los funerales y aniversarios mortuorios de los parroquianos. Los templos tenían apoyo estatal y podían subarrendar algunas de sus propiedades.

Aunque en esta época se realizaron las primeras recensiones completas del canon budista, a finales del siglo XVIII el budismo estaba en franco declive. (Al menos, así lo leería el neobudismo posterior.) El sintoísmo –marginado por los tokugawa–, por contra, conocía a lo largo del XIX un gran resurgir.

# El budismo en el Japón moderno

Japón comenzó a abrirse de nuevo en la década de los 1850s. Muchos japoneses sentían que el viejo sistema feudal era obsoleto. Durante cinco siglos, el "emperador" de Japón no había sido más que una marioneta de los *shoguns*. En 1868, un golpe de Estado acabó con el largo dominio feudal del período anterior. El repuesto emperador Meiji fue elevado a un estatus casi divino, el sintoísmo imperial fue declarado religión oficial y fue purgado de elementos budistas. Se disoció el budismo del Estado (un lazo anquilosado después de 250 años de sistema *terauke*). Muchos de los reformadores de la era Meiji (sintoístas en su mayoría) percibían la clase sacerdotal budista como un clero parasitario y un obstáculo para el desarrollo de la nación. Incluso los funerales de la familia imperial pasarían a ser sintoístas. Durante algunos años, se propagaron edictos chovinistas con lemas como "Abolición del budismo y aniquilación de Shakyamuni", se destruyeron alrededor de 100.000 santuarios budistas (quizá la mitad de los que existían en el país) y miles de monjes budistas se convirtieron en sacerdotes sintoístas (su número pasó de más de 75.000 a menos de 20.000 en un lustro). En 1872, el gobierno decretó que cualquier clérigo budista podría casarse, comer carne, dejar de raparse el cabello y hasta llevar ropa ordinaria si no realizaba tareas religiosas; lo que ocasionó no pocas quejas entre el *establishment* (a excepción de los amidistas, que nunca habían respetado el celibato o el vegetarianismo ni participado en los rituales sintoístas). Como forma de contrarrestar la hostilidad del gobierno, los budistas empezaron a autocriticarse y a recrear una historia del budismo en decadencia durante el período Tokugawa. Poco más o menos que ahora recibían los frutos de sus acciones transgresoras del pasado. Había que reformar el budismo y "retornar" a sus raíces espirituales.

La animosidad sintoísta-budista duró poco, sobre todo desde

que en 1875 se declaró la libertad religiosa y entraron en escena las misiones cristianas. Para preservar el estatus singular del sintoísmo, este fue considerado un culto imperial (y no una "religión", aunque siempre hayan existido diferentes formas "populares" de sintoísmo, desligadas de la casa imperial). La complementariedad sintoísta-budista también serviría a los japoneses para encarar las nuevas ideologías seculares, la revolución industrial o el capitalismo globalizado.

En pocas décadas, el nuevo régimen imperial modernizó el sistema político, social, industrial y comercial del país. Bajo el reinado de Taisho (1912-1926), el estudio del budismo eclosionó. Se abrieron varias universidades budistas (Otani, Ryukoku o Komazawa), se realizaron concienzudas compilaciones del canon, siguiendo los métodos académicos occidentales, y despuntaron grandes estudiosos (J. Takakusu o B. Nanjo). En la clásica apreciación "orientalista", empero, se sobrevaloró el estudio de los textos y, en gran medida, se desdeñó el estudio de la práctica.

La intelectualidad budista japonesa –como la birmana o la cingalesa– reinterpretó el budismo como una "filosofía" racional –y no como una "religión", concepto modernista que nunca ha tenido mucho prestigio en Japón– y socialmente comprometida. Se trató de "purificarlo" de supersticiones y rituales considerados superfluos. El resultado de todo ello fue el llamado "neobudismo" (*shin bukkyo*); una versión moderna de un budismo humanista, cosmopolita y con mayor compromiso social.

Filosóficamente, una de sus cristalizaciones más significativas fue la llamada "escuela de Kyoto", que comprende el trabajo de pensadores como Kitaro Nishida, iniciador de la corriente y él mismo practicante zen, Hajime Tanabe o Keiji Nishitani, posiblemente el clímax de la escuela. A pesar de su evidente deuda con la filosofía y la mística occidental (Kant, Heidegger, Eckhart, etcétera), la escuela

**FIGURA 40:** El maestro soto Kodo Sawaki en *zazen*. Templo de Antai-ji (Hyogo), Japón, *circa* 1920. (Foto: Wikimedia Commons).

se considera a sí misma continuadora de la filosofía Zen (Dogen), si bien habría que evitar identificarla en exclusiva con dicha escuela (ya que asimismo bebe de la Tendai, la Kegon o el amidismo). La corriente representa un extraordinario diálogo entre diferentes corrientes filosóficas.

Todos estos vectores convergen en Daisetz T. Suzuki [véase Fig. 46], uno de los más importantes intérpretes del moderno budismo globalizado, como veremos en otro capítulo. Él es hijo del neobudismo de la época Meiji, el intelectualismo de la escuela de Kyoto y de algunas corrientes de pensamiento occidentales. Tanto Suzuki como los filósofos Nishida y Tanabe fueron grandes exponentes de la "niponidad" (*nihonjinron*), una corriente de principios del siglo XX que esencializa de forma chovinista lo japonés (con proclividad a apoyar el militarismo imperial). Una expresión de esta sensibilidad consiste en ver la cultura japonesa como inherentemente estética, emocional o gregaria. Para Suzuki, el Zen constituiría la espiritualidad innata de la niponidad.

Entre los maestros del Zen, decisivo fue el papel del soto Kodo Sawaki [véase Fig. 40], lo mismo que su discípulo Kosho Uchiyama. En el Rinzai, cabe mencionar a Shibayama Zenkei.

En paralelo, otros movimientos, esencialmente laicos, indagaron en nuevos puentes entre la tradición y la modernidad. Tal es el caso de Ittoen, una comunidad utópica –aún existente en el área de Kyoto– o del movimiento Muga No Ai, ambos centrados en la no violencia, Tolstói y el servicio desinteresado. En la órbita del nichirenismo, otros movimientos poseían un tono más nacionalista. El predicador Tanaka Chigaku trató de erradicar toda "falsa" enseñanza (es decir, que no fuera nichirenista), orientar el budismo hacia la familia (y menos en los funerales), proporcionándole incluso una ceremonia nupcial budista (algo novedoso, ya que las bodas nunca habían sido rituales religiosos en Japón).

Durante la primera mitad del siglo XX, Japón se erigió como una gran potencia política, económica y militar. Pero el ultranacionalismo imperial (en buena medida, de corte nichirenista) le llevó a invadir Manchuria, Corea y Taiwán, primero, y embarcarse, luego, en la II Guerra Mundial. Se utilizó el budismo como excusa para un supuesto nexo de unión con otros países de Asia y se justificó la agresión por el viejo ideal del *bushido* ("vía del guerrero"), ejemplificado en el autocontrolado y valiente *samurai*.

La mayoría de las instituciones budistas (con la excepción de la organización Soka Gakkai) apoyaron el nacionalismo y expansionismo militar japonés. Se formalizó un tipo de "budismo imperial" que situaba al emperador incluso por encima de Shakyamuni (que, al fin y al cabo, no fue japonés). Algunos maestros llegaron a afirmar que la matanza en combate era un acto compasivo.

Tras la guerra y posterior ocupación norteamericana, el refundado Estado redactó una nueva Constitución en la que se establecía la completa libertad religiosa. Una consecuencia directa de la nueva legislación fue que muchos pequeños templos quedaron desvinculados de las organizaciones de feligreses, lo que resultó en una clara pérdida de riqueza y poder. Para los grandes templos, las reformas en la propiedad de las tierras asimismo fueron negativas, ya que buena parte de sus ingresos procedían del subarrendamiento de tierras.

## Los "nuevos movimientos religiosos" y el budismo hoy

Aunque la libertad religiosa resultó negativa para las formas budistas tradicionales, acarreó una verdadera eclosión de "nuevos movimientos religiosos", ya fueran de corte budista, sintoísta o híbridos.

En la actualidad se cuentan más de 300, que agruparían a casi el 20% de la población del país. Dentro del radio del budismo, los tres más importantes son Soka Gakkai (con unos 12 millones de seguidores, presente en numerosos países), Rissho Koseikai (con más de 5 millones) y Reiyukai (asimismo con más de 5 millones de adeptos).

Aunque estos movimientos rivalizan entre sí, tienen mucho en común. Todos son reformulaciones laicas del nichirenismo, fueron fundados en los 1930s, pero no se expandieron hasta los 1950s, la mayoría de sus seguidores son urbanitas, tienen al "Sutra del loto" como escritura principal (y su recitación forma parte de la práctica) y todos fomentan la paz mundial.

Rissho Koseikai fue fundada en 1938 por Nikkyo Niwano y Myoko Naganuma tras dejar Reiyukai. En cuanto organización laica, Rissho Koseikai no posee sacerdotes y son los adeptos quienes recitan el "Sutra del loto" en sus altares domésticos. Una práctica psicoterapéutica distintiva del movimiento –y muy significativa para una sociedad como la japonesa– son los grupos de "consuelo" (*hoza*), en donde los miembros expresan sus problemas y sentimientos.

Soka Gakkai es la organización más importante de las tres. Fue fundada por Tsunesaburo Makiguchi en 1930, sobre las bases de Nichiren Sho-shu, una organización fundada en el siglo XIII por Nikko, uno de los discípulos de Nichiren. (Se distingue de la rama principal por considerar al maestro como el *buddha* de nuestro tiempo.) Esta secta fue insignificante durante siglos, hasta que fue "absorbida" por Tsunesaburo. Su sucesor, Josei Toda, hizo del movimiento un fenómeno de masas. La práctica, cien por cien laica, se centra en recitaciones del *namu-myoho-renge-kyo* y otras secciones del "Sutra del loto" y la fe en el mandala del *gohonzon*, el escrito de Nichiren que se encuentra en el templo principal de la secta, en el monte Minobu. En 1960, Daisaku Ikeda tomó el mando de la organización. Durante décadas, ha sido la figura religiosa más importante de Japón. Autor de más de cien libros, Ikeda fundó escuelas, dos universidades y hasta un partido político (el Komeito), de gran influencia en el moderno Japón. Soka Gakkai es una organización abiertamente proselitista y universalista (y, por ende, menos imbricada en la cultura japonesa).

El fenómeno expansivo de los "nuevos movimientos religiosos" ha obligado a las escuelas budistas tradicionales a ampliar y revisar su discurso (y combatir el estereotipo de que solo tienen que ver con servicios funerarios) para poder perdurar en la compleja sociedad japonesa del siglo XXI.

Bastantes escuelas budistas, por ejemplo, hicieron un llamado al arrepentimiento (*zange*) por su apoyo a la guerra y al militarismo. Esta vena se ha llevado hasta el extremo opuesto, de suerte que hoy son las organizaciones budistas las que más apoyan la causa de la paz mundial. En sintonía con el budismo socialmente comprometido, algunos grupos actúan en contra de la discriminación de los *burakumin* (una "casta" de trabajadores en tareas impuras, históricamente discriminada por la sociedad japonesa).

Un serio revés para el sentimiento religioso japonés provino del ataque terrorista con gas en el metro de Tokyo llevado a cabo en 1995 por la organización Aum Shinrikyo y que mató a once personas. Aunque la organización era muy ecléctica, se situó en la órbita de los "nuevos movimientos religiosos" de inspiración budista. A partir de entonces, el gobierno tiene la potestad de supervisar e intervenir en las organizaciones religiosas. El hecho ha dado más argumentos a la ya de por sí elevadísima proporción de japoneses que considera que las religiones y los "nuevos movimientos religiosos" son negativos.

Si bien el budismo cuenta con más de 75.000 templos en Japón y con más de 125.000 monjes, y 94 millones de japoneses se declaran budistas (aunque no únicamente budistas, pues conocido es el eslogan nacional: "nacido sintoísta, casado cristiano, muerto budista"), las estadísticas muestran un inapelable declive en la práctica del budismo y de la religión en general. (Con todo, la peculiaridad japonesa obliga a analizar las estadísticas con cierta cautela, ya que ni los conceptos "religión" ni "práctica religiosa" poseen en las islas el mismo significado que en otros lugares.)

En las últimas décadas, la urbanización del país (de 1950 a 1975 se pasó de un 38% a un 76% de población urbana) ha llevado a un distanciamiento entre los fieles y las parroquias aldeanas, donde se habían realizado los rituales familiares durante generaciones. A medida que se alejan de sus templos ancestrales, los japoneses ven menos necesidad de otorgar nombres póstumos a sus parientes, realizar las ofrendas conmemorativas o recurrir a los sacerdotes budistas.

En la última década, no obstante, a raíz de la catástrofe nuclear de Fukushima de 2011, la tradición Zen ha recuperado cierta popularidad al participar activa y visiblemente en el apoyo a los damnificados y a la sociedad japonesa.

# 35. La tercera transmisión: el Vajrayana

Es habitual considerar al Vajrayana ("Vehículo diamantino") una corriente del budismo Mahayana, ya que a nivel filosófico suscribe los postulados de sus principales escuelas. (La orden tibetana Gelugpa, por ejemplo, siempre ha mantenido que el Vajrayana es una modalidad de Mahayana.) Los expertos tienen serias dificultades en distinguir entre ambos.

Pero dadas: 1) las particularidades en las *prácticas* del Vajrayana, ya sean monásticas, rituales o yóguicas, 2) su ubicación geográfica centrada en el Tíbet y regiones colindantes, y 3) sus orígenes en el budismo tántrico indio del siglo VIII en adelante (irradiado desde el foco de Bihar y Bengala durante la dinastía Pala), es justificable –y muy didáctico– darle un tratamiento separado del Mahayana.

Como el Vajrayana es la forma budista predominante en el mundo tibetano, con frecuencia es denominado "budismo tibetano". Por supuesto, lo encontramos en el Tíbet y zonas de influencia tibetana de China (Yunnan, Qinghai...) o India (Ladakh, Sikkim...), así como en Nepal, Bután, Mongolia y en áreas de Siberia. Hay que decir, sin embargo, que en el pasado las formas tántricas de budismo (entre las que se cuenta el Vajrayana, si bien, en aras a la simplicidad, utilizaremos Vajrayana y "budismo tántrico" prácticamente como sinónimos) tuvieron gran influencia en China, Indonesia y, sobre todo, Japón, donde las prolonga la escuela Shingon.

El Vajrayana toma el nombre de *vajra* (tibetano: *dorje*), un concepto que es una mina de simbolismos. Significa tanto "rayo" como "diamante", símbolos de lo indestructible. Es asimismo un objeto ritual. Representa abstracciones como el "vacío" de los madhyamikas, la "consciencia" de los yogacharins, la "budeidad" o el *dharmakaya*.

En el budismo Vajrayana, la figura del maestro posee un papel estelar. Tanto, que no es infrecuente escuchar que este vehículo posee cuatro y no "tres joyas". El lama o maestro es esa cuarta gema, que algunos textos recomiendan considerar como si fuera el propio Buda.\* De la misma manera que el budismo Nikaya enfatizó la vida monástica y de la renuncia como "requisito" para aspirar al nirvana, el Vajrayana insiste en que la enseñanza solo es válida si pasa por una genuina relación maestro-discípulo. Él es quien transmite la enseñanza y señala a los adeptos el camino que han de seguir. De ahí que la iniciación en la senda tántrica precise no solo del triple refugio en las "tres joyas" clásicas, sino de un triple refugio adicional en el lama, el mandala y el mantra, en una iniciación que recibe el nombre de "práctica preliminar" (*ngöndro*).

La importancia del monacato y el estudio de los textos es asimismo primordial. Décadas atrás, los monasterios de Ganden, Sera o Drepung, en el Tíbet central, o el de Tashilumpo, en Shigatse, contaban con miles de monjes cada uno. Se calcula que a mediados del siglo XX casi un 20% de la población masculina del Tíbet estaba formada por monjes. Durante siglos, preservaron el espíritu académico de las viejas universidades indias. A su vez, cada monasterio tenía sus "colegios universitarios" [véase FIG. 41]. Allí podían

---

\* De ahí que, algo incorrectamente, se designe como "lamaísmo" al Vajrayana. Otra malinterpretación es traducir *lama* por "monje" (aunque, por cortesía, no es infrecuente emplearlo en este sentido). Un lama es un "maestro espiritual" y no tiene por qué ser un monje célibe. Equivale a gurú. Existe un gran número de maestros, yoguis y sacerdotes sin ordenación monástica que enseñan los yogas más elevados o dirigen rituales.

encontrarse desde expertos en lógica o en la doctrina del vacío, como monjes duchos en el comercio del grano o en llevar a cabo los rituales y ceremonias para los devotos. No obstante, la mayoría de los monasterios del mundo tibetano han sido de tamaño más modesto, de entre 50 y 200 monjes; y, por tanto, dependientes de la generosidad de los laicos.

De forma bastante similar a la primera transmisión del budismo, en la tercera se valoró mucho la fidelidad a las formas originales indias. El propio alfabeto tibetano fue diseñado de manera que pudiera ajustarse con perfección "científica" al sánscrito en el que estaban redactados los textos. La gramática del tibetano también se adaptó a tal propósito; y una de las ocupaciones de mayor prestigio en el Tíbet fue la de traductor (*lotsava*).

Todas las órdenes tibetanas suscriben las filosofías Madhyamaka o Yogachara (o algún híbrido entrambas) y propugnan el ideal del *bodhisattva*. En este sentido, mantienen el clásico camino

**FIGURA 41:** El complejo monástico gelugpa de Tikse, fundado en el siglo XV. Ladakh (Jammu & Kashmir), India. (Foto: Agustín Pániker).

gradual del Mahayana: el Bodhisattvayana. Pero, además, el Vajrayana posee como referentes a unos yoguis del medioevo llamados *siddhas* o *mahasiddhas* ("grandes perfectos"), dado su dominio de los *siddhis* o poderes mágico-espirituales. Las hagiografías de estos *siddhas* (tradicionalmente 84 en número), la mayoría originarios de Bengala, Assam y las regiones del Himalaya, muestran que procedían de grupos marginales de la sociedad india.\* Estos colectivos, que tenían negado el camino de progresión espiritual por la ortodoxia brahmánica, encontraron en el universo transgresor del tantra (hindú o budista) un vehículo para ejercitar su religiosidad. Revirtiendo los cánones de pureza sociales, vivían de acuerdo con patrones bastante poco convencionales según las reglas brahmánicas o monásticas: utilizaban la carne, el alcohol, la sexualidad y los lugares impuros por antonomasia (crematorios) para realizar sus proezas esotéricas. De ahí también su imagen de brujos o sanadores, capaces de combatir demonios, enemigos o enfermedades y de desplegar poderes sobrenaturales.

El recurso a mantras y fórmulas mágicas (llamadas *bijas* si son silábicas o *dharanis* si son frases cortas) es uno de los distintivos del Vajrayana o budismo tántrico. Tan importantes son que, a veces, esta modalidad budista recibe el nombre de Mantrayana.\*\* La po-

---

\* Entre estos *siddhas* encontramos a otro Nagarjuna, que debió ser uno de los pioneros; a Tilopa y su discípulo Naropa, tan queridos de la escuela tibetana Kagyüpa; al maestro del *hatha-yoga* Gorakshanath, compartido con el tantra hindú; o a las hermanas Mekhala y Kanakhala. La tradición radicalmente sincrética (budista, hindú y sufí) de los bauls de Bengala y Assam se fundamenta también en estos *siddhas*. Aunque no siempre figuran en la lista de 84 *mahasiddhas*, podemos incluir aquí también a Padmasambhava, pionero en la irradiación del budismo en el Tíbet, o a Virupa, referente de la escuela tibetana Sakyapa.

\*\* Digamos, para simplificar, que el budismo Vajrayana *incluye* la "Vía de los mantras" o Mantrayana. Como su nombre indica, esta modalidad se caracteriza por la centralidad del uso de mantras para alcanzar la liberación. Esta corriente está hoy representada por la escuela japonesa Shingon. La medicina tibetana, por su parte, incorpora lo que podríamos llamar una "mantra-terapia".

tencia del mantra ya era conocida en la India de tiempos védicos. Se utilizaba a modo de himno o letanía, o como conjuro y fórmula de exorcismo. El Mantrayana le otorgó un nuevo valor. La fórmula ya no solo protege, sino que sirve para ponernos en comunicación con las fuerzas ocultas que nos envuelven. El poder mágico de los *bodhisattvas* siempre desempeñó un papel destacado en el Mahayana. Los *siddhas* simplemente intensificaron esa tendencia, alimentada, además, por prácticas similares en el hinduismo tántrico.

Ciertamente, el tantra afectó por igual al budismo y al hinduismo. En algunas corrientes, como la vía llamada Sahajayana, potente en Nepal, Assam y Bengala, la frontera quedó totalmente desdibujada. Puede argüirse que la influencia hindú sobre el tantra budista es bastante notoria (ya que el budismo tántrico es más discontinuo con el budismo antiguo). La deuda con el shivaísmo hindú es también notable.

Así, el budismo Vajrayana tiende a gravitar –más allá de las diferencias entre escuelas– sobre tres modelos de práctica religiosa: la del monje erudito, respetado por sus conocimientos de las filosofías del Mahayana; la del renunciante solitario, especialista en formas de meditación; y la del lama experto en la práctica y los saberes tántricos, bastantes de los cuales fueron laicos y han mantenido linajes hereditarios.

En consecuencia, muchas escuelas del Vajrayana tienden a dividir las enseñanzas en dos bloques: la vía de los *sutras* y la vía de los *tantras*. Antes de acometer la vía promulgada por los *tantras*, el adepto debe adecuarse a la vía de los *sutras* del Mahayana. La noción de una progresión gradual (*lam rim*) está muy acentuada. En cierto sentido, la combinación entre el escolasticismo mahayánico indo-tibetano y el tantrismo indo-himaláyico de los *siddhas* es la que otorga este carácter sincrético y tan polivalente al Vajrayana. O puesto de otro modo, el Vajrayana logra combinar la sofisticada filosofía del Mahayana con cultos religiosos esotéricos e iniciáticos. Las órdenes Gelugpa y Sakyapa poseen un perfil más filosófico-mahayánico, mientras que las escuelas Kagyüpa y la Ñingmapa tienden a privilegiar las prácticas tántricas. Las cuatro órdenes en conjunto constituyen el grueso de lo que denominamos Vajrayana.

Según sus maestros, la vía tántrica representa el clímax del sendero budista, aunque advierten que no es accesible a todo el mundo. Los maestros tántricos consideraron que la senda del *bodhisattva* hacia la budeidad era demasiado ardua y lenta, de modo que propusieron una vía ultraeficaz, con muchísimo énfasis en los aspectos rituales (y en la meticulosidad ritual), en las fórmulas mántricas y en una serie de técnicas meditativas de corte yóguico altamente esotéricas. Para los yoguis tántricos, esta nueva forma de práctica equivalía a una tercera "puesta en marcha de la rueda del Dharma". De ahí el carácter secreto de la enseñanza y la centralidad del maestro cualificado. Alrededor del lama se forma un círculo de iniciados en las enseñanzas más elevadas. Sin iniciación (*abhisheka*) es impensable la andadura espiritual. (La iniciación colectiva más famosa es la del Kalachakra, que confiere periódicamente el *dalai-lama*.)

A través del estudio, el rito y la meditación, el adepto tántrico persigue reinstaurarse en su naturaleza búdica, identificarse con "su" naturaleza "vacía" y transformarse en un ser diamantino (*vajrasattva*). Esta alquimia espiritual es la cristalización de la clásica aprehensión mahayánica de que el nirvana y el samsara no son diferentes. El cuerpo físico, la mente y el habla, incluso las emociones negativas y las pasiones, debidamente transmutados, pasan a ser ahora los vehículos para acceder a la budeidad. Puesto que el tantra busca sublimar las tendencias pasionales (codicia, lujuria, orgullo, ira, etcétera) para realizar la naturaleza diamantina, el lama debe determinar qué pasión domina en el discípulo y dar con la divinidad de la cual depende (a partir de ahora su *yidam* o "divinidad escogida" y protectora) y el texto que debe practicar. La enseñanza se adapta, por tanto, a las facultades y características de los devotos, tal y como proclama la doctrina del *upaya*. El lama confiere a su discípulo un mantra específico el día de la iniciación. A partir de entonces, ese mantra será su objeto de meditación. El lama inicia al discípulo en el mandala del *yidam* escogido, que hará como de mapa del viaje espiritual.* Una vez iniciado en el mandala, el adepto tántrico puede establecer una relación especial con las figuras simbólicas del "territorio" mandálico y el lama le instruye en los ritos, los gestos o *mudras* (con los que corporalmente "canta"), las *dharanis* y las meditaciones apropiadas. Las enseñanzas más elevadas exigen el conocimiento de la fisiología sutil (los canales o *nadis* y las válvulas o *chakras*, también llamados lotos), la maestría en el control de la respiración y el dominio de yogas de la energía (a veces llamada *kundalini*).

Las tendencias pasionales pueden ser, por tanto, liberadoras. Es en lo cotidiano donde se genera el potencial liberador. (Un mensaje de enorme calado en el budismo moderno.) Satisfacer los deseos de forma diligente puede conducirnos a la sabiduría. Como dice el *Hevajra-tantra*, «el sabio se libera de la inmundicia de su mente a través de la inmundicia».[99] Pero, ¡ojo!, solo el yogui versado puede evitar caer en el placer profano. Dice el mismo *tantra*:

«Por los mismos actos que la persona malvada está atrapada

---

* A diferencia de la "divinidad escogida" (*ishtadevata*) del hinduismo, el Vajrayana considera que estos dioses son, en último término, irreales. Por consiguiente, la meditación tántrica comienza por una aprehensión de la vaciedad. Gracias al mantra, el adepto conjura la deidad escogida del "vacío". Literalmente, la "crea".

en el ciclo de las existencias, por esos mismos actos otros obtienen la emancipación.»[100]

En la antigüedad, el tantrismo llamado "de la izquierda" incluso recurría a la sexualidad ritual. Se entenderá ahora por qué antes de acometer la vía de los *tantras*, el Vajrayana preconice la vía de los *sutras*, que exige el control de las pasiones a través de la disciplina moral, la paciencia, la concentración o la comprensión vivencial de la vaciedad. Hoy, la sexualidad ritual ha quedado sublimada –salvo en círculos muy cerrados– y simbolizada en la cópula (tibetano: *yab-yum*) entre el Buda y su consorte Tara, Bhagavati o Prajña-paramita. Este duo (al estilo del *yin-yang* taoísta o la pareja Shiva-Shakti hindú) equivale a la unión entre el "medio" (*upaya*), el principio masculino identificado con la compasión, y la "sabiduría" (*prajña*), el principio femenino identificado con la vaciedad. A los "tres cuerpos" (*tri-kaya*) del Buda, el Vajrayana añade el *sukhakaya* o "cuerpo de la felicidad", con el que el Buda se une a su pareja.

Las enseñanzas más elevadas, incluidas en los *anuttarayoga-tantras*, son llamadas –por kagyüpas y ñingmapas, respectivamente– *mahamudra* ("gran gesto") y *dzogchen* ("gran perfección"). Ambas acepciones remiten al estado primordial de todo individuo. Común a ambas es la práctica denominada *chöd* ("corte"), que tiene lugar en crematorios o cementerios y tiene por objeto "cortar" los apegos y la falsa representación del "yo". El último estadio de las vías tántricas suele ser la aprehensión de la budeidad en el microcosmos que es el cuerpo humano.

Algunas figuras del panteón vajrayánico son de origen tibetano, como los fieros guardianes del Dharma (*dharmapalas*), que pronto adquirieron estatus de *bodhisattva* y un aspecto feroz (típico de divinidades protectoras), o los guardianes de las regiones (*lokapalas*). Otras son comunes al Mahayana (Avalokiteshvara,

Tara, Maitreya, etcétera). Destacan los cinco *dhyani-buddhas*: Ak-
shobya, Amitabha, Ratnasambhava, Amoghasiddhi y Vairochana.
No se trata de humanos que tras incontables eones alcanzaron el
estado de un *buddha*, sino que siempre lo han sido y lo serán. Por
eso se les llama "cósmicos", "trascendentales" u "[objeto] de meditación" (*dhyani*). Cada uno posee su complexión específica, un
gesto característico, su color, un vehículo asociado, una consorte,
un símbolo que lo representa, el veneno que combate, la sabiduría que despliega, su contrapartida o aspecto feroz y se vincula a
una dirección cardinal. Los cinco se asocian a los cinco *skandhas*,
de suerte que pasan a ser como los constituyentes del universo.
Como tales, estos cinco *buddhas* son los principales objetos de la
meditación tántrica. Además de estas manifestaciones de la realidad despierta, el mundo del budismo himaláyico-tibetano está
repleto de espíritus y fuerzas ocultas.

Todo hogar tibetano posee sus banderas de plegarias. Llevan

**FIGURA 42:** Molinillos de plegarias. Monasterio de Gandan. Ulaanbaatar, Mongolia. (Foto:
Agustín Pániker).

inscritos mantras y conjuros auspiciosos, que el viento extiende por el mundo. Además, los tibetanos gustan de utilizar molinillos de plegarias (personales o fijos en el templo [véase FIG. 42]), donde están grabados mantras como el *om-mani-padme-hum* (más o menos traducible por "Om, la joya en el loto", cargado de simbolismo). Famosos son asimismo los *thangkas* (literalmente, "algo que se enrolla"), donde están pintadas escenas de las vidas del Buda, mandalas, *bhava-chakras* u otros motivos. Aunque en su origen el arte tibetano delata influencias persas, cachemires, indias, nepalíes y chinas, gradualmente los maestros de frescos murales y *thangkas* imprimieron un carácter tibetano propio.

Los tibetanos consultan con frecuencia a adivinos o maestros oraculares. Dado que el pueblo tibetano ha sido tradicionalmente nómada, existe un tipo de bardos ambulantes que cantan fragmentos de la gran epopeya tibetana del *Gesar* y otras historias. Estos bardos pueden ser asimismo chamanes y médiums oraculares. No pocas mujeres han ejercido de sanadoras y canalizadoras. Incluso el *dalai-lama* ha tenido –y aún posee– al *nechung*, un espíritu oracular benevolente que es consultado por un chamán y aconseja en asuntos de Estado.

Como en seguida comprobaremos, el Vajrayana ha tenido vínculos muy estrechos con el poder político. En algunos momentos de la historia del Tíbet puede hablarse de una verdadera "budocracia". La situación en el siglo XXI, empero, es casi la opuesta.

# 36. El budismo en el Tíbet

La antigua religión tibetana, que por conveniencia denominaremos *chös* (literalmente "costumbre", "religión"), promovía un culto a unas divinidades asociadas a los clanes aristocráticos y personificadas en montañas sagradas, arroyos o peñascos. En el *chös* se daba una cierta indiferenciación entre los dioses y las almas de los humanos. Los ritos funerarios estaban dirigidos por unos sacerdotes llamados *bönpos* ("invocadores"), expertos en guiar las almas de los muertos en el más allá. También sobresalían chamanes conocidos como *shen* ("sacrificador"), diestros en la adivinación y en exorcizar demonios causantes de enfermedades.

Muchos de los elementos del antiguo *chös* transmigraron tanto en el budismo como en la religión bön, que se desarrollaría hacia los siglos X y XI (y muestra un fuerte carácter sincrético entre el viejo *chös* y el budismo).

## La primera propagación del Dharma

Un descendiente de los dioses celestes del *chös* fue Songtsen Gampo, principal monarca de la dinastía Yarlung, que inició su reinado en el 618. Con Songtsen, el Tíbet entró en la "historia" al iniciar un período de gran expansión militar, que se prolongaría hasta el siglo IX, y llevaría las fronteras de su imperio a las puertas de Cachemira, Afganistán o la China de los tang. Dicen las crónicas que su ministro Thönmi viajó a India e ideó el alfabeto tibetano basado en una variante del *gupta*. La acción de Songtsen y Thönmi constituiría el inicio de una increíble importación literaria, cultural y religiosa.

Como sucedió en Japón o en el Sudeste Asiático (y en época similar), el budismo topó en el Tíbet con cosmovisiones autóctonas y prácticas de corte chamánico, con las que se entrelazó; y se convirtió en el vehículo para importar géneros literarios, estilos artísticos, rituales, alfabetos, teoría gramatical o fórmulas políticas. Con todo, Songtsen todavía tuvo un funeral acorde con la antigua religión, que al parecer prosperó con su reinado. Seguramente no fue tan "budista" como las crónicas tardías nos han hecho creer (y su interés por el budismo, lo mismo que su matrimonio con una princesa china y otra nepalí, ambas budistas, debió tener motivaciones políticas). El budismo estaría restringido a la corte y al Jo-khang, el primer templo budista del país, todavía muy estimado por los tibetanos, construido precisamente en la nueva capital imperial: Lhasa.

Quien sí debió abrazar el budismo fue uno de sus sucesores, Trisong Detsen, que financió la construcción de Sam-yä, el primer monasterio budista del Tíbet. Se dice que a finales del siglo VIII Trisong invitó al erudito indio Shantarakshita, preceptor en el monasterio de Nalanda, que aconsejó la introducción de la variante tántrica del budismo y sugirió que el *mahasiddha* Padmasambhava exorcizara el lugar, dominado por divinidades maléficas.

Padmasambhava es otra de esas personalidades fascinantes del budismo. Es uno de los *siddhas* o "perfectos" del tantrismo medieval (aunque no siempre figura en las listas convencionales). Su vida está muy mitologizada. Y la leyenda cuenta que Padmasambhava consiguió contrarrestar la magia chamánica del *chös* con magia tántrica. Todo hace pensar que, en efecto, la confrontación entre la antigua religión y el budismo se dio más en el plano de las habilidades taumatúrgicas que en el dogma. Por ello Padmasambhava no defenestró a las antiguas deidades tibetanas. Posiblemente, el éxito del maestro radicara en saber combinar el sustrato común del ritual tántrico con el de los chamanes y sacerdotes del *chös*. El viejo panteón se "sometió" al Dharma y muchos dioses y espíritus continuaron desempeñando un papel como "guardianes del Dharma" o "guardianes de las regiones".

Las crónicas apuntan que en el 792 Trisong patrocinó un debate en Sam-yä entre el monje indio Kamalashila (discípulo de Shantarakshita) y el maestro chino Moheyan de la escuela Chan. Se dice que el primero propugnaba una vía gradual –en la senda mahayánica del *bodhisattva*–, mientras que el segundo abogaba por el despertar súbito. El veredicto fue favorable a Kamalashila. De modo que se decidió que el budismo tibetano se fundamentaría exclusivamente en el indio (si bien, está claro que la tensión creativa entre estos dos abordajes nunca quedó del todo zanjada, como muestra la similutud entre la vía del *dzogchen* y el Chan). Siete monjes se ordenaron en Sam-yä, dando lugar al embrión de la primera escuela budista tibetana: la Ñingmapa ("Escuela de los antiguos"). Y, más importante aún, se proclamó que en adelante el budismo sería la religión de los tibetanos. Es bastante plausible que razones de índole política también pesaran en los veredictos.

Desde entonces, el Vajrayana ha oscilado entre el escolasticismo mahayánico y la adherencia al *vinaya* (línea representada por Shantarakshita y Kamalashila, que, sin embargo, aún tardaría varios siglos en arraigar) y las formas esotéricas y místicas del *siddha* tántrico Padmasambhava. Ambas tendencias se han mantenido como características del budismo tibetano, pero está claro que en los inicios fueron las formas esotéricas representadas por Padmasambhava las que mejor se adaptaron al sustrato chamánico y se abrieron paso.

En tiempos del siguiente emperador, Ralpacan, el altiplano se inundó de *chörtens* (*stupas*). Los monasterios estaban exentos de impuestos y quedaban allende la legislación civil. No pocos monjes procedentes de familias aristocráticas fueron aupados a altos cargos de la administración. Empezó el trabajo de traducción al tibetano de textos sánscritos y *dharanis*, se ideó el primer diccionario de términos budistas y se hicieron circular manuales simplificados, seguramente diseñados para la conversión de los laicos.

La obsesiva devoción de Ralpacan por el budismo molestó a los clanes aristocráticos y el emperador acabó víctima de un complot liderado por su hermano Langdarma. Se cuenta que este inició un período de "persecución" del budismo que se prolongaría por 150 años. El poderoso Imperio tibetano fue desintegrándose de forma progresiva. El antiguo linaje yarlung se exilió en el Tíbet Occidental (Ladakh). Con todo, en esta época tuvo lugar el callado desarrollo del bön y de la escuela Ñingma.

Se dio, en efecto, una fuerte convergencia e influencia mutua entre el budismo y la tradición hermana del bön. (La rivalidad que luego se dirá que existió entre el bön y el antiguo budismo es un invento de los cronistas y seguidores tardíos de ambas tradiciones.) Budismo y bön comparten muchos puntos en común: el ideal del *bodhisattva*, la meta del despertar, la vacuidad, la adquisición de mérito, las peregrinaciones, las circunvalaciones a montañas sagradas, las plegarias en molinillos, etcétera. Además, la iconografía es muy parecida.

No obstante, el bön se basa en las enseñanzas de Tonpa Shenrab, una figura que espejea a Padmasambhava más que a Shakyamuni. Cuentan las hagiografías que era originario del sudoeste del Tíbet (zona del monte Kailash) e incluso puede que más al occidente. Llegó a gobernar, alcanzó la iluminación perfecta, enseñó la forma de llevar a cabo los ritos y, solo al final de su vida, acabaría

retirado como ermitaño. El bön posee ritual, mitología y cosmología también propios. La enseñanza principal queda recogida en
los "Nueve caminos del bön", cuya meta es similar al despertar
búdico. Para la mayoría de los seguidores, la práctica consiste en
generar mérito gracias a la acción moral, las peregrinaciones, las
circunvalaciones o la recitación de mantras. No es ni el resquicio
del viejo *chös* prebudista ni una forma corrupta de budismo, es
más una corriente que enraíza asimismo en las tradiciones de los
*siddhas* del tantra himaláyico.* Como los centros bön siempre han
sido muy pequeños (salvo el monasterio de Menri, fundado en
1405), las escuelas budistas posteriores tendieron a ignorarlos.**

Bönpos y ñingmapas mantienen que en los años oscuros de persecución los sabios ocultaron sus textos sagrados o "tesoros" (*termas*), que luego serían hallados por los pertinentes "descubridores
de tesoros" (*tertöns*, en muchos casos, encarnaciones de los lamas
que los ocultaron). Entre estos *termas* existen muchos manuales de
medicina. A estas corrientes pertenecen también las enseñanzas
del *dzogchen* y del –mal llamado– "Libro tibetano de los muertos",
compartidos por ñingmapas y bönpos. Este *terma* –descubierto en
el siglo XIV por el *tertön* Karma Lingpa– es un tratado espiritual y
ritual –a todas luces prebudista– acerca de cómo manejarse durante las siete semanas en las que la última consciencia transita
en el "estado intermedio" o *bar-do* antes de una futura existencia.
Está claro que ambas tradiciones se influenciaron mutuamente y

---

* Los bönpos se apresuraron en llamar "bön" a la antigua religión, de forma que su pedigrí tibetano
quedara realzado. Ello ha portado a una confusión entre el *chös* y el bön, dos corrientes que, por otro
lado, por fuerza deben compartir numerosos elementos. En cualquier caso, el bön no aparece hasta
el siglo XI, y la mayor relación la posee con la Ñingmapa.
** En la actualidad, el bön es más prominente en el Tíbet nororiental (provincias de Kham y Amdo),
en Sichuan, Yunnan y en ciertas regiones de Nepal. Existe una importante comunidad exiliada en
India que participa también en la administración del gobierno tibetano en el exilio.

las dos beben del antiguo *chös*. (Por ello, los budistas recurrieron al término *chös* para traducir la sánscrita Dharma.) No es infrecuente encontrar bönpos en el radio de acción de la Ñingmapa.

Lógicamente, para la escuela Ñingma Padmasambhava es el más respetado de sus "patriarcas", considerado un igual al Buda (y, desde luego, foco de muchos más rituales y plegarias que Shakyamuni). Los *termas* o "tesoros" de los ñingmapas contienen *tantras* que ellos denominan "viejos" (por contraposición a los "nuevos" *tantras* que siglos después serán incluidos en el canon "oficial" del *Kangyur*), bastantes de los cuales comparten con los bönpos. Se trata de materiales de origen indio o tibetano muy antiguo. Los textos más venerados se conocen como "Manuscritos de Padma", apreciados hoy incluso por corrientes rivales. La Ñingmapa se basa, por un lado, en las enseñanzas del *dzogchen* ("gran perfección"), tal y como fueron proclamadas por el semimítico Garab Dorje, recogidas por Padmasambhava, el maestro Shri Simha, su discípulo Vairochana o el cachemir Vimalamitra, y, por otro lado, en los conocimientos de los *tantrikas* aldeanos, maestros en conjuros, rituales e iniciaciones no siempre del agrado del *establishment*. Para los ñingmapas, el *dzogchen* –de carácter altamente iniciático– es la enseñanza más elevada propugnada por el Buda. Aunque dicha enseñanza no se atribuye directamente al Buda –sino a Samantabhadra, personificación del *dharmakaya*–, sí se fundamenta en una profecía que proclamaba que la enseñanza superior aparecería en la misteriosa región de Odiyana (identificada con Swat, en la Cachemira paquistaní). Esta "perfección" remite al estado connatural al ser humano y a la existencia. De modo que –a diferencia de los *tantras* típicos del Vajrayana, que persiguen la transformación de los estados pasionales en sabiduría– la práctica del *dzogchen* está diseñada para "ver" o "reconocer" nuestro estado espontáneo de pureza de mente. Esta desocultación es lo que el *dzogchen* denomina "liberación por sí misma". Nada hay que transmutar, corregir o rechazar, no hay mandalas que crear ni divinidades que visualizar ni puntos de vista sobre los que meditar, únicamente desarrollar la *bodhichitta* primordial (no en el sentido compasivo del Mahayana, sino como sinónimo del estado contemplativo original) y tratar de vivir desde la visión de dicha "sabiduría" (tibetano: *rigpa*). Para ello, uno debe relajarse en dicho estado contemplativo, que es la mismísima trama del *dharmakaya*. Esa es la condición natural, la consciencia o fuente suprema, inmodificable, cual espejo. Al ser única, no puede escindirse ni convertirse en objeto de meditación. Proclama Samantabhadra en un famoso *tantra*:

> «Pensar que la realidad puede buscarse a sí misma, que el cielo puede buscarse a sí mismo y que puede existir una realidad "externa" es una acción tan inútil como intentar apagar un fuego con más fuego.»[101]

Junto a las enseñanzas del Zen japonés, el *dzogchen* es posiblemente la enseñanza budista más radicalmente no dualista, tal y como señala el Adibuddha: «Yo soy al mismo tiempo quien enseña y quien recibe la enseñanza».[102] Para las escuelas escolásticas posteriores, este mensaje resonará sospechosamente átmico y hasta "zen" (quizá residuo de la enseñanza chan descartada en el viejo concilio de Lhasa).

En contraste con las escuelas que aparecerán más tarde, la Ñingmapa no posee jerarquía eclesiástica (si bien, en teoría, Samyä es su monasterio principal) y nunca se ha involucrado en política.

En el siglo XIV, el gran maestro Longchenpa dio forma definitiva a las llamadas "nueve vías" hacia el despertar, característica de los ñingmapas, basadas en las enseñanzas de Padmasambhava y Vimalamitra. Aunque por entonces ya habían sido desplazados por otras órdenes budistas, entre los siglos XVII y XIX los "antiguos" conocieron una importante renovación. A destacar el papel de Jigme Lingpa, gran maestro de *dzogchen*, y Patrul Rinpoche. En el XIX, muchos ñingmapas alentaron el movimiento no sectario Ri-me, del que hablaremos más adelante.

El resto de escuelas budistas tibetanas pertenece a la llamada "segunda propagación del Dharma", iniciada –tras los 150 años "oscuros"– en una serie de reinos independientes del Tíbet occidental.

## La segunda propagación del Dharma

A finales del siglo X, el erudito indo-nepalí Smriti inauguró una labor de traducción de "nuevos" *tantras* (para diferenciarlos de los "viejos" de los ñingmapas); una tarea que prosiguió Rinchen Zangpo, gran traductor y constructor de templos. Rinchen pasó muchos años en India y se familiarizó con el Mahayana y las enseñanzas tántricas. Otra figura notable del Tíbet occidental en esta fase de "reintroducción" del budismo fue el rey-monje de Guge Yeshe-Ö, afanado en elevar los estándares morales de los monjes.

A Rinchen se le atribuye la difusión de la divinidad principal de la época, Vairochana, acompañado de otros cuatro *buddhas*. Juntos forman el complejo de los "cinco *buddhas* cósmicos" (*dhyanibuddhas*). Se popularizaron también las figuras de Baishajyaguru ("Maestro de la sanación") y Lokeshvara ("Señor del mundo"), inicialmente un título del dios hindú Shiva, pero que en el budismo se asocia al *bodhisattva* Avalokiteshvara, conocido en Tíbet como Chenrezi. También formas macabras de Shiva hallaron su lugar en el Vajrayana bajo la guisa de Heruka o Hevajra. Esta hibridación entre formas shivaístas y budistas fue asimismo común en la gran Bengala y el Nepal del siglo XI.

Muchos monjes tibetanos viajaron a los monasterios y universidades indios de Nalanda, Odantapura, Somapura o Vikramashila para estudiar con los grandes maestros. Algunos también fueron a aprender con *siddhas* y *tantrikas*. Estos yoguis y yoguinis no siempre seguían las conductas dictadas por el *vinaya*: comían carne, bebían alcohol y mantenían relaciones sexuales. Con todo, enseñanzas tan transgresoras como las del *Hevajra-tantra* se enseñaban en respetables universidades como Vikramashila.

Otra figura clave en la reintroducción del budismo fue el sabio Atisha [véase Fig. 43], cabeza de la universidad de Vikramashila y gran viajero, invitado al Tíbet en 1042 por un sobrino de Yeshe-Ö. Es posible que parte del interés de los reyes tibetanos en hacer venir a un maestro de tanto prestigio tuviera que ver con los excesos de las prácticas tántricas más extremas (sacrificios animales, magia negra o rituales sexuales). Atisha influenciaría todos los ámbitos del budismo tibetano. Se le considera el introductor del *Guhyasamaja-tantra*, los rituales del *Kalachakra-tantra* y el culto a Chenrezi. Es autor del *Bodhipatha-pradipa* ("Tratado sobre la senda al despertar"), que sería muy influyente, en el que integra filosofía abhidharmika, Mahayana y enseñanza tántrica. Él reestablecería una ordenación monástica estandarizada y unos niveles de disciplina más ortodoxos.

La verdadera eclosión de escuelas se dio a partir del siglo XIII. Al frente de cada una, generalmente tenemos

**FIGURA 43:** Imagen del sabio bengalí Atisha. (Foto: Wikimedia Commons).

a un fundador que había estudiado en India con un *siddha* o un maestro. De regreso al Tíbet, alguno de sus discípulos fundaría un monasterio y establecería la orden. El desarrollo de la escuela se completaría cuando el líder consiguiera atraer el mecenazgo de la nobleza. Todas las escuelas de esta segunda transmisión aceptaron el canon que se estableció en el siglo XIV. Sus diferencias, pues, no son tanto doctrinales (todas se dicen herederas del Madhyamaka o el Yogachara) o monásticas (se guían por el mismo *vinaya*), como de linaje y de énfasis en alguno de los aspectos de la práctica. No hay, por tanto, fronteras sectarias rígidas. Una costumbre del budismo tibetano (y, hoy, dadas las circunstancias políticas, quizá más vigente que nunca) consiste en estudiar con lamas de otras escuelas. Como veremos, la mayoría de las disputas entre escuelas han sido eminentemente políticas.

La noción de los "tres vehículos" (Hinayana, Mahayana y Vajrayana), cada uno más profundo que el anterior, quedó asimismo arraigada. Para muchos tibetanos, el Vajrayana es la enseñanza suprema otorgada por el Buda Shakyamuni al mundo, no ya bajo su forma humana (*nirmanakaya*) a los "oyentes", sino en su forma sutil (*sambhogakaya*) y hasta como *dharmakaya*, simbolizado entonces por el *buddha* Vajradhara.

La escuela Kadam ("Enseñanza oral") dice remontarse a Atisha, ya que su creador fue un discípulo suyo, el austero Dromtön, fundador del monasterio de Reting en 1056. Se trata de una corriente estrictamente monástica (celibato indispensable), muy centrada en el Madhyamaka indio y en el cultivo de la *bodhichitta*. La orden sería absorbida por otras, pero la Kadampa les otorgaría el común sesgo escolástico.

La escuela Sakya tomó el nombre de su monasterio principal, fundado a finales del siglo XI por Konchog Gyalpo, un discípulo del excéntrico Drogmi, considerado en retrospectiva el "patriarca" de la escuela. Drogmi fue un contemporáneo de Atisha, también viajero y traductor del *Hevajra-tantra*. La doctrina principal de los sakyapas es el *lam-dre*, destilada por el *siddha* indio Virupa. Combinando enseñanzas de *sutras* y *tantras*, su objetivo es –siguiendo la máxima de equivalencia entre samsara y nirvana– inducir el despertar en esta vida.

La Sakyapa estuvo siempre vinculada al poderoso clan Khon (presumiblemente emparentado con la gloriosa dinastía Yarlung), de suerte que la línea sucesoria de los abades sakyapas siguió el clásico patrón "tío-sobrino" dentro del clan Khon. Como veremos, en el siglo XIII la escuela conoció su máximo apogeo cuando el *khan* mongol y luego emperador yuan de China, Kublai, situó al cabeza de los sakyapas como vicerregente del Tíbet. Al caer la dinastía Yuan, el poder de la Sakyapa disminuyó. El título del cabeza de la escuela es *sakya-trizin*.

Una escisión de la Sakyapa, formada a mediados del siglo XII, es la Jonangpa, que tomó el nombre de su monasterio matriz. Sherab Gyaltsen fue su principal filósofo, pero considerado por las escuelas rivales casi un hereje (por sus ideas "átmicas", próximas al pensamiento del Tathagata-garbha). La escuela sería absorbida por la Gelugpa, pero aún sobrevive de forma independiente en pequeños reductos del Tíbet oriental y Qinghai.

Una de las escuelas más importantes del budismo Vajrayana es la Kagyü. Posee distintas subdivisiones, pero todas pueden remontarse a los *mahasiddhas* Tilopa y Naropa. La historia de la transmisión de las enseñanzas de Tilopa, que cuentan las recibió del mismísimo Adibuddha Vajradhara, es una de las más coloridas y vivas de la literatura tibetana.

Naropa era nada más y nada menos que el director de la universidad de Nalanda. La abandonó para encontrar a su predestinado lama, el excéntrico *siddha* Tilopa, que le hizo pasar por una docena de pruebas pavorosas para probar su determinación (y purificar su karma). Naropa transmitió la enseñanza al tibetano Marpa a lo largo de dieciséis años. Marpa es también conocido como traductor de importantes *tantras* al tibetano. Él sentaría las bases doctrinales de la que sería la escuela Kagyü. Marpa transmitió la enseñanza de los *mahasiddhas* a Milarepa, tras otra serie de pruebas iniciáticas. De hecho, el nombre *kagyü* significa "doctrina transmitida", enfatizando la centralidad del linaje espiritual y la transmisión oral. (Tanto en este aspecto como en la importancia concedida a las formas de meditación, por encima del monaquismo kadam, la Kagyüpa se asemeja al Chan y al Zen.) Además de místico, Milarepa fue un gran poeta. Representa al tipo de yogui solitario e independiente, muy venerado por el pueblo tibetano. En su excesivo anhelo por la liberación del samsara, pasó buena parte de su vida en grutas en las estribaciones del Chomolangma (Everest). Su biografía es una de las más bellas piezas de la literatura tibetana. Igual que Marpa, tampoco llegó a ordenarse nunca. (Se puede pertenecer a la Kagyüpa sin ordenación monástica ni estricto celibato.) Su principal discípulo fue Gampopa, a quien tuvo esperando un mes entero fuera de su cueva antes de hacerle pasar las pruebas iniciáticas. Gampopa logró sistematizar las enseñanzas tántricas de los kagyüpas y fusionarlas con la tradición escolástica de los kadampas. Sus trabajos, en especial su "Ornamento de las joyas de la liberación", son apreciados por la mayoría de las corrientes tibetanas. Codificó las famosas "Seis enseñanzas de Naropa", que, junto al yoga tántrico de la "clara luz", conocido como "gran gesto" (*mahamudra*), constituyen las técnicas de meditación más importantes de esta escuela. Ambas entroncan con las enseñanzas de los ñingmapas y el "Libro tibetano de los muertos", muy apreciado también por los kagyüpas.

Con los primeros niveles de las "Seis enseñanzas de Naropa", el practicante gana control sobre su cuerpo, luego comprende lo ilusorio de este, pasa a interferir en sus propios sueños, para trabajar en el yoga de la "clara luz" (capaz de proporcionar la liberación) y el yoga del *bar-do* o "estadio intermedio", gracias al cual el practicante es capaz de controlar el destino *post mortem*, donde va a toparse con un increíble submundo fantasmagórico. El último nivel de este yoga (llamado de "transferencia de la consciencia"), solo accesible a los yoguis más diestros, consiste en transferir voluntariamente la consciencia en el cuerpo de otro ser en el momento del renacimiento. Así se explica que un lama avanzado pueda encarnarse a voluntad en un recién nacido tras un lapso de tiempo en el *bardo*. Esto se conoce con el nombre de *tulku*, la forma tibetana de la sánscrita *nirmanakaya* (la proyección humana que un *buddha* asume en la Tierra). Un comité de expertos tratará de localizar al niño en el que el lama ha encarnado y, más tarde, se ocupará de su educación. Las encarnaciones de estos lamas han tenido lugar muchas veces en niños de familias acomodadas, prueba de que el *tulku* ha escogido a voluntad el nuevo embrión, ya que refuerza el estrecho vínculo entre el Samgha y sus patronos. Empero, no puede pasar desapercibido que entre los kagyüpas nunca había existido una línea familiar dominante, de modo que este modelo sirvió de audaz alternativa al "tío-sobrino" de los sakyapas. Esta enseñanza pronto se extendería por otras escuelas tibetanas.

La Kagyüpa posee varias subdivisiones, cada una originada por un discípulo de Gampopa. De las ocho originales, aún perduran cuatro. Aunque doctrinalmente no hay diferencias notables, sí existieron tensiones políticas y hasta guerras abiertas con otras escuelas o entre sí.

Düsum Khyenpa, un discípulo de Gampopa, fundó la más importante subescuela de la Kagyüpa, llamada Karma-kagyü, basada en el monasterio de Tsurpu. El cabeza de la orden aún se conoce como *karmapa* (o lama del "gorro negro"), al que siguen otros lamas de menor rango. La línea de estos cabezas se rige por el sistema de *tulkus*, muchos de los cuales portan el título *rinpoche* ("precioso"). De hecho, el primer *tulku* tibetano fue el sucesor de Düsum, el II$^\text{o}$ *karmapa*. La Karma-kagyüpa se sustentó de la población seminómada adyacente a sus monasterios. Sus cabezas viajaban sin descanso, acompañados de seguidores armados, por lo que pronto los karma-kagyüpas tuvieron un notable poderío militar. Interesantemente, el III$^\text{o}$ *karmapa* realizó una síntesis entre la enseñanza más elevada de los kagyüpas, la *mahamudra*, y la enseñanza ñingma y bön del *dzogchen*. En gran medida, este espíritu sintético de los karma-kagyüpas alimentará el movimiento ecuménico Ri-me del siglo XIX, magistralmente expuesto por Jamgon Kongtrul. En la actualidad, tienen su centro en Dharamsala, en la India.

El fundador espiritual de la rama Drugpa-kagyüpa fue el *tertön* Lingchen Repa. La rama se introdujo en Bután en el siglo XVII. Desde entonces, es la principal escuela de budismo del país. Otra línea kagyü, la Drikung, es mayoritaria en Ladakh (India).

A diferencia de japoneses o coreanos, que utilizaron el chino como lengua religiosa, los traductores (*lotsavas*) volcaron al tibetano los *sutras* y *tantras* indios. Una comisión de sabios se dedicó a establecer listas de equivalencias entre el complejo léxico filosófico sánscrito y el tibetano. Hasta tal punto fueron meticulosos que hoy día un experto puede reconstruir un texto sánscrito perdido con la sola ayuda de su versión tibetana. La minuciosidad con la que fue llevada a cabo la tarea confirió al *lotsava* tibetano un estatus sin precedentes en otras culturas. Esta impresionante labor culminó hacia el siglo XIV con la codificación de un canon completo en tibetano. La tarea fue dirigida por el sakya Butön, que hizo revisar viejas traducciones y completar lagunas. La sección del *Kangyur* comprende el grueso de *sutras* y *tantras* en 108 volúmenes (pero se excluyen los "viejos" *tantras* de los ñingmapas, ya que –al no conservarse ningún original en sánscrito– su línea de transmisión no pudo ser autentificada), más el material del *vinaya*. El *Tangyur* comprende los comentarios y tratados técnicos en 225 volúmenes. Una impresión del *Kangyur* se realizó en Pekín ya en 1410. Durante siglos, los originales se guardaron en el monasterio de Shalu, fundado por Butön, hasta que fueron destruidos durante la revolución cultural de los 1960s. En el siglo XIV, también los ñingmapas compilaron su biblioteca de "viejos" *tantras*. De esta forma, el tibetano pasó a ser la lengua del budismo Vajrayana. A medida que los lamas tibetanos fueron dominando las filosofías y técnicas soteriológicas, y puesto que disponían ya de un canon muy completo, la necesidad de ir a India fue decreciendo. El hecho coincidía con el ocaso del budismo en el valle del Ganges, Cachemira, Nepal y Asia Central. Gradualmente, los tibetanos pasaron a sentirse el centro del mundo budista y depositarios de la tradición, tal y como creían que había profetizado el propio Shakyamuni.

A mediados del siglo XIII tuvo lugar un acontecimiento político de primer orden. Los mongoles se habían adueñado de gran parte de Asia. Aunque –inexplicablemente– el Tíbet no sufrió el ataque de Chinggis Khan, pocas décadas después, su nieto Godan invadió la meseta tibetana. Por primera vez en su historia, los tibetanos eran sojuzgados. En aquellos tiempos, las dos órdenes más poderosas eran la Sakyapa y la Kagyüpa. Godan seleccionó al abad del monasterio de Sakya, que la tradición llamó Sakya Pandita (dada su inmensa erudición en filosofía, lógica, poesía, arte o astrología), para que garantizase la sumisión del Tíbet al poder mongol. A cambio, sería designado vicerregente del Tíbet y se evitaría un gobierno directo mongol. El sobrino y sucesor de Sakya Pandita, el gran Phakpa, mantuvo el mismo acuerdo con el sucesor de Godan, el *khan* Kublai. Phakpa fue el inventor del alfabeto mongol y el principal adalid de la conversión de Kublai al budismo, al parecer fuertemente impresionado por los poderes mágicos de los lamas tibetanos. Kublai se convertiría en el gran *khan* de todos los mongoles y, en el 1279, finalizaría la conquista de China, convirtiéndose así en el primer emperador de la dinastía Yuan (1271-1368). Por su apoyo al budismo, Kublai será considerado una encarnación de Mahakala, la divinidad protectora más poderosa del panteón.

Había quedado instaurado el modelo conocido como "maestro y patrón" (*chö-yön*), por el cual el gobernante del Tíbet sería un gran lama (de la Sakyapa, pero pronto de la todavía inexistente Gelugpa) que haría de consejero del emperador, quien a su vez lo patrocinaría y protegería. Por supuesto, esta alianza no fue del agrado de todos, notablemente de los kagyüpas. Durante algún tiempo, los dos poderes monásticos se enfrentaron en guerras abiertas, hasta que en 1290 el monasterio kagyü de Drikung fue destrozado por el ejército imperial de Kublai Khan.

El poder y la riqueza de los monasterios tibetanos aumentaron con el mecenazgo del imperio y la exención de impuestos. En lo cultural, entraron ideas y corrientes artísticas chinas. Gracias a la labor de lamas como Phakpa, en la nueva capital, Pekín, se tanteaba con un modelo de Estado budista capaz de competir con el tradicional modelo confuciano. Pero la dinastía Yuan duró poco. Con su caída, las revueltas y pugnas en el Tíbet se recrudecieron; hasta que el noble Changchub Gyaltsen atacó el monasterio de los sakyapas en 1354 y fundó una dinastía tibetana que dirigiría el Tíbet durante casi un siglo.

A finales del siglo XIV entró en escena otra de las figuras clave del budismo Vajrayana: Tsongkhapa. Originario del noreste del Tíbet, fue un gran viajero, sobresaliente en filosofía Madhyamaka, lógica, retórica, enseñanzas tántricas, medicina y danza ritual. Dada su fenomenal erudición se le consideraría una emanación de

Mañjushri, *bodhisattva* de la sabiduría. En 1409 fundó el monasterio de Ganden en Lhasa.

Tsongkhapa no inició en verdad ninguna escuela y se mantuvo mucho tiempo en la órbita de la Kadampa, enfatizando el monaquismo de Atisha. Pertenece a una época en la que el *Kangyur* y el *Tangyur* ya habían sido completados. Subrayó la necesidad de establecer primero una base sólida en las enseñanzas de los *sutras* del Mahayana antes de proseguir con las enseñanzas de los *tantras*. Así, codificó la vía hacia el despertar de forma "gradual" (*lam-rim*), en especial en su *Lam-rim Chen-mo* ("Gran tratado sobre la vía gradual"). También inauguró el ritual de la "Gran plegaria" (*monlam*), justo tras la celebración del Año Nuevo tibetano.

Poco a poco, sus discípulos fueron dando forma a la Gelugpa ("Escuela del modelo virtuoso"), que acabaría por absorber la Kadam. En consecuencia, esta escuela enfatiza con claridad el estudio de los textos y la observancia de una estricta disciplina monástica. Se fundaron dos monasterios más, también cerca de Lhasa: Sera y Drepung. De esta forma, Lhasa y su provincia se convirtieron en el epicentro de los gelugpas y el abad de Ganden pasaría a ser el cabeza de la orden.

El liderazgo de la escuela pasó a manos de Gendun-drup, un sobrino de Tsongkhapa, fundador del monasterio de Tashilumpo, en Shigatse. Una de sus aportaciones fue instaurar el sistema de sucesión por *tulkus* ya establecido por los kagyüpas. Por entonces, la Gelugpa era una escuela menor y sin demasiadas ambiciones políticas. Por contra, los kagyüpas fortalecían lazos con la dinastía Ming de China.

## El ascenso de la Gelugpa y los *dalai-lamas*

A mediados del siglo XVI, el líder de los gelugpas era Sonam Gyatso, reconocido como *tulku* del abad de Drepung. En 1578 viajó a Mongolia y selló un nuevo pacto con los mongoles. El pacto replicaba el que tres siglos antes habían formalizado Phakpa y Kublai Khan. En la ceremonia, el caudillo Altan Khan otorgó a Sonam el título mongol de *ta-le* ("océano [de sabiduría]"), que unido a la tibetana *lama*, configura el clásico *tale-lama*, anglicizado en *dalai-lama*. El título se otorgó de forma póstuma a sus dos predecesores, así que Sonam se convirtió directamente en el *IIIº dalai-lama*. Por su parte, Altan Kahn recibió el título de *raja-dharma*.

Los mongoles fueron espléndidos mecenas de la Gelugpa y el *IIIº dalai-lama* pasó los últimos años de su vida enseñando el budismo en tierras mongolas. La indefectible alianza tibetano-mongola (gelug-mongol, en verdad) se dio a la muerte de Sonam, puesto que su encarnación, el *IVº dalai-lama*, se halló en un nieto de Altan Khan. Sin embargo, el *IVº dalai-lama* murió joven, posiblemente víctima de un complot liderado por la aristocracia tibetana de Tsang, siempre opuesta al poder gelugpa.

Su encarnación, Lobsang Gyatso, el *Vº dalai-lama*, fue localizado en una acaudalada familia tibetana. Este hecho coincidió con una nueva reunificación de las tribus mongolas por parte de Güshri Khan. Tras un período de guerra entre la nobleza tibetana (y sus aliados karma-kagyüpas) y los mongoles de Güshri Khan, en 1642 este último se proclamó rey del Tíbet. Automáticamente, el *Vº dalai-lama* y los gelugpas fueron catapultados a la cima, restaurando la vieja asociación "maestro y patrón". Con la muerte de Güshri, el *dalai-lama* actuó a todos los efectos como "rey" del Tíbet y el poder mongol fue solo nominal. Incluso el primer emperador manchú de la recién instaurada dinastía Qing se encontró en la corte de Pekín con el "gran Vº", como la tradición conoce al *Vº dalai-lama* (por el esplendor político, económico y cultural que el Tíbet alcanzó durante su reinado); y lo hizo en relación de igualdad. El encuentro sirvió para sellar, ahora con los qing, el modelo de "maestro y patrón", que permitía al *dalai-lama* mantener su política en el Tíbet de forma independiente.

El *dalai-lama* hizo construir su propio monasterio-palacio de Potala, en Lhasa, presumiblemente en el lugar donde el primer emperador tibetano, Songtsen Gampo, había tenido su residencia. En la mitología budista, Potala es la residencia de Avalokiteshvara, lo que confirma ya la identificación entre el *dalai-lama* y el cuerpo fantasmal (*tulku*) del *bodhisattva* Chenrezi (Avalokiteshvara). A su vez, se declaró que la línea de lamas encarnados como abades del monasterio de Tashilumpo pasaría a llamarse *panchen-lama*.

El *v° dalai-lama* realizó un notable esfuerzo por apoyar a algunas escuelas. Muy relevante fue su sostén a la Ñingmapa. El propio "gran v°" practicó el *dzogchen*, la forma más elevada de meditación de los ñingmapas. Pero a la vez, sostenido por el aparato mongol, el *v° dalai-lama* no dudó en utilizar su fuerza autocrática contra sus rivales karma-kagyüpas y para absorber a la escuela Jonang en el radio gelug. Resultado de estas fricciones fue la diáspora de algunos grupos a Sichuan, Sikkim y Bután, hecho que explica la preeminencia kagyü en estos lugares. Una vez controlado el territorio, el gobierno del *dalai-lama* fue tolerante con las demás escuelas. Y contribuyó a afianzar el Vajrayana en Mongolia y las zonas adyacentes de Siberia.

Los qing empezaron a ver al *dalai-lama* y a su regente (*desi*), Sangye Gyatso, más como un peligro (por el vínculo con los siempre temidos mongoles) que no como una ventaja. Con gran astucia política, el *desi* ocultó el fallecimiento del "gran v°" durante catorce años, el tiempo necesario para hallar, educar y entronizar al siguiente *dalai-lama*. Sin embargo, el *vi° dalai-lama*, Tshanyang Gyatso, estuvo más interesado en las mujeres, la música y el vino que en el Dharma. (Aun así, el pueblo tibetano lo recuerda con cariño y aprecia sus poemas de amor natural.)

Los comienzos del siglo XVIII fueron tumultuosos, con intervenciones de los mongoles (esta vez mucho más hostiles), del ejército imperial chino de los qing, contraataques mongoles (incluidos salvajes saqueos) y contraofensivas imperiales (que, paradójicamente, resultaron bienvenidas por los tibetanos). Al final, los qing se impusieron y sellaron el tradicional vínculo "patrón y maestro" con el *VIIº dalai-lama*, si bien nunca se firmó ningún documento (ni se ejerció control chino directo sobre el país). Poco después se establecería la figura del *amban* o representante del emperador chino en el Tíbet.

Tras el fallecimiento del *VIIº dalai-lama*, en 1757, y durante los 140 años siguientes, el Tíbet estuvo gobernado *de facto*, o bien por el *amban*, o, a medida que los manchúes se debilitaban, por un monje-regente, generalmente el cabeza de alguno de los grandes monasterios, ya que se dio una sospechosa sucesión de *dalai-lamas* que no pasaron de la adolescencia. Se consensuó entonces que los *dalai-lamas* recibieran enseñanzas de las distintas escuelas tibetanas y no solo de la Gelugpa. En esta época de indiscutible liderazgo de dicha orden, sus complejos monásticos –como Ganden y Drepung– alcanzaron dimensiones colosales.

En el siglo XVIII aparecieron en escena los primeros misioneros cristianos. Tras varias incursiones de los gurkhas nepalíes (repelidas por el ejército manchú, pero gracias a las cuales Nepal se anexionó los reinos vasallos de Jumla, Mustang y Dolpo), Tíbet se cerró a todo lo extranjero y se mantuvo aislado de las transformaciones políticas, económicas y sociales del mundo. Ni siquiera la influencia cultural china se hizo notar demasiado. Por contra, los británicos se apoderaban del reino de Sikkim, otro vasallo tibetano, y lo incorporaban a la India británica.

Durante el siglo XIX cristalizó el movimiento ecuménico Ri-me ("Imparcial"), que busca los puntos de encuentro entre las distintas escuelas y bebe de casi todas, incluido el bön. Fue iniciada por el monje sakya Jamyang Khyentse Wangpo y continuada por Jamgon Kongtrul, que tanto influiría en las escuelas Kagyü y Ñingma modernas. En la situación diaspórica de buena parte del budismo tibetano contemporáneo, la sensibilidad ri-me se hace más necesaria que nunca.

A principios del siglo XX, el *XIII° dalai-lama* Thubten Gyatso, sobreviviendo a la letal "costumbre" de asesinar al *dalai-lama* adolescente, ejercía de nuevo el poder *real* en el Tíbet. La derrota ante los británicos en 1904 (y subsiguiente exilio), en el contexto de la pugna colonial ruso-británica en Asia Central, y una nueva ocupación china le persuadirían a abrir las fronteras y esforzarse por modernizar el país (ejército, banca, correos, tecnología agraria, bandera, etcétera). Al caer la dinastía Qing, en 1911, los tibetanos se desembarazaron de la injerencia china y el *dalai-lama* declaró el Tíbet un país independiente.

No obstante, la apertura fue efímera. El *establishment* gelugpa y los terratenientes del Tíbet central siempre percibieron el cambio socioeconómico y las políticas modernizadoras como una amenaza para el Dharma. Así, convencieron al *dalai-lama* para que frenara las reformas y regresara al aislacionismo anterior. Muerto el *dalai-lama*, en 1933, la República China ofreció al Tíbet la opción de formar parte del nuevo Estado-nación. De forma interesada, se subrayó la herencia budista compartida (simbolizada en la "sintonía" entre el *panchen-lama* y el gobierno de Pekín), y durante un par de décadas el budismo tibetano llegó a ser bastante popular en China.

Las buenas relaciones entre el *dalai-lama* y los británicos nunca se tradujeron en ventajas concretas. Cuando estos abandonaron la India en 1947, el Tíbet perdió su principal aliado y contacto con la diplomacia internacional. Siglos de aislamiento habían dejado al

pueblo tibetano incapacitado militar, política, económica y socialmente para afrontar el reto la modernidad.

## El budismo en el Tíbet moderno

China vivió tiempos convulsos en los 1930s y 1940s. Fue ocu-
pada primero por los japoneses. Luego, los antiguos aliados nacionalistas y comunistas se enzarzaron en una ardua guerra civil.
Con la victoria de los comunistas de Mao Zedong, un nuevo poder
emergió en China. Entre 1950 y 1951, la República Popular realizó
un formidable despliegue militar en el Tíbet y reclamó el altiplano
como parte integral de China (poniendo fin a los 40 años de independencia factual del Tíbet). Ese mismo año, los tibetanos entro-
nizaron prematuramente a Tenzin Gyatso como el *xiv*º –y todavía
vigente– *dalai-lama*. Sin apoyo internacional, el joven *dalai-lama*
trató de llegar a un imposible entente con el nuevo "imperio" chino.
Aunque, en teoría, el acuerdo propuesto por el gobierno maoísta
garantizaría la libertad religiosa y las tradiciones de los tibetanos,
pronto se vio que las promesas eran vacuas. La tensión acumulada,
alimentada por las políticas de colectivización del Partido, llevó a
los disturbios de 1959. Solo dos días después de que el *dalai-lama*
escapara milagrosamente del país, la artillería china arrasó con el
palacio de Potala y con las turbas de Lhasa. El *dalai-lama* se exilió
en la India, revocó el acuerdo con China y estableció un gobierno
tibetano en el exilio. Tras su estela llegaron distintas oleadas de
tibetanos. A partir de entonces, la política del gobierno chino se
caracterizó por una inusitada "mano dura".

Las propiedades de los monasterios fueron confiscadas. Se
prohibió la práctica de la religión, tanto en la vida pública como en
la privada. Incluso el *panchen-lama* fue apresado. En 1965, China
creó la "Región Autónoma del Tíbet" (que comprende las regiones que históricamente habían estado bajo control de Lhasa, pero

dejando la mayor parte de Kham y Amdo bajo la jurisdicción de otras provincias chinas), para formalizar su pleno control. Durante los durísimos años de la "revolución cultural", que se inició en 1966, decenas de miles de tibetanos fueron apresados, torturados o asesinados. De los 6.000 monasterios budistas del Tíbet en 1959 solo 12 continuaban en pie en 1980. La mayoría de los festivales y procesiones fueron suprimidos. Para la guardia roja, no había duda de que la religión era el opio del pueblo. A eso hay que añadir las catastróficas hambrunas generadas por las erráticas políticas agrarias impuestas desde Pekín, que ocasionaron cientos de miles de muertes (y el inicio de la política de "transferencia" forzada de chinos de etnia han hacia el Tíbet, que ya son hoy mayoritarios en la "Región Autónoma").

A principios de los 1980s, el gobierno chino inició una política de suavización de la retórica antirreligiosa; una cierta "normalización" que pretendía paliar un daño, por otro lado, irreparable. Se volvió a permitir el uso de las ropas tradicionales, se reintrodujo el tibetano en la educación, se reabrieron monasterios y hasta el Estado participó en la restauración y reconstrucción del patrimonio. En 1982, el *panchen-lama* pudo regresar al Tíbet. Se tenía el –incorrecto– augurio de que a mayor integración económica en la República Popular China, el sentimiento religioso de los tibetanos decrecería. Como no fue el caso, y siempre se percibió –correctamente– que existía una relación directa entre budismo y nacionalismo tibetano, desde mediados de los 1990s las políticas estatales volvieron a tener a los monjes y la religión como un claro objetivo a minar. De ahí la prohibición de mostrar públicamente fotografías del xiv° *dalai-lama*, el estricto control gubernamental acerca del número de novicios o monjes de los monasterios o la imposición a los abades y líderes budistas de proclamar su lealtad al Estado. Ello ha llevado a esporádicas revueltas y protestas, algunas muy masivas, como las de 2001, 2002 o 2008. No extrañará, pues, que en 2007 el Partido insistiera en que vigilaría los procesos de selección de los lamas reencarnados (como el *panchen-lama*, el *dalai-lama*, el *karmapa* y otros), una clara estrategia política para controlar las sucesiones eclesiásticas (como ya ocurrió a mediados de los 1990s, cuando las autoridades arrestaron al joven *tulku* del *panchen-lama*, reconocido por el $xiv^o$ *dalai-lama*, y de quien nunca más se ha vuelto a saber, e impusieron a su propio *panchen-lama*). En 2011, un 79% de los presos políticos tibetanos eran monjes o monjas.

El papel que siempre ha desempeñado el monaquismo en la vida social, cultural y religiosa del Tíbet ha sido seriamente socavado. Aunque el currículo monástico ha sido reestablecido, aún dista del vigor que poseía antes de 1959. La mayor parte de los ingresos del Samgha proviene de los rituales que los monjes llevan a cabo para la laicidad y de las donaciones de devotos, peregrinos y turistas.

Cabe destacar, empero, un novedoso desarrollo en las áreas orientales de cultura tibetana (Qinghai, Gansu, Yunnan y Sichuan). Se trata de los llamados "campamentos de enseñanza y meditación" que las distintas escuelas han implantado, como los de Larung, Yachen o Lungön. La vida religiosa se centra en las prácticas meditativas y en la presencia de líderes carismáticos, considerados *tertöns*, como en los tiempos gloriosos. Estos campamentos también atraen a numerosos chinos de etnia han (del continente o de la diáspora). Puede que los principales mecenas del budismo Vajrayana ya sean los chinos han. Gracias a sus donaciones y el turismo religioso muchos monasterios han sido reconstruidos.

Desde el exilio, el Dalai Lama propuso a mediados de los 1980s un "camino medio" para tratar de solucionar el conflicto sino-tibetano. En lugar de perseguir la independencia plena, propuso una autonomía genuina para las tres provincias históricas (Ü-Tsang, Kham y Amdo) en economía, educación, religión, cultura, sanidad y medio ambiente, a través de un gobierno elegido democrática-mente; mientras que la República Popular China controlaría la defensa y las relaciones internacionales. Si bien la comunidad mundial tiende a secundar la propuesta (que va de la mano de un plan de paz), el gobierno chino ha mantenido su negativa. La simpatía internacional que despierta la causa tibetana (y que le valió el premio Nobel de la paz al Dalai Lama) cede a los intereses político-económicos trenzados con China.

Las nuevas generaciones de tibetanos (tanto en el Tíbet como en el exilio), frustrados por la falta de avances y las violaciones de los derechos humanos en su país, empiezan a criticar una vía tan suave. En 2011, el Dalai Lama se retiró como cabeza del gobierno tibetano en el exilio (simbolizando un nuevo giro aperturista hacia patrones menos teocráticos) y decenas de miles de tibetanos de la diáspora eligieron a Lobsang Sangay, un laico, como nuevo primer ministro –en el exilio–.

# 37. El budismo en el mundo tibetano

Más de la mitad de los tibetanos viven fuera de las fronteras de la actual provincia china del Tíbet. Muchos habitan en territorios colindantes, como Sichuan, Gansu, Qinghai o Yunnan. Otros en países vecinos como Bután o Nepal. O en lo que hoy son distritos indios (como Sikkim, Ladakh & Zanskar, Lahaul & Spiti, etcétera) y hasta paquistaníes (Baltistán). Alrededor de 100.000 forman parte de la diáspora de refugiados, en su mayoría en India, pero también en Estados Unidos, la Unión Europea y otros países.

## El budismo en Nepal

La tradición budista nepalí es tan dilatada como la historia del budismo. El Buda nació en Lumbini, en el actual Nepal. Por entonces, sin embargo, el reino Shakya no constituía una entidad diferenciada de la India gangética.

Sabemos de la introducción de textos y reliquias y de la construcción de templos y monasterios en el valle de Katmandú en los primeros siglos de nuestra era c. En el VIII, el valle era el principal corredor comercial y cultural entre el Tíbet y la India. Jugaría un papel decisivo en la transmisión del budismo tántrico al Tíbet. Gran parte de los manuscritos budistas en lengua sánscrita que se conservan provienen de Nepal.

Los primeros reyes de la dinastía Malla (1201-1768) mantuvie-

**Figura 44:** *Stupa* de Svayambhunath. Katmandú, Nepal. Los fundamentos son del siglo VI. Los característicos ojos pintados del *stupa* probablemente representan a las deidades guardianas de los puntos cardinales. (Foto: Agustín Pániker).

ron la política de favorecer el budismo, tal y como habían hecho los newars, los habitantes autóctonos del valle. Su capital, Patan, era un dinámico centro budista. Gradualmente, el hinduismo pasó a simbolizar algo así como la resistencia nepalí al islam y al colonialismo. La dinastía gurkha Shah, que gobernó Nepal desde 1768 hasta el 2008, impuso el hinduismo como religión de Estado. Ello minó la identidad cultural newari y del budismo en general. Con todo, budismo e hinduismo han tendido a fundirse en su común sustrato tántrico. Véase el gran festival de Matsyendranath, en Patan o en Katmandú, considerado uno de los "padres" del *hatha-yoga* hindú a la vez que identificado con el *bodhisattva* Avalokiteshvara. También el culto nepalí a la *kumari*, la "diosa-virgen", es muy sincrético.

Este budismo fuertemente hinduizado del valle de Katmandú es el que suele designarse como "budismo nepalí" (más tántrico que vajrayánico). Una de sus características ha sido la desaparición del Samgha monástico, consecuencia –en parte– del sistema nepalí de castas y del abandono del celibato. Los monjes newaris se asemejan más a un brahmán hindú que al clásico *bhikshu* budista.

Los representantes más entusiastas del Vajrayana propiamente dicho son pueblos de origen tibetano –como los sherpas– que, siglos atrás, se instalaron en las zonas montañosas del país. Asimismo, las regiones noroccidentales de Dolpo, Mustang y Mugu, otrora reinos tibetanos independientes, siguen siendo predominantemente vajrayánicos.

Desde los 1960s, Nepal no ha cesado de recibir oleadas de refugiados tibetanos.

## El budismo en el Himalaya indio

De fuerte implantación budista es la región conocida como Tíbet occidental, que –aparte el antiguo reino de Guge (hoy en

Tíbet)– comprende los distritos indios de Lahaul, Spiti y Kinnaur (en Himachal Pradesh) y el antiguo reino de Ladakh y Zanskar (en Jammu & Kashmir). Predominan las escuelas tibetanas Gelug y Drugpa-kagyü.

Las primeras formaciones budistas de Ladakh fueron, no obstante, de origen indo-cachemir, posiblemente de tiempos del rey Kanishka, si es que no de antes. Con la llegada de la familia real tibetana, exiliada a mediados del siglo IX tras la época de persecución del budismo en el altiplano, los lazos con el Tíbet central se incrementaron. Apoyado por el rey de Guge y Ladakh, el famoso traductor Rinchen Zangpo viajó a la India en busca de *sutras*. Tras la islamización de Cachemira, Ladakh se aproximó aún más al Tíbet. Sin embargo, nunca pasaría a entrar dentro de su órbita política. Ello quizá explica la preeminencia en Ladakh de una escuela marginal como la Drugpa-kagyü.

Ladakh perdió su independencia en 1819, cuando el reino sikh del Punjab se anexionó la región. Al caer los sikhs ante el ejército británico, toda la zona del Tíbet occidental pasó a incorporarse a la Corona (y, por ende, a India).

Son dignos de destacar los monasterios (*gompas*) de Hemis, Tikse [véase FIG. 41] o Lamayuru, donde la vida monástica tradicional se mantiene. El turismo, sin embargo, está cambiando en profundidad las formas de vida de los ladakhis.

En el estado indio de Himachal Pradesh se encuentra hoy el grueso de la diáspora tibetana y de muchos lamas de las distintas escuelas, centrados en Dharamsala o Shimla. También las regiones de Lahaul y Spiti poseen importantes comunidades y centros budistas.

Sikkim fue otro reino budista independiente (hoy parte de India), poblado principalmente por lepchas (etnia original de la región), emigrantes nepalíes (en su mayoría hinduistas) y tibetanos.

La "historia" de Sikkim es, no obstante, bastante invisible hasta la llegada de tres lamas ñingmapas en el siglo XVII. Uno de ellos, Lha Tsun Chempo, es considerado el "fundador" del país. Hizo venir a Gangtok, la capital, a un noble tibetano, entronizado como el *I$^{\underline{o}}$ chogyal* ("rey del Dharma") de la dinastía Namgyal. El *IV$^{\underline{o}}$ chogyal* estableció fuertes lazos con la orden Karma-kagyü. En la actualidad, esta es la corriente predominante en el territorio, si bien la presencia de ñingmapas todavía es notoria. Tras la ocupación china del Tíbet, el *XVI$^{\underline{o}}$ karmapa* se estableció en el monasterio sikkimés de Rumtek. Desde entonces, Rumtek ha pasado a ser uno de los focos budistas más importantes del mundo.

Es precisamente en estas regiones del Himalaya indio donde el budismo tibetano está operando algunas de sus más importantes transformaciones. Desde que el primer ministro indio Jawarhal Nehru diera la bienvenida al exiliado *XIV$^{\underline{o}}$ dalai-lama*, India se convirtió en su país de adopción y el de decenas de miles de lamas, monjes y refugiados tibetanos. En 1959 se fundó el "Gobierno tibetano en el exilio". Hoy, el centro de los gelugpas se encuentra en Dharamsala (Himachal Pradesh), los karma-kagyüpas lo tienen en Gangtok (Sikkim), los bönpos en Shimla (Himachal Pradesh), mientras que los sakyapas se han establecido en Dehra Dun (Uttarakhand). Puede que existan en India ya unos 200 monasterios budistas, de todas las escuelas; y decenas más en Bután y Nepal. En 2009, el Dalai Lama inauguró en Bengaluru (Karnataka), la primera universidad tibetana en India.

El Samgha ha de adaptarse a las nuevas condiciones económicas y legales de exilio. El patronazgo ya no proviene de reyes y donantes laicos, sino que tiene que generarse de fuentes internacionales, en especial de Extremo Oriente y Occidente. Es este Vajrayana de la diáspora el que interactúa con la modernidad de forma más intensa (y genera que algunos lamas manifiesten su recelo sobre los nuevos modos –digamos que "superficiales"– de entender y vivir la religión). Los principales maestros sostienen debates con líderes religiosos de otras tradiciones y escriben profusamente en inglés.

Desde estas regiones de India y Nepal, cientos de lamas tibetanos de todas las órdenes llevan su religión, cultura y filosofía por todo el mundo.

## El budismo en Bután

El budismo butanés es de origen ciento por ciento tibetano. Bután es el único país del mundo en el que el budismo de corte Vajrayana es todavía la religión oficial y mayoritaria.

Está atestiguada la introducción del budismo en tiempos del rey Trisong Detsen, en el siglo VIII. De esta época procede la leyenda de la visita de Padmasambhava al Bután. Lógicamente, una escuela muy importante es la Ñingmapa. En su radio de acción encontramos a dos insignes personajes: el monje tibetano Longchempa, que se exilió en Bután y fundaría algunos de los monasterios más importantes del país, y el *tertön* Pemalingpa, considerado una encarnación de Longchempa y hasta del mismísimo Padmasambhava. A pesar de ser monje, tuvo una prolija descendencia.

Aunque la Ñingmapa mantendría una posición influyente, serían las subórdenes kagyüpas las que acabarían por alcanzar la hegemonía, tras la estela del monje Phajo y, sobre todo, del excéntrico Drugpa Künley, el "divino loco", un *tantrika* errabundo, amante de las mujeres y la bebida, aún extremadamente popular en el folclore butanés. El imparable ascenso de la escuela se daría a principios del siglo XVII, con la llegada de Ngawang Namgyal, la máxima autoridad tibetana de los drugpa-kagyüpas, a quien pronto se conocería como *shabdrung* ("el venerado"). En Bután, fundó varios monasterios-fortaleza (*dzongs*) en el valle de Thimbu, que lograron repeler los ataques tibetano-mongoles de mediados del XVII. Los *dzongs* hacen a la vez de centro espiritual, administrativo y militar. Un poco al estilo del *dalai-lama* en el Tíbet, el *shabdrung* se convirtió en la figura indiscutible del Bután. Unificó el país, le dio una legislación basada en las costumbres locales, estableció un cuerpo monástico bajo el control de un líder religioso, el *je-khenpo*, y una teocracia administrada por monjes bajo la autoridad de un líder temporal, el *desi*. Este sistema dual de gobierno (conocido como *choesi*, y que podría traducirse por "budocracia") quedaba suturado y trascendido en la persona del *shabdrung.* Tras su fallecimiento –¡ocultado durante medio siglo!– y disputas acerca de su auténtica encarnación, se llegó a la asombrosa conclusión de que el cuerpo, el habla y la mente habían encarnado de forma separada (en Sikkim, Tíbet y Bután). Hoy solo la encarnación de la "mente" tiene cierta relevancia; pero la figura está supeditada a la monarquía butanesa, instituida en 1907, y que desde los 1950s controla *de facto* el gobierno.

A finales de los 1990s, el rey de Bután adoptó algo así como un "camino medio" político-económico entre el capitalismo de libre mercado y la economía socialista. Se basó en los clásicos ideales budistas de la moderación y el autocontrol, teniendo muy en cuenta la máxima budista de que el consumo desenfrenado motivado por la codicia, la ignorancia y el odio solo alimenta nuestro sufrimiento. En esta línea (en parte anticipada por pensadores tailandeses como Bhikkhu Buddhadasa o Sulak Sivaraksa), el rey de Bután propugnó una serie de medidas socioeconómicas encaminadas a promover la cultura, proteger el medio ambiente o fomentar un desarrollo económico sostenible, que se reflejan en el concepto de "producto nacional de felicidad" (en oposición al clásico "producto interior bruto").

## El budismo en Mongolia

Como sabemos, el primer signo de ascendencia del budismo tibetano sobre Mongolia se dio con la conversión de Kublai Khan, hacia el 1250, gracias al monje sakya Phakpa. Kublai no solo era el gran *khan* de los mongoles, sino que en 1279 se convirtió en el *tianzi* o "Hijo del cielo" del formidable Imperio chino (inaugurando la dinastía Yuan), aún cuando él trató de verse como un *chakravartin* al estilo ashokiano. Lógicamente, los yuan financiaron la construcción de templos y monasterios –en Mongolia, China o el Tíbet– y devolvieron al Samgha monástico el estatus de institución libre de impuestos. El intenso lazo entre el emperador y el monje Phakpa establecería un vínculo entre mongoles y tibetanos que ha durado hasta nuestros días. La dinastía Yuan, no obstante, fue breve (ahogada por campañas militares en numerosos frentes y la construcción de empresas muy costosas), de suerte que en el 1368, Toghon Temür, el último emperador yuan, huyó hacia Mongolia del sur.

La tarea de adoptar la religión budista de forma plena recayó en Altan Khan, carismático líder de los mongoles del sur. Necesitado de un símbolo capaz de reunir a las tribus mongolas, optó por la escuela tibetana Gelug.

El cabeza de la Gelugpa, Sonam Gyatso, que –como vimos– recibió el título tibetano-mongol de *dalai-lama* en 1576, pasó buena parte de su vida entre los mongoles. Su labor de budización transformó muchas de las prácticas chamánicas prebudistas. Como ya se dijo, el IV$^\text{o}$ *dalai-lama* se halló en un descendiente del propio Altan Khan.

A principios del siglo XVII, el *Kangyur* se tradujo al mongol. Cien años después se vertió el *Tangyur*, gracias al mecenazgo del emperador qing.

Abtai Khan, uno de los líderes más importantes de Mongolia

del norte, también abrazó el budismo de la Gelugpa, recibiendo el título de *tüsheet* ("pilar"). En 1586, Tüsheet Khan hizo construir Erdeni Zuu, uno de los primeros monasterios de Mongolia. Su nieto, Tüsheet Khan Gambodorji, proclamó que su hijo Zanabazar era el *tulku* de un lama de la pequeña escuela Jonang. El joven fue a estudiar a Shigatse con el *panchen-lama* y a Lhasa con el *v° dalai-lama*, mostrando un fenomenal interés por el Dharma. Recibió el título de *bogdo gegen* (tibetano: *jebtsundamba-khutuktu*), que significa "Buda viviente". Acabaría por convertirse en el más importante líder espiritual de los mongoles, fortaleciendo aún más el vínculo gelug-mongol (en detrimento de los sakyapas).

Zanabazar fundó la ciudad de Ugra, llamada Ulaanbaatar tras la revolución de 1921. Él introdujo el ritual gelug en Mongolia: el festival de Maidari (Maitreya), el ritual del Kalachakra, la "Gran plegaria" (*monlam*), etcétera. Asimismo, Zanabazar se convirtió en el artista más importante del país, inaugurador de una verdadera escuela de escultores y pintores. El poder imperial chino vio en él una amenaza y acabó decretando que los sucesivos *bogdo gegen* tendrían que encontrarse en el Tíbet.

Tras la caída de la dinastía qing, a principios del xx, y con la posterior victoria revolucionaria y la proclamación de la República Popular de Mongolia en 1921 (primer satélite soviético), las autoridades declararon que el *bogdo gegen* –que había apoyado a los chinos– ya solo encarnaría en un plano celestial. (A pesar de todo, un *jebtsundamba-khutuktu* se descubrió "extraoficialmente" en India. Allí vivió hasta su fallecimiento en 2012.)

El budismo en Mongolia Exterior (país independiente, aproximadamente la antigua Mongolia del norte) se extinguió con el régimen prosoviético. A pesar de los esfuerzos del pensador buriato Tseveen Jamsrangiin, miembro del Partido Comunista Mongol, que buscó una síntesis budista-marxista, entre 1929 y 1939 el budismo

sufrió una de las peores persecuciones que haya conocido. La purga
acabó con la vida de más de 20.000 monjes. En la zona de Mongolia
Interior (provincia china, que espejea la antigua Mongolia del sur),
el budismo languideció bajo el régimen maoísta.

Hoy, sin embargo, se da una notable recuperación de la religión
y la cultura tradicionales. Uno solo tiene que visitar Gandan [véase
Fig. 42], el monasterio principal de Ulaanbaatar (el único que se
dejó en pie tras la revolución de 1930), para percatarse de la velocidad con que se reestructura la tradición.

## El budismo en Rusia

Desde hace siglos, existen pequeños reductos budistas en Siberia (en las repúblicas Buriata, Tuva y Chita, próximas al lago
Baikal), ligados al Vajrayana tibetano-mongol. Los kalmukos, oriun-
dos de Asia central, llevaron el budismo a Europa, a la zona baja
del Volga. Destaca el buriato Agvan Dorjiev, que llegó a ser tutor
del xiii° dalai-lama y más tarde trataría de reconciliar budismo y
comunismo, si bien acabó víctima de las purgas estalinistas.

Aunque todas estas regiones sufrieron notables daños con el
régimen soviético, la recuperación del budismo ha sido espectacular. Incluso el xiv° dalai-lama realizó una gira por Kalmikia, Tuva
y Buriata en 1992.

# 38. ¿Una cuarta irradiación? El budismo de Occidente

Hace ya décadas que se habla de un "cuarto giro" de la rueda del Dharma: el budismo de Occidente. Quizá sea precipitado proclamarlo, ya que todavía está por ver si realmente está cuajando un nuevo tipo de "vehículo" (*yana*), pero lo que es innegable es que una "cuarta irradiación" lleva tiempo en marcha. A diferencia de las tres anteriores, cada una de ellas asociada a una región de la India y a una corriente budista [véase Fig. 24], el budismo occidental procede de una pluralidad de focos: Sri Lanka, Japón, Tíbet, Corea, Birmania, etcétera. El fenómeno, aún en plena efervescencia, no es una moda pasajera. Para el reconocido historiador Arnold Toynbee, el hecho histórico más significativo del siglo XX fue la llegada del budismo a Occidente. Cifras realistas hablan de unos 15 millones de budistas en Occidente; por no hablar de las docenas de millones que "simpatizan" con el fenómeno. (En Francia, por ejemplo, se calcula en 10 millones el número de personas que "se sienten" próximas al budismo y 600.000 que lo practican regularmente.)

## El encuentro con el budismo

El contacto entre el mundo llamado occidental y el budismo es antiguo. Viene de tiempos de los griegos. Tras la campaña de

Alejandro Magno en Asia, a finales del siglo -IV, ideas y prácticas indias viajaron hacia el Mediterráneo; de la misma manera que estilos y saberes helenos se transportaron a India.

Al parecer, Clemente de Alejandría fue el primer "occidental" en escribir sobre el Buda, en el siglo II. Luego, durante más de mil años, el contacto fue escaso, limitado a los caravasares de la Ruta de la Seda, donde la historia del Buda se incrustaría inadvertidamente en la popular leyenda de Barlaam y Josafat (santos cristianos ¡que serían canonizados en el siglo XVI!). Hasta que viajeros italianos, portugueses, franceses o británicos volvieron a trenzar la comunicación. El conocimiento del budismo de estos misioneros y viajeros fue, no obstante, muy limitado (quizá con la excepción de Simon de la Loubère, que estuvo en Tailandia a finales del siglo XVII, y los jesuitas António de Andrade e Ippolito Desideri, que pasaron varios años en el Tíbet, poco después). Todavía la famosa "Enciclopedia" de Diderot y d'Alembert, que es de mediados del XVIII, habla de un tal Xekia (Shakya) o Budda como un jefe de secta africano que fue a la India y enseñó la doctrina jeroglífica y mistérica de los egipcios.

Las cosas comenzaron a cambiar con la empresa colonial, que en Asia alcanzó su clímax entre los 1780s y los 1940s. El contacto con "Oriente" espoleó dos de los vectores constitutivos de la modernidad: el racionalismo (que hunde sus raíces en el "siglo de las luces" y tiene su mejor expresión en el pensamiento científico) y el romanticismo (que nace, en parte, como reacción al anterior y prioriza el sentimiento estético y subjetivo). Ambas orientaciones le deben más de lo que se reconoce al encuentro con "Oriente". Por ejemplo, el conocimiento de las civilizaciones "clásicas" de Asia (en especial el "descubrimiento" del sánscrito) sirvió a los racionalistas para defenestrar la obsoleta antropología bíblica y el clericalismo cristiano. Los románticos utilizarán su "Oriente" (casi siempre la India, que llegó a cautivar a Europa de tal forma, que muchos tenían la sensación de vivir un "Renacimiento oriental") para destacar la experiencia espiritual o la imaginación, y contrarrestar, así, el materialismo y racionalismo ilustrados.

Por entonces, se acabó de construir el concepto "religión"; que es otro de los grandes "descubrimientos" de la modernidad. Empezaron a contrastarse las distintas religiones (resaltándose, según el ángulo de visión, o los puntos en común o sus diferencias). Y pudo comprobarse que la religiosidad era un rasgo universal de la humanidad. Nacía la ciencia de las religiones.

Entre todos, se fue construyendo el binarismo de un Oriente místico, espiritual, femenino, estético y gregario, frente a un Occidente racionalista, materialista, masculino, tecnológico e individualista. (Aunque también el binarismo inverso, propio del aparato misionero-colonial, donde Oriente pasa a ser despótico, irracional, jerárquico y supersticioso; y Occidente, humanista, igualitarista y democrático.) Pero el dualismo se mantiene. Para la sección "romanticista" de la modernidad, el Oriente espiritual era –y aún sería– necesario para rescatar a Occidente, asfixiado por sus propios desarrollos tecnológicos, económicos y militares; un rescate, empero, que exigiría reformar el budismo y purgarlo de determinados lastres.

Hasta la década de los 1840s, sin embargo, no se reconoció el budismo como una tradición con historia y doctrina propias. El pionero en establecer su independencia fue el filólogo francés Eugène Burnouf (con permiso del tibetólogo húngaro Sándor Csoma de Körös), autor de una introducción muy rigurosa y completa. Luego, siguieron los estudios de Hermann Oldenberg, Louis de La Vallée-Poussin o el poema de la vida del Buda de *sir* Edwin Arnold, que tanto impacto tendría en el mundo anglosajón (e incluso en Asia). Arnold ya retrata a un Buda semejante a Jesús. También los trascendentalistas norteamericanos, en gran medida herederos de la sensibilidad romántica, fueron de los primeros occidentales en interesarse seriamente por el budismo.

El budismo cautivaría a un filósofo de la talla de Arthur Schopenhauer, que lo tenía por la mejor de las religiones, superior al hinduismo (y su sistema de castas) y al cristianismo (y sus infames ideas sobre Dios). Con todo, Schopenhauer diseminó la imagen de una enseñanza básicamente nihilista. Buena parte de la intelectualidad europea nunca llegaría a captar la doctrina del *anatman* y caracterizaría al budismo de un culto a la nada y expresión de una enfermiza pulsión autodestructiva. Los reportes de los misioneros añadían el resto de cargos consabidos: ateísta, idólatra o fatalista. Entre los círculos cristianos se fomentó la idea de que el budismo siquiera llegaba a la categoría de *religión*.

Un notable respaldo al budismo provino de la teosofía. Tanto Henry Olcott como Helena Blavatsky, fundadores de la Sociedad Teosófica en 1875, tenían en gran estima el budismo. Recordemos que en un viaje a Sri Lanka llegaron a tomar refugio en las "tres joyas" [véase Fig. 30]. Consideraban el budismo la tradición esotérica primigenia. Por supuesto, no se referían al budismo vivo de su época, que consideraban decadente, sino al "verdadero" budismo conservado en los textos. Para Olcott, el Buda había sido un reformador social que rechazó la injusticia de casta. Blavatsky, por su parte, decía estar en comunicación con los misteriosos "*mahatmas* del Tíbet", aún poseedores de la sabiduría ancestral. La evocadora imagen del Oriente profundo se acoplaba al espiritualismo occidental. Gracias a la teosofía, muchos aspectos del budismo se propagaron entre los círculos herméticos y esotéricos de Europa y las Américas. (Y tengamos presente que la huella que la teosofía dejó en los movimientos contraculturales posteriores o en las espiritualidades alternativas y de la "nueva era" contemporánea ha sido considerable.)

En la crisis de fe cristiana finisecular, ganó preeminencia la noción de una *philosophia perennis*; esto es, la idea de que –en último término– si no todas las religiones provenían de la misma fuente (una Tradición), al menos sí que sus enseñanzas más profundas venían a postular lo mismo (una visión cosmopolita que, más allá de cierto colonialismo espiritual, otorgó muchísima legitimidad a las tradiciones no cristianas). La idea central del perennialismo es que la "espiritualidad" (ese corazón místico común a las tradiciones) es algo distinto de la "religión" (que tiene que ver con instituciones de poder y aditamentos culturales). Dicha noción hunde sus raíces en el Renacimiento, pero es ante todo deudora del teólogo alemán Friedrich Schleiermacher, que postuló que la esencia de la religión era un tipo de *experiencia* o sentimiento espiritual, distinto de sus formas externas. Esta idea sería respaldada por el filósofo y psicólogo William James, el teólogo Rudolf Otto o la mística inglesa Evelyn Underhill.

El nirvana budista, la unión con Cristo, la liberación que propugnan los hindúes... serían casi intercambiables. Dicha experiencia inmediada y pura se antepone a cualquier particularidad cultural. De hecho, el universalismo perennialista resultó una de las mejores "soluciones" al confrontar la variedad religiosa del planeta y cuando no se quiere caer en una lectura racialista o imperialista. Se relativiza cualquier trazo cultural, histórico o específico de una tradición y se asume que las enseñanzas de hace 2.500 años pueden abstraerse de su contexto y aplicarse en el presente. En el caso del budismo, Ananda Coomaraswamy y Daisetz T. Suzuki fueron sus mejores promotores. Su versión perennialista –luego popularizada por Aldous Huxley, Alan Watts, Joseph Campbell o Ken Wilber– tendrá un gran peso en la configuración del budismo occidental y en movimientos como la "nueva era".

La labor de traducción de los textos sagrados nunca constituye un simple trabajo filológico. Representa una compleja transformación cultural. (Lo vimos con China.) En la década de los 1880s, el canon pali emergió como la "fuente" de autoridad indiscutible para el estudio del budismo. Una formidable tarea de traducción la llevaron a cabo Thomas W. Rhys Davids y su esposa Caroline Rhys Davids. Ellos presentaron un budismo donde los aspectos mitológicos, clericales o rituales quedaban claramente devaluados. Su influencia en estandarizar una interpretación racional y ética del budismo fue enorme. En cierta manera –y seguramente de forma inconsciente– subrayaron aquellos aspectos del budismo que encajaban en lo que se suponía tendría que ser una religión moderna (en claro contraste con el catolicismo y el hinduismo). El trabajo de los Rhys Davids (al que luego vino a sumársele un amplísimo elenco de traductores de otras lenguas) supuso una contundente *textualización* de la tradición (la noción de que la esencia de la tradición no se encuentra en sus formas vivas, sino en los textos) y una cierta independencia de los maestros asiáticos. Una vez se dominan las lenguas y se han recogido los textos originales, la labor de los "nativos" pasa a ser secundaria. Ahora, el experto se otorga la autoridad de hablar de la enseñanza genuina del Buda.

En este sesgo "orientalista" –con mucho de protestante–, el budismo fue presentado como una religión basada en *textos* (e interpretada de acuerdo a ellos), esencialmente *privada* en carácter, para ser *experimentada* por el *individuo* maduro. El budismo comunitario, vivo y vivido en Asia no despertó ningún interés, ya que fue considerado una forma corrupta de una prístina enseñanza. Y las versiones "no clásicas" (es decir, en birmano, tibetano o cingalés) pasaron a ser meras notas al pie de página.

Un momento decisivo para el budismo occidental (y el estadounidense en particular) tuvo lugar durante el Parlamento Mundial de las Religiones celebrado en Chicago en 1893. Representando al budismo estuvieron el reformista cingalés Anagarika Dharmapala y el maestro zen Soen Shaku. Este último (más un académico que no el clásico *roshi* japonés) presentó un budismo en plena sintonía doctrinal con el cristianismo, contrarrestando así la imagen negativa del budismo como religión ateísta, nihilista, idólatra y pesimista. Soen encontró paralelos al concepto de "Dios" en las ideas budistas de *dharmakaya* o nirvana. Al mismo tiempo, empero, la tendencia general en la época era la de presentar el budismo como antítesis del cristianismo (o mejor, de aquellos elementos que la intelectualidad agnóstica y racionalista ponía en duda del cristianismo). Se enaltecía entonces la ausencia de Dios en el budismo, su visión naturalista del universo, guiado por leyes de causalidad, su énfasis en el autoconocimiento (y no la fe ciega), etcétera. Esto fue muy explícito en la presentación de Dharmapala [véase Fɪɢ. 31], que ya tenía experiencia en India y Sri Lanka en presentar un budismo "protestante"; o sea, una religión de orientación mundanal, socialmente comprometida, donde se desdibuja la diferencia entre monjes y laicos, con menor peso del ritual y énfasis en la liberación individual. Al utilizar con gran elocuencia el lenguaje científico, Dharmapala ponía en entredicho el viejo estereotipo del civilizado Occidente versus el irracional Oriente.

En buena medida, los migrantes asiáticos en Europa y las Américas de finales del xɪx y principios del xx (a los que más tarde habrá que sumar refugiados de países como Vietnam, Camboya, China o el Tíbet) otorgaron el carácter no exclusivo que posee el budismo occidental, algo raro en Occidente, acostumbrado a tradiciones que exigen una fe exclusiva. Con todo, la hostilidad de los gobiernos norteamericanos hacia los migrantes extremo-orientales retardó la popularidad del budismo en Estados Unidos. Una vez superada esa traba, la política mucho más permisiva de Estados Unidos –respecto a los países europeos, aún atávicamente ligados a las Iglesias–, en lo que a libertad religiosa respecta, hizo eclosionar el número de asociaciones, grupos y movimientos budistas en Norteamérica.

Entre los divulgadores occidentales del budismo hay que destacar a escritores y estudiosos de la talla de Herman Hesse, Alexandra David-Néel, William B. Yeats o Carl G. Jung. La novela *Siddhartha* de Hesse, por ejemplo, publicada en 1922, influyó mucho en la forma en que los occidentales entendieron la religiosidad índica. El Buda de Hesse ya encarna los valores de la modernidad: es individualista, escéptico, antiautoritario y antirritualista.

A lo largo del siglo XX, las distintas modalidades de budismo no cesaron de ganar adeptos entre las filas occidentales. Inicialmente (entre los 1880s y los 1940s, en el auge del estudio del pali), se resaltó y apreció su talante racional, ético y tolerante. A partir de los 1950s (con el auge del Zen y de la meditación *vipassana*), que coincide con un mayor interés por los aspectos prácticos, lo que más se valoró en Occidente fue –y todavía es– su naturaleza experiencial y su disposición universal. Todo el mundo puede transformarse gracias a la meditación budista. Desde los 1970s son las formas de Vajrayana las más extendidas en Occidente. Se calcula, por ejemplo, que un 70% de los practicantes del budismo en Francia se adhieren a algunas de sus variantes.

El budismo que hoy podemos encontrar en Occidente contiene ya pocos rituales, ha sido purgado de bastantes aspectos milagrosos y se percibe ciento por ciento compatible con la ciencia y los valores democráticos y humanistas de la modernidad. Esta adaptación y apropiación digamos que "selectiva" de prácticas, enseñanzas y textos, en modo alguno es una adulteración o malinterpretación; es lo natural cuando una tradición interacciona en un contexto cultural distinto. Al incorporar nuevos elementos y silenciar otros, algo que ya era híbrido, se hibridiza de nuevo. En la historia del budismo, el Dharma ha sido reinterpretado una y otra vez.

Como en irradiaciones anteriores, el budismo está modificando las sociedades con las que topa y, a la vez, es transformado por ellas. A todas luces, la no premeditada expansión del budismo en Occidente contiene ecos de la irradiación hacia China (y menos paralelismos con la del Sudeste Asiático o la del Tíbet, donde el budismo topó con sociedades ágrafas, sin tradiciones filosóficas estructuradas, sin un sistema educativo definido, etcétera). Como ocurriera en la China antigua, el diálogo del budismo con Occidente conlleva una descontextualización-y-reconfiguración de la tradición. Los traductores y los maestros otorgan nuevos significados a los textos y las enseñanzas. El budismo se adapta a las normas culturales de Euroamérica.

Quizá la gran diferencia entre esas dos irradiaciones radica en que, mientras que la transmisión a China no afectó al budismo indio, en el mundo ultraconectado de hoy la irradiación a Occidente sí está retroalimentando los budismos de Asia. (El próximo capítulo dará buena cuenta.) Valga aquí como ejemplo que el inglés y los métodos de estudio occidentales van superponiéndose –y hasta imponiéndose– a los tradicionales del mundo académico y escolástico asiático. Los libros escritos en inglés por maestros norteamericanos o budólogos alemanes se traducen al japonés o al coreano.

Generalizando, el budismo occidental podría distinguirse por aspectos como: 1) una orientación más laica y mundana; 2) una cierta amalgama de corrientes y escuelas; 3) una interacción con la ciencia y la psicoterapia; 4) mayor igualdad de género; y 5) la centralidad de la meditación.

## Orientación laica

Los aspectos más trascendentales del budismo clásico (la liberación del samsara) tienden a atenuarse en el budismo occidental. Por contra, se ensalza un budismo más "inmanente" (de afirmación de este mundo), influido por el giro "protestante" de la modernidad. Como cabría esperar, el Samgha monástico no posee en Occidente ni de lejos la posición hegemónica que retiene en los países asiáticos. Son mayoritariamente laicos quienes representan la tradición, enseñan meditación o reinterpretan los textos.

## La unidad del budismo

El budismo occidental está fomentando la idea de *unidad* del budismo. Fueron los occidentales los que acuñaron el término "budismo", en la década de los 1820s, y empezaron a escribir libros –¡como este!– sobre "el budismo". Las particularidades locales se minimizan en favor de una *esencia* suprasectaria y supranacional. El budismo se ha constituido como una de las "religiones del mundo".

En Occidente no es raro que un theravadin –que, históricamente, en Asia solo a duras penas habría reconocido como "budista" un ritual tibetano, o se habría atrevido a asomarse a un *dojo* zen– acuda a un curso de *dzogchen* tibetano; o, a la inversa, veamos un practicante zen –e incluso ¡un católico-zen!– en un retiro de meditación *vipassana* (theravadin). Si durante las primeas décadas de implantación del budismo en Occidente tendió a imponerse el Theravada, desde la segunda mitad del siglo xx, ningún vehículo domina (si bien las líneas del Vajrayana tienen hoy cierta preeminencia). El budismo occidental se caracteriza precisamente por la presencia de diferentes tradiciones en el mismo lugar (mientras que, en Asia, la norma durante siglos fue que un único vehículo dominara el paisaje de cada país). Como consecuencia, hay cierta tendencia al ecumenismo y a hallar puntos de encuentro entre las diferentes tradiciones, lo que fortalece la idea de unidad. Incluso el Dalai Lama aboga por el estudio y conocimiento de las diferentes tradiciones para atenuar el sectarismo.

# Interacción con la ciencia

Uno de los aspectos que más simpatías ha granjeado al budismo entre la intelectualidad occidental ha sido su imagen de religión compatible con la ciencia. De hecho, ha tomado casi la guisa de una "ciencia de la mente".

Esta representación nació entre los reformistas de Sri Lanka y Japón; y pronto ganó ascendencia en Occidente. Ya el editor Paul Carus, uno de los más enérgicos apologetas occidentales del budismo (tras quedar entusiasmado en el Parlamento de las Religiones con Dharmapala y Soen Shaku), proponía que el Buda habría sido el primer positivista y profeta de la religión de la ciencia.

Hoy, la interacción del budismo con las neurociencias y hasta con la física fomenta la idea de que el budismo es racional y "moderno". Autores como Fritjof Capra o Alan Wallace han trazado paralelismos entre las antiguas enseñanzas de los *sutras* y las ciencias modernas. Una ingente cantidad de trabajos en neuropsiquiatría explora el potencial de la meditación en transformar las emociones, modificar el sistema inmunitario o reducir el dolor crónico. En muchos libros, el mensaje que se transmite es que la ciencia confirma las máximas del budismo, y viceversa. Al tratarse de una religión no teísta y depender poco de revelaciones indemostrables, a los ojos de muchos occidentales el budismo aparece como una tradición más "empírica". En realidad, al no tener los conceptos "religión" y "ciencia" el mismo peso e historia en el mundo budista que en Occidente, el maridaje no ha resultado traumático. Los encuentros del Mind & Life Institute [véase Fig. 49], donde el Dalai Lama se reúne periódicamente con biólogos, neuropsiquiatras, economistas y otros científicos interesados en las convergencias entre ciencia y budismo, son un buen ejemplo.

No extrañará, por tanto, que los maestros recurran con frecuencia a las neurociencias o a la física cuántica para legitimar sus posiciones. Lo cual no deja de ser otro viraje significativo: si en la antigüedad la autoridad recaía en los *sutras*, que contenían la "palabra del Buda", ahora existe cierta transferencia a la autoridad epistémica de la ciencia.

Al mismo tiempo, sin embargo, los budistas se jactan de no caer en el materialismo duro del cientifismo y algunos maestros han sido muy críticos con el culto a la tecnología, sus dudosas promesas de felicidad y su negativo impacto en el medio ambiente.

## Budismo y psicoterapia

El budismo se hizo realmente popular en Occidente cuando interactuó con las corrientes de psicoterapia, en especial con el psicoanálisis, la psicología junguiana, la gestalt, la psicología transpersonal o, más recientemente, la psicología evolutiva. La psicologización de la tradición ha sido quizá el principal vehículo que Occidente ha utilizado para integrar y reinterpretar el budismo.

Carl G. Jung, por ejemplo, interpretaba el barroco universo del Vajrayana como una expresión de los arquetipos psicológicos universales. En tanto fuerzas innatas, las divinidades pasan a ser más "energías" o "símbolos" (y pierden peso como *buddhas* o guardianes protectores). Erich Fromm –de la mano de D.T. Suzuki– veía en la meditación un método terapéutico capaz de hacer aflorar el poso inconsciente y liberarnos de represiones y hábitos destructivos. El Instituto Esalen de California, donde recalaron gestaltistas como Fritz Perls o Claudio Naranjo, maestros de *zazen* o *vipassana*, psicólogos transpersonales como Abraham Maslow o Stanislav Grof, donde Alan Watts y un largo etcétera de personalidades daban sus conferencias, se convirtió en un referente indiscutible en el proceso de psicologización del Dharma. Con ellos, la meditación pierde parte de su valencia soteriológica y se reconfigura como una disciplina secular de autoconocimiento, con el potencial de llevarnos más allá del ego.

Aunque el diálogo entre budismo y ciencia es un desarrollo característico del budismo occidental, se trata de un encuentro alimentado por las formas de budismo asiáticas. No olvidemos que el proceso de destradicionalizar la meditación tuvo en Mahasi Sayadaw, Ajahn Chah o S.N. Goenka a importantes precursores. Ello ha facilitado que la meditación pueda ejercitarse en contextos no espirituales, incluso con escasa vinculación con el budismo. Esto es patente en el movimiento mindfulness iniciado por Jon Kabat-Zinn, quizá el mejor ejemplo de fecundación entre psicoterapia, ciencia y budismo.

Versado en la tradición zen y en la meditación *vipassana*, Jon Kabat-Zinn diseñó una iniciación a dicha práctica en un sencillo protocolo de ocho semanas (llamado "método de reducción del estrés basado en el mindfulness" o MBSR), una enseñanza adaptada a los hábitos y propósitos de Occidente, sin necesidad de invocar el budismo. Gracias a este método (laico, simple y bien codificado), la meditación pudo entrar en los hospitales y, más tarde, en escuelas, prisiones, centros terapéuticos, etcétera. Los efectos benéficos sobre la salud han sido largamente probados (conocido es el alcance del estrés en las patologías). Las investigaciones recientes trascienden el ámbito de la medicina psicosomática y apuntan al impacto de la meditación en la genética y hasta en el envejecimiento.

Se acusa a dicho movimiento de llevar la meditación budista a unos horizontes seculares espinosos y convertirlo en un mero bien de consumo (una técnica utilitaria), desgajado de su contexto ético y soteriológico, sin la sabiduría inherente a *sati*. Sin duda, la popularidad del mindfulness posee su *sombra*: la mercantilización e instrumentalización. Pero más allá de los riesgos, el budismo siempre ha autorizado la traslación, el diálogo (recordemos el *upaya-kaushalya* o "adaptación al contexto") y nuevas formas de abordar el cese del sufrimiento. Hay quien piensa que puede que esté operando lo contrario: una difusión del Dharma (no un Dharma ahistórico, sino el moderno Dharma del siglo XXI, que puede llegar a renunciar a la palabra "Dharma") en círculos, personas y sectores que nunca lo habrían encontrado. (Sobre todo cuando se compagina la práctica del mindfulness con la de la compasión o el amor altruista.) No en vano un monje como Thich Nhat Hanh mantiene con su sencilla claridad que el mindfulness es la clave para desarrollar la paz interior y en el mundo. Es más, puede que la meditación esté transfigurando la psicología, la medicina, la biología o la pedagogía modernas; porque si bien en estos contextos seculares el origen budista del mindfulness suele quedar oculto (aunque cada vez hay más instructores que reclaman su origen "espiritual" y utilizan un mayor rango de técnicas meditativas budistas), no pocos de sus valores y presupuestos circulan a través de él. Esto es algo que el propio Kabat-Zinn admite; y por ello exige a los instructores de su método que se impliquen de forma personal en la práctica, o que revalúen sus valores éticos y propósitos en la vida. En un giro muy poco científico –y sí muy budista–, Kabat-Zinn alienta a los practicantes a que –en lugar de esperanzarse en sanar o ser sanados– no se apeguen a los resultados de la práctica.

La divisoria entre ciencia y espiritualidad se difumina. Más aún en las terapias de tercera generación, menos preocupadas en reducir síntomas y más enfocadas hacia la aceptación o el descentramiento. Puede que algunos puristas se indignen por los usos seculares que se le da a la meditación, pero –insistamos– tales usos empezaron a dibujarse entre monjes birmanos y tailandeses hace cien años. La meditación de estilo mindfulness los prolonga y propaga entre una comunidad laica mayor.* Incluso el Dalai Lama insiste en la naturaleza secular de la práctica contemplativa.

## Mayor igualdad de género

Una de las grandes transformaciones del budismo occidental es su talante igualitario, en especial en lo que a género respecta. La participación de las mujeres en la germinación de este budismo (del norteamericano en particular) es notoria. No solo un gran número de practicantes son mujeres, y el género no supone ninguna barrera para la práctica, sino que la proporción de maestras e intelectuales es muy alta. Pensemos en Tsultrim Allione, Ayya Khema, Pema Chödron, Joan Halifax, Thubten Chödron, Tenzin Palmo, Jan Chozen Bays, etcétera. Estas maestras han puesto en cuestión las formas tradicionales de jerarquía. Si bien en algunos linajes el sesgo patriarcal todavía es palpable (y siguen reportándose escándalos sexuales cometidos por reputados maestros con sus estudiantes), también es cierto que la mitad de las maestras de meditación en Estados Unidos son mujeres. Como veremos en el capítulo dedicado al Samgha monástico, este impulso está siendo decisivo para que en Asia se cuestione el desfasado androcentrismo del monaquismo tradicional y se reactiven las órdenes de monjas, muchas de las cuales llevaban siglos truncadas.

Una nueva generación de feministas budistas –y estudiosos LGTB– están repensando en profundidad las cuestiones de género en el budismo.

---

* El hecho de que la meditación budista tradicional no tenga como objetivo principal rebajar el estrés, paliar el dolor o fortalecer la atención (aunque sí aquietar la mente errática) no invalida que sus técnicas puedan servir para tales propósitos. (¿Acaso no son otra forma de poner fin a *duhkha*?) El problema con el movimiento mindfulness en estos momentos es su éxito; ergo su banalización. A diferencia de modas pasajeras, empero, la ciencia se ha interesado ya de forma inequívoca en el potencial curativo y regenerador del mindfulness y la meditación.

## Centralidad de la meditación

La centralidad de la meditación es, por descontado, otro de los rasgos distintivos del budismo occidental (y del budismo moderno). Se alimenta de varios vectores.

Por un lado, se fundamenta en las corrientes de meditación que se desarrollaron en Asia a principios del siglo xx y acercaron la meditación a los laicos. (Recordemos el giro laico del "método birmano".) Se destacó el alcance universal de la meditación, que podía trascender cualquier cultura o *religión*, incluido el propio budismo (máxima del Zen de Suzuki).

Por otro lado, entronca con las ideas del teólogo alemán Friedrich Schleiermacher o el psicólogo norteamericano William James, que hicieron de la *experiencia subjetiva* el eje de la vida espiritual. Las prácticas de interioridad salieron muy reforzadas.

Un tercer vector fue el interés del ocultismo por los poderes de la mente. Recordemos ahora la importancia que tuvo la teosofía en popularizar el budismo en Occidente. Los grupos esotéricos –haciendo el ejercicio opuesto al de los racionalistas– siempre se interesaron por las formas paranormales del budismo: telepatía, viajes astrales, levitaciones, magia, etcétera.

Así, los aspectos rituales del budismo enraizados en las culturas asiáticas han pasado a un segundo plano, por detrás de las prácticas meditativas. Normal, si pensamos que muchos occidentales han *escogido* el budismo (mientras que los asiáticos lo han *heredado;* y el budismo está aún muy entrelazado con su vida social en la comunidad). Pero nótese que los asiáticos que han ido a vivir a países occidentales (vietnamitas en Francia, japoneses en Brasil o coreanos en Estados Unidos) también tienden a relajar los aspectos rituales y enfatizar los meditativos. En Occidente, el budismo tiene más que ver con el autoconocimiento que con liturgias.

Estos vectores han transformado poderosamente el significado, el propósito y hasta la relevancia social de la meditación, considerada ahora la práctica central del budismo. A la vez, ha sido privatizada y desgajada de su significado soteriológico tradicional. Algunos maestros llegan a admitir hoy que si uno quiere practicar meditación, mejor que no viaje a Japón, India o Sri Lanka, sino que vaya a un centro de Occidente. Es decir, lo que se destaca y aprecia en el moderno budismo occidental –incluso por los no budistas– es la "espiritualidad" (que no exige conversión) y no la "religión" budista. Esta distinción es clave para entender la penetración del budismo y otras religiosidades asiáticas en Occidente. Equivale a la distinción entre *experiencia* espiritual (atribuida al budismo, el hinduismo o el taoísmo) y *creencia* religiosa (que pasa a ser lo propio del cristianismo).

De resultas, hoy puede hablarse de una genuina revolución de la meditación budista en Occidente. Pero precisamente ha podido darse cuando ha quedado desgajada de su matriz monástica y, entonces, como mindfulness o compasión activa, es aplicada en los contextos no espirituales más variopintos: en el tratamiento médico, en escuelas para niños o adolescentes, en la reinserción de presos, en la empresa, en el tratamiento de adicciones o trastornos de la alimentación, etcétera. La meditación ha dejado de ser algo exótico en Occidente. (Hasta el punto que hay quien percibe que el budismo –y el mindfulness en particular–, en su persecución de la tranquilidad y la seguridad, no hace más que coadyuvar al sistema y al *establishment*.)

❀ ❀ ❀

Estos rasgos típicos del budismo occidental se solapan en gran medida con las características del moderno budismo globalizado. Por tanto, ahondaremos de nuevo en ellos en el siguiente capítulo.

## La irradiación del Theravada
## y la meditación *vipassana*

Una de las figuras pioneras en la irradiación del budismo Theravada en Occidente fue Anagarika Dharmapala [véase FIG. 31]. Como analizamos en el capítulo dedicado a Sri Lanka, Dharmapala canalizó la "protesta" cingalesa ante la imagen negativa que los administradores coloniales y los misioneros estaban ofreciendo del budismo. Como otros renovadores de su época (fenómenos semejantes se dieron en India con el neohinduismo, por ejemplo), Dharmapala coincidía con los "orientalistas" en que el budismo de su tiempo estaba en decadencia y precisaba ser reformado con urgencia. Alentado por el teósofo Henry Olcott, fundó en EE.UU. la American Mahabodhi Society a finales del siglo XIX (siguiendo el modelo que ya había establecido previamente en Sri Lanka e India). Una de las premisas que ambos consolidaron fue que, dado su fundamento en la razón, el budismo era la religión que mejor casaba con la modernidad; un supuesto que caló hondo en Occidente. En su reinterpretación de la tradición, el budismo aparece como una filosofía racional y ética, fuertemente destradicionalizada, en sintonía con la ciencia o la moralidad victoriana, tal y como lo plasmó en el Parlamento de las Religiones.

El primer occidental en convertirse al Theravada fue el irlandés Laurence O'Rourke, un luchador anticolonial y declarado anticristiano que se ordenó en Birmania a finales del XIX y tomó el nombre de U Dhammaloka. Le siguió Ananda Metteyya, un ocultista inglés que se ordenó en 1902. El doctor Karl Seidenstücker fundó en Leipzig en 1903 la primera sociedad budista europea. Decisiva fue la conversión, al año siguiente, de un exviolinista alemán, que recibió el nombre de Nyanatiloka. En cierto sentido, Nyanatiloka representa el paradigma del budista de la época: nacido en una familia burguesa, culto, lector de Schopenhauer y que entra en contacto con el budismo gracias a buscadores espirituales del estilo de los teósofos. Más tarde, vendrían conversiones como la de su discípulo Nyanaponika o la del británico Ñanamoli. Ellos contribuyeron mucho a la difusión rigurosa del Theravada, la tradición pali y las nuevas formas de meditación *vipassana*.

En la órbita del budismo Theravada podemos diferenciar hoy dos tipos de *sanghas* en Occidente. Por un lado, la comunidad tradicional de monjes (o *bhikkhu sangha*). Uno de sus centros más importantes es el monasterio de Amaravati, en el Reino Unido, fundado por el estadounidense Ajahn Sumedho en 1979. Mantiene el espíritu de la tradición ascética del bosque de Tailandia. En 2010, el británico Ajahn Amaro le sucedió como abad.

Por otro lado, el Theravada ha dado pie a lo que podríamos llamar una *vipassana sangha*, que es esencialmente laica y abierta a cualquier tipo de persona (sin distinción de género, religión o procedencia). En su coagulación destaca la labor del laico birmano Satya Narayan Goenka. Aunque él no fue un maestro *en* Occidente, muchos occidentales aprendieron *vipassana* en su centro en Igatpuri (India) y en los casi doscientos que sus discípulos abrieron por doquier. El método de *vipassana* más extendido en Occidente es el llamado "método birmano", enseñado por Mahasi Sayadaw. Importantes también han sido el tailandés Ajahn Chah (maestro de Ajahn Sumedho) y el cingalés Bhante Gunaratana. Otras figuras de peso en el Theravada occidental son los norteamericanos Bhikkhu Bodhi y Thanissaro Bhikkhu o el exmonje tailandés Dhiravamsa.

Cabe destacar asimismo la Insight Meditation Society de Massachusetts, establecida por Jack Kornfield (discípulo de Ajahn Chah), Joseph Goldstein (discípulo de Anagarika Munindra y S.N. Goenka) y Sharon Salzberg (discípula de la maestra bangladesí Dipa Ma). El espectacular auge del mindfulness le debe mucho a estos reputados divulgadores y al "método birmano" de Mahasi Sayadaw [véase

Fɪɢ. 45]. En el centro de Massachusetts, Jon Kabat-Zinn concibió a finales de los 1970s su método de "reducción del estrés basado en el mindfulness" (MBSR), tan popular en la actualidad.

## La irradiación del budismo Zen

Como ya mencionamos, una avanzadilla del Zen se dio a conocer gracias al abad japonés Soen Shaku, que asistió al Parlamento Mundial de las Religiones de 1893. Décadas después siguieron los libros y charlas del profesor Daisetz T. Suzuki (que había estudiado con Soen y fue su traductor en el Parlamento), que situarían el Zen de forma concluyente en el horizonte cultural y espiritual de Occidente. En el caso del budismo Zen, pues, no fue la intelectualidad occidental la que salió en su busca, sino la acción de unos pocos pensadores japoneses de espíritu propagador y cosmopolita.

**Fɪɢuʀᴀ 45:** Mahasi Sayadaw (centro) invitado por discípulos occidentales (Sharon Salzberg, Joseph Goldstein, Jack Kornfield y Jacqueline Mandell-Swartz) de la Insight Meditation Society. Barre (Massachussetts), EE.UU., 1979. (Foto: Insight Meditation Society).

D.T. Suzuki [véase FIG. 46] es una figura esencial en la configuración del budismo occidental (y del modernismo budista, que en tantos aspectos se solapa). Como sabemos de otro capítulo, bebió simultáneamente de fuentes tradicionales del Zen japonés, las escuelas del Mahayana, los filósofos de la escuela de Kyoto (como Kitaro Nishida), lo mismo que del trabajo de William James, el editor Paul Carus (para quien Suzuki trabajó varios años en Estados Unidos), teólogos como Rudolf Otto, los trascendentalistas norteamericanos o el perennialismo.

Para Suzuki, la esencia del Zen es una *experiencia* inefable: el *satori* o *kensho*. Puso el énfasis en dicha experiencia personal inmediada (más al estilo de Nishida que en el del Zen clásico), por encima del ritual o la vida social. En su lectura, el *satori* trasciende el Zen y el monaquismo japonés y se yergue como el corazón de toda religión o filosofía profunda. El Zen de Suzuki se convierte en la esencia ahistórica de la espiritualidad; una imagen que entusiasmó en un Occidente desilusionado con las promesas –incumplidas– del cristianismo y la modernidad. A diferencia de la versión racional, científica y ética del reformista Dharmapala, Suzuki abogó por la experiencia intuitiva y espontánea que trasciende el pensamiento racional y discursivo. De ahí su elogio de la creatividad, la naturaleza y el arte (que él asocia a Oriente);

**FIGURA 46:** Daisetz T. Suzuki, uno de los principales difusores del budismo Zen en Occidente. (Foto: Francis Maar).

y su rechazo del industrialismo, el consumismo, la tecnología o la razón instrumental (que él asocia a Occidente). Aunque su discurso no está exento del chovinismo japonés de la época y de un exagerado dualismo Oriente/Occidente, Suzuki aposentó definitivamente el Zen en el horizonte cultural y estético de Occidente.

A partir de la II Guerra Mundial, algunos occidentales –como Ruth Fuller Sasaki o Philip Kapleau– viajaron a Japón para aprender el Zen. Los escritores de la generación *beat* –como Jack Kerouac, Gary Snyder o Allen Ginsberg– fueron de los primeros en abrazarlo. La imagen del excéntrico maestro zen que experiencia lo sagrado más allá de las convenciones se tornará en todo un icono para dicha generación. En Europa fue decisiva la contribución del alemán Eugen Herrigel.

Es algo irónico, sin embargo, que la modalidad del Zen que Suzuki popularizó entre los contraculturales y los *beatniks* fuera un producto del neobudismo de la era Meiji; y que aquellos aspectos que encandilaron a Occidente (la centralidad de la experiencia espiritual y la devaluación de las formas institucionales) derivaran en gran medida de las fuentes occidentales de las que Suzuki y otros habían bebido. Quizá ello explique el que hoy muchos grupos zen hayan decidido volver a subrayar sus aspectos religiosos y monacales (en parte, también como forma de desmarcarse de movimientos de meditación laica, como el mindfulness).

Uno de los primeros maestros zen en alcanzar Occidente fue el soto Shunryu Suzuki, fundador del centro Tassajara Mountain, que tendría un enorme impacto entre los jóvenes de la generación *beat* y *hippie*. En Europa, fue insustituible la dedicación de Taisen Deshimaru, discípulo del maestro Kodo Sawaki [véase FIG. 40], quien le aconsejó transmitir la vía Soto Zen a mediados de los 1960s. Su centro La Gendronnière, en Francia, ha acogido a miles de practicantes. La austro-inglesa Irmgard Schloegl se ordenó monja en 1984 y ha sido una de las más importantes transmisoras de la enseñanza rinzai en Europa.

Si Deshimaru en Europa enfatizó la vía quietista de la meditación (encapsulada en su máxima «el *zazen* es el secreto del Zen»),[103] el Zen norteamericano ha sido siempre más pastoral. Muchos de sus maestros hacen de sacerdotes, como en Japón, ofician en los ritos de paso de los seguidores y son socialmente mucho más comprometidos.

Destaca asimismo la tendencia integradora Soto-Rinzai (llamada Sanbo Kyodan) del linaje de Sogaku Harada, Ryoko Yasutani y Koun Yamada, cada uno discípulo del anterior. Este linaje ha tenido mucha mayor influencia en Occidente –dada su orientación laica– que en Japón. Harada "democratiza" el *kensho* o experiencia de despertar al desvincularlo de la parafernalia monástica tradicional y presentarlo como un objetivo al alcance de todo discípulo entregado.

El maestro norteamericano Philip Kapleau, discípulo del *roshi* Yasutani, dirigió el Rochester Zen Center (Nueva York), y Robert Aitken dirigió el de Honolulú (Hawái). También John Daido Loori y el *roshi* Taizan Maezumi impartieron la línea Sanbo Kyodan en la costa este y oeste, respectivamente. Insignes continuadores de esta línea han sido Bernie Glassman o Joan Halifax.

El maestro sön coreano Seung Sahn fundó el famoso Providence Zen Center (Rhode Island). Por su lado, el monje thien vietnamita Thich Nhat Hanh ha llevado su mensaje asequible a millones de personas. Su base se encuentra en Plum Village, en el sur de Francia.

El budismo Mahayana chino ha tenido en el maestro chan Xuan Hua un gran exponente. Fundó la Asociación Budista Sino-Americana.

## La irradiación del Mahayana devocional

Las formas devocionales del Mahayana (Jodo-shinshu, Nichiren) tienen asimismo gran penetración en Estados Unidos, Latinoamérica o Europa. Los grupos están formados básicamente por miembros de las colonias –o descendientes– de chinos, coreanos o japoneses. De hecho, los inmigrantes extremo-orientales en Hawái ya habían creado a finales del XIX las organizaciones budistas más multitudinarias de Estados Unidos. Tras la II Guerra Mundial, las Jodos se desvincularon algo de las casas matrices asiáticas, pero el Nichiren Shoshu (rama occidental de Soka Gakkai) y otros "nuevos movimientos religiosos" siguen supeditados a las líneas marcadas en Japón. En Europa, los conversos europeos al nichirenismo son mucho más numerosos que los japoneses.

Destaca también la implantación de grupos reformistas taiwaneses, como Fo Guan Shan y Fojia Ciji.

## La irradiación de las escuelas del Vajrayana

Desde finales de los 1960s, no han cesado de propagarse las escuelas del budismo tibetano. Si del Theravada Occidente destacó el aspecto ético y austero de la tradición (en vena racionalista), con el Vajrayana muchos occidentales anhelan en parte lo contrario: un cierto reencantamiento del mundo (en vena romanticista). De ahí el éxito de libros como los del espurio lama Lobsang Rampa, que, no obstante, contribuyeron a despertar el interés por el mundo tibetano.

Los pioneros en establecer el budismo Vajrayana en Occidente fueron refugiados mongoles que abrieron un centro en Nueva Jersey. En la década de los 1950s se les unió el lama kalmuko Geshe Wangyal. Entre sus primeros discípulos destacan Robert Thurman o Jeffrey Hopkins. La ocupación china del Tíbet llevó a miles de lamas tibetanos hacia el Lejano Occidente.

Uno de los primeros fue el excéntrico Chögyam Trungpa, de la orden Karma-kagyü (aunque dejó el hábito en 1969), que se estableció primero en Escocia y luego en Estados Unidos. Trungpa aportó una visión muy desmitologizada y psicologizada del Vajrayana. A principios de los 1970s fundó el Naropa Institute, que puede considerarse la primera universidad estadounidense de orientación budista. Su enseñanza *shambhala* es una de las sendas de meditación pioneras de un budismo secular. La organización internacional está dirigida por su hijo, Sakyong Mipham, salpicado en 2018 por turbios escándalos sexuales. Entre sus discípulos occidentales destacó Ösel Tendzin.

Akong Rinpoche, fundador junto a Trungpa del monasterio Samye Ling en Escocia, mantuvo una línea más tradicional y moderada. Tsultrim Allione fue de las primeras occidentales en ordenarse monja en el linaje Kagyü.

Otro lama kagyü que dejó una profunda huella en Occidente fue Kalu Rinpoche [véase Fig. 47]. Fundó en 1966 un centro de retiro

**Figura 47:** El lama kagyüpa Kalu Rinpoche. (Foto: Wikimedia Commons).
**Figura 48:** El lama Chögyal Namkhai Norbu en Moscú, Rusia, julio de 2013. (Foto: Andrei Korygin.)

en Sonada (India) y, más tarde, el *xvi° karmapa* le confió la dirección del monasterio de Rumtek, en Sikkim. Al final de su vida viajó con frecuencia a Francia, Estados Unidos y España, organizando distintos centros. Otros kagyüpas destacados han sido Pawo Rinpoche o Bokar Rinpoche. El actual *xvii° karmapa*, Ogyen Trinley, que huyó de forma espectacular del Tíbet en el 2000, uniéndose a la diáspora tibetana en India, está adquiriendo notoriedad también en Occidente. Como el nepalí Mingyur Rinpoche.

La orden Gelug ha tenido asimismo un ilustre difusor: Thubten Yeshe, un lama carismático y con gran sentido del humor.* Su labor ha sido continuada por Lama Zopa Rinpoche.

Obviamente, el gran difusor del budismo tibetano en su versión moderna y verdadero "icono" y "portavoz" budista de relevancia mundial ha sido Tenzin Gyatso, el *xiv° dalai-lama*. En línea con su incansable trabajo en modernizar la tradición, ha roto con la costumbre de llevar a cabo los más elevados ritos iniciáticos –como el del Kalachakra– solo en el Tíbet y ha escrito numerosos libros sobre temas filosóficos, éticos, tendiendo puentes con la ciencia moderna. Aunque el Dalai Lama no es ningún maestro *para* occidentales, es un ejemplo viviente y la cara visible del budismo para millones de personas (budistas o no budistas). Es una figura respetada en todo el mundo. No es ningún "papa" del budismo, sino una emanación de Chenrezi, el *bodhisattva* de la compasión, y como tal es reverenciado por millones de tibetanos. (De hecho, ha dejado de ser una figura gelug y, tomando el papel ecuménico

---

* Con cierta lógica, la encarnación o *tulku* de Thubten Yeshe se halló –por vez primera– en un niño occidental, Ösel Hita Torres, hijo de una pareja de budistas españoles. No obstante, tras recibir una educación budista clásica, en 2009 Hita se alejó de las instituciones tradicionales y ha proseguido su vida –como cineasta– de forma independiente. Otros *tulkus*, como el *iv° jamgon-kongtrul*, también han padecido el conflicto de una educación tradicional quizá ya obsoleta para la compleja realidad del siglo xxi.

clásico de los *dalai-lamas* del pasado, se ha convertido en símbolo del pueblo tibetano, tanto para los que viven en el Tíbet como para los de la diáspora.)

Existe también la corriente llamada Nuevo Kadampa, fundada en 1991 por Kelsang Gyatso en el Reino Unido. Se autoproclaman gelugpas, pero no reconocen al *dalai-lama*. No son muy apreciados por las principales órdenes, que los consideran cismáticos.

Uno de los maestros ñingmapas más influyentes en Occidente ha sido Tarthang Tulku, que hasta 1959 fue el abad de un importante monasterio en el Tíbet. Al llegar a Estados Unidos dejó los hábitos y en 1968 fundó un centro de meditación en California. Representantes contemporáneos de esta línea han sido Dudjom Rinpoche o Dilgo Khyentse, que establecieron centros en Francia. A una nueva generación pertenece Dzogchen Ponlop Rinpoche.

El controvertido Sogyal Rinpoche, un *tulku* educado en India y el Reino Unido, pertenece a la ecuménica línea Ri-me. Sus centros se llaman Rigpa. Un pionero occidental del Ri-me fue el lama alemán Anagarika Govinda. Notable exponente de esta línea ha sido Tulku Urgyen Rinpoche.

Aunque perteneciente a la tradición Ñingma, el *dzogchen* se ha transmitido en Occidente casi como una línea separada, o mejor, al margen de las escuelas tradicionales. Uno de los artífices de su implantación ha sido Namkhai Norbu Rinpoche [véase Fig. 48], que vino a Europa en los 1960s de la mano del profesor Giuseppe Tucci. También Dilgo Khyentse ha sido reconocido en su propagación (sin ir más lejos, fue maestro del Dalai Lama en dicha enseñanza).

Entre los sakyapas, una figura indiscutible es el butanés Jamyang Khyentse Dzongsar, nieto de Dudjom Rinpoche, y también comprometido con la línea Ri-me. Destaca su faraónico empeño en coordinar la traducción al inglés de todo el canon tibetano y su apuesta por un budismo moderno pero fiel a su corazón espiritual.

❀ ❀ ❀

Por muy importantes que hayan sido y sean los maestros asiáticos que introdujeron las distintas tradiciones, empero, lo que hoy es significativo es el gran número de maestros, estudiosos y seguidores occidentales. Casi siempre, los centros y comunidades budistas de Occidente son abiertos por occidentales que, tras estudiar o aprender en Asia, invitan a los maestros a establecer centros en Occidente. Gente de la talla de Robert Thurman, Ayya Khema, Bhikkhu Bodhi, Joan Halifax, Ajahn Brahm, Pema Chödron, Alan Wallace, Jack Kornfield, Bhikku Analayo, Stephen Batchelor o Matthieu Ricard son ejemplos de cómo puede vivirse o enseñarse el budismo en Occidente de una forma comprometida. Se trata de maestros reputados –ordenados o laicos– que están transformando el budismo en Occidente y realimentando el asiático.

Un perfecto exponente del ecumenismo occidental es el grupo Tri-ratna ("Tres joyas"), antes conocido como Friends of the Western Buddhist Order. La organización se coaguló alrededor del británico Sangharakshita, buen conocedor de la tradición pali, pero a la vez interesado en el budismo Vajrayana y los *sutras* del Mahayana. Su idea consiste en destilar la tradición de sus formas culturales asiáticas y ceñirse a lo estrictamente *budista*. Notable es la implicación de la orden en el movimiento ambedkarita de la India.

Este budismo ecuménico y hasta ecléctico tiene un fuerte arraigo en el Reino Unido, donde hace ya décadas que Christmas Humphreys, presidente de la Sociedad Budista, pronosticaba el surgimiento de un Navayana o "Nuevo vehículo" que combinara el budismo con lo mejor de la ciencia, la psicología o la acción social de Occidente. En esta línea, Stephen Batchelor propugna un Dharma agnóstico, desmitologizado y secular en un lenguaje comprensible para la contemporaneidad. Lógicamente, en un budismo sin apenas rastro de liturgias el rol de la meditación es esencial. En Estados Unidos existen grupos –como el Open Mind Zen o la organización de la exmonja Toni Packer– que han abandonado toda parafernalia monástica y hasta se interrogan si lo que están practicando puede ser llamado "budismo".

El budismo también interactúa en Occidente con otras tradiciones religiosas. Sacerdotes católicos, rabinos judíos, gurús hindúes, monjas protestantes o propulsores de la espiritualidad laica han llegado a ordenarse en el Samgha, o han incorporado prácticas del budismo a sus disciplinas. El pionero fue el monje trapense Thomas Merton, al que luego siguió el "cristianismo zen", tan popular en Alemania, con maestros como los padres Hugo Enomiya-Lasalle o Willigis Jäger. Estos encuentros pueden producirse porque en gran medida Occidente entiende el budismo como una técnica contemplativa –y no una religión– compatible con cualquier tradición.

Puesto que el budismo es presentado en muchos libros como una técnica de introspección, ello ha generado una gran masa de seguidores laicos que hacen meditación y asisten a algún retiro ocasional, pero que no se identifican a sí mismos como budistas. Y aún los que sí lo hacen puede que no se adscriban a ninguna corriente o escuela budista tradicional. Más que seguir a un lama, *roshi* o maestro en particular, toman ideas de libros, conferencias y retiros y van contorneando una comunidad silenciosa y virtual. Con todo, la mayoría de las organizaciones de Occidente aún mantienen ciertos protocolos tradicionales y siguen concediendo gran importancia al linaje espiritual o los textos y realizan algunos rituales. Los que "picotean" por acá y acullá acaban optando por alguna escuela particular, si bien –en el clásico espíritu budista asiático– puede que de forma no muy exclusiva.

El budismo posee buena prensa en Occidente. En parte porque

desde los movimientos *beat* y *hippie* de los 1960s, una gran cantidad de músicos, escritores, deportistas, empresarios, actrices o
artistas se han aproximado a alguna de sus tradiciones. Mucha
gente lo ve como democrático, tolerante y humanista. Aunque a
veces es tildado de "moda" (cosa que, ante todo, revela más acerca de quien así lo enuncia), desde luego no existe nada parecido a
una islamofobia o algún antisemitismo a propósito del budismo.
Como el budismo occidental no exige la renuncia, no ha quedado
marginado socialmente y forma parte de la corriente principal social. De forma callada, ciertos principios y técnicas del budismo se
expanden e integran en la moderna sociedad secular de Occidente.

Millones de *no budistas* ahora incorporan –desde luego estatuas
del Buda, pero más significativamente– técnicas de meditación
o aspectos de la cosmovisión budista en su personal síntesis de
creencias y prácticas a la carta, tan propia de la espiritualidad del
siglo XXI. Esta integración no exige "conversión" alguna. De hecho,
las personas más proclives a incorporar elementos del budismo
son precisamente muchas de aquellas que rechazan la etiqueta
"religión".

La providencial fascinación que Occidente siente por "Oriente"
está generando nuevos tipos de espiritualidad que, si bien es innegable que le deben mucho a sus matrices asiáticas, no en menor
medida que a la ciencia moderna, los imaginarios orientalistas, la
psicoterapia occidental, las corrientes esotéricas de Occidente o a
las modernas tradiciones de justicia social. En otro giro del *upaya*,
el Dharma se seculariza, se adapta a Occidente y se reimagina por
enésima vez.

# 39. El budismo moderno

En el pasado, el budismo interactuó con infinidad de tradiciones: el hinduismo, el confucianismo, el taoísmo, las religiones populares del Sudeste Asiático, el bön, etcétera. En casi todos los encuentros el budismo salió enriquecido. Sin perder su originalidad, fue tomando acentos y orientaciones diferentes en cada uno de los países donde cuajó. Lo hemos comprobado.

Hasta el siglo XIX, no obstante, esos budismos se mantuvieron bastante aislados los unos de los otros. Por descontado, se dieron trasvases y diálogos (también lo vimos), pero no existían los vectores de la globalización ultrarrápida de los últimos cien años: el capitalismo y las modernas tecnologías de comunicación. Por ende, apenas existía la noción de "unidad" del budismo.

Desde 150 años, el budismo viene interactuando con las tradiciones y los motores que constituyen la modernidad: colonialismo, ciencia, capitalismo, nacionalismo, psicoterapia, socialismo... Ocurre que la modernidad comporta su contrarréplica, una idealización de lo premoderno, en gran medida canalizada por la actitud y nostalgia romántica (o de lo que podríamos llamar "contrailustración" espiritual) que persigue "reencantar" el mundo. Por tanto, en la construcción del budismo moderno se da siempre una tensión entre las fuerzas del racionalismo y las antitéticas del romanticismo. Si una cara de la modernidad valora la sobriedad del Theravada, otra enfatiza los aspectos mágico-terapéuticos del Vajrayana. Ello hace del budismo moderno un desarrollo muy cromático.

Conviene recordar que la llamada "modernidad" no es un invento que Occidente exportó al resto del mundo, sino un cúmulo de procesos que Europa ayudó a estimular en los distintos lugares donde el colonialismo operó. Aunque comparten vectores, la modernidad japonesa no es igual a la cingalesa (ni la californiana a la balcánica). Cada país o sociedad ha desarrollado sus propias características modernas tomadas de su poso cultural, en respuesta a la presión colonial. De ahí el peso que Occidente ha tenido –y sigue teniendo– en los procesos de modernización y en el desarrollo de las nuevas formas de religiosidad.

En bastantes aspectos, el "budismo occidental" –que conocemos del anterior capítulo– se solapa con el "budismo moderno". Cosa normal si recordamos que el budismo de Occidente nace y se desarrolla durante la modernidad. Así, lo que llamamos "budismo moderno" sería aquel que puede ser aceptable y comprensible para un urbanita –de clase media y con estudios– de Boston, Osaka, París o Singapur. La contemporaneidad budista es pluricéntrica. Es una síntesis cultural, espiritual y religiosa de formas tradicionales de Asia en diálogo con discursos, valores y prácticas de la modernidad y la postmodernidad. Es un movimiento global creado tanto por asiáticos como por euroamericanos, con una clara vocación universalista.

Muchos de los desarrollos más novedosos del budismo surgieron como respuesta a las tensiones y pérdida de la hegemonía que el budismo afrontó en los países colonizados. Acordémonos de Sri Lanka (promotor de un budismo racional y desmitologizado que se enfrentó al aparato misionero-colonial), de Birmania (pionero en llevar la meditación a la laicidad), Japón (con el nacionalismo budista) o China (y su budismo socialmente comprometido). Todos estos desarrollos cardinales del budismo moderno se gestaron en Asia. El peso que han tenido modernizadores como Anagarika Dharmapala, Mahasi Sayadaw, Daisetz T. Suzuki, Thich Nhat Hanh, S.N. Goenka o el Dalai Lama ha sido –y es– decisivo. El budismo contemporáneo forma parte de los procesos de interacción de Asia-y-Occidente con las fuerzas de la modernización.

Desde luego, los budismos tradicionales están pagando un precio por adecuarse a los modos y gustos globales, pero –como bien sabemos– el budismo posee larga experiencia en lidiar con todo tipo de encuentros. Es precisamente su apertura a la modernidad –y la postmodernidad, la sociedad líquida y la transmodernidad– la que le permite transformarse y facilitará que siga adaptándose en los siglos venideros.

Algunas tendencias típicas del budismo moderno son: 1) una desmitologización de la cosmología; 2) una destradicionalización y menor énfasis en los aspectos rituales; 3) la privatización, que facilita la centralidad de la meditación; 4) una orientación mundana, que suele incluir la acción social; 5) la comercialización del mensaje del Buda ajustado a las necesidades del mercado; y 6) una crítica y un potencial liberador de los males sociales. En el capítulo anterior hemos avanzado ya en varias de estas líneas.

## Budismo desmitologizado

Las ideas cosmográficas y cosmológicas tradicionales están pasando a un segundo plano en el budismo moderno; o se reinterpretan con significados compatibles con la cosmovisión científica del mundo. Se trata de arrinconar aquellos aspectos considerados "precientíficos" (como los poderes parapsicológicos, el renacimiento, el poder de la devoción, los niveles del cosmos y seres que lo habitan, etcétera) o que no coinciden con la imperante visión *materialista* del mundo. Incluso el karma es puesto en cuestión (y se circunscribe al contexto histórico en el que la doctrina fue expuesta, si es que no como una anticualla de museo). Se opta entonces por una comprensión más mundanal del nirvana: la paz de quien cesa el sufrimiento (y se entiende menos como la liberación de un "dudoso" ciclo de las transmigraciones).

El proceso de desmitologización arrancó hace muchas décadas. Como ya vimos, en Sri Lanka se perfiló un budismo racional y pragmático, subrayándose el agnosticismo del Buda, su talante antimetafísico y el carácter práctico de la enseñanza; una manera de entenderlo claramente presente en la tradición, pero históricamente circunscrita a los círculos escolásticos. Ahora forma parte del discurso *mainstream*. Pensadores como Walpola Rahula, David Kalupahana o Stephen Batchelor son claros exponentes de un budismo desmitologizado y racional. (Procesos semejantes se han dado en otras tradiciones; la cristiana sin ir más lejos.)

La desmitologización en clave *psicológica* es otra de sus máximas. El maestro tibetano Chögyam Trungpa, por ejemplo, sostenía que los seis *gatis* o destinos posibles (como humanos, divinidades, semidioses, animales, seres espectrales o titanes) en la "Rueda de las existencias" equivalían a "estados mentales" y "actitudes emocionales". Aunque dicha lectura tampoco es ajena a la tradición clásica, sí fue novedoso presentar los seis destinos únicamente en términos psicológicos.

## Budismo destradicionalizado

En el budismo moderno se da una tendencia a amalgamar prácticas monásticas y laicas. Por ejemplo, hoy muchos budistas meditan (práctica monástica por antonomasia) y leen la filosofía y los textos sagrados (ídem); pero, en cambio, están casados y trabajan. El peso del Samgha monástico, si bien aún es fuerte en Asia, tiende a menguar.

La destradicionalización es asimismo visible en el progresivo abandono de los ritos, desde luego en Occidente, pero también entre las élites urbanas de Asia. Este proceso se alimenta de la tendencia –postmoderna– por la que cada uno reinterpreta la *traditio* a su antojo y adopta o rechaza prácticas y creencias según sus consideraciones personales. La religiosidad se construye "a la carta".

## Privatización

En un tono casi "protestante", el moderno budismo se torna un asunto cada vez más *privado*. Ello forma parte del giro hacia la interioridad que han tomado las religiones en los últimos doscientos años. Esta transformación va en paralelo –y es reactiva– al desarrollo industrial y tecnológico. La privatización del sentimiento religioso también va de la mano de una pérdida de fe en las instituciones públicas, sean religiosas, políticas o sociales. Aunque este giro es un desarrollo nacido en Occidente, se detecta ya a finales del siglo XIX entre colectivos burgueses y urbanos de muchas partes del mundo. Alimenta la distinción entre "espiritualidad" y "religión".

Lógicamente, la privatización tiene que ver con el mayor peso que posee el *individuo*, en detrimento de los aspectos gregarios y las jerarquías establecidas. El énfasis se pone en el individuo que persigue la meta del nirvana o la sabiduría sin intermediarios clericales. Como es obvio, esto es factible una vez el peso de la laicidad ha ganado enteros. Uno mismo se busca el camino "espiritual" –ya no "religioso"–, lo reconfigura "a la carta" y pone en tela de juicio los supuestos culturales o religiosos.

## La meditación, de nuevo

Un budismo más privado, psicologizado y espiritual tiene una lógica propensión a centrarse en la meditación.

Históricamente, las prácticas meditativas no solo estaban cir-
cunscritas al Samgha monástico y a la senda soteriológica de los
monjes (en realidad, de unos pocos monjes, muchos de los cuales
se retiraban a cuevas o bosques), sino que en muchos casos tenían
un manifiesto cariz ritual. La meditación zen, por ejemplo, consistía
más en una recreación del despertar del Buda que no un método
*para* despertar; la práctica del *vipassana* estaba entretejida con la
adquisición de mérito; y la del *shamatha* ligada a la obtención de
poderes sobrenaturales. Con la meditación, los monjes trataban de
invertir los procesos causales de nacimiento y renacimiento en el
samsara, alcanzar la *bodhi* y acabar con el sufrimiento.

Hoy, la meditación trasciende con creces el ámbito monástico.
Millones de laicos, tanto en Oriente como en Occidente, han hecho
de alguna forma de meditación budista el eje de su espiritualidad
[véanse FIG. 49, FIG. 45]. Como sabemos, esto fue una novedad que
se insinuó a principios del siglo XX en Birmania y, en menor medi-

FIGURA 49: Sesión de meditación dirigida por Matthieu Ricard durante una de las sesiones
de verano del Mind & Life Institute. En las primeras filas pueden verse otras figuras destacadas del budismo moderno: Roshi Joan Halifax, Richard Davidson o Bhikkhu Analayo.
Garrison Institute, Nueva York, EE.UU., junio 2012. (Foto: Dave).

da, en Tailandia y Japón, y que a lo largo del siglo fue cuajando en casi todos los países de implantación budista. En el budismo occidental, la práctica de la meditación eclipsa cualquier otro aspecto. Ni siquiera requiere suscribir la cosmovisión tradicional. Muchos no budistas se apuntan a talleres de *vipassana*, *zazen*, mindfulness e incluso a corrientes altamente iniciáticas como el *dzogchen*.

En el contexto secular de la modernidad, la meditación puede utilizarse para el despertar, pero asimismo para afrontar el dolor físico, reducir el estrés, concentrarse en el aula y un amplio abanico de propósitos. Al independizarse de las instituciones budistas tradicionales, la mayoría de los grupos de meditación modernos –en Occidente–, empero, carecen de un cuerpo acreditado que certifique la calificación de los maestros.

## Orientación mundana y socialmente comprometida

Al cobrar la laicidad mayor protagonismo, el budismo moderno tiende a acentuar su orientación mundana y secular. Muchos maestros alientan a llevar la práctica meditativa a la vida *cotidiana*. Conocidas son las enseñanzas del monje Thich Nhat Hanh sobre la práctica de la plena consciencia (o mindfulness) al caminar, al comer, al sentarse, al relacionarse, al escribir, etcétera. Lo contemplativo interpenetra ahora lo mundanal, las veinticuatro horas del día. (Lo cual no deja de ser un giro de 180 grados, ya que en su origen estas técnicas formaban parte de la vía ascética y *ultramundana* de los monjes.) La afirmación de lo cotidiano es un rasgo típico de la modernidad y la espiritualidad secular. Es lo que permite al moderno budismo transmutar las técnicas meditativas monásticas en métodos de autoconocimiento y de búsqueda de la felicidad en el samsara.

El budismo "socialmente comprometido" adquiere entonces un protagonismo inimaginable hace unas décadas. Aunque este enfoque se basa en los textos budistas (Shantideva es un clásico), en su forma moderna se aprecia la impronta del cristianismo, las organizaciones de cooperación internacional y los valores occidentales de justicia social. Esta reinterpretación se insinúa primero en Extremo Oriente, especialmente en China, Taiwán y Vietnam, y de ahí pasa a otros países.

El pensamiento budista de vanguardia ahonda en la forma de fundamentar los "derechos humanos" en la *karuna* (en lugar del liberalismo filosófico), o en exprimir la idea de "naturaleza búdica" en todos los seres para fomentar la igualdad y la dignidad humanas.

La imagen que el budismo da de sí es la de una tradición "ecológica". Cosa natural. La no violencia, por ejemplo, fue prescrita por el Buda para todos los seres vivos (y no solo los humanos); el vegetarianismo y el consumo moderado tienen una larga historia en el budismo; el propio Buda aparece siempre rodeado de árboles y entornos naturales (donde tienen lugar los lances relevantes de su vida). Las ideas mahayánicas de interdependencia y budeidad universal favorecen esta actitud. Con todo, los textos clásicos del budismo no se interrogan demasiado sobre la situación de los animales o acerca del entorno natural. (Es más, el nacimiento animal es considerado innoble.) La cosmología budista tradicional es antropocéntrica. La actitud favorable hacia el medio ambiente y la defensa de los animales es un desarrollo reciente en el budismo, deudor del pensamiento ecológico de las últimas décadas.

## El budismo en el supermercado espiritual

Uno de los retos más serios a los que se enfrenta el budismo moderno es a su deglución por los intereses del capitalismo. La imagen del Buda en tiendas de decoración, hoteles, balnearios, bares o prendas de vestir deja de ser un símbolo del "despertar" y se transforma en un "producto" –¿neoorientalista?– al servicio del mercado.

Muchos supuestos retiros budistas se arman con retales inconexos de la tradición y toques exóticos al gusto de lo que los consumidores "nueva era" demandan. No es que el budismo no pueda asociarse con música *chill out* y retiros "nueva era", pero cabe preguntarse hasta qué punto este imaginario global conlleva una banalización de la tradición. (El gobierno de Tailandia ya pide que dejen de comprarse bombillas con la imagen del Buda "iluminado", o que los guiris dejen de tatuarse emblemas budistas en las partes inferiores –impuras– del cuerpo.)

Es cierto que algunos de estos usos y objetos son las versiones modernas de lo que en otros ámbitos fueron –y aún son– los amuletos, los tatuajes y demás productos de la cultura popular. Ocurre que la hibridización moderna se globaliza hoy de forma muy agresiva, y se corre el riesgo de que el budismo quede reducido a un vulgar producto de usar y tirar.

En lugar de mostrarnos la riqueza y la profundidad de las tradiciones budistas, una parte de los libros sobre "espiritualidad" que se publican en lenguas occidentales simplemente ajustan ciertas enseñanzas para el lector-*consumidor* y la sociedad-*mercado*. De ahí la popularidad de la "autoayuda" semibudista, reflejada en la cantidad de libros y cursillos que utilizan el "budismo" –o, mejor, alguno de sus aspectos, por ejemplo la meditación– como remedio para alcanzar la felicidad. Al vaivén de modas espirituales, no deja de ser irónico que la religión del *anatman* pueda acabar convirtiéndose en una forma de inflar egos o alimentar el narcisismo.

En el imaginario popular, el budismo es sinónimo de lo *cool*, lo *zen* y la paz del meditador solitario. Una imagen de serenidad muy aceptable al paladar euroamericano. Pero, ojo, sépase que –en muchos casos– han sido los asiáticos quienes han promovido determinados clichés de moda en Occidente. El moderno budismo globalizado se va construyendo a través de una compleja red de diálogos entre los continentes.

## El potencial crítico del budismo

En verdad, si exprimimos el amplísimo potencial del Dharma, puede armarse una crítica bastante contundente al consumismo (que se nutre del *apego* y la dependencia a los *productos*). Esta es precisamente la línea que han tomado algunos portavoces y organizaciones que –un poco al modo de la teología de la liberación– aplican las enseñanzas originales sobre el sufrimiento y su cese sobre la sociedad planetaria. El budismo tiene cosas importantes que decir para combatir la pobreza, la desigualdad, la degradación medioambiental, el racismo o la violencia. Ahí tenemos los casos de Taixu, Sulak Sivaraksa, Thich Nhat Hanh, Bhikkhu Buddhadasa, Ogyen Trinley, David Loy o Jay Garfield.

Precisamente, el potencial crítico que posee una lectura "budista" del consumismo y el círculo vicioso de la insatisfacción puede servir de correctivo a la mentada banalización de ciertas formas de budismo. Y el potencial que tienen las sofisticadas técnicas de meditación budistas puede contrarrestar –si se combinan sabiamente con su poso ético– el narcisismo espiritual que fomentan bastantes corrientes del supermercado espiritual.

Algunos budistas han optado incluso por cierta vuelta a la tradición y buscan un nuevo compromiso con las formas clásicas. Esto es palpable en Sri Lanka y el Sudeste Asiático (y la renovada "tradición ascética del bosque"), pero también está presente en el mundo tibetano y en el budismo occidental.

❀ ❀ ❀

En resumen, asistimos a la reconfiguración de un budismo más globalizado, destradicionalizado y, si se quiere, menos religioso (razón por la cual en Occidente mucha gente lo concibe más como una filosofía o camino de vida que como una religión). En modo alguno se trata de un budismo menos "auténtico" (ya que eso significaría petrificar un budismo "auténtico" e incapacitarlo entonces para el cambio). Las tradiciones religiosas siempre están en movimiento. Lo muestra el que millones de seguidores y portavoces del budismo están interpretándolo hoy bajo nuevos prismas y objetivos.

# 40. El Samgha monástico

El budismo fue una de las primeras religiones del mundo –con permiso del jainismo– en institucionalizar el monacato. Sin monjes (*bhikshus*) y monjas (*bhikshunis*) no habría budismo. Durante varios siglos, el budismo consistió principalmente en una orden de renunciantes, organizada por el propio Shakyamuni, con reglas de conducta y práctica específicas. Cuando el Buda vaticinó que el Dharma solo duraría 500 años tenía en mente el declive del Samgha *monástico*. Pero contra sus inquietudes, uno de los factores que explica el buen estado de salud del budismo ha sido el lugar preferencial que ha ocupado –y en algunos países aún mantiene– la orden monástica, a pesar de su pérdida de hegemonía en la modernidad. Cuando el Samgha monástico se debilita, los valores budistas dejan de permear la sociedad y la cultura. Su posición –que no su papel– ha sido tan cardinal en el budismo como la de la Iglesia en el cristianismo. Recordemos, sin embargo, que los monjes budistas no forman parte de un orden sobrenatural, como un sacerdote católico, por ejemplo. Su legitimidad proviene de su iniciación como transmisores de la enseñanza del Buda.

La orden monástica continúa siendo el marco ideal –aunque no el único, como antaño– para apuntar hacia el nirvana, la autorrealización o la budeidad. Casi que para el budismo monástico la renuncia al mundo es la meta en sí misma. La forma de vida austera, igualitaria y desapegada de los monjes no constituye un medio hacia ningún fin. Virtualmente, es ese mismo fin. En el marco del Samgha es donde mejor puede limarse el egoísmo y la perniciosa noción de "yo". Por ello, los "monjes" budistas no son *monachos* (solitarios que viven aparte del mundo), sino ejemplos vivos para la gente. Por ser como son y seguir la vida ejemplar de la manera que lo hacen, la sociedad se beneficia.

En la actualidad, los Samghas más grandes son los de China (con unos 350.000 monjes, incluido el Tíbet), Tailandia (250.000) [véase FIG. 51], Birmania (200.000), Japón (125.000), Corea (90.000) [véase FIG. 50] y Sri Lanka (20.000). Por diversos motivos históricos, en países como Nepal o Indonesia, el budismo existe hoy sin el apoyo de un Samgha monástico. Incluso cabría discutir el estatus de los "monjes" japoneses, el 80% de los cuales está casado y hereda un cargo más sacerdotal que monacal.

**FIGURA 50:** Monjes de la orden Chogye (Sön) de Corea regresan a sus celdas tras las oraciones del atardecer. Monasterio de Haeinsa, Corea del Sur. (Foto: Wikimedia Commons).

Desde hace dos mil años, el Samgha theravadin se guía por su *vinaya* del canon pali. Las corrientes del budismo Mahayana tienden a utilizar el *vinaya* de los dharmaguptakas (otra escuela del budismo Nikaya), que fue traducido al chino en el siglo v. El budismo Vajrayana recurre al *vinaya* de la escuela Sarvastivada. Al margen de algunas minucias, la semejanza de estos códigos monásticos es asombrosa. Es interesante señalar que los *vinayas* no solo contienen las reglas de conducta, sino también la explicación de los contextos que llevaron al establecimiento de tales normas. No es desencaminado entender los *vinayas* más como ideales a los que aspirar que no como códigos rígidos e inflexibles. Al menos, en teoría.

La senda monástica puede empezar hacia los 8 años (siempre con el consentimiento de los progenitores), cuando uno puede iniciarse como novicio (*shramanera*) o novicia (*shramanerika*) en una ceremonia llamada –en el budismo Theravada– ilustrativamente "marcharse" (*pravrajya*). Tras la tonsura del cabello, se recibe una doble túnica y se toman los cinco votos básicos: no matar, no robar, no mentir, no tener relaciones sexuales y no consumir drogas o alcohol. Durante este período se pone mucho énfasis en la relación con el preceptor (*upadhyaya*), que enseña las reglas y ritos monásticos, y con el maestro (*acharya*), que enseña los principios del Dharma. Cada novicio se debe a estas dos figuras y a nadie más.

Cuando el novicio tiene alrededor de 20 años se produce la ordenación superior (*upasampada*), que conducen un mínimo de 3 o 5 monjes –con al menos 10 años de vida monástica–, que certifican que el candidato tiene buena salud, no tiene deudas contraídas y que sus familiares han dado su consentimiento. El monje recibe el cuenco de limosnas, la triple túnica y su nombre en el linaje de los "hijos del Buda". Entonces se añaden cinco preceptos más a los anteriores (véase a continuación) y una lista de 227 (o 258) infracciones para los monjes y 311 (o 366) para las monjas (según los

*vinayas*). Estas listas de faltas, recogidas en el *pratimoksha*, se recitan quincenalmente durante toda la vida monástica en una letanía durante una ceremonia de observancia llamada *upavasatha* (pali: *uposatha*). Aunque con leves variantes según el país, el esquema de iniciación y ordenación es muy parecido en todas las tradiciones.*
Tras la ordenación superior ya se es un *bhikshu* o una *bhikshuni*. En el budismo Vajrayana existe una iniciación superior (llamada *abhisheka*), por la cual el discípulo es habilitado para aprender y practicar los yogas tántricos con el lama.

Los motivos para entrar en la orden son, lógicamente, variados. Hay quienes persiguen el ideal de santidad, otros buscan escapar de la pobreza, algunos entran para recibir educación, o para huir de problemas personales, o los que aspiran a la budeidad, etcétera. En los países del Sudeste Asiático es normal tomar los votos monásticos por un período determinado de tiempo (y no de por vida, como en el monacato cristiano). De hecho, una mayoría de birmanos o tailandeses pasa algunos meses de su vida en la orden (y puede que incluso algunos años). A diferencia de Sri Lanka, donde el monacato se tornó en una suerte de "casta" sacerdotal, en Birmania, Laos o Tailandia no está en modo alguno mal visto abandonar la orden y retornar a la vida laica. Incluso cuando la vida monástica le resulta ardua al monje (en especial la castidad), y este deja la orden, no hay estigma alguno. Es preferible ser un buen laico que un mal monje. Es más, el haber sido temporalmente

---

* El quórum mínimo para la recitación del *pratimoksha* ha sido siempre de cuatro monjes. La falta de este quórum –o del mínimo de tres o cinco para conferir la ordenación superior– ha ocasionado las desapariciones de linajes monásticos o las "importaciones" de monjes de otras cofradías o países para mantener el linaje. De la misma forma, una escisión ocurre cuando en un *nikaya* o *samgha* existe alguna desavenencia que lleva a dos grupos de al menos cuatro monjes a realizar ceremonias del *upavasatha* separadas. A partir de entonces, cada comunidad se perpetuará como una entidad distinta.

un renunciante le otorga a uno cierto halo de santidad en la vida
civil.

La jerarquía dentro del Samgha gira en torno a la antigüedad
a partir del momento de la ordenación (y no según la edad). Los
asuntos cotidianos del monasterio recaen en un comité de monjes
veteranos y en una especie de "abad" [véase Fig. 51]. Otra divisoria
dentro de la orden es la de género, ya que –salvo en Occidente– las
mujeres ocupan los escalafones más bajos. Más allá de estos trazos
generales, sin embargo, la organización de los monasterios o las
*samghas* locales pueden variar mucho de un país a otro. En Corea,
se nota el trasfondo confuciano de la sociedad, en el Tíbet domina
una estructura más feudal, en Estados Unidos se aprecia un tono
más igualitarista, etcétera.

Para los monjes y monjas lo que cuenta es el linaje (*nikaya*) u
orden particular (*samgha*) en la que se han iniciado. En Birmania,

**Figura 51:** Monjes budistas con sus superiores y el abad del templo de Wat Phra Singh
(Chiang Mai), Tailandia. (Foto: J.J. Harrison/Wikimedia Commons).

por ejemplo, existen diez linajes (theravadins) muy potentes: Thudamma, Schwegyin [véase FIG. 19], Hngettwin, Dwara, Veluvan,
Pakoku, etcétera. Y así con otros países. Con todo, las diferencias
entre estos *nikayas* son mínimas, bastante menores que entre las
órdenes religiosas del catolicismo, por ejemplo. Las formas y co-
lores de los hábitos varían de un país a otro, pero cada tradición
considera que el suyo es el adecuado y fue aprobado por el Buda.

Los monasterios pueden ser pequeños refugios, incluso cavernas, o monasterios-poblados [véase FIG. 41], y hasta gigantescos
edificios, como los tibetanos (el monasterio de Drepung, el mayor
del mundo, llegó a contar con 10.000 monjes), o los que florecieron en el norte de la India en lo que hoy es el estado de Bihar (que
precisamente toma el nombre de *vihara*, "monasterio"). En China
y Tíbet –aunque también en India, Sri Lanka o Japón–, los monasterios tenían un sistema jurídico propio, llegaron a poseer grandes extensiones de terrenos, desarrollaron una intensa actividad
comercial (incluida la usura) y hasta hacían de mercado comarcal
para los clanes nómadas. También han hecho de hospitales, escuelas, orfanatos, bibliotecas, hostales o graneros. Los monasterios
situados en lugares sagrados se financian por las donaciones de
los peregrinos.

En el contexto budista, la diferencia entre monasterio y templo
reside en que el primero se centra en la joya del Samgha y se origina en el *vihara*, mientras el segundo reposa en la joya del Buda
y se modela en el *stupa*. Con todo, ambas construcciones pueden
estar una junto a la otra, si es que una no se ha desarrollado precisamente a partir de la otra.

El eje de la vida monástica gravita alrededor de las ideas de
desposesión, celibato y no violencia. En cuanto renunciantes, los
monjes no poseen nada, salvo sus hábitos (*kathinas*), un cinturón,
un cuenco para limosnas, un abanico, un rosario, una cuchilla para

raparse la cabeza o un cepillo de dientes. El resto de donaciones
–que el monje está obligado a aceptar– son propiedad del monasterio. Las normas de castidad son muy vigiladas (en especial en
las órdenes de monjas). En algunos países se llega a prohibir que
un monje o una monja reciban directamente una donación de alguien del género opuesto. El símbolo arquetípico de la renuncia
es la ronda matutina que realizan los monjes para mendigar los
alimentos (*pindapata*), vivida también como una práctica comunal
de control de los sentidos y la mente. En los países de preeminencia del Mahayana, este acto es más bien simbólico (y puede que
se pida algo de dinero y no comida), aunque es todavía común en
monasterios zen japoneses. En el Sudeste Asiático sigue siendo una
práctica muy visible [véase Fig. 28]. La doctrina de la no violencia
favorece el vegetarianismo, pero como los monjes no pueden rechazar alimentos que les hayan sido donados, eso hace que *de facto*
sean omnívoros (salvo en algunos monasterios chinos y japoneses,
que siguen de cerca el "Sutra del descenso a Lanka", estricto con el
vegetarianismo, o en ciertos países theravadins, donde se filtra el
agua para no tragar sin querer insectos o larvas). Normalmente,
solo se da un almuerzo, al mediodía, aunque en los territorios fríos
–como Tíbet, Bután, Manchuria o Mongolia– existe una segunda
comida vespertina.

Con la desposesión, el celibato y la no violencia se pretende
crear el marco adecuado para llevar una conducta irreprochable.
En el protegido contexto monástico, repleto de restricciones y preceptos, las acciones de los monjes resultan inofensivas, contenidas,
austeras y responsables.

Las actividades cotidianas de los monjes y monjas incluyen una
veneración al Buda en la celda, la meditación (como, por ejemplo,
en las cuatro "moradas sublimes de Brahma": amor, gozo, compasión y ecuanimidad), el estudio de la doctrina, el culto comunal

(*puja*), las confesiones con el preceptor y las múltiples actividades de interacción con los laicos, que están asimismo delimitadas en el *vinaya*. La tradición aconseja el cultivo de la camaradería y la amistad entre los monjes. En un viejo *sutra* del canon pali, Ananda se acerca al Buda y le dice: «Venerable maestro, la mitad de la vida espiritual consiste en la buena amistad, la buena compañía y la buena camaradería». A lo que el Buda replica: «¡No es así, Ananda! Esto es ¡el cien por cien de la vida espiritual!»[104] Las tareas de manutención del monasterio, llamadas *samu* en japonés, constituyen asimismo una parte importante de la instrucción monástica. La tarea de copiar manuscritos, pintar frescos o llevar a cabo los rituales necesarios para los laicos toma buena parte del tiempo de los monjes.

Aunque los ideales del *arhat* o del *bodhisattva* han quedado como metas "teóricas" (imposibles de alcanzar en nuestros tiempos de decaimiento general), todavía representan un modelo que seguir. Muy pocos aspiran al nirvana o la budeidad en esta vida. Sí esperan, en cambio, que su vocación monástica basada en la desposesión, la austeridad y el estudio les ayude a generar el mérito suficiente como para alcanzar un renacimiento más favorable y apuntar, en una próxima existencia, al pleno despertar. Puntualmente, sin embargo, se escucha de algún monje tan santo y diestro que es considerado un *arhat* o un *siddha* por la comunidad. Esto es particularmente así en aquella sección del Samgha que, optando por un modelo más próximo al ideal del *bhikshu* mendicante de tiempos del Buda, abandona el gran monasterio y se entrega a la meditación en solitario o con un pequeño grupo de monjes eremitas. Aunque no puede hablarse de una tensión entre los monjes sedentarios de "ciudad" y los monjes eremíticos del "bosque" o las "cuevas", sí se corresponden con dos ideales monásticos distintos.

Ello muestra que, a diferencia de lo que mucha gente cree, la inmensa mayoría de los monjes budistas en Asia no están versados en la meditación, que consideran terreno de una pequeña minoría de monjes cualificados. Incluso en tradiciones que han hecho de la meditación su emblema, como el Zen (cuyo nombre, recordémoslo, significa precisamente eso, "meditación"), la mayoría de los monjes se dedica a sanar enfermos o realizar rituales funerarios. Dedican menos tiempo del imaginado al *zazen* (que es considerado un ejercicio ritual), a "resolver" *koans* o estudiar la filosofía de Dogen. De hecho, la inmensa mayoría de los monjes japoneses de monasterios zen solo están unos pocos años, el tiempo suficiente para aprender los rituales, para luego regresar al templo de familia –que heredó de su padre y pasará a sus hijos– donde hace de sacerdote. En la tendencia actual, no obstante, vuelven a primar las prácticas meditativas.

El código monástico está dominado por diez preceptos, que forman la base de la ética y la vida monástica (y pensemos que el Samgha monástico concede mucha más importancia al mantenimiento del código moral que a la filiación a una doctrina particular). Ya conocemos los cinco primeros:

1) Abstenerse de la violencia; 2) abstenerse de tomar lo que no ha sido dado; 3) abstenerse de tener relaciones sexuales; 4) abstenerse de hablar con falsedad; 5) abstenerse de consumir drogas o alcohol; 6) abstenerse de la gula; 7) abstenerse de ir a fiestas de danza o música; 8) abstenerse de adornar el cuerpo; 9) abstenerse de utilizar camas cómodas; y 10) abstenerse de aceptar oro o plata.

Los cuatro primeros son comunes al jainismo, al sistema Yoga o a las *upanishads*. En China y otros países mahayánicos suelen añadirse otras reglas ligadas al ideal del *bodhisattva*. Cada quince días suele haber uno de ayuno (el *upavasatha*) que concluye con una confesión pública de infracciones tras la recitación del *pratimoksha*. En caso de faltas graves (asesinato, robo, relaciones sexuales antinaturales o falsa atribución de poderes), la expulsión es permanente. Las faltas menores pueden requerir expiaciones o expulsiones temporales.

Por el cumplimiento estricto de los votos, la meditación y las tareas monásticas, los monjes se convierten en seres cada vez más puros y acumulan mérito kármico; ergo, se tornan en "fuentes de mérito" adecuadas para que los laicos puedan realizar sus ofrendas y, de esta forma, acumulen mérito kármico. En cierto sentido, se establece un "contrato" entre las dos secciones del Samghha. Los seguidores laicos ofrecen el indispensable apoyo material y logístico y los monjes donan la enseñanza y se ajustan al patrón de conducta célibe, ascético y puro prescrito en el *vinaya*. Así, los laicos buscan permanentemente hacer "donación" (*dana*) con alimentos [véase Fig. 15], hábitos (*kathinas*) o útiles para la vida monástica. Esto es muy visible en la festividad que marca el fin de la estación de lluvias en el Sudeste y el Sur de Asia, llamada precisamente Kathina. Este contacto fortalece los vínculos entre ambas secciones del Samgha. Para tratar a los laicos con la mayor ecuanimidad, los monjes suelen restringir el contacto con su propia familia. De hecho, los mismos laicos buscan la donación a grupos de monjes con los que no tengan relación, ya que se supone que la generosidad impersonal es más meritoria. Por esta razón, los acaudalados patronos de ciudad buscan costear ceremonias en las zonas rurales. Podría resumirse la historia del Samgha budista como el despliegue gradual de este intercambio.

En el pasado, los reyes y los laicos acaudalados financiaban las grandes instituciones del Samgha. A pesar de haberse dado una estrecha relación entre el reino y el Samgha (algunos monjes han hecho de consejeros de monarcas y hasta han existido reyes que durante años fueron monjes), en ningún momento eso condujo a algún tipo de fusión entre el poder horizontal y el vertical (salvo en el Tíbet, con la instauración de los *dalai-lamas*).

Para los dirigentes políticos asiáticos, las "tres joyas" no han representado tanto una cuestión de liberación del sufrimiento como una fuente carismática de protección del reino y de paz y prosperidad para el presente (y el futuro). De ahí el papel estelar de las reliquias o estatuas del Buda. (Y su valencia militar.) Era responsabilidad del soberano proteger y mantener el Samgha y era la del Samgha impulsar la rectitud moral del reino, de forma que se generase el mérito kármico que, a su vez, retroalimentara al Estado.

Básicamente, la ayuda estatal ha consistido en donar tierras, financiar la construcción de monasterios y *stupas* y organizar los grandes festivales. Cuando el poder del Samgha ha sido excesivo, el Estado ha intervenido. Como hemos visto, esto ha sido más frecuente en el budismo chino y japonés.

Cuando han existido conflictos bélicos de tintes "budistas", estos se han dado principalmente entre órdenes monásticas, sobre todo en Japón, donde las corrientes dominantes buscaban doblegar a las escuelas rivales. El Japón medieval llegó a conocer la figura del "monje-guerrero", los monasterios tenían sus ejércitos y las luchas entre las órdenes llegaron a ser feroces. En el Tíbet, los monasterios asimismo tuvieron sus propios servicios de "seguridad" y tampoco escaparon a las batallas entre escuelas.

La asociación del budismo con ideologías nacionalistas (en Sri Lanka, Birmania o Japón, por ejemplo) lo ha hecho a veces cómplice de genocidios y conflictos. No hay que caer en la ingenuidad –clásica entre los occidentales– de pensar que un rey o un dignatario de filiación budista es incapaz de cometer atrocidades. Ciertamente, no es el *budismo* el que promueve la limpieza étnica de tamiles en Sri Lanka, rohinyás en Birmania, o el que alienta la invasión japonesa en Manchuria y Corea en los 1930s, pero sí que ciertas secciones del Samgha monástico colaboraron en estos contextos (aunque, dicha sea la verdad, otras secciones del Samgha con frecuencia se han manifestado en contra). Los monjes budistas son a la vez víctimas o partícipes de la violencia cometida en nombre de la religión. Esta implicación en lo político muestra que, como toda institución religiosa, el Samgha monástico ha estado menos aislado de lo que se piensa. Por no hablar de su "compromiso" social.

En efecto, aunque se asocia la práctica de la generosidad al universo de los laicos, el *dana* forma parte esencial de la práctica de los monjes, bajo la fórmula de hacer donación del Dharma; es decir, enseñarlo a los discípulos, preservarlo (oralmente o en bibliotecas), instruir a los seglares o participar en tareas litúrgicas (cantos de mantras protectores, funerales, etcétera). Todavía hoy es común que los jóvenes de Tailandia, Laos o Birmania pasen una estación de lluvias (unos 3 meses) en un monasterio y se empapen de los valores y prácticas monásticas. Es su verdadero rito de paso a la adultez (algunos lo hacen justo antes del matrimonio). A la vez, se "apropian" del carisma del Samgha, que es la mejor forma de adquirir mérito kármico para la familia. En Japón, la mayoría de los monjes (que ni siquiera son célibes) hacen de sacerdotes de templo y dirigen los rituales funerarios de los laicos. Insistamos en lo dicho: aunque se asocia el budismo con la búsqueda del "despertar" a través de la meditación, los monjes budistas han estado –y en Asia siguen estando– muy ligados a sus responsabilidades cívicas y no han enfatizado en exceso la trascendencia y la renuncia al mundo socialmente condicionado.

También ha sido habitual el concurso de los monjes en la medicina local. Ya en vida del Buda, los mendicantes eran tenidos por médicos. Y desde antiguo, los monasterios han hecho de hospitales, dispensarios o asilos. Muchos devotos asiáticos creen que, gracias a sus trances meditativos, los monjes pueden realizar sanaciones milagrosas o adivinar el futuro. Los monjes también destacaron pronto como astrólogos, fabricantes de amuletos y hasta rapsodas. Al asumir el Estado moderno muchas de las tareas que fueron potestad de los monjes (como la salud y la educación), ello ha resultado en una cierta reactivación –patente desde finales del siglo xix– de las prácticas más estrictamente espirituales y pastorales de los monjes.

Los monjes han estado muy activos en el mundo ritual de los laicos, en especial en los ritos de protección o en los sacramentos ligados a la muerte (algo quizá impensable en tiempos del Buda, ya que los monjes eran *shramanas* y no sacerdotes, pero que –como atestiguan los *vinayas*– parece haberlos ocupado desde tiempos antiguos). En todo Asia, los monjes budistas tienen una gran reputación en los rituales mortuorios (que representa una buena fuente de ingresos para el monasterio). Ya que en algunos países de Extremo Oriente a los laicos no les está permitida la ofrenda a los difuntos, lo hacen a través de los monjes, que transfieren el mérito de la ofrenda a los muertos. Aunque en todos estos aspectos los monjes están traspasando su rol (y hasta contradicen los principios budistas del *anatman* o del karma), en muchos países se considera que un laico budista no podría llevar una vida realmente civilizada sin la participación de los monjes en sus rituales. Tampoco olvidemos que en la antigüedad los monasterios no solo fueron instituciones de conocimiento o meditación, sino verdaderos focos económicos, culturales y rituales. Los monjes siguen teniendo un papel destacado en los festivales y festividades locales. En Sri Lanka, algunos monjes perciben una pequeña remuneración por su labor de maestros de escuela, y en el Tíbet los legos pagan los servicios rituales de los monjes.

# La orden de monjas

Dicen las crónicas que fue el propio Buda quien estableció la orden de monjas (*bhikshunis*), en gran parte gracias a la insistencia de su madrastra Mahaprajapati y a la presión de Ananda (que fue reprochado por ello en el primer concilio de los "ancianos" tras el *parinirvana*). A pesar de que la reacción del Buda fue dubitativa (no porque no creyera en la capacidad de las mujeres en alcanzar el despertar pleno o el nirvana, sino por los peligros que veía en dos órdenes célibes próximas), acabó por dotar a las mujeres de un espacio en el Samgha monástico, aunque sujeto a un código más estricto que el de los monjes y en todo momento bajo supervisión de un preceptor varón. Mahaprajapati aceptó las condiciones con entusiasmo y fue ordenada. Estos aspectos son hoy motivo de crítica, ya que al subordinar la posición de la orden de monjas y no permitir que gozara del mismo respeto y apoyo material, en cierta manera, se estaba sentenciando su futuro, como resultó ser el caso.

Es quizá algo injusto juzgar al Buda por los valores de nuestra época. Hay que entender que para la suya (marcada por el clásico androcentrismo institucional), el hecho de que aceptara la orden de monjas fue todo un hito (aunque tal vez a remolque de la ya establecida orden de monjas jainista). En el contexto patriarcal de la antigua India existían suspicacias sobre el futuro de una orden de mujeres mendicantes y el impacto que esta pudiera tener en la orden de varones. Sin embargo, como muestra el compendio pali del *Therigatha* ("Poemas de las ancianas"), que es posiblemente la recensión de literatura femenina más antigua del mundo, conocemos a muchas mujeres que progresaron en la senda budista, hallaron en el Samgha sentido a su vida y alcanzaron el máximo nivel de santidad y sabiduría.

Con el paso del tiempo, la misoginia ascética (la mujer vista como amenaza constante a la pureza de la vocación monástica masculina) acabó por hacer desaparecer la orden en India (siglo v) y Sri Lanka (siglo xi).* En Birmania, el linaje de monjas se truncó en el siglo xiii. En el Tíbet y los países del Vajrayana, ni siquiera llegó a institucionalizarse la ordenación plena.

En la mayoría de los países asiáticos, las monjas budistas han carecido de estatus oficial y, técnicamente, forman órdenes de novicias o laicas renunciantes. Aunque se rapan el cabello, visten los hábitos, ayunan desde la puesta del sol y mantienen el celibato; esto es, aunque se comportan como monjas, no han sido más que "piadosas laicas" (y, como tales, observan ocho de los diez preceptos, igual que los laicos los días de *uposatha*). Puede que las *thila-shin* birmanas hayan gozado de mejor consideración (dirigen sus propios monasterios y hasta salen a mendigar diariamente), lo mismo que algunas *dasa-sil matas* de Sri Lanka, y puede que en el Tíbet algunas mujeres fueran reconocidas como expertas meditadoras o médiums, pero quedaron desgajadas de la estructura –y la educación– del Samgha monástico.

Por avatares históricos, los únicos países que han mantenido la iniciación plena de monjas han sido Taiwán (donde alrededor del 75% de *toda* la comunidad monástica es femenina), China, Corea y Vietnam, todos de preponderancia mahayánica. En el siglo xiii, Mugai Nyodai llegó a ser maestra zen y abadesa del más emblemático de los "cinco monasterios" rinzai cerca de Kyoto.

Gracias a linajes taiwaneses y coreanos, a mediados de los 1990s pudo restablecerse la iniciación de monjas cingalesas (simbólicamente, en los *tirthas* sagrados de Sarnath y Bodh-Gaya), utilizando el *vinaya* de los dharmaguptakas (lo que conllevó críticas

---

* Son todavía poco claras las causas de la desaparición de la orden de monjas en el Sur de Asia. En el caso de la tradición hermana del jainismo, y a pesar de idénticos prejuicios de género, desde tiempos de Mahavira hasta el presente el número de monjas siempre ha triplicado al de monjes.

internas, ya que es un *vinaya* del budismo Mahayana). En sucesivas
ordenaciones, organizadas por el grupo taiwanés Fojia Ciji, partici-
paron conjuntamente monjes theravadins y del Mahayana. Puede
que ya exista de nuevo un millar de monjas ordenadas en Sri Lanka
(amén de unos cuantos miles de *dasa-sil matas*, que prefirieron
mantener su estatus híbrido, que no está sujeto a ninguna autoridad masculina). Años más tarde se reinstauró también la orden de
monjas tailandesa. Y en el 2015 se recuperó incluso en Indonesia.

Lo mismo ha sucedido con los linajes del Vajrayana, que ya
pueden otorgar ordenación plena a las novicias. Desde ese momento pasan a denominarse *gelongma,* equivalente a la sánscrita
*bhikshuni.*

Es justo destacar que el aliento en recuperar las órdenes de
monjas ha provenido en gran medida de la iniciativa del feminismo
occidental y de monjas budistas occidentales (como la organización internacional Sakyadhita), apoyadas por pequeños círculos
intelectuales locales y los movimientos laicos de Taiwán y Corea. El
monasterio de Sravasti en el estado de Washington, dirigido por la
*bhikshuni* Thubten Chödron, ha representado también un estímulo
importante, avalado por el Dalai Lama.

Estas iniciativas han puesto sobre el tapete la idea de establecer
un Samgha internacional que posea la autoridad para decidir sobre
cuestiones de la disciplina monástica. La propuesta, sin embargo,
está aún muy verde y no encaja bien con el histórico espíritu au-
tárquico de los *samghas* monásticos locales.

# 41. El Samgha laico

Se considera laico (*upasaka*) o laica (*upasika*) budista aquel que ha tomado el "triple" refugio (o sea, que lo ha repetido tres veces) en las "tres joyas". Pero, a diferencia de los monjes y monjas, no existe ningún rito de paso que marque la adopción del budismo como modo de vida. Uno puede considerarse budista sin haber tomado formalmente ningún refugio. No hay bautismo. Incluso hoy podemos encontrar muchos practicantes del Dharma que ¡ni si quiera se consideran "budistas"! Esto es más frecuente entre los occidentales, ya que en Asia la mayoría de los laicos ha nacido en un contexto ya budizado e impregnado por su cosmovisión.

Si en el budismo antiguo la posición del seguidor laico aparece como inferior a la del monje (lo que no quita que muchas enseñanzas fueran dirigidas a los oyentes no iniciados, en especial a gobernantes y comerciantes), con el Mahayana la figura del laico se fortaleció ya que, gracias a la meditación o a la transferencia de mérito, puede alcanzar los mismos niveles que un monje. En el "Sutra de Vimalakirti" es un cabeza de familia iluminado quien expone la sabiduría trascendental de la no dualidad, aclamado hasta por los *bodhisattvas*. Y en el "Sutra del rugido del león de la reina Shrimala" es incluso una laica quien pronuncia la enseñanza superior.

En países como Japón, la diferencia entre laicos y monjes (no célibes) ha acabado por ser muy tenue. Como ya sabemos, en algunos países del Sudeste Asiático es costumbre que los jóvenes pasen unos meses de su vida en un monasterio. Puede que la mitad de los tailandeses, laosianos y birmanos hayan pasado algún tiempo en un monasterio. Hoy, muchos seguidores laicos (asiáticos u occidentales) se entregan a prácticas tradicionalmente "monásticas" como la meditación o el estudio de los textos, con lo que la divisoria se hace aún más tenue. Pero aunque las diferencias mengüen, la mayoría de los laicos budistas en Asia desconoce las sutilezas filosóficas y las enseñanzas más profundas del Dharma. Para ellos y ellas, el budismo tiene que ver sobre todo con el ritual y la conducta moral.

En lugar de diez preceptos, los laicos suscriben cinco (el *pañcha-shila*, popularmente también conocido como *pansil*), que son idénticos a los cinco primeros de los monjes. En virtud de este fundamento ético, los laicos deberían evitar el consumo de drogas y alcohol (que conlleva negligencia mental; precisamente lo opuesto a la plena consciencia que exige la senda budista) o los lujos y posesiones innecesarias. Pero recuérdese que la disciplina moral encapsulada en los "cinco preceptos" no es una prohibición absoluta divinamente decretada. Se trata de consejos de sabiduría que cada uno debe adaptar para atenuar los venenos de la codicia, el odio y la confusión.

Para millones de asiáticos, el budismo es cuestión de *shila* ("moralidad"; los mentados cinco preceptos), de *tyaga-dana* ("donación desinteresada" o generosidad; que se traduce en dar soporte material a la orden monástica y al Buda) y de *shraddha* ("confianza" en las "tres joyas"). Se observa, pues, que la diferencia de un budismo monástico y otro laico es, ante todo, de *grado*. El texto esencial sobre la disciplina moral del Mahayana, "El Sutra de la red de Brahma", por ejemplo, especifica los mismos votos para monjes y laicos. Con todo, a diferencia de los monjes y monjas, ninguna confesión o arrepentimiento se exige a los laicos.

La interacción con los monjes es frecuente, ya que los laicos les donan los alimentos y los utensilios monásticos, como los hábitos y las toallas. Los más acaudalados financian la construcción de monasterios, *stupas* o escuelas. Los textos budistas no escatiman elogios para con los actos de generosidad hacia el Samgha monástico. Muchas historias aleccionadoras en los *jatakas* o los *sutras* muestran cómo se cultiva la "perfección de la generosidad". Puesto que, además, se considera que la construcción de un nuevo templo porta más mérito que la restauración de uno viejo (ya que el mérito kármico iría a parar al mecenas original), ello resulta en una proliferación de *stupas* y santuarios.

Las donaciones reportan mérito kármico a los dadores porque, como ya conocemos, el Samgha monástico es una gran "fuente de mérito" (por partida doble, pues media entre el Buda y el mundo y entre el Dharma y los humanos). Este punto es decisivo, ya que para los laicos los ideales del nirvana o de la budeidad son alejados (y se presupone que requieren del marco monástico para trabajarlos a conciencia), de modo que su principal meta es adquirir mérito (popularmente: buen karma), cumpliendo los preceptos y realizando donaciones regulares a fuentes de mérito [véase FIG. 15]. Es la mejor forma de obtener felicidad, salud y riqueza en esta vida; y auspiciosos renacimientos en una futura, a ser posible en alguna tierra pura (donde será guiado al nirvana por la gracia del *buddha* Amida, por ejemplo), o en alguno de los cielos de los *brahmas*, hasta que "uno" vuelva a nacer como humano cuando esté activo el futuro *buddha* Maitreya, forme parte entonces de la comunidad monástica y complete el camino que conduce al nirvana.

Casi que podría distinguirse entre un *budismo nirvánico*, propio de los monjes (aunque también de los laicos entregados), fundamentado en las "cuatro nobles verdades", los diez preceptos y en la práctica de la meditación; y un *budismo kármico*, propio de la mayoría de los laicos asiáticos, que se fundamenta en la generosidad con las fuentes de mérito, la ética basada en los cinco preceptos y en una serie de ritos y consagraciones que son solo "budistas" de refilón. Dicho lo cual, sería incorrecto hablar de una vía vertical para los monjes y otra horizontal para los laicos. Porque lo cierto es que incluso el nirvana o la budeidad son metas teóricas para una gran mayoría de los monjes. Y, al revés, la persecución de buen karma o de metas prosaicas no implica abandonar los ideales del nirvana o del despertar. De hecho, bajo la extendida noción del declive del Dharma, una mayoría de los monjes asiáticos están asimismo centrados en cultivar buen karma.

En sus estrechos vínculos con la laicidad, los monjes soslayan su carácter de "renunciantes" y pasan a hacer de gurús, sacerdotes, magos o chamanes de los laicos. Por su parte, puesto que los laicos tienen más interés en mostrar su generosidad para con aquellos monjes que portan una vida acorde con los estándares de santidad (ya que su "campo meritorio" es más poderoso), el resultado es que la laicidad establece un cierto control sobre el Samgha monástico.

De hecho, una parte importante de los desarrollos modernos del budismo ha provenido de practicantes laicos del Dharma. Vienen a la cabeza nombres como el maestro birmano de *vipassana* U Ba Khin, el líder *dalit* indio Bhimrao Ambedkar, el divulgador del Zen Daisetz T. Suzuki, el reformador cingalés Anagarika Dharmapala o Tsunesaburo Makiguchi, fundador del movimiento Soka Gakkai. Esto es aún más notorio en el caso del budismo occidental, donde los grupos seculares son mayoría.

Por otra parte, la idea de "transferencia de mérito" (la donación del mérito acumulado) difumina todavía más la divisoria. Uno puede acumular el mérito kármico para un mejor renacimiento, pero también para transferirlo a parientes fallecidos, o para ofrecerlo a las divinidades o a los espíritus que nos ayudarán a mejorar en esta vida.

Para los devotos asiáticos, el budismo es inseparable del ritual. (De hecho, en la mayoría de las religiones del mundo es el *rito* –y no la creencia– el epicentro de la religiosidad.) Los rituales budistas persiguen beneficios mundanales (felicidad, prosperidad, prestigio...), normalmente con prácticas que generan buen karma, lo mismo que exorcizar demonios y enfermedades, alejar el mal o conmemorar los tránsitos importantes en la vida de la persona (matrimonio, nacimiento de hijos, inicio de un negocio, construcción de un hogar, funerales, etcétera). Los monjes participan también de estas modalidades de budismo. No se trata de formas incultas, supersticiosas o corruptas de un prístino budismo original, ya que todo hace pensar que desde tiempos muy antiguos el budismo ha estado al servicio de las necesidades de los devotos laicos. (De hecho, no habría podido sobrevivir sin la generosidad y las donaciones de los laicos.) A lo sumo, son modalidades "populares" de budismo.

En Tailandia, por ejemplo, es costumbre que al nacer una criatura los padres acudan a un monje para que le dé un nombre auspicioso. La popularidad de los mantras y las *dharanis* en todo el mundo budista reside sobre todo en su carácter taumatúrgico. En el mundo tibetano, se dice que una *dharani* recitada con precisión puede afectar al mundo de forma benéfica y hasta alterar los frutos kármicos. En el Sudeste Asiático no es raro encontrar a monjes recitando *paritranas* (textos protectores extraídos de los *sutras*) en ceremonias nupciales o a requerimiento de algún particular para propiciar larga vida, buena fortuna y hasta para partos difíciles [véase Fig. 52]. Los amuletos (normalmente cadenas con algún pequeño *buddha*) y, en menor medida, los tatuajes son muy populares en todo el mundo budista por sus propiedades protectoras. En China, Taiwán o Japón, un ritual funerario es impensable sin la participación del sacerdote budista.

Dicho lo cual, hay que recordar que no existe un rito de paso (bautismo, matrimonio, funeral...) que sea estrictamente "budista". Las diversas consagraciones que jalonan el ciclo de vida de las personas de los distintos países budistas remiten a ceremonias no budistas (confucianas, chamánicas, hinduistas, brahmánicas, taoístas, cristianas, sintoístas, etcétera) con menor o mayor presencia de elementos budizantes. Aunque, como hemos visto, hoy los monjes budistas participan –a veces junto con sacerdotes, chamanes u otros especialistas de lo sagrado– en estas ceremonias (y casi tienen el monopolio de las mortuorias), el budismo ha sido en muchos países una religión sin sacerdote (Japón sería la excepción). Por ello, no existe ninguna autoridad eclesiástica o religiosa que regule la conducta de los practicantes. Y por la misma razón,

**Figura 52:** Un monje recita *paritranas* (pali: *parittas*) a un grupo de devotas y devotos. Tailandia, *circa* 1900. (Foto: Wikimedia Commons).

tanto hoy como en el pasado, los budistas de todo el mundo han combinado la práctica del budismo con elementos no budistas de sus respectivas culturas. El budismo no exige exclusividad.

Otra de las prácticas habituales entre los laicos –y los monjes– es la peregrinación, hoy día más multitudinarias que nunca gracias a la mejora en las comunicaciones y a la pujante industria turística. En muchos países, los lugares sagrados se encuentran en montañas, ríos o espacios que ya eran sagrados para cultos prebudistas. Clásicos son el Pico de Adán (o Shripada) en Sri Lanka, el monte Kailash en el Tíbet, el monte Koya en Japón, los montes Wutai o Putuo en China, la pagoda de Shwedagon en Birmania, etcétera. Especialmente estimados son los cuatro *tirthas* de Nepal e India asociados a la vida del Buda (Lumbini, Bodh-Gaya, Sarnath y Kushinagara). Los fieles pueden tener diferentes propósitos para participar en las peregrinaciones y ceremonias: empaparse de lo sagrado, cumplir algún voto personal o adquirir mérito. Llegados al lugar sagrado, muchos devotos realizan un sinfín de circunvalaciones y –entre los tibetanos– postraciones ante las imágenes sagradas. Infinidad de leyendas se asocian a dichos lugares, templos o estatuas. La recitación de mantras auspiciosos está a la orden del día. Durante el tiempo de la peregrinación, el devoto literalmente se empapa de budismo.

Muy populares son los festivales que conmemoran algún acontecimiento de la vida del Buda, la historia del Samgha o la historia mítica del país. En las áreas del mundo theravadin, probablemente la celebración budista más emblemática sea el Vesak, que rememora nada más y nada menos que el nacimiento, el despertar y el *parinirvana* del Buda; acontecimientos que se supone tuvieron lugar durante la luna llena del mes de *vaisakha* (abril-mayo). En cierta manera, conmemora la vida entera del Buda. La celebración suele incluir la circunvalación del monasterio al anochecer. Muchos laicos entran en el recinto a escuchar algún recuento de la vida del Buda. Populares son también los festivales que marcan el comienzo y el fin del "retiro monástico" durante la estación de lluvias, o el festival que conmemora su aparición como el príncipe Vessantara. Pero el calendario está jalonado de infinidad de festivales *locales*, muchos aún solo medio budizados. Entre las actividades rituales más importantes del Vajrayana, por ejemplo, tenemos el *cham* (o "danza de las máscaras"), que probablemente sea el festival más emblemático del budismo tibetano después del Año Nuevo (*losar*). Algunos grupos celebran el festival de la "Gran plegaria" (*monlam*), que se remonta a Tsongkhapa, como añadido al *losar*. Todo el acompañamiento de trompetas, címbalos y percusión sigue un simbolismo muy medido. Con la invocación de las divinidades protectoras durante el *cham* se pretende expulsar lo maligno. Otra danza famosa es la de la destrucción de Langdarma, el malvado "perseguidor" del budismo.

Por supuesto, el monasterio o el *stupa* local es un lugar de congregación para los laicos. En especial, durante el *upavasatha*, cuando los monjes recitan el *pratimoksha*. Siguiendo una reco-mendación del propio Buda, muchos laicos acuden ese día a donar alimentos a los monjes. Además de los cinco preceptos habituales añaden tres más (equiparándose virtualmente a los monjes): no utilizar joyas, no dormir en una cama y no tomar alimentos tras el atardecer. Puede que algunos devotos lleguen a pernoctar en el monasterio.

Como hemos visto, todo lo asociado con las "tres joyas" es "carismático". El karma meritorio para con el Samgha es la ge-nerosidad con la orden monástica. El karma meritorio para con el Dharma es el culto a los *sutras* que contienen la enseñanza. El karma para con el Buda está en el culto al *stupa* que esconde sus reliquias o en el culto a la propia imagen del Buda.

Formalmente, el culto budista no se distingue mucho de la *puja* hindú. El devoto ofrece alimentos, guirnaldas de flores, incienso, parasoles (símbolo de realeza) y efectúa circunvalaciones alrededor de la imagen principal (que siempre queda a su derecha). Hay quien se ofrece a sí mismo, simbolizado por la postración ante la imagen. Una de las prácticas de culto es el baño ritual y lavado de la estatua del Buda, que luego se viste con tela y se adorna con flores. Como dijimos, es común transferir el mérito adquirido durante la ceremonia a otros seres y familiares. Todo el mundo reconoce a la perfección la iconografía del Buda (escenas de su nacimiento, la renuncia, la victoria sobre Mara, la prédica en Sarnath, etcétera) o de alguna de sus vidas anteriores. Lo mismo sucede con *buddhas* como Amida o *bodhisattvas* como Avalokiteshvara. En Sri Lanka es popular el culto al árbol de la *bodhi*, venerado como si de un *stupa* se tratara.

Aunque este tipo de cultos parece pensado para los laicos, desde tiempos antiguos está atestiguado el culto a *sutras* y *stupas* por parte de monjes y monjas. La tradición no ha cesado de insistir en que aquel que escuchara, copiara o predicara los *sutras* adquiriría un mérito incalculable.

Lógicamente, muchas de estas prácticas están ausentes –o atenuadas– entre los seguidores más secularizados, en especial los occidentales, para quienes el budismo tiene que ver con prácticas como la meditación y, quizás, alguna liturgia tántrica (y menos con el culto tradicional, los festivales o las peregrinaciones), y cuya espiritualidad apenas está enfocada a la acumulación de mérito.

# Epílogo

En 1869, una revista literaria y cultural norteamericana sugería que el budismo era como el "protestantismo" de Oriente; una reforma del hinduismo clerical, supersticioso y politeísta. Al año siguiente, sin embargo, otro artículo de la misma revista sostenía casi lo contrario: el budismo, repleto de deidades y *bodhisattvas*, más bien se parecía al "catolicismo". Claro que no mucho después el sanscritista Monier-Williams declaraba que el budismo no era una religión de verdad, ya que no poseía Ser Supremo ni plegaria, ni se jactaba de revelación sobrenatural.

Reconozcamos que la polémica sigue vigente. En Occidente, es frecuente que en conferencias, retiros o encuentros sobre budismo surja la controversia de si el Dharma es, en último término, una *religión* o una *filosofía*. Seguramente, esta pregunta no tendría mucho sentido en Kyoto, en Bangkok o en Dharamsala. (Ni en un departamento universitario de historia de las religiones.) Allí, nadie pondrá en duda que el budismo es una religión en toda regla. Pero es un hecho que en Occidente muchas personas prefieren definir el budismo como una "filosofía"; normalmente, porque simpatizan con él y tienen cierta aversión a la etiqueta "religión" y todo el bagaje que esta lleva a cuestas. O porque abstraen su enseñanza soteriológica (la meditación y ciertos principios filosóficos) y ladean las prácticas sociales de los asiáticos. De modo que también pueden caracterizarlo de "espiritualidad", "camino de vida" o "sabiduría". Una espiritualidad centrada en ejercitar la compasión y que, vía la meditación, permite desarrollar un estado de mente sosegado. (Esta posición es típica de lo que hemos llamado "budismo moderno".) Sin embargo, también existe otra corriente –en la estela cristianocéntrica de Monier-Williams– que aún no admite que una tradición sin Dios, sin Iglesia y sin Libro revelado –es decir, sin una clara definición de "ortodoxia"– pueda ni siquiera llegar a ser considerada una "religión".

La disputa delata unas inquietudes típicamente occidentales, ya que en Asia (y, desde luego, en la India de tiempos del Buda) no ha existido la dicotomía entre filosofía y religión. En verdad, el budismo será aquello que cada uno considere que es porque no es ninguna esencia (¡precisamente ha hecho de la falta de esencia uno de sus rasgos distintivos!). Es legítimo calificarlo como un camino espiritual, una filosofía o un método terapéutico al margen de la religión; como considerarlo –si miramos el asunto diacrónica y antropológicamente– una de las grandes tradiciones religiosas del planeta (y no solo de Asia) y, en ciertas épocas y lugares, hasta una civilización. En su seno existe tanta diversidad y tantas formas de vivirlo, que admite incontables formas de entenderlo o imaginarlo.

Para reflejar esa riqueza resulta didáctico repensarlo con pares *complementarios*. Por ejemplo, podría contrastarse un budismo "trascendente", típico de los monjes y monjas, que arraiga en los ideales clásicos de renuncia y nirvana, al lado de un budismo más "inmanente", popular entre los seguidores laicos de Oriente y entre los neobudistas de Occidente, que persigue metas más mundanales de sosiego, buen karma y felicidad. Históricamente, ha existido también una cierta tensión-y-complementariedad entre una aproximación más gnóstica y otra más devocional. O entre escuelas escolásticas (Tendai, Gelug...) y escuelas meditativas (Kagyü, Yogachara...). En este libro hemos seguido también la esquematización en los tres grandes vehículos: Theravada, Mahayana y Vajrayana. Las variables son infinitas.

Como quiera que lo concibamos, eso que llamamos "budismo" es un concepto compuesto, impermanente e imposible de petrificar. Gracias a sus diálogos internos y externos, el Dharma es algo más que una filosofía, más que un sistema ético, más que una práctica religiosa o un conjunto de técnicas de meditación. Precisamente, esta orientación múltiple ha dotado al budismo de la notable resiliencia que ha demostrado tener. Su adaptación a sociedades tan variadas, regímenes políticos hostiles, incluso al secular y postmoderno Occidente, es un nuevo ejemplo de su connatural flexibilidad y de su propia diversidad interna.

Pero al margen de sus diferencias, sensibilidades y manifestaciones, todas las expresiones budistas, sean laicas o monásticas, trascendentes o inmanentes, asiáticas u occidentales, gnósticas o devocionales... se reencuentran en sus "tres joyas" o perlas: el Buda, el Dharma y el Samgha.

# Glosario

*abhidharma* (pali: *abhidhamma*): "Enseñanza superior". Sección escolástica de la enseñanza en los cánones budistas más antiguos que trata sobre los elementos y factores de la existencia (*dharmas*). Compendia la filosofía y psicología del budismo Nikaya.

**abhidharmika** (pali: *abhidhammika*): Monje especialista en la filosofía del budismo Nikaya.

**Abhirati**: "Tierra de la suprema alegría". Tierra pura del *buddha* Akshobhya.

*abhisheka*: Iniciación superior (Vajrayana); consagración.

*acharya* (tailandés: **ajahn**): Maestro, preceptor espiritual.

**Adibuddha**: "*Buddha* primigenio". Figura del budismo Mahayana y Vajrayana que representa el principio último de la budeidad. En el Mahayana suele ser caracterizado por Vairochana, en el Vajrayana por Samantabhadra o Vajradhara.

*agama(s)*: Colección de escrituras en sánscrito del budismo (Nikaya o Mahayana).

*ahamkara*: "Hacedor del yo", egoidad.

*ahimsa*: No violencia. Uno de los principales fundamentos éticos del budismo.

**Ajivika**: Antiguo grupo shramánico de la India, de orientación determinista.

*ajñana*: Desconocimiento, ignorancia.

**Ajñanika**: Corriente agnóstica y escéptica de la antigua India.

*akasha*: Espacio.

*akushala*: Comportamiento malsano, como la codicia, el odio o la ignorancia.

*alaya-vijñana*: "Depósito de consciencia". Fundamento de todas las formas de consciencia. Concepto propio de la filosofía Yogachara del Mahayana.

*anagamin*: El "sin retorno". El tercer nivel avanzado de progresión en la senda.

*ananta*: Infinito, sin fin.

*anatman* (pali: *anatta*): Sin sí mismo, insubstancial, inexistencia del "yo" o alma. Doctrina budista que cuestiona la realidad del *atman*. Comprensión de que todas las cosas son sin esencia permanente y eterna. Una de las tres "marcas de la existencia".

*anitya* (pali: *anicca*): Transitorio, impermanente, efímero, en flujo constante. Una de las tres "marcas de la existencia".

*arhat* (pali: *arahant*; chino: **luohan**): "Merecedor", "perfecto". El cuarto y último nivel avanzado de progresión en la senda. Es aquel que ha despertado en esta vida y, por su propio esfuerzo, ha alcanzado el nirvana con "residuo". Representa el ideal de santidad del budismo antiguo y del budismo Theravada. Para el budismo Mahayana es aquel que está en un nivel muy avanzado en la senda.

**Arupadhatu**: Esfera "sin forma". Uno de los tres niveles del cosmos según la visión budista tradicional.

*arya*: Noble, practicante diligente.

*asamskrita* (pali: *ashankhata*): "Lo no construido", lo incondicionado; en especial cuando se refiere al nirvana.

*ashrava*: Influjo.

*asura(s)*: Titán de sangre caliente de la mitología panindia.

*atman* (pali: *atta*): Espíritu, alma, Yo profundo, sí mismo, esencia permanente y eterna. Concepto clave en las tradiciones hindúes.

*avadana(s)* (pali: *apadana*): Textos sobre las vidas anteriores y las gestas de *budd-has, arhats* y *bodhisattvas*.

*avidya* (pali: *avijja*; tibetano: *ma-rigpa*): Ignorancia, desconocimiento, nesciencia. Uno de los grandes males (y el origen de muchos otros) según el budismo.

*bar-do* [tibetano]: "Estado intermedio", principalmente entre una existencia y otra.

*bauddha*: Budista.

*bhakti*: Devoción, entrega amorosa.

*bhavana*: "Cultivo". Meditación.

*bhava-chakra*: "Rueda de las existencias". Imagen del samsara condicionado.

*bhikshu* (pali: *bhikkhu*): Monje budista, asceta mendicante.

*bhikshuni* (pali: *bhikkhuni*; tibetano: *gelongma*): Monja budista.

*biguan* [chino]: "Mirar a la pared". Meditación clásica del Zen.

*bija*: Sílaba, mantra silábico.

*bodhi*: Despertar, iluminación. Aprehensión vivencial y absoluta de las "marcas de la existencia" (*duhkha, anitya y anatman*) más la vaciedad (*shunyata*) o completa dependencia de los factores de la realidad.

*bodhichitta*: "Pensamiento del despertar", aspiración al despertar. Conducta altruista desplegada por el *bodhisattva* y enfocada a ayudar a otros seres vivos a despertar. Concepto central del Mahayana.

*bodhisattva* (pali: *bodhisatta*): El que aspira al despertar. En el budismo Theravada es el nombre que recibe aquel que va a convertirse en *buddha* (como Gautama en sus encarnaciones anteriores o antes del despertar). Para el budismo Mahayana es aquel que, habiendo cultivado la *bodhichitta*, ayuda a los demás seres a encauzarse en la senda del despertar. Representa su ideal de la sabiduría y la compasión.

**Bodhisattvayana:** Vehículo de los *bodhisattvas*. Nombre de la práctica espiritual de quien sigue el ideal del *bodhisattva*. Antigua denominación del Mahayana.

*bogdo gegen* [mongol]: Véase *jebtsundamba-khutuktu.*

**bön:** Religión con muchas similitudes con la escuela budista tibetana más antigua (Ñingma) y fundamentos en la religión prebudista del Tíbet.

*bönpo* [tibetano]: Sacerdote de la antigua religión tibetana (*chös*). Luego designará a un seguidor de la tradición bön.

*brahma(s)*: Divinidades de la cosmología budista.

*brahman*: Lo Absoluto, la Realidad Última. Concepto central en las *upanishads* y la filosofía brahmánica Vedanta.

**brahmán** [castellano] (sánscrito: *brahmana*): Sacerdote, letrado. Miembro de una de las castas indias cuya ocupación tradicional ha sido la liturgia y la transmisión de los saberes sagrados.

**Buda** [castellano] (sánscrito: **Buddha**): El "Despierto". Epíteto aplicado a Siddhartha Gautama tras el evento del "despertar" (*bodhi*). Una de las "tres joyas" del budismo. Para el Mahayana puede poseer un sentido más metafísico.

*buddha*: "Despierto". Aquel que ha despertado y ha aprehendido –por sí mismo– las cosas tal-cual-son y despliega la sabiduría correspondiente. Por ende, el que trasciende la rueda de las transmigraciones.

*buddha-dharma*: "Enseñanza del Buda", budismo.

*buddha-kshetra*: "Campo búdico". Espacio donde actúa y predica un *buddha*. En Extremo Oriente es conocido como "tierra pura".

*buddhanusmriti* (chino: *nianfo*; japonés: *nembutsu*): "Recuerdo del Buda". Forma de meditación basada en murmurar las cualidades o el nombre del *buddha* (generalmente Amitabha). Muy popular en el budismo devocional.

*buddhatva*: véase **budeidad.**

*buddha-vachana*: "Palabra del Buda". Material (principalmente en forma de *sutra*) que se dice fue pronunciado por el Buda (o aprobado personalmente por él).

**budeidad** [castellano] (sánscrito: *buddhatva*; japonés: *bussho*; chino: *fo xing*): Naturaleza despierta de la realidad y en todo ser. En el budismo Mahayana, realizar dicha cualidad inmanente es el objetivo de la vida espiritual.

*burakumin* [japonés]: Antigua casta japonesa de trabajadores en tareas impuras.

*bushido* [japonés]: "Vía del guerrero". Código de acción de los *samurais*.

*bussho* [japonés]: véase **budeidad.**

*chaitya*: Santuario, capilla, templo, cueva donde residen los monjes.

***chakra***: Disco, rueda, círculo. Símbolo de la realeza y del budismo. También nudo energético del cuerpo sutil.

***chakravartin*** (pali: ***chakkavattin***): Monarca universal. Símbolo de la realeza iluminada. Equivalente terrenal y secular de un *buddha*.

**Chan**: Importante escuela china del budismo Mahayana. Muy activa entre los siglos VI y XIII. Se trasplantó a Corea, Japón y Vietnam donde se conoce como Sön, Zen y Thien, respectivamente.

**Charvaka**: Movimiento y escuela de filosofía materialista de la India.

***chetana***: Volición, intención.

***chitta*** (chino: ***xin***): Mente, estado mental o de consciencia. "Mente-corazón". En el Mahayana equivale a la naturaleza despierta en todo ser.

***chitta-matra***: "Solo mente". Designación filosófica de la doctrina Vijñanavada de la escuela Yogachara.

***chogyal*** [tibetano]: "Rey del Dharma". Título que reciben los dignatarios de Sikkim y Ladakh, ligados casi siempre a los linajes kagyüpas.

***chöd*** [tibetano]: "Corte". Ritual propio del budismo Vajrayana.

**Chontae**: Escuela budista coreana. Equivale a la Tiantai china.

***chörten*** [tibetano]: véase ***stupa***.

***chös*** [tibetano]: "Religión, costumbre". Nombre otorgado a la antigua religión prebudista del mundo tibetano. Designa asimismo el Dharma budista.

***chö-yön*** [tibetano]: "Maestro y patrón". En el Tíbet, relación de reciprocidad entre un rey o noble protector del reino y un gran lama y su orden espiritual.

***dakini(s)***: Divinidad femenina o musa, popular en el budismo Vajrayana. Se las considera emanaciones de los *buddhas*.

***dalai-lama***: "Maestro océano [de sabiduría]". Título que recibe el más alto cargo de la orden Gelugpa. Durante varios siglos se erigió como regente *de facto* del Tíbet.

***dalit***: "Oprimido". Miembro de alguna casta antiguamente considerada "intocable" o impura por la sociedad india.

***dana***: Donación, generosidad.

***dao*** [chino] (japonés: ***do***; castellano: ***tao***): Vía, camino, senda, armonía, orden, flujo natural de las cosas.

***dasa-sil mata(s)***: "Madre que ha tomado los diez votos". En Sri Lanka designa a las mujeres que llevan una vida casi monástica, pero no han recibido la ordenación formal.

***deva(s)***: Divinidad, deidad, dios.

***devanagari***: Alfabeto clásico de la India.

***deva-raja***: "Rey-dios". Modelo de realeza hindú, similar al del *dharma-raja* budista.

***dharani***: Palabra, letanía o frase parecida a un mantra que encapsula el significado de algún texto. Se les atribuyen poderes mágicos. Esencial en las formas de budismo tántrico.

**Dharma** (pali: **Dhamma**; chino: *fa*; tibetano: *chös*): La enseñanza budista, el budismo; la práctica budista; lo que el Buda enseñó. La verdad. Una de las "tres joyas".

*dharma(s)* (pali: *dhamma*): Factores últimos de la realidad. El orden inmanente.

*dharma-chakra*: "Rueda del Dharma". Emblema del budismo, una vez puesto en marcha tras el "Sermón de Benarés".

*dharma-dhatu*: Totalidad de lo existente, reino de los *dharmas*. Designación de la ultimidad para varias filosofías del Mahayana.

**Dharmaguptaka**: Escuela del budismo Nikaya.

*dharmakaya*: "Cuerpo del Dharma". Uno –y el más profundo– de los tres cuerpos (*tri-kaya*) sutiles que asume el Buda según el budismo Mahayana. Equivale a la dimensión "vacía" del despertar o a la naturaleza "despierta" de la realidad.

*dharmapala(s)* (tibetano: *chös-kyong*): "Guardián del Dharma", de aspecto normalmente fiero. Actúan para el beneficio de los seres y protegen a los practicantes del Dharma.

*dharma-raja*: "Rey del Dharma". Modelo de realeza budista, similar al *deva-raja* hindú.

*dhatu*: Elemento, fenómeno. También nivel, mundo, reino.

*dhyana* (pali: *jhana*): Meditación, trance profundo. Remite a varios estadios de progresión y trances meditativos.

*dhyani-buddha(s)*: "*Buddhas* meditativos", cósmicos o trascendentes. Grupo de cinco *buddhas* (Akshobhya, Amitabha, Amoghasiddhi, Ratnasambhava y Vairochana), típicos del budismo Vajrayana que representan diferentes cualidades y aspectos del Adibuddha.

*dojo* [japonés]: Sala o lugar de meditación.

*dokusan* [japonés]: Entrevista personal entre el maestro zen y el discípulo.

*duhkha* (pali: *dukkha*): Sufrimiento, dolor, alienación, frustración, desazón, contingencia, insatisfacción, cautiverio, estrés. Malestar inherente a la condición humana. Una de las tres "marcas de la existencia" y punto de partida del análisis del Buda.

*dvesha* (pali: *dosa*): Odio, rabia, ira. Uno de los grandes males o venenos según el budismo.

*dzogchen* [tibetano]: "Gran perfección". Estado natural de las cosas. Asimismo, una de las prácticas yóguicas –y la más elevada– del bön y la escuela Ñingma.

*dzong* [tibetano]: Monasterio-fuerte de Bután.

*ekayana*: "Único vehículo". Enseñanza –típica del "Sutra del loto"– que propugna que el Buda predicó una única doctrina.

**Fa-xiang**: Escuela budista china. Equivale al Yogachara.

*fo-jiao* [chino]: "Enseñanza del Buda", budismo.

*gong'an* [chino]: véase *koan*.

*gatha(s)*: Poema.

*gati*: Tipo de existencia, destino en el samsara (normalmente seis: humano, deidad, ser infernal, titán, animal o ser espectral).

**Gelugpa**: Importante orden del budismo tibetano, fundamentada en las directrices de Tsongkhapa. A esta escuela han pertenecido los *dalai-lamas*.

*ge-yi* [chino]: "Equiparación de conceptos". Antiguo método de traducción utilizado en China para verter los conceptos budistas en terminología local.

*gohonzon* [japonés]: Mandala dibujado por Nichiren que encapsula la enseñanza del Buda y el nichirenismo.

*gompa* [tibetano]: Monasterio tibetano, típico de Ladakh y el Tíbet.

*gupta*: Antiguo alfabeto de la India, en circulación durante la dinastía Gupta.

*hijiri* [japonés]: Santo, sabio errabundo, chamán.

**Hinayana**: "Pequeño vehículo". Forma –despectiva– de designar a las escuelas del budismo Nikaya (incluido el Theravada) que no aceptan los *sutras* del budismo Mahayana.

**Hosso**: Escuela budista japonesa. Corresponde al Yogachara indio.

**Huayan**: Escuela budista china centrada en el "Sutra de la guirnalda".

**Hwaom**: Escuela budista coreana centrada en el "Sutra de la guirnalda".

*ilha* [tibetano]: Deidad.

*ishvara*: Ser supremo, Dios.

**Jambudvipa**: "Isla del manzano rosa". En las cosmologías tradicionales de la India, designación de nuestro mundo.

*jataka(s)*: Recuento, leyenda o historia sobre las vidas anteriores del Buda.

*jebtsundamba-khutuktu* [tibetano] (mongol: *bogdo gegen*): "Maestro precioso", "Buda viviente". Título que reciben los cabezas de la orden Gelugpa en Mongolia.

**Jingtu**: Escuela de budismo devocional china, referida también como "Tierra Pura".

*jiriki* [japonés]: Esfuerzo personal.

*jiva*: Vida, espíritu.

*jivatman*: Espíritu encarnado.

*jivan-mukti*: Liberado en vida, espíritu realizado.

*jñana*: Conocimiento, gnosis.

**Jodo-shinshu**: Escuela japonesa de budismo devocional.

**Jodo-shu**: Escuela japonesa de budismo devocional. Equivale a la Jingtu china.
*jun-zi* [chino]: "Hombre noble". Ideal confuciano de la sabiduría y rectitud.

**Kadampa**: Escuela budista tibetana, absorbida por la Gelugpa y otras.
**Kagyüpa**: Importante escuela del budismo tibetano, con varias subdivisiones.
*kalpa*: Eón, período de un gran ciclo cósmico.
*kama*: Deseo, pasión, placer.
**Kamadhatu**: Esfera del "deseo". Uno de los tres niveles del cosmos –y aquel en el que se encuentra nuestra humanidad– según la visión budista tradicional.
*kami(s)* [japonés]: Deidad, espíritu, poder, fuerza o persona venerada en el sintoísmo japonés.
**karma** (pali: *kamma*): Acción, acto; y, por extensión, fuerza de la acción y su retribución.
*karmapa* [tibetano]: Título que recibe el cabeza de la orden tibetana Karma-kagyü.
*karuna*: Compasión. Asimismo, un expandido motivo de meditación.
**Kashyapa** (pali: **Kassapa**): Anterior *buddha* de nuestro eón cósmico.
*kathina*: Hábito o ropaje monacal.
*kaushalya*: Pericia, habilidad.
*kaya*: Cuerpo.
**Kegon**: Escuela japonesa de budismo. Equivale a la Huayan china.
*kensho* [japonés]: "Ver la naturaleza original [de uno mismo]", despertar. Uno de los términos japoneses que abarcan la sánscrita *bodhi*.
*khan* [mongol]: Título para un líder, caudillo o gran gobernante.
*klesha* (pali: *kilesa*): Turbación, veneno, mal, pasión, apego (como el odio, la codicia o el engreimiento) enraizados en la ignorancia.
*koan* [japonés] (chino: *gong'an*): "Caso"; enigma, paradoja. Frase corta utilizada en el budismo Chan (Zen, Sön, Thien) para descondicionar la mente del practicante.
**kshatriya**: Clase socioespiritual que incluye a las castas de reyes, nobles, guerreros y grandes terratenientes de la India.
*kundalini*: Energía serpentina que, según las corrientes tántricas, circula por el cuerpo humano.
*kushala*: Comportamientos sanos y auspiciosos, como la benevolencia, el amor o la generosidad.

*lakshana*: Marca, característica, cualidad.
*lalita*: Juego, diversión.
*lama*: Maestro, gurú. Por cortesía, a veces también "monje".
*lam rim* [tibetano]: Progresión gradual, etapas en el camino. Concepto central para las escuelas Kadampa y Gelugpa.

*lobha*: Codicia, concupiscencia. Uno de los grandes males según el budismo.

*lokapala(s)*: Divinidades protectoras de las regiones y los puntos cardinales.

*loka*: Mundo, nivel del cosmos.

*lokottara*: Supramundano, trascendente.

**Lokottaravada**: Escuela del budismo Nikaya que proponía un Buda sobrehumano.

*lotsava* [tibetano]: Traductor.

**Madhyamaka** (o **Madhyamika**): "Vía media". Importante escuela filosófica del budismo Mahayana, basada en los "Sutras de la perfección de la sabiduría" y la exégesis de Nagarjuna.

*mahakalpa*: Ciclo cósmico.

*mahamudra*: "Gran sello". Práctica meditativa enfocada a la realización vivencial de la vaciedad. Es propia de la escuela Kagyüpa.

*mahapurusha*: "Gran persona". Designa en la India a un gran monarca (*chakravartin*) o un despierto (*buddha, tirthankara*).

**Mahasamghika**: "Gran asamblea" o escuela "mayoritaria en el Samgha". Una de las corrientes del budismo antiguo, predecesora en bastantes aspectos del budismo Mahayana.

*mahasiddha*: véase *siddha*.

**Mahayana**: "Gran vehículo". Genérico para las escuelas aparecidas unos siglos después de la muerte del Buda y que enfatizan la primacía del ideal del *bodhisattva* y la compasión por encima de la liberación individual. Es mayoritario en China, Corea, Japón y Taiwán. Entre sus corrientes importantes destacan el Zen y el budismo devocional.

**Maitreya** (pali: **Metteya**; chino: **Mile**; japonés: **Miroku**): Futuro *buddha* de nuestro eón cósmico.

*maitri* (pali: *metta*): Amor. Asimismo, un expandido motivo de meditación.

*manas*: Mente.

**mandala**: "Círculo" o diagrama utilizado como herramienta en la meditación y las visualizaciones, en el ritual y en el arte simbólico.

**mantra**: Letanía sagrada, palabra o sílaba con potencia mística o ritual.

*mappo* [japonés] (chino: *mo-fa*; sánscrito: *paschima-dharma*): Edad de la decadencia, última fase del Dharma. Trasfondo conceptual para el desarrollo del budismo devocional.

**Mara**: "Matador". Figura mitológica que representa la Muerte y preside sobre el mundo del Deseo. Encarna la finitud, la tentación, la ofuscación y el apego.

*marga* (pali: *magga*): Camino, práctica, senda.

**Meru**: Eje del mundo en las cosmografías tradicionales indias.

**Mimamsa**: Escuela filosófica brahmánica de orientación védica; ergo, "ortodoxa".

**mindfulness**: Plena consciencia, atención plena. Traducción inglesa de *smriti* y que da nombre a un potente movimiento que utiliza la meditación de origen budista en contextos seculares.

*ming* [chino]: Luminoso, claro.

*moha*: Ignorancia, confusión. Uno de los grandes males o venenos según el budismo.

*moksha*: Liberación espiritual y liberación del ciclo de renacimientos.

*mudita*: Júbilo, alegría. Asimismo, un expandido motivo de meditación.

*mudra*: "Gesto". Símbolo, posición de las manos. Importante en la iconografía, el arte y el ritual.

*mukti*. Véase *moksha*.

*muni*: "Silencioso". Genérico para asceta y hombre sabio.

*nadi(s)*: Canales energéticos de la fisiología sutil.

*naga(s)*: Seres mitológicos de origen ofídico.

*namu-myoho-renge-kyo* [japonés]: "Homenaje al Sutra del loto". Mantra esencial de la práctica del nichirenismo.

*nastika*: Heterodoxo.

*nat(s)*: "Señores". Espíritus y personas deificadas que reciben un culto popular en Birmania.

*nembutsu* [japonés]: véase *buddhanusmriti*.

*nianfo* [chino]: véase *buddhanusmriti*.

*nidana*: "Cadena de causación". En concreto, los eslabones o miembros (normalmente 12) de la cadena del *pratitya-samutpada*.

*nihonjinron* [japonés]: Niponidad.

*nih-svabhava*: "Sin naturaleza propia". Según las filosofías del Mahayana, los factores últimos de la realidad no poseen naturaleza propia porque son siempre dependientes; ergo sin sí mismo, insubstanciales, vacíos.

*nikaya*: Volumen, colección; en particular las colecciones de *sutras* del canon pali.

*nikaya*: Cofradía, comunidad monástica, linaje espiritual.

Nikaya: Genérico para referirse a las escuelas del budismo antiguo, previas –o contemporáneas– a los orígenes del Mahayana. La única superviviente es el Theravada.

*nirgrantha* (pali: *nigantha*): "Desligado". Antiguo genérico para designar a los ascetas jainistas.

*nirmanakaya* (tibetano: *tulku*): "Cuerpo fantasmal". Uno de los tres cuerpos (*trikaya*) que asume un *buddha* (por ejemplo, la forma humana del Buda histórico) o un *bodhisattva* (como un lama encarnado).

*nirodha*: Extinción, cesación. A veces se emplea como sinónimo de nirvana.

*nirodha-samapatti*: "Estado de cesación". Máximo nivel de consciencia alcanzado en la meditación profunda (*dhyana*), similar a la ataraxia, y considerado por algunas corrientes yóguicas como meta de la práctica espiritual.

**nirvana** (pali: *nibbana*): "Extinción", cesación del sufrimiento y sus causas. Meta última del budismo y de muchas religiones índicas; concebida como una liberación de la rueda de las transmigraciones o experiencia de la paz de quien ha eliminado el sufrimiento y la ignorancia.

**Ñingmapa**: "Escuela antigua". Se refiere a las corrientes de la primera transmisión del budismo al Tíbet, hacia los siglos VII y VIII.

*om-mani-padme-hum*: Mantra muy popular en todas las formas del budismo Vajra-yana, especialmente asociado al *bodhisattva* Chenrezi.

*pagoda*: véase *stupa*.

*pañcha-shila* (pali: *pancha sila*): "Cinco preceptos". Corazón de la conducta ética del budismo, tanto para monjes como laicos: 1) abstenerse de la violencia; 2) abstenerse de la mentira; 3) abstenerse de tomar lo que no ha sido dado; 4) abstenerse de la conducta sexual desviada; y 5) abstenerse de sustancias que nos tornan negligentes.

*panchen-lama* [tibetano]: Título que recibe el abad gelugpa del monasterio de Tashilumpo, en el Tíbet.

*papa*: Demérito kármico, acción demeritoria.

*paramartha-satya*: Realidad superior o última.

*paramita* (o *parami*): Perfección, disciplina ética trascendente. En el Mahayana se refiere a las seis cualidades para alcanzar la budeidad: generosidad, esfuerzo, moralidad, paciencia, concentración y sabiduría. El Theravada incluye cuatro más: renuncia, veracidad, amor y ecuanimidad.

*parinirvana* (pali: *parinibbana*): "Extinción superior", nirvana completo. La muerte de quien ha despertado en vida. Equivale a la liberación del ciclo de renacimientos. Tiende a aplicarse solo al Buda Shakyamuni.

*paritrana* (pali: *paritta*): Textos protectores extraídos de los *sutras.*

*paya* [birmano]: véase *stupa*.

*phala*: Fruto o consecuencia de la acción.

*pindapata*: Ronda para mendigar alimentos que los monjes budistas de muchos países realizan cada mañana.

*pitaka*: "Canasta". Genérico que recibe cada una de las tres divisiones del canon escritural en lengua pali: *Vinaya-pitaka, Sutta-pitaka* y *Abhidhamma-pitaka.*

*prajña* (pali: *pañña*; japonés: *hannya*; tibetano: *sherab*): Sabiduría, discernimiento pleno, comprensión directa y vivencial.

*prajña-paramita*: "Sabiduría trascendental", "perfección de la sabiduría". Se aplica en concreto a la comprensión vivencial de la vacuidad.

*prajñapti*: Designación lingüística.

**Prasangika**: Subescuela de la filosofía Madhyamaka.

*pratimoksha* (pali: *patimokkha*): Lista de reglas, transgresiones y votos de conducta monástica establecidas por el Buda e incluidas en el *vinaya*.

*pratitya-samutpada* (pali: *paticca-samuppada*): "Originación dependiente", "surgimiento condicionado", interdependencia. Importante ley de causación del budismo (que establece que todo surge y depende de otras causas, condiciones y factores); interpretada como una "concatenación universal" por el budismo Mahayana.

*pratyekabuddha*: *Buddha* solitario. Aquel que ha despertado pero no comunica la senda.

*pravrajya*: "Marcharse". Rito que marca la renuncia al mundo y la entrada en la orden budista.

*pudgala*: Persona.

**Pudgalavada**: Doctrina de algunas corrientes del budismo Nikaya que postulaban la existencia de una difusa "persona" (*pudgala*) o entidad transmigrante.

*puja*: Culto, ofrenda.

*punya*: Mérito kármico, acción meritoria.

*purana(s)*: "Crónica antigua". Género de textos de la tradición hindú que recoge muchos aspectos de la mitología, la cosmología o el ritual del hinduismo.

*purusha*: Espíritu, esencia espiritual. También hombre, macho.

*raja-dharma*: Gobierno por el *dharma*. Forma sabia de gobierno por los ideales morales (del budismo), inaugurada por el emperador Ashoka.

*rigpa* [tibetano]: véase *vidya*.

**Ri-me**: Movimiento ecuménico del budismo tibetano iniciado en el siglo xix.

*rinpoche*: "Precioso". Título que portan reconocidos *tulkus* del budismo tibetano.

**Rinzai**: Linaje de budismo Zen japonés. Equivale al Linji chino.

*rishi(s)*: "Vidente". Nombre que reciben los sabios y poetas de la antigua India que "escucharon" y transmitieron las enseñanzas védicas.

**Rissho Koseikai**: Nuevo movimiento religioso japonés de inspiración nichirenista.

*rita*: Orden, armonía cósmica, soporte de las cosas.

*roshi* [japonés]: Título honorífico que se otorga a un maestro del Zen.

*rupa*: "Forma". Remite a lo material, la forma física, los objetos de los sentidos; uno de los cinco *skandhas* que componen la personalidad.

**Rupadhatu**: Esfera de la "forma". Uno de los tres niveles del cosmos según la visión budista tradicional.

*sadhu*: Santo, renunciante, yogui, asceta, monje.

**Sakyapa**: Escuela del budismo tibetano, pionera en establecer una fórmula de asociación con el poder horizontal.

*sakya-trizin*: Título que recibe el cabeza de la escuela Sakyapa.

*sakridagamin*: El que "retorna una vez". El segundo nivel avanzado de progresión en la senda.

*samadhi*: Meditación, absorción, contemplación. Uno de los ocho miembros del "óctuple sendero" budista. También, genérico para las formas de meditación centradas en los trances de sosiego (*dhyanas*).

*sambhogakaya*: "Cuerpo de gozo"; uno de los tres cuerpos (*tri-kaya*) sutiles que asume el Buda.

**Samgha** (pali: **Sangha**): Asociación, asamblea. La comunidad budista, principalmente, la monástica, pero también la seglar. Una de las "tres joyas" del budismo.

*samjña* (pali: *sañña*): Percepción, representación mental, sentimiento. Uno de los cinco *skandhas* que componen la personalidad.

**Samkhya**: Antiguo sistema filosófico indio, próximo al Yoga, el budismo y el jainismo.

*samnyasin*: Renunciante; en especial, dentro de la tradición brahmánica.

**samsara**: Ciclo de las existencias y transmigraciones. Existencia condicionada, ignorante y apegada. Por extensión, este mundo fenoménico.

*samskara* (pali: *sankhara*): Formación mental, construcción psíquica; uno de los cinco *skandhas* que componen la personalidad. En algunas corrientes, también las latencias que pasan de una vida a otra.

*samu* [japonés]: Tarea de manutención del monasterio.

*samurai* [japonés]: Guerrero.

*samvriti-satya*: Realidad de ocultamiento o convencional.

*samyak*: Recto, correcto, propio, perfecto, armonioso.

*samyak-sambodhi*: "Despertar pleno". Remite al despertar absoluto de los *buddhas*.

*sandha-bhasha*: Argot y lenguaje simbólico propio del tantra para limitar la comprensión solo a los iniciados en los conocimientos.

*sangha-raja*: "Cabeza de la comunidad". En algunos países budistas, título que el Estado otorga al más alto miembro del Samgha monástico.

*sangiti*: Recitación colectiva, encuentro o concilio de monjes.

**Sanlun**: Escuela budista china. Equivale al Madhyamaka.

**Sarvastivada**: Una de las principales escuelas del budismo Nikaya. Compuso su *tripitaka* en sánscrito.

*sati*: véase **smriti**.

*satori* [japonés]: "Entender". Uno de los términos japoneses que abarcan la sánscrita *bodhi*: despertar.

**Sautrantika**: Corriente del budismo Nikaya.

*sesshin* [japonés]: Sesión intensiva de la meditación propia del budismo Zen.

*shabdrung* [tibetano]: Cabeza de la orden Drugpa-kagyü de Bután y una de las figuras de máxima autoridad del país.

**Shakya**: Estado del norte de la India en el que nació Siddhartha Gautama, el Buda. Toma el nombre del clan predominante.

**shakya**: Antigua designación para un seguidor del budismo.

**Shakyamuni**: "Sabio de los shakyas", "Asceta de los shakyas". Designación común para Siddhartha Gautama, el Buda.

*shamatha* (pali: *samatha*): Serenidad, sosiego. Meditación de pacificación.

*shasana* (pali: *sasana*): Enseñanza.

*shastra(s)*: Tratado, texto filosófico que sistematiza las enseñanzas de los *sutras*.

*shen* [tibetano]: Chamán de la religión prebudista tibetana.

*shikantaza* [japonés]: "Solo sentarse". Otra designación del *zazen*.

*shila* (pali: *sila*): Moralidad, conducta ética. Uno de los bloques principales del "óctuple sendero", que incluye los "cinco preceptos" (*pañcha-shila*) para monjes y laicos.

*shin bukkyo* [japonés]: Neobudismo. Reformulación del budismo japonés al contacto con la modernidad.

**Shingon**: Escuela japonesa de budismo tántrico.

*shogun* [japonés]: Gobernante militar del Japón.

*shomyo* [japonés]: Música y canto litúrgico budista.

*shraddha* (pali: *saddha*): Fe, confianza.

*shramana* (pali: *samana*): Renunciante, asceta, monje mendicante. Engloba a los renunciantes no brahmánicos (budistas, jainistas o ajivikas).

*shramanera*: Novicio budista.

*shramanerika*: Novicia budista.

*shravaka*: "Oyente". Designación frecuente en la antigüedad para el laico budista.

**Shravakayana**: "Vehículo de los discípulos". Antigua designación –común entre los mahayanistas– para designar el budismo antiguo (Nikaya) o Hinayana.

*shunya* (pali: *suñña*): Vacío, cero.

*shunyata* (pali: *suññata*; chino: **kong**; japonés: *ku*): Vaciedad, vacuidad, falta de esencia propia de las cosas. Concepto central de la filosofía Madhyamaka.

*siddha*: Yogui realizado, perfecto. Remite en particular a un colectivo de maestros tántricos del medievo indio y tibetano.

*skandha* (pali: *khanda*): Agregado, componente, grupo de *dharmas*. Normalmente se habla de cinco agregados que engloban todos los fenómenos físicos y mentales de la existencia humana condicionada.

*smriti* (pali: *sati*; inglés: **mindfulness**): Consciencia lúcida, atención plena, mindfulness. Estar presente en el aquí y ahora de forma vigilante y sin juzgar.

*sohei* [japonés]: Monje-soldado.

**Soka Gakkai**: Nuevo movimiento religioso japonés de corte nichirenista.

**Soto**: Linaje del budismo Zen japonés. Equivale al Caodong chino.

*srotapanna*: El que "entra en la corriente" del Dharma. El primer nivel avanzado de progresión en la senda.

*sthavira* (pali: *thera*): Anciano, venerable. Título de respeto para monjes de edad y sabiduría.

**Sthaviravada**: "Doctrina de los ancianos". Una de las principales corrientes del budismo antiguo (Nikaya) y fundamento de la actual escuela Theravada.

*stupa* (pali: *thupa*; tibetano: *chörten*; cingalés: *dagoba*; tailandés: *chedi*): Construcción que contiene las reliquias del Buda o de santos y monjes budistas. Simboliza al Buda y asimismo representa el cosmos según la concepción tradicional.

*sukha*: Felicidad.

**Sukhavati**: "Tierra de la felicidad". Tierra pura del *buddha* Amitabha.

*sutra(s)* (pali: *sutta*; chino: *jing*; japonés: *kyo*): "Hilo" (de un discurso), aforismo, cadena de aforismos; y, en particular, aquellas que recogen los sermones o discursos del Buda. Comprende todo el material oral y textual atribuido al Buda.

*svabhava*: Naturaleza propia, mismidad.

*svatantra*: Argumento propio.

**Svatantrika**: Subescuela de la filosofía Madhyamaka.


*tantra(s)*: "Libro". Tipo particular de textos que contienen enseñanzas esotéricas en algún ritual o yoga y que dan forma al budismo "tántrico". Esenciales para el budismo Vajrayana.

*tapas*: Ardor espiritual, ascetismo.

*tariki* [japonés]: Poder externo.

**Tathagata**: "El que ha ido y ha venido". Epíteto que el Buda utilizaba para referirse a sí mismo.

*tathagata-garbha*: Embrión, matriz o semilla del Tathagata. Otra forma de referir la naturaleza búdica o budeidad. Concepto del budismo Mahayana para designar la Realidad Última.

**Tathagata-garbha**: Corriente de pensamiento del budismo Mahayana, influyente en India y China.

*tathata*: "Talidad", mismidad. Designación abstracta del *dharmakaya*.

**Tendai**: Escuela budista japonesa. Equivale a la Tiantai china.

*terauke* [japonés]: Sistema de recolección de impuestos establecido por el shogunato Tokugawa de Japón con la participación de los sacerdotes y templos budistas.

*terma* [tibetano]: "Tesoro". Para la escuela Ñingmapa y el bön designa a enseñanzas tántricas ocultas, para ser redescubiertas en el momento propicio.

*tertön* [tibetano]: "Descubridor de tesoros". Nombre que en el budismo tántrico recibe el sabio o lama que descubre un "tesoro" (*terma*) o texto oculto.

*thangka* [tibetano]: Tapiz que se cuelga en monasterios tibetanos con motivos adecuados para la enseñanza del budismo.

*thera* [pali] (sánscrito: *sthavira*): "Anciano". Título de respeto para monjes con un mínimo de diez años de vida monástica.

**Theravada**: "Doctrina de los ancianos". Prolongación cingalesa de la corriente Vibhajjavada, una de las 18 escuelas del budismo Nikaya, y la única escuela superviviente. Es mayoritaria en Sri Lanka y en los países del Sudeste Asiático.

*thila-shin* [birmano]: Designa en Birmania a las mujeres que llevan una vida casi monástica, pero no han recibido la ordenación formal.

**Tiantai**: Escuela budista china centrada en el "Sutra del loto".

*tianzi* [chino]: "Hijo del Cielo". Título tradicional del emperador de China.

**tierra pura**: véase *buddha-kshetra*.

**Tinh Do**: Escuela devocional vietnamita.

*tirtha*: Vado, lugar sagrado.

*tirthankara*: Epíteto que reciben los 24 guías que proclamaron el jainismo.

*tri-kaya*: "Tres cuerpos". Doctrina mahayánica que entiende el "Buda" bajo tres formas indisociables: 1) el cuerpo fantasmal del Buda histórico; 2) la epifanía sutil del Buda; y 3) el cuerpo del Dharma trascendente.

*tri-pitaka*: "Tres canastas". Designación para los cánones antiguos del budismo compuestos por tres "canastas": 1) los discursos o *sutras*; 2) la disciplina monástica o *vinaya*; y 3) la exégesis filosófica o *abhidharma*.

*tri-ratna* (japonés: **sambo**): "Tres joyas": el Buda, el Dharma y el Samgha.

*trishna* (pali: *tanha*): "Sed", apego, deseo, pasión. Causa del sufrimiento.

*tulku* [tibetano] (sánscrito: *nirmanakaya*): Encarnación; en particular de un lama.

**Tushita**: Uno de los cielos de la cosmología tradicional budista, donde moran, entre otros seres, los que van a ser *buddhas* en la siguiente existencia.

*tyaga*: Abandono, renuncia.

*upadana*: Apego, atadura.

*upadhyaya*: Preceptor, maestro.

*upanishad(s)*: Antigua enseñanza gnóstica y mística, culminación del pensamiento y la religiosidad védica. Fundamento de la filosofía Vedanta.

*upasaka*: Genérico para el seguidor "laico" budista.

*upasampada*: Iniciación superior al Samgha monástico.

*upasika*: Genérico para la seguidora "laica" budista.

*upasthaka*: "Discípulo siervo". Nombre que recibía el secretario personal del Buda (como Ananda).

*upavasatha* (pali: *uposatha*): Día de ayuno que se celebra quincenalmente en los países del Theravada. Los laicos acuden a los monasterios y, al día siguiente, escuchan a los monjes recitar el *pratimoksha*.

*upaya*: Método, medio, adaptación.

*upaya-kaushalya*: Pericia en la acción, pedagogía, adaptación al contexto, acción salvífica. Doctrina central en el budismo Mahayana.

*upeksha*: Ecuanimidad. Asimismo, un expandido motivo de meditación.

*uposatha* [pali]: véase *upavasatha*.

*utpada*: Originación.

**Vairochana**: *Buddha* celestial y primordial, representación del *dharmakaya*.

*vaisakha* (cingalés: *vesak*): Mes del calendario indio que se corresponde a abril-mayo y en el que se supone acontecieron sucesos decisivos de la vida del Buda (nacimiento, despertar y *parinirvana*).

**Vaisheshika**: Escuela filosófica brahmánica.

*vajra* (tibetano: *dorje*): Rayo, diamante. Es el símbolo del budismo Vajrayana y un destacado objeto ritual.

*vajrasattva*: Naturaleza búdica en uno mismo, a veces representada como un *bodhisattva*.

**Vajrayana**: "Vehículo diamantino". Una de las principales corrientes del budismo, hoy mayoritario en el Tíbet y en países de su área de influencia. Filosóficamente, de corte mahayánico pero con distintivos textuales, rituales y yóguicos.

*vasana(s)*: Huellas o impresiones kármicas.

*veda(s)*: Cuerpo escritural sagrado de la antigua India transmitido por las familias sacerdotales de brahmanes. Eje de la religiosidad llamada "védica".

*vedana*: Sensación; uno de los cinco *skandhas* que componen la personalidad.

**Vedanta**: Filosofía brahmánica fundamentada en la enseñanza de las *upanishads*. Posee múltiples subdivisiones.

**Vibhajjavada**: Subescuela del Sthaviravada de la que procede la escuela Theravada.

*vidya*: Sabiduría, conocimiento; opuesto de *avidya*.

*vihara*: Lugar de estadía, monasterio budista.

*vijñana* (pali: *viññana*): Consciencia; uno de los cinco *skandhas* que componen la personalidad. A veces también utilizado para "mente".

**Vijñanavada**: "Doctrina de la consciencia". Enseñanza central de la filosofía Yogachara que propugna que la consciencia "crea" la realidad que habitamos.

*vijñapti-matra*: "Solo ideas". Designación filosófica de la doctrina Vijñanavada de la escuela Yogachara.

*vimukti* (pali: *vimutti*): véase *moksha*.

*vinaya*: "Disciplina". Por extensión, designa la sección de las enseñanzas y escrituras budistas centrada en la disciplina monástica. Conforma una de las tres "canastas" de los cánones del budismo antiguo.

*vipassana* [pali]: véase *vipashyana*.

*vipashyana* (pali: *vipassana*): "Visión profunda"; en particular, la aprehensión meditativa y vivencial de la impermanencia, la falta de identidad y la insatisfacción de la existencia.

*wu* [chino]: Vacío, nada.

*wuwei* [chino]: Acción desinteresada, ataraxia, no acción.

*xian* [chino]: Inmortal. Ideal del taoísmo religioso.

*xiao* [chino]: Piedad filial. Importante valor chino, asociado al confucianismo.

*xin* [chino]: véase *chitta*.

*yab-yum* [tibetano] (sánscrito: *maithuna*): Pareja. Suele representarse con una figura masculina y otra femenina en cópula.

*yajña*: Sacrificio, ritual. Aspecto central de la religiosidad védica.

*yaksha(s)* (pali: *yakkha*): Ser maravilloso, duende, espíritu, genio de la religiosidad popular india.

*yakshi(s)* (o *yakshini*): Espíritu femenino, deidad de la religiosidad popular india.

*yana*: "Vehículo"; corriente de pensamiento y práctica.

*yathabhutam*: "Las cosas tal-cual-son", la realidad tal cual es.

*yidam* [tibetano] (sánscrito: *ishtadevata*): "Divinidad escogida" o deidad utilizada en la meditación en el budismo Vajrayana.

**yoga**: Práctica espiritual, disciplina psicofísica.

**Yoga**: Importante escuela filosófica india sistematizada por Patañjali hacia el siglo II, pero que recoge ideas y prácticas meditativas muy antiguas.

**Yogachara** (o **Vijñanavada**): Escuela filosófica del budismo Mahayana que postula que la consciencia (*vijñana*) construye el mundo que habitamos.

*zange* [japonés]: Confesión, arrepentimiento.

*zazen* [japonés] (chino: *zuochan*): Meditación sentada; una de las prácticas esenciales del budismo Zen y Chan.

**Zen**: Importante escuela japonesa del budismo Mahayana originada en la escuela Chan de China. Posee dos subescuelas mayores (Soto y Rinzai) y otras menores.

*zhi-guan* [chino]: Forma de meditación de la escuela china Tiantai.

# Notas

1. Ashvaghosha, *Buddha-carita* I, 34 (Cowell p. 6).
2. *Majjhima-nikaya* I, 165 (Vélez y Solé-Leris p. 10).
3. Citado en Arnau 2011, p. 81.
4. Citado en Royer 2009, p. 104.
5. Citado en Arnau 2011, p. 95.
6. *Anguttara-nikaya* I, 285-286 (en Nyanatiloka 1991, p. 34).
7. *Majjhima-nikaya* I, 168 (en Cohen 2006, p. 118).
8. *Majjhima-nikaya* I, 168 (Vélez y Solé-Leris p. 11-12).
9. *Majjhima-nikaya* I, 169 (Ñanamoli y Bodhi p. 261).
10. *Majjhima-nikaya* I, 170 (Ñanamoli y Bodhi p. 261).
11. *Vinaya* I, *Mahavagga* I, 6, 32 (Rhys Davids y Oldenberg vol. I, p. 99).
12. *Vinaya* I, *Mahavagga* I, 11, 1 (Rhys Davids y Oldenberg vol. I, p. 112).
13. *Vinaya* I, *Mahavagga* I, 23, 5 (Rhys Davids y Oldenberg vol. I, p. 146).
14. *Sutta-nipata* 142 (Norman p. 16).
15. *Digha-nikaya* II, 100 (Rhys Davids vol. II, p. 108).
16. *Digha-nikaya* II, 100 (Rhys Davids vol. II, p. 108).
17. *Digha-nikaya* II, 144 (Rhys Davids vol. II, pp. 158-159; con modificaciones).
18. *Digha-nikaya* II, 156 (Rhys Davids vol. II, p. 173; con modificaciones).
19. *Samyutta-nikaya* III, 120 (Woodward vol. III, p. 103).
20. *Anguttara-nikaya* II, 37 (Thanissaro 4.36 [internet]).
21. *Milinda-pañha* 99 (Rhys Davids vol. I, pp. 150-151).
22. *Rig-veda* I, 113, 12 (en Panikkar 2014, p. 220).
23. *Lankavatara-sutra* 194 (Suzuki p. 167).
24. *Samyutta-nikaya* IV, 421 ("Sutra de Benarés", Parakranabahu pp. 91-93; con modificaciones).
25. *Anguttara-nikaya* I, 285 (Woodward vol. I, p. 264).
26. *Samyutta-nikaya* IV, 423 ("Sutra de Benarés", Parakranabahu p. 227).
27. *Samyutta-nikaya* IV, 327 (Woodward vol. IV, p. 233).

28. *Chandogya-upanishad* 6, 8, 7 (de Palma p. 93).

29. Buddhaghosa, *Visuddhi-magga* 16, 90 (Ñanamoli p. 529; con leve modificación).

30. *Milinda-pañha* 28 (Rhys Davids vol. I, p. 44; con modificaciones).

31. *Samyutta-nikaya* IV, 421 ("Sutra de Benarés", Parakranabahu p. 107; con leve modificación).

32. Citado en Eliade 1979, vol. II, p. 104.

33. *Shalistamba-sutra* 2 (Reat p. 27).

34. *Majjhima nikaya* I, 270 (Solé-Leris y Vélez p. 236).

35. *Samyutta-nikaya* IV, 54 (en Bodhi 2005, p. 347).

36. Citado en Wright 2017, p. 142.

37. "Sutra del corazón" (Khenchen p. 26).

38. Nagarjuna, *Mulamadhyamika-karika* 13, 8 (Vélez p. 101; con leve modificación).

39. Nagarjuna, *Mulamadhyamika-karika* 24, 10 (Garfield p. 298).

40. Dogen, *Shobogenzo, Genjokoan* 8 (Villalba p. 86).

41. Shantideva, *Bodhicharyavatara* 10, 55 (Wallace p. 144; con leve modificación).

42. *Anguttara-nikaya* III, 415 (Thanissaro 6.63.5 [internet]).

43. *Gálatas* VI, 7 (Ausejo p. 1720).

44. *Anguttara-nikaya* I, 138 (en Bodhi 2005, p. 29).

45. *Anguttara-nikaya* V, 288 (Woodward vol. V, p. 187; con leve modificación).

46. *Anguttara-nikaya* II, 80 (Woodward vol. II, p. 90).

47. Citado en Reat 1996, p. 38.

48. Citado en Armstrong 2017, p. 128.

49. Citado en Dalai Lama y Chödron 2014, p. 161.

50. Shantideva, *Bodhicharyavatara* 8, 98 (Wallace p. 101).

51. *Samyutta-nikaya* II, 180 (en Nyanatiloka 1991, p. 38).

52. Citado en Armstrong 2017, p. 126.

53. *Anguttara-nikaya* I, 135 (en Nyanatiloka p. 67).

54. *Majjhima-nikaya* II, 213 (Ñanamoli y Bodhi p. 821; con leves modificaciones).

55. *Samyutta-nikaya* II, 178 (en Bodhi 2005, p. 37).

56. Buddhaghosa, *Visuddhi-magga* 19, 20 (Ñanamoli p. 628).

57. *Majjhima-nikaya* I, 168 (Ñanamoli y Bodhi p. 260).

58. *Digha-nikaya* II, 157 (Rhys Davids vol. II, p. 176).

59. *Dhammapada* 153-154 (Dragonetti y Tola p. 261).

60. *Majjhima-nikaya* I, 486 (Ñanamoli y Bodhi p. 592).

61. *Majjhima-nikaya* II, 171 (Ñanamoli y Bodhi p. 780).

62. *Majjhima-nikaya* I, 429 (Ñanamoli y Bodhi pp. 534-535).

63. *Majjhima-nikaya* I, 432 (Ñanamoli y Bodhi p. 536).

64. *Majjhima-nikaya* I, 432 (Ñanamoli y Bodhi p. 536; con leve modificación).

65. *Lankavatara-sutra* 143 (Suzuki p. 124).

66. "Sutra de Vimalakirti" IX (Ramírez p. 162).
67. Citado en Armstrong 2017, p. 240.
68. *Dhammapada* 1 (Dragonetti y Tola p. 195; con leve modificación).
69. *Anguttara-nikaya* V, 1 (Woodward vol. V, p. 3).
70. *Dhammapada* 276 (Dragonetti y Tola p. 314; con modificaciones).
71. *Anguttara-nikaya* V, 2 (Woodward vol. V, p. 4).
72. *Sutta-nipata* 149 (Norman p. 17; con leve modificación).
73. *Majjhima-nikaya* I, 140 (Ñanamoli y Bodhi p. 233).
74. Patañjali, *Yoga-sutra* 1, 2 (Pujol: 52).
75. *Majjhima-nikaya* I, 56 (Ñanamoli y Bodhi p. 145).
76. Citado en Analayo 2017, p. 202.
77. *Majjhima nikaya* I, 57 (Solé-Leris y Vélez p. 119).
78. *Udana* 1, 10 (en Loy 2016, p.17).
79. *Majjhima-nikaya* III, 105 (Ñanamoli y Bodhi p. 965).
80. Citado en Armstrong 2017, p. 102.
81. Citado en Norbu 2017, p. 21.
82. *Digha-nikaya* II, 154 (Rhys Davids vol. II, p. 171).
83. Shantideva, *Bodhicharyavatara* 3, 11 (Wallace p. 34).
84. Citado en Winternitz 1983, vol. 2, p. 241.
85. "Sutra de la guirnalda" I (Cleary p. 147).
86. "Sutra de la guirnalda" XXXVI (Cleary p. 1002).
87. Citado en Bronkhorst 2009, p. 126.
88. Citado en Bronkhorst 2009, p. 122.
89. Citado en Bronkhorst 2009, pp. 132-133.
90. "Sutra del corazón" (Khenchen p. 26).
91. Nagarjuna, *Mulamadhyamika-karika* 24, 10 (Garfield p. 298).
92. Nagarjuna, *Mulamadhyamika-karika* 25, 19 (Vélez p. 172).
93. *Lankavatara-sutra* 62 (Suzuki p. 55).
94. "Sutra del loto" 319 (Tola y Dragonetti p. 352).
95. Citado en Cleary 1991, p. 7.
96. Citado en Rosenberg 2015, p. 171.
97. Linji, *Linji-lu* 19 (Watson p. 52).
98. Nichiren, *Kaimoku Sho* (Yampolsky p. 138).
99. Citado por Walker 1982, p. 34.
100. Citado por Snellgrove 1987, p. 125.
101. "Tantra de la fuente suprema" 91, 5 (Norbu y Clemente, p. 243).
102. Citado por Capriles 2000, p. 107.
103. Deshimaru 1979, p. 25.
104. *Samyutta-nikaya* V, 2 (en Bodhi 2005, p. 240).

# Bibliografía esencial

Alay, Josep Lluís. *Història dels tibetans*. Pagès: Lleida, 2000.

Analayo, Bhikkhu. *A Meditator's Life of the Buddha*. Windhorse: Cambridge, 2017.

—. *Rebirth in Early Buddhism & Current Research*. Wisdom: Somerville, 2018.

*Anguttara-nikaya*. En: *The Book of Gradual Sayings*. Traducción [al inglés] de F.L. Woodward. Pali Text Society: Oxford, 1995.

—. En: https://accesstoinsight.org/tipitaka/an/index.html. Traducción [al inglés] de varios autores.

Armstrong, Guy. *Emptiness. A Practical Introduction for Meditators*. Wisdom: Somerville, 2017.

Armstrong, Karen. *La gran transformación*. Paidós: Barcelona, 2007.

Arnau, Juan. *Antropología del budismo*. Kairós: Barcelona, 2006.

—. *Leyenda de Buda*. Alianza: Madrid, 2011.

Ashvaghosha. *Buddha-carita*. En: *Buddhist Mahayana Texts*. Traducción [al inglés] de E. Cowell. Motilal Banarsidass: Delhi, 1990.

de Bary, William T. *East Asian Civilizations*. Harvard University Press: Cambridge, 1988.

Batchelor, Stephen. *The Awakening of the West*. Parallax: Berkeley, 1994.

—. *Confession of a Buddhist Atheist*. Spiegel & Grau: Nueva York, 2010.

—. *After Buddhism. Rethinking Dharma for a Secular Age*. Yale University Press: New Haven, 2015.

—. *Secular Buddhism. Imagining the Dharma in an Uncertain World*. Yale University Press: New Haven, 2017.

Bechert, Heinz y Gombrich, Richard (editores). *The World of Buddhism*. Thames and Hudson: Londres, 1991.

Bharati, Agehananda. *The Tantric Tradition*. Rider: Londres, 1992.

*Biblia, La*. Versión de Serafín Ausejo. Herder: Barcelona, 2003.

Bodhi, Bhikkhu. *In the Buddha's Words. An Anthology of Discourses from the Pali Canon*. Wisdom: Boston, 2005.

Bronkhorst, Johannes. *Buddhist Teaching in India*. Wisdom: Boston, 2009.

Buddhaghosa. *Visuddhi-magga*. En: *The Path of Purification*. Traducción [al inglés] de Bhikkhu Ñanamoli. Buddhist Publication Society: Kandy, 2010.

Buswell jr., Robert. *Tracing Back the Radiance. Chinul's Korean Way of Zen*. University of Hawaii Press: Honolulu, 1991.

Buswell jr., Robert. y Gimello, Robert M. *Paths to Liberation*. Motilal Banarsidass: Delhi, 1994.

Capriles, Elías. *Budismo y Dzogchen*. La Llave: Vitoria, 2000.

*Chandogya-upanishad*. En: *Upanisads*. Traducción de Daniel de Palma. Siruela: Madrid, 1995.

Chang, Garma C. *The Buddhist Teaching of Totality. The Philosophy of Hwa Yen Buddhism*. Motilal Banarsidass: Delhi, 1992.

Chödzin Kohn, Sherab. *The Awakened One*. Shambhala: Boston, 1994.

Cleary, Thomas. *La esencia del Zen*. Kairós: Barcelona, 1991.

Cohen, Richard. *Beyond Enlightenment*. Routledge: Londres, 2006.

Conze, Edward. *El budismo: su esencia y su desarrollo*. FCE: México, 1978.

Dalai Lama y Chödron, Thubten. *Buddhism. One Teacher, Many Traditions*. Wisdom: Somerville, 2014.

Deshimaru, Taisen. *La práctica del Zen*. Kairós: Barcelona, 1979.

*Dhammapada*. Traducción de Carmen Dragonetti y Fernando Tola. Primordia: Florham Park, 2004.

*Digha-nikaya*. En: *Dialogues of the Buddha*. Traducción [al inglés] de T.W. Rhys Davids. Pali Text Society: Oxfordf, 1995.

Dodin, Thierry & Räther, Heinz (editores). *Imagining Tibet*. Wisdom: Boston, 2001.

Dogen. *Shobogenzo*. Traducción de Dokusho Villalba. Kairós: Barcelona, 2015.

—. *Moon in a Dewdrop. Writings of Zen Master Dogen* [Edición a cargo de Kazuaki Tanahashi]. North Point: Nueva York, 1985.

Dumoulin, Heinrich. *Zen Enlightenment*. Weatherhill: Nueva York, 1979.

—. *Zen Buddhism in the 20th Century*. Weatherhill: Nueva York, 1992.

Eliade, Mircea. *Historia de las creencias y de las ideas religiosas* (4 vols). Ediciones Cristiandad: Madrid, 1979.

Eltschinger, Vincent. *Caste and Buddhist Philosophy*. Motilal Banarsidass: Delhi, 2012.

Faure, Bernard. *Los tópicos del budismo*. Kairós: Barcelona, 2012.

Ford, James Ishmael y Blacker, Melissa Myozen (editores). *The Book of Mu. The Essential Writings on Zen's Most Important Koan*. Wisdom: Boston, 2011.

García Campayo, Javier y Demarzo, Marcelo. *¿Qué sabemos del mindfulness?* Kairós: Barcelona, 2018.

Gernet, Jean. *El mundo chino*. Crítica: Barcelona, 1991.

Gethin, Rupert. *The Foundations of Buddhism*. Oxford University Press: Oxford, 1998.

Goldstein, Joseph y Kornfield, Jack. *Vipassana.* Kairós: Barcelona, 1996.

Goleman, Daniel (editor). *Emociones destructivas. Diálogos entre el Dalai Lama y diversos científicos, psicólogos, monjes y filósofos.* Kairós: Barcelona, 2003.

Gombrich, Richard F. *Theravada Buddhism.* Routledge & Kegan Paul: Londres, 1988.

Gregory, Peter (editor). *Sudden and Gradual. Approaches to Enlightenment in Chinese Thought.* University of Hawaii Press: Honolulu, 1987.

Gunaratana, Bhante H. *La meditación budista.* Kairós: Barcelona, 2013.

—. *El libro del mindfulness.* Kairós: Barcelona, 2012.

Hart, William. *The Art of Living. Vipassana Meditation as Taught by S.N. Goenka.* Vipassana Research Institue: Igatpuri, 1988.

Harvey, Peter. *El budismo.* Cambridge University Press: Madrid, 1998.

—. *The Selfless Mind.* Curzon Press: Richmond, 1995.

Heisig, James W. *Filósofos de la nada. Un ensayo sobre la escuela de Kioto.* Herder: Barcelona, 2002.

Huineng. *Sutra del estrado.* Traducción de Laureano Ramírez. Kairós: Barcelona, 2000.

Humphreys, Christmas. *Buddhism. An Introduction and Guide.* Penguin: Londres, 1962.

Jerryson, Michael K. *Buddhist Fury. Religion and Violence in Southern Thailand.* Oxford University Press: Nueva York, 2011.

Kabat-Zinn, Jon y Williams, Mark (editores). *Mindfulness. Su origen, significado y aplicaciones.* Kairós: Barcelona, 2017.

Kalu Rinpoche. *Fundamentos del budismo tibetano.* Kairós: Barcelona, 2005.

Kalupahana, David. *Buddhist Philosophy.* University of Hawaii Press: Honolulu, 1976.

Kapleau, Roshi Philip. *The Three Pillars of Zen.* Anchor Books: Nueva York, 1989.

King, Sallie B. *Buddha Nature.* SUNY Press: Albany, 1991.

Kvaerne, Per. *The Bon Religion of Tibet.* Serindia: Londres, 1995.

Kyabgon, Traleg. *Karma. What it Is, What it Isn't, Why it Matters.* Shambhala: Boston, 2015.

Lamotte, Étienne. *History of Indian Buddhism.* Institut Orientaliste: Lovaina, 1988.

Laumakis, Stephen. *An Introduction to Buddhist Philosophy.* Cambridge University Press: Cambridge, 2008.

"Libro tibetano de los muertos" [*Bar do thos grol*]. En: *El Libro de los muertos tibetano.* Traducción de Ramón Prats. Siruela: Madrid, 1999.

Ling, Trevor. *The Buddha. Buddhist Civilization in India and Ceylon.* Temple Smith: Londres, 1973.

Linji. *Linji-lu.* En: *The Zen Teachings of Master Lin-chi.* Traducción [al inglés] de Burton Watson. Shambhala: Boston, 1993.

Lopez, Donald S. *El Buddhismo: introducción a su historia y sus enseñanzas.* Kairós: Barcelona, 2009.

—. (editor). *Religions of Tibet in Practice.* Princeton University Press: Princeton, 1997.

—. *Elaborations on Emptiness. Uses of the Heart Sutra.* Princeton University Press: Princeton, 1996.

—. (editor). *Religions of China in Practice.* Princeton University Press: Princeton, 1996.

—. (editor). *Buddhism in Practice.* Princeton University Press: Princeton, 1995.

—. (editor). *Curators of the Buddha. The Study of Buddhism under Colonialism.* University of Chicago: Chicago, 1995.

Loy, David. *Un nuevo sendero budista.* Kairós: Barcelona, 2016.

*Majjhima-nikaya.* En: *Majjhima Nikaya. Los sermones medios del Buddha.* Traducción de Abraham Vélez y Amadeo Solé-Leris. Kairós: Barcelona, 1999.

—. En: *The Middle Length Discourses of the Buddha.* Traducción [al inglés] de Bhikkhu Ñanamoli y Bhikkhu Bodhi. Wisdom: Boston, 1995.

McMahan, David L. *The Making of Buddhist Modernism.* Oxford University Press: Nueva York, 2008.

—. (editor). *Buddhism in the Modern World.* Routledge: Nueva York, 2012.

Miquel, Christian. *Les quatre Nobles Vérités et l'Octuple Sentier du Bouddha.* Jouvence: Saint-Julien-en-Genevois, 2017.

*Milinda-pañha.* En: *The Questions of King Milinda.* Traducción [al inglés] de T.W. Rhys Davids. Motilal Banarsidass: Delhi, 1965.

Mizuno, Kogen. *The Beginnings of Buddhism.* Kosei: Tokyo, 1980.

Nagarjuna. *Mulamadhyamika-karika.* En: *The Fundamental Wisdom of the Middle Way.* Traducción [al inglés] de Jay Garfield. Oxford University Press: Nueva York, 1995.

—. En: *Versos sobre los fundamentos del camino medio.* Traducción de Abraham Vélez. Kairós: Barcelona, 2003.

Nakamura, Hajime. *Gotama Buddha. A Biography Based on the Most Reliable Texts.* Kosei: Tokyo, 2000.

Nichiren. *Selected Writings of Nichiren.* Edición de Philip Yampolsky y traducción [al inglés] de Burton Watson y otros. Columbia University Press: Nueva York, 1990.

Norbu, Chögyal Namkhai. *The Mirror.* Shang Shung Edizioni: Arcidosso, 2017.

Nyanatiloka Mahathera. *La palabra del Buda.* Índigo: Barcelona, 1991.

Panikkar, Raimon. *El silencio del Buda: una introducción al ateísmo religioso.* Siruela: Madrid, 1996.

—. *L'experiència vèdica.* Fragmenta: Barcelona, 2014.

Pas, Julian. *Visions of Sukhavati.* SUNY Press: Albany, 1995.

Patañjali. *Yoga-sutra.* En: *Yogasutra. Los aforismos del Yoga.* Traducción de Òscar Pujol. Kairós: Barcelona, 2016.

Rahula, Walpola. *What the Buddha Taught.* Gordon Fraser: Bedford, 1967.

Ray, Reginald. *Secret of the Vajra World. The Tantric Buddhism of Tibet.* Shambhala: Boston, 2001.

Reat, Noble Ross. *Buddhism. A History.* Asian Humanities Press: Berkeley, 1994.

—. *Encyclopedia of Indian Philosophies. Volume VII. Abhidharma Buddhism to 150 A.D.* Motilal Banarsidass: Delhi, 1996.

Rodríguez de Peñaranda, Miguel. *El budismo. Una perspectiva histórico-filosófica.* Kairós: Barcelona, 2012.

Rosenberg, Larry. *Tres pasos para el despertar.* Kairós: Barcelona, 2015.

Royer, Sophie. *Bouddha.* Gallimard: París, 2009.

*Samyutta-nikaya.* En: *The Book of the Kindred Sayings.* Traducción [al inglés] de F. Woodward. Pali Text Society: Oxford, 1994.

Sangharakshita. *The Eternal Legacy. An Introduction to the Canonical Literature of Buddhism.* Windhorse: Birmingham, 2006.

*Shalistamba-sutra.* En: *The Shalistamba Sutra.* Traducción [al inglés] de Noble Ross Reat. Motilal Banarsidass: Delhi, 1993.

Shantideva. *Bodhicharyavatara.* En: *A Guide to the Bodhisattva Way of Life.* Traducción [al inglés] de Vesna y Alan Wallace. Snow Lion: Ithaca, 1997.

Snellgrove, David. *Indo-Tibetan Buddhism.* Serindia: Londres, 1987.

Snellgrove, D. y Richardson, H. *A Cultural History of Tibet.* Shambhala: Boston, 1995.

Snelling, John. *The Buddhist Handbook.* Rider: Londres, 1987.

Solé-Leris, Amadeo. *La meditación budista.* Martínez Roca: Barcelona, 1987.

Stcherbasky, T. *Dharma. El concepto central del budismo.* Sirio: Málaga, 1994.

Sumedho, Ajahn. *Las Cuatro Nobles Verdades.* Amaravati Publications: Hemel Hempstead, 2015.

"Sutras de la Tierra de la felicidad" [*Sukhavati-vyuha-sutras*]. En: *The Land of Bliss.* Traducción [al inglés] de Luis O. Gómez. University of Hawaii Press: Honolulu, 1996.

"Sutra de Benarés" [*Dharma-chakra-pravartana-sutra*]. En: *El Sutra de Benarés.* Traducción de Ado Parakranabahu. Kairós: Barcelona, 2014.

"Sutra de Vimalakirti" [*Vimalakirti-nirdesha-sutra*]. Traducción de Laureano Ramírez. Kairós: Barcelona, 2004.

"Sutra de la guirnalda" [*Avatamsaka-sutra*]. En: *The Flower Ornament Scripture.* Traducción [al inglés] de Thomas Cleary. Shambhala: Boston, 1993.

"Sutra del corazón" [*Prajña-paramita-hridaya-sutra*]. En: *El Sutra del corazón.* Traducción de Khenchen Sherab Rinpoche. Kairós: Barcelona, 2003.

"Sutra del descenso a Lanka" [*Lankavatara-sutra*]: En: *The Lankavatara Sutra.* Traducción [al inglés] de D.T. Suzuki. Nueva Delhi: Munshiram Manoharlal, 1991.

"Sutra del loto" [*Saddharma-pundarika-sutra*]. En: *El Sutra del Loto de la Verdadera Doctrina.* Traducción de Fernando Tola y Carmen Dragonetti. El Colegio de México: México, 1999.

*Sutta-nipata.* En: *The Group of Discourses.* Traducción [al inglés] de K.R. Norman. Pali Text Society: Oxford, 1995.

Suzuki, Daisetz T. *Ensayos sobre budismo Zen* (3 vols). Kier: Buenos Aires, 1973.

—. *Budismo Zen.* Kairós: Barcelona, 1986.

Suzuki, D.T. y Fromm, Erich. *Budismo zen y psicoanálisis.* F.C.E.: México, 1964.

Suzuki, Shunryu. *Mente Zen, mente de principiante.* Gaia: Madrid, 2014.

Swearer, Donald K. *The Buddhist World of Southeast Asia.* SUNY Press: Albany, 1995.

"Tantra de la fuente suprema" [*Kunje Gyelpo*]. En: *Tantra de la fuente suprema.* Traducción y estudio de Chögyal Namkhai Norbu y Adriano Clemente. Kairós: Barcelona, 2008.

Thich Nhat Hanh. *Vivir el budismo.* Kairós: Barcelona, 2000.

Thomas, E.J. *The Life of the Buddha.* Motilal Banarsidass: Delhi, 1993.

Tola, Fernando y Dragonetti, Carmen. *Budismo. Unidad y diversidad.* Fundación Instituto de Estudios Budistas: Buenos Aires, 2004.

—. *Filosofía budista.* Las Cuarenta: Buenos Aires, 2013.

Trungpa, Chögyam. *Shambhala. La senda sagrada del guerrero.* Kairós: Barcelona, 1986.

*Vida de Milarepa.* Traducción de Iñaki Preciado. Anagrama: Barcelona, 1994.

*Vinaya.* Traducción [al inglés] de T.W. Rhys Davids y H. Oldenberg. Motilal Banarsidass: Delhi, 1990.

Walker, Benjamin. *Tantrism.* Aquarian Press: Wellingborough, 1982.

Watts, Alan. *The Way of Zen.* Vintage Books: Nueva York, 1989.

—. *Budismo.* Kairós: Barcelona, 2014.

Wayman, Alex. *The Buddhist Tantras.* Motilal Banarsidass: Delhi, 1990.

Williams, Paul. *Mahayana Buddhism.* Routledge: Londres, 1991.

Winternitz, Moritz. *A History of Indian Literature* (3 vols). Motilal Banarsidass: Delhi, 1983.

Wood, Thomas. *Mind Only.* Motilal Banarsidass: Delhi, 1994.

Wright, Robert. *Why Buddhism Is True.* Simon & Schuster: Nueva York, 2017.

Zimmer, Heinrich. *The Art of Indian Asia* (2 vols) [Edición a cargo de Joseph Campbell]. Princeton University Press: Princeton, 1983.

# Índice de figuras

# Índice onomástico

534    Las tres joyas

editorial **K**airós

Puede recibir información sobre
nuestros libros y colecciones inscribiéndose en:

**www.editorialkairos.com**
**www.editorialkairos.com/newsletter.html**
**www.letraskairos.com**

Numancia, 117-121 • 08029 Barcelona • España
tel. +34 934 949 490 • info@editorialkairos.com